마인드스톰
MINDSTORMS

Mindstorms: Children, Computers, And Powerful Ideas

Copyright © Seymour A. Papert

Korean Translation Copyright © 2020 by INSIGHT

Korean edition is published by arrangement with Perseus Books Group, through Duran Kim Agency, Seoul.

이 책의 한국어판 저작권은 듀란킴 에이전시를 통한 Perseus Books Group과의 독점계약으로 인사이트에 있습니다.

마인드스톰: 어린이, 컴퓨터, 배움 그리고 강력한 아이디어

초판 1쇄 발행 2020년 6월 1일 지은이 시모어 패퍼트 옮긴이 이현경 펴낸이 한기성 펴낸곳 인사이트 편집 송우일 제작·관리 신승준, 박미경 용지 에이페이퍼 출력·인쇄 에스제이피앤비 제본 서정바인텍 등록번호 제2002-000049호 등록일자 2002년 2월 19일 주소 서울시 마포구 연남로5길 19-5 전화 02-322-5143 팩스 02-3143-5579 블로그 http://blog.insightbook.co.kr 이메일 insight@insightbook.co.kr ISBN 978-89-6626-261-8 책값은 뒤표지에 있습니다. 잘못 만들어진 책은 바꾸어 드립니다. 이 책의 정오표는 http://blog.insightbook.co.kr에서 확인하실 수 있습니다. 이 도서의 국립중앙도서관 출판예정도서목록(CIP)은 서지정보유통지원시스템 홈페이지(http://seoji.nl.go.kr)와 국가자 료종합목록 구축시스템(http://kolis-net.nl.go.kr)에서 이용하실 수 있습니다(CIP제어번호: CIP2020014607)

마인드스톰

어린이, 컴퓨터, 배움 그리고 강력한 아이디어

시모어 패퍼트 지음 | 이현경 옮김

인사이트

차례

존 스컬리의 제2판 추천사

1970년대 말 시모어 패퍼트가 《마인드스톰》 초판을 집필하고 있을 때 애플 컴퓨터에서 애플 II를 막 출시했다. 애플 II의 표준 메모리 크기는 4kB였으며 고객들은 집에 있는 텔레비전을 모니터로 사용했다. 당시 전 세계에 존재하는 개인용 컴퓨터는 20만 대였으며, 컴퓨터를 사용하고 싶은 사람들은 기본적인(그리고 대개는 어려운) 명령어를 알아내야 했다.

오늘날*에는 개인용 컴퓨터가 매주 20만 대 이상 공장에서 만들어진다. 더 중요한 사실은 우리 삶에서 개인용 컴퓨터가 중요해졌으며 교육 환경에서 없어서는 안 될 필수품이 되었다는 것이다. 1980년 이후 가히 혁명적인 속도와 규모로 변화가 휘몰아쳤음에도 불구하고 시모어 패퍼트가 어린이와 컴퓨터, 컴퓨터 문화에 대해 보여 준 통찰

---

* (옮긴이) 이 책 원서의 2판은 1993년 출간됐다.

과 생각은 여전히 시의성을 잃지 않고 있다. 오히려 요즘같이 대규모로 교육 개혁이 일어나는 상황에서 패퍼트의 메시지는 그 어느 때보다 우리 현실과 밀접하게 관련되어 있다.

산업 시대와 20세기 대부분을 거치면서 미국은 혼자 경제 피라미드 꼭대기에 자리 잡고 석유, 밀, 석탄 자원을 땅에서 거둔 후 거기에 제조 노하우를 더하여 만든 상품을 전 세계에 팔았다. 그러나 우리는 더 이상 산업 시대에 살지 않는다. 우리는 아이디어와 정보, 국가의 노동력이 보유한 기술이 전략적 우위를 판가름하는 정보 시대에 살고 있다.

미국은 사실상 하룻밤 사이에 자원 부국에서 자원 빈국의 길을 가게 되었다. 그 결과, 미국은 경제적 나락에 빠지고 있다. 우리가 힘을 모아 세계 경제에 맞춰 교육 제도를 개선하지 않으면 미국은 세계의 저임금 노동력 공급처로 전락해 고숙련 고임금 경제로 향하고 있는 세계적 흐름에서 이탈할 위험에 처해 있다.

패퍼트는 교육 체계를 대대적으로 개혁해야 한다고 주장했던 선구자 중 한 사람으로, 특히 수학과 과학 교육을 크게 바꿔야 한다고 주장했다. 또 학습에서 기술의 중요성을 그 누구보다도 잘 알고 있었으며, 기술이 교육 문제를 모두 해결할 만병통치약이 아님을 인정했다. 패퍼트는 교육 개혁이 이뤄지기 한참 전부터 교육에서 기술은 잘 준비된 교사와 통합적인 사회 복지 서비스라는 더 큰 맥락에서 적용되어야만 힘을 제대로 발휘한다는 것을 알았다.

패퍼트의 사상이 최초의 애플 컴퓨터 개발을 이끌어 낸 기본 철학과 비슷하다는 사실은 전혀 놀랍지 않다. 애플 창립 멤버들처럼 시모어 패퍼트 역시 컴퓨터가 사람들이 생각하고 일하고 배우고 소통하는 방식을 근본적으로 바꿀 수 있다고 보았다. 애플 창립 멤버들과 패퍼트에게는 또 다른 공통점이 있었다. 이들은 한 살에서 세 살 정도의 어린아이들이 뛰어난 직관력으로 어마어마한 양의 정보를 흡수하며, 이 연령대에서 받아들이는 정보의 양이 전 생애를 통틀어 가장 많다는 데 생각을 같이했다. 그들은 어린이가 두 가지 언어를 혼동하지 않고 학습할 수 있다는 사실에 놀라워했으며, 자신의 경험을 어린이에게 가르칠 수 있다고 생각하는 어른들도 아이들로부터 엄청나게 많은 것을 배울 수 있다고 인정했다. 휴먼 인터페이스 설계 선구자들이 어린이를 연구하면서 마우스 형태의 입력 장치에 대한 아이디어를 얻은 것 역시 중요한 사실이다.

　이 책의 두 가지 중심 주제는 바로 어린이는 컴퓨터 사용법을 능수능란하게 익힐 수 있으며, 아이들에게 컴퓨터를 가르치면 아이들의 학습 방식까지도 바꿀 수 있다는 것이다. 이는 애플 특별 연구원이었던 앨런 케이가 1980년대 초에 이끌었던 비바리움Vivarium 프로젝트*의 토대를 이룬 생각과도 일치한다. 심지어 앨런 케이와 시모어 패퍼트는 반드시 학교가 아니더라도 우리가 살아가는 동안 다양한 목적에 따라 틀에 얽매이지 않고, 개인이 원하는 대로 컴퓨터를 사용하게 되리라는 비전을 공유했다. 시간이 흐른 지금, 두 사람에게 선견지명이 있었으며 이들의 예측이 놀라울 정도로 맞았다는 것을 많은 사람이 인정하고 있다.

　애플 미래 교실Apple Classroom of Tomorrow, ACOT 연구 결과와 패퍼트의 연구에 따르면, 학교 교실 현장에서 컴퓨터 기술을 도입한 이래로 1970

＊　(옮긴이) 컴퓨터 속에 인공 생태계를 만들어 생물이 어떻게 번식하고 자라는지 살펴보는 프로젝트

마인드스톰

년대 많은 사람이 우려했던 학생과 교사의 소외 현상은 일어나지 않았다. 오히려 우리는 기술로 채워진 교실에서 더 많은 사회화가 일어나고 학생과 학생, 학생과 교사 간의 상호 작용이 더욱 활발해진다는 사실을 알아냈다.

따라서 약 10여 년 전에 패퍼트가 개진했던, 시간이 흘러도 여전히 유효한 그의 사상을 다시 곱씹어 보면서, 기술이 개인의 손 안에 쥐어졌을 때 얼마나 강력한 힘을 발휘할 수 있는지 생각해 볼 만하다. 경험을 통해 알 수 있듯이 사회 제도에 정보 기술을 도입하면 지식의 발전 방식과 사람들의 삶의 방식이 근본적으로 바뀌게 된다.

우리는 개인용 컴퓨터 산업의 짧은 역사를 지켜보며 과거를 통해 정보 기술 기기의 미래를 알 수 있다는 사실을 배웠다. 또한 과거를 되돌아보면 오히려 직관에 반하는 생각일수록 현 시대 집단 지성의 일부로 더욱 빨리 받아들여진다는 것을 알 수 있다. 나는 간혹 역발상에 가까웠으나 지금은 누구나 인정하는 패퍼트의 사상을 다시 들여다보고 그의 사상이 미래에 기여하기를 간절히 바란다. 패퍼트의 사상은 기술이 교육에 남길 궤적에 틀림없이 커다란 영향을 줄 것이다.

존 스컬리*
회장 겸 CEO
애플 컴퓨터

---

* (옮긴이) 존 스컬리는 1983~1993년까지 애플에서 일했다.

캐롤 스페리의 제2판 추천사

아주 이례적인 사건을 겪고 나서야 사람들은 자신의 지적 자아상을 재조
직해 무엇을 배울 수 있는지에 관해 새로운 관점을 얻는다.

– 시모어 패퍼트

시모어 패퍼트가 이 문장을 썼을 당시 교사들을 비롯한 수많은 사람
에게 벌어진 '이례적인 사건'이 1980년 《마인드스톰》 출간이었다는
사실을 정작 본인은 몰랐을 것이다. 나 역시 수많은 교사 중 한 명이
었다. 《마인드스톰》 출간 이후 내게 일어난 변화를 하나씩 읊다 보면
거의 허황된 이야기처럼 들릴 것이다. 그러나 나 같은 경험을 한 교
사가 분명히 많다. 내가 이렇게 확신할 수 있는 것은 지난 12년 동안
미국과 리투아니아, 러시아, 코스타리카, 일본 등 전 세계 각지를 돌
아다니며 《마인드스톰》의 영향을 크게 받은 교사들을 직접 만나고
그들과 함께 일했기 때문이다.

1981년 봄, 나는 뉴욕 과학 아카데미에서 열리는 컴퓨터 워크숍에 등록했다. 워크숍이 시작되는 8월이 다가오자 나는 왜 바보같이 컴퓨터 워크숍에 등록했을까 하고 후회했다. 한마디로 나는 내 자신을 전형적인 수학 공포증 환자이자 과학 공포증, 게다가 기술 공포증 환자라고 여겼으며, 교육 제도의 관료주의적 구조에서 발견되는 수많은 모순 때문에 머릿속이 무척 복잡한 상태였다. 내가 그 워크숍에 참가하기로 마음먹은 주된 이유는 당시 내가 가르치던, 컴퓨터에 관심이 아주 많은 초등학교 5, 6학년 학생들 때문이었다. 나는 아이들이 좋아하는 텔레비전 프로그램을 가끔 보는데 이번에는 아이들이 새롭게 열광하는 컴퓨터에 대해 좀 더 알고 싶었다. 그러나 기계치에 가까운 나 자신과 기계에 대해 갖고 있는 온갖 불신 때문에 마음이 무거웠다. 솔직히 워크숍 첫날을 빼먹었다.

　　죄책감이 들어 둘째 날은 워크숍에 참석했다. 나는 전혀 다른 세계로 들어갔다. 패퍼트가 진행한 워크숍은 이 책과 매우 비슷했다. 흥미진진한 여러 가지 아이디어가 뒤섞여 있었고 실제적인 사례뿐 아니라 추상적인 지식을 구체화하고 거기에 생명을 불어넣는 흥미진진한 일화로 가득했다. 놀랍게도 모두가 즐거운 시간을 보냈다. 강사와 참가자 모두 그 시간을 즐겼다. 나는 컴퓨터 언어인 로고Logo를 배웠고 이 언어의 기술적 구성 요소에 영향을 준 철학 사상에 대해 알게 되었다. 로고와 로고에 담긴 수학, 컴퓨터의 메커니즘에 대해 하나씩 알아 가면서 느끼는 감정에 깜짝 놀라기도 했다. 내가 최고의 교수학습learning and teaching 방법이라고 생각했던 것들을 패퍼트와 그의 동료들이 하나씩 이론적으로 입증하는 모습을 보면서 큰 충격을 받았다. 내 앞에 과정의 중요성과 지식의 구조에 대한 신념을 지닌 사람들이 실재하고 있었기 때문이다.

나는 워크숍에 참석하면서 《마인드스톰》을 읽기 시작했다. 그리고 읽기 시작한 바로 그 순간부터 내 삶의 일부라고 생각한 교사 생활에 깊은 영향을 받았다. 톱니바퀴와 사랑에 빠진 아장아장 걷는 아기에 대해 아름답게 써 내려간 서문을 읽고 나면, "그래, 맞아. 이런 게 진정한 배움이지"라고 말하고 싶어진다. 우리는 표준화된 시험으로는 어린이들이 무엇을 이해하거나 알고 있는지 정확히 파악할 수 없다는 것을 잘 알고 있다. 나는 로고를 사용하기 시작하자 학습을 갑갑하게 느꼈던 마음이 해소됐다. 그리고 너무나 쉽게 학습자의 위치로 돌아와서 학습이 무엇이었는지 다시 경험할 수 있었는데 그 이유가 무엇인지 골똘히 생각했다. 어느 때보다 더 학생들이 가깝게 느껴졌다. 내가 이 학습이라는 모험에 뛰어들어야만 학생들과 그 경험을 공유할 수 있다는 것도 알았다. 나는 어린 학생들뿐 아니라 교사들도 로고라는 언어와 기술을 의도적으로 이용해서 자존감과 자율성 같은 자질을 키울 수 있을지 궁금했다.

로고를 가지고 뭔가를 하다 보면 활력이 생기고 상상력이 넘쳐 나고 저절로 미소를 짓게 된다. 나는 '명령어 센터command center'에 내 생각을 끄적거려서 거북이/커서를 이리저리 움직여 '집중이 필요한' 형태(정사각형과 원 같은)와 그다지 집중하지 않아도 되는 형태(추상적인 그림 등)를 그릴 수 있다는 점이 마음에 들었다. 워크숍이 끝났을 때 나는 대부분의 프로시저procedure*를 기억할 수 있었고 내 마음대로 프로시저에 이름을 붙일 수 있다는 사실에 신이 났다. 나중에 아이들

---

* (옮긴이) 프로그램에서 특정 작업을 수행하는 부분으로 함수, 서브루틴이라고 부르기도 한다.

마인드스톰

도 자기가 만든 모양에 자기 이름을 붙이거나 철자를 조합하여 자기만 아는 의미를 지닌 이름을 붙이면서 즐거워하는 모습을 보았다. 이런 활동들은 단 한 가지 정답만 강요하거나 문제에 대한 정답이 오직 하나라는 관념을 가졌던 기존 교실 환경에서 기호와 이름 짓기naming에 대한 개념을 완전히 뒤바꿔 놓았다. 이름이란 본래 자의적인 것이어서 이름이 원래 의미하는 대상과 분리될 수 있고, 혹시 분리된다 하더라도 이름이 의미하는 대상의 모양은 변하지 않는다는 사실을 발견한 경험은 우리 안에 깊이 박혀 있던 형이상학적 믿음에 충격을 주었다. 아이들이 이러한 새로운 진실을 발견하고 얼마나 기뻐할지, 이러한 진실이 언어와 법칙을 깊이 이해하는 아이들의 방식에 어떤 영향을 줄 수 있을지 상상해 보라. 교사와 학생들이 로고를 잘 사용한다면 특히 자신만의 독창적인 방식으로 사용한다면 모든 경계가 허물어질 것이다. 아이들은 자신에게 의미 있다고 여기는 활동에 참여한다. 사실 아이들은 학교에서 배우기 위해, 자기들이 알아낸 것을 공유하거나 급우들의 조언을 얻기 위해 말한다.

패퍼트는 복잡하게 얽힌 감정과 인지에 대한 생각을 《마인드스톰》에서 잘 표현했다. 그러한 패퍼트의 능력은 실로 강력하다. 패퍼트는 교사 본인의 자존감, 학습 능력과 학습을 돕는 능력, 자신의 본능에 대한 확신과 관련해서 교사들 마음속 깊은 곳에 큰 울림을 준다. 뭔가를 배우는 과정에 정답은 없다고 흔히들 말한다. 하지만 패퍼트는 학습에 대한 자신의 생각을 로고로 구체화하여 진실이 단 하나로 제한되어 있던 자리에 다수의 진실이 자리하는 철학을 생생히 살아 있는 것으로 만들었다. 이로써 우리는 더욱 포괄적인 방식으로 가르치고 더 많은 관점을 허용하며 다양한 학습 방식을 존중할 수 있게 됐다. 패퍼트는 고정된 커리큘럼을, 숫자로 정해진 색깔을 따라 그리는 그림을 훌륭한 그림으로 보는 식의 교수법이라고 비판한다. 그러나 교사들에게는 패퍼트의 교수 방식이 머리 아픈 것으로 여겨질 수 있다. 교사는 두렵지만 가슴을 두근거리게 할 자신만의 교육 철학을 만들어야 할 책임이 있다. 게다가 진정한 교사라면 자신만의 철학을 실천할 수 있어야 하며, 이런 책임을 수용하는 행동은 캐서린 베이트슨 Catherine Bateson 이 "삶을 구성하기 composing a life"라고 부른 것과도 밀접한 관련이 있다. 물론 학생들이 지식을 구성하는 것을 도우면서 교사 자신의 지식을 끊임없이 재구성하려는 교사들은 언제나 이러한 책임을 수용했다. 로고는 이런 교사들에게 버팀목이라고는 거의 존재하지 않는 영역에서 새로운 지지대가 되어 준다. 그러나 우리가 로고의 도움을 받으려면 용기를 내어 로고가 담긴 디스크 드라이브에 적극적으로 뛰어들어야 한다.

캐롤 스페리
하버드 교육 대학원

제2판 서문

《마인드스톰》의 주된 테마는 사람들이 단번에 뭔가를 해내는 경우가 드물다는 데 있다. 지적 활동은 학교 교육 과정을 설계한 사람들과 논리학자들이 원하는 방식대로 전개되지 않는다. 명확하게 검증된 하나의 진실에서 다른 진실로 단계별로 착착 진행되지도 않는다. 지적 활동은 오히려 끊임없이 경로를 바꾼다. 이 책에서는 이런 활동을 '디버깅debuggin'*이라고 정의하며, 디버깅이야말로 지적 활동의 핵심이라 할 수 있다.

이렇게까지 디버깅에 대한 내 생각을 강조했는데 이 책 1판의 '버그'를 개정판에서 언급할 기회를 놓친다면 곤란할 것이다. 먼저 내 생각 자체보다는 내 생각을 설명하는 방식과 관계된 것부터 이야기하겠다. 문제의 대부분은 책의 독자들을 잘못 예상한 데 원인이 있다.

---

* (옮긴이) 소프트웨어 개발에서 디버깅은 프로그램의 오류(bug)를 찾아 고치는 과정을 가리킨다.

1993년에 출간한 책, 《The Children's Machine: Rethinking School in the Age of the Computer》에서 나는 많은 교사들, 특히 초등학교 교사들로부터 배운 것이 얼마나 많은지 언급한 바 있다. 이 교사들은 《마인드스톰》을 읽는 데 그치지 않고 시간이 한참 흐른 뒤에나 응용할 수 있으리라 생각했던 아이디어를 당장 학교 현장에서 독창적인 방식으로 적용했다. 나는 이 책을 읽을 교사들의 수준을 잘못 예측하는 바람에 개념 설명을 위해 뉴턴의 운동 법칙 같은 쓸모없는 사례를 들고 말았음을 깨달았으며, 차라리 교실 상황과 더욱 밀접한 예시를 들었으면 더 좋았을 것이라고 생각했다.

결국 많은 교사들이 수업 현장과 관련이 없는 예시로 가득한 5장에서 책 읽기를 멈추고 말았다. 사실 대부분의 교사들은 그 정도까지만 읽어도 다음 내용을 충분히 짐작할 수 있다. 그렇지만 나는 이 책을 좋아하는 사람이라면 책의 뒷부분, 특히 '학습 공동체의 미래'라는 제목의 8장도 좋아할 거라고 생각한다. 사실 나는 독자들이 미스터리 소설의 결말을 슬쩍 보듯이 8장을 먼저 읽기를 바란다. 그러면 처음부터 내 논거가 어떻게 전개될지 파악하는 데 도움이 될 것이다.

'로고 사용하기'나 '컴퓨터로 공부하기'가 어린이의 사고방식에 변화를 일으키리라는 내 예측이 틀렸음을 입증하기 위해 학계 비평가들이 무모하게 실험하는 것이 내 '버그' 때문인지 아니면 그들의 '버그' 때문인지 잘 모르겠다. 이 책 그 어느 곳에서도 나는 그런 주장을 한 적이 없다. 그러나 내가 그런 주장을 하지 않았다고 8장에 이르러서야 힘주어 말한 점이 잘못일 수는 있다. 그때나 지금이나 내 주장에는 뭔가 미묘한 데가 있다. 나는 로고를 '수단'이라고 본다. 교육자들은 로고를 사용해 새로운 생각과 학습 방법을 '개발'할 수 있다. 그러나 단순히 좋은 물감이 훌륭한 작품을 만들어 내지 않듯이 로고 자체로 훌륭한 학습이 이뤄지는 건 아니다.

화가가 물감을 사용하여 독창적인 작품을 완성하듯, 교사들이 로고를 이용하여 학습 환경을 조성하거나 개선하는 것을 볼 때면 참 기쁘다. 교사들은 참으로 다양한 방법으로 로고를 사용하지만, 학생들이 로고에 부여하는 의미는 훨씬 더 다양하다. 이런 모습과 그 외 여러 모습을 보고도 대중적인 출판물과 학술 논문에서 기술에만 초점을 두고 문제를 제기하는 것은 이해할 수 없다. 이를테면 '로고(또는 프로그래밍이나 컴퓨터)가 학생들이 사고하는 방식(이나 수학을 배우거나 철자법을 익히거나 기타 등등)에 어떤 영향을 주는가?'와 같은 질문이다. 로고로 무엇을 하느냐에 따라 드러나는 현상이 달라질 것이다. 심지어 모든 조건이 동일하게 주어져도 학생들은 저마다 다른 방식으로 반응할 것이다.

그렇다면 어떠한 변화가 실질적으로 의미 있는 것일까? 1990년대 관점에서 《마인드스톰》이 젠더나 다문화주의를 언급하지 않은 점은 매우 이상하거나 시류를 거스르는 것처럼 보인다. 나는 전통적인 학습 방식이 남성 중심적이었음을 인정하는 것이 교육에 변화를 일으키는 데 중요한 요소가 되리라고 확신하게 되었다. 이러한 확신을 하게 된 정치적인 이유는 교육에 페미니즘을 고려하고 반영하는 것이 더욱 효과적이고, 나아가 교육에 커다란 변화를 이끌 수 있으리라고 생각했기 때문이다. 좀 더 개념적인 이유를 찾자면 지금까지 여성주의 인식론 연구에서 인간의 개인차에 대해 가장 깊은 통찰을 제공해 왔기 때문이다. 수학을 예로 들면, 학습자가 수학 학습 능력을 향상시키기 위해서는 개별적인 수학적 지식을 더 많이 습득하는 것보다도 수학적 지식(및 그것을 배우는 방법)에 대해 생각하는 방법을 찾아 학습에 적용할 수 있어야 한다. 즉 이 책에서 언급한 동조적 전용 syntonic appropriation을 할 수 있어야 한다. 그런 점에서 나는 최근 저술에서 대안적인 인식론을 향한 현 시대의 흐름을 지적인 측면에서 지지하려 했음에도 불구하고, 《마인드스톰》의 입장을 버그로 봐야 할지 아니면 미덕으로 봐야 할지 아직 결정하지 못했다.

《마인드스톰》은 분명히 사고에 대한 사고 모형으로 구조적 프로그래밍을 강조했다는 점에서 버그가 있다. 나는 구조적 프로그래밍을 대놓고 강조하는 대신 이따금 구조적 프로그래밍이 단지 하나의 모형임을 언급하고 심지어 비교적 '덜 기계적인' 사고방식을 설명할 때 이 모형을 활용하라고 제안할 수도 있었다. 그러나 나는 왜 이 책이 구조적이고 분석적인 사고야말로 훌륭한 사고라는 인식을 일부 독자들에게 강하게 심어 준 것처럼 보이는지 안다. 일부 독자들은 훌륭한 사고란 컴퓨터 과학과 교육 이론 그리고 사실상 '표준이 되는' 전통적 인식론에 내재한 사고라고 여긴다. 그 이유는 《마인드스톰》이 '브리콜라주bricolage'*라는 개념을 일반적인 과학 이론화 모형으로 강력하게 제안하기는 하지만, 이런 브리콜라주 개념을 이 책의 끝부분에서 소개하는 데다 대안적인 프로그래밍 방식으로 발전시키지 못했기 때문이다. 나는 이 내용을 이후 셰리 터클Sherry Turkle†과 공동으로 집필한 저작에서 더욱 구체적으로 설명했다. 따라서 로고 사용법을 알고 싶어서 이 책을 집어 들었다가 앞서 언급한 이유로 곧장 이 책을 덮어버린 교사들이 학생들에게 구조적인 프로그래밍을 가르치는 데 필요

---

* (옮긴이) 손에 닿는 대로 아무것이나 이용하는 예술 기법
† (옮긴이) MIT 교수로 과학사회학을 가르치며 과학 기술과 인간의 관계를 연구한다.

한 아이디어만 얻고 포기했다고 나무랄 수는 없다.

프로그래밍에 대한 이 같은 협소한 관점이 널리 퍼질 수밖에 없었던 이유는 비록 이 책을 읽은 교사들이 《마인드스톰》의 아이디어를 학교 현장에 적용하고, 학교의 컴퓨터 교육 문화를 통해 프로그래밍에 대한 이미지를 형성하는 데 큰 역할을 했지만, 학교의 물적 여건이 충분하지 않았기 때문이었다. 1970년대, 우리는 충분한 시간과 강력한 성능의 연구용 컴퓨터가 주어지기만 하면 거의 모든 연령대의 어린이가 로고로 프로그래밍하는 법을 익힐 수 있음을 입증했다. 이제는 그동안 쌓은 경험과 발전한 기술 덕분에 학교에서 성능 좋은 컴퓨터를 사용할 수 있게 되어 더 나은 성과를 기대할 수 있다. 그러나 1980년대 초 일반적인 학교 여건은 지금과 크게 달랐다. 당시 학교에 보급된 상업용 로고는 기대를 한껏 모으기에는 충분했지만 1970년대 연구소나 1990년대 초등학교에서 거둘 수 있는 성과를 기대하기에는 한참 부족했다. 얄궂게도 나는 학교에서의 컴퓨터 교육을 10년 정도 늦췄더라면 오늘날 학교 컴퓨터 교육이 훨씬 더 발전했을 것이라고 생각한다. 로고 초기 버전으로는 프로그래밍하는 방법을 배우기가 상당히 어려웠으며, 프로그래밍 기술을 배워도 할 수 있는 것이 지금보다 훨씬 적었다.

더 큰 문제는 몇 대 안 되는 컴퓨터만으로 표준이라 할 만한 수준까지 프로그래밍 기술을 끌어올리는 데 한계가 있었다는 점이다. 그리하여 '프로그래밍'에 대한 원시적인 모형이 학교에 뿌리내리게 되었으며 학교 컴퓨터 교육 문화의 큰 부분으로 자리 잡았다. 나는 《마인드스톰》에서 정사각형과 삼각형을 그리고 두 도형을 합쳐서 집 모양을 만드는 프로그램 작성 방법을 예로 들면서 로고 프로그래밍을 소개했다. 여러 여건상 학교에서는 이 책에서 설명한 아주 기초적인 단계밖에 하지 못할 수도 있다. 이런 상황에서 프로그래밍은 일단 무엇이든 할 수 있도록 '구조화'되어야 했다. 게다가 누구나 컴퓨터를 쉽게 사용할 수 있도록 컴퓨터 프로그램이 '패키지화'되면서 많은 교사들이 골치 아프게 프로그래밍을 시도할 가치가 있는지 고민했다.

어린 학생을 위한 프로그래밍이라는 아이디어는 두 가지 상황에서 살아남을 수 있었다. 첫 번째는 미래를 내다본 로고 교사들의 출현이었다. 나는 《The Children's Machine》에서 교실에 컴퓨터를 두고 시간과 수고를 들여 언제든지 학생들이 컴퓨터를 배울 수 있도록 힘쓰는 창조적이고 진보적인 교사들이, 어려움을 장애물이 아닌 도전 과제로 받아들일 수 있는 훌륭한 환경을 조성하는 방법을 설명했다. 부정적인 측면으로, 대부분의 학교가 '컴퓨터 소양 능력'이라는 관례화된 교육 과정을 이행하기 위해 교실의 컴퓨터를 '컴퓨터 랩'(별도의 컴퓨터 교실)에 갖다 놓는 추세에 대해서도 기술했다. 이런 상황에서 어린 학생들을 위한 프로그래밍 학습은 교육 과정 중심의 교육 관행 중에서도 가장 나쁜 점들을 답습하였다. 이 때문에 '프로그래밍'처럼 '어려워' 보이는 내용을 배우는 일은 다음에서 이야기할 두 번째 상황을 미처 맞기도 전에 사라질 것만 같았다.

컴퓨터 성능이 점점 강력해지면서 새로운 버전의 로고를 개발하는 프로그래머들의 기술도 더욱 정교해졌고, 아이들이 프로그래밍을 통해 무엇을 할 수 있을지 좀 더 깊이 생각하게 되었다. 그 결과 여러 버전의 로고가 연이어 개발됐다. 그중 중요한 것들을 꼽아 보자면, 1980년대 후반에 로고라이터LogoWriter가 개발되었고, 곧이어 레고-로고Lego-Logo가 출시되었으며, 가장 강력한 버전인 마이크로월드 로고

Microworld Logo가 이 책과 함께 세상에 알려질 것이다. 새로운 로고 버전이 나올 때마다 아이들이 프로그램을 배우기 더 쉬워졌으며, 주어진 기술 수준에서 아이들의 흥미도와 구현할 수 있는 프로그램의 복잡도 역시 높아졌다. 이와 동시에 학교마다 컴퓨터 보유 대수가 꾸준히 증가하였으며 그 덕분에 암울한 상황 속에서도 비전을 잃지 않은 학교에서는 프로그래밍 수업 시간을 늘렸다. 그중 가장 중요한 것은 학생들이 프로그래밍을 위한 프로그래밍이 아닌 다른 과목을 공부하는 데 필요한 수단으로 프로그래밍을 활용할 수 있게 되었다는 사실이다. 학생들이 교과목 학습에 컴퓨터 프로그래밍을 활용할수록 프로그래밍 언어를 능숙하게 구사하게 될 것이고, 프로그래밍 언어를 능숙하게 구사할수록 자신만의 프로그래밍 스타일을 펼칠 것이다. 결국 시간이 흐르면서 내가 《마인드스톰》에서 인정한 최악의 버그는 디버깅될 것이며 이러한 생각이 새로운 단계로 나아가는 문을 열 수 있을 것이다.

내 어린 시절의 톱니바퀴

나는 두 살이 되기 전부터 자동차의 매력에 푹 빠져 있었다. 내가 어렸을 적 구사한 어휘의 상당수는 자동차 부품 이름이었다. 변속기 부품과 변속기 상자는 물론이고, 특히 각 부품을 움직여 그 빠르기를 변화시키는 차동 장치에 대해 아는 것을 무척 자랑스러워했다. 물론 이때는 톱니바퀴의 작동 원리를 이해하기 한참 전이었다. 훗날 톱니바퀴의 작동 원리를 이해하고 난 이후에는 톱니바퀴가 내 최고의 놀잇감이 되었다. 나는 톱니바퀴가 움직이듯이 둥근 물체를 서로 맞대어 돌려 가며 노는 것을 좋아했고, 당연히 '이렉터erector 세트'*로 처음 만들어 본 건 조악한 톱니바퀴 시스템이었다.

나는 바퀴를 굴리며 "한 바퀴가 이쪽 방향으로 돌아가니까 다른 바퀴는 반대 방향으로 돌아야 해"라고 하면서 바퀴가 돌아가는 원인과 결과를 사슬처럼 엮어서 생각하는 데 점점 더 능숙해졌다. 나는 차동

---

* (옮긴이) 어린이용 철제 조립 완구

장치 같은 시스템을 특히 좋아했다. 차동 장치는 단순한 직선형의 인과 관계를 따르지 않아서 전동축의 움직임을 두 바퀴가 받는 저항에 따라 다양한 방식으로 배분하기 때문이다. 하나의 시스템에서 엄격하지는 않아도 일련의 규칙성을 발견하고, 또 내가 그 원리를 완전히 깨우쳤다고 느꼈을 때 무척이나 신이 났다. 아직도 그 순간이 생생히 기억난다.

나는 어릴 적 초등학교 수학 시간보다 내가 직접 차동 장치를 가지고 놀면서 수학을 더 많이 배웠다. 톱니바퀴는 내게 추상적인 개념을 구체적으로 경험할 수 있는 모형이었다. 나는 학교 수학 시간에 배운 두 가지 예제를 아직도 또렷이 기억하고 있다. 나는 수식의 곱셈 기호를 톱니바퀴로 생각했고, 처음으로 두 가지 변수를 가진 방정식(예: $3x + 4y = 10$)을 풀어야 했을 때는 즉각 차동 장치를 떠올렸다. 나는 x와 y 사이의 관계를 톱니바퀴 모형으로 머릿속에 그려 넣고 각 톱니바퀴의 톱니가 몇 개나 필요한지 알아내려고 할 무렵부터 방정식이 편해졌다.

장 피아제Jean Piaget의 글을 읽고 여러 해가 지난 후, 나는 당시의 사건을 바탕으로 피아제의 동화assimilation 개념을 이해했다. 그러나 피아제의 주장이 피아제 본인의 생각과 완전히 맞아떨어지지 않는다는 사실이 곧 내 뇌리를 스쳤다. 피아제는 거의 대부분 동화의 인지적 측면에 대해 이야기한다. 그러나 동화에는 정서적인 요소도 있다. 방정식을 톱니바퀴에 빗대는 것은 분명히 이전에 습득한 지식을 새로운 지식과 관련짓는 강력한 방법이다. 그러나 그 이상이기도 하다. 내 어린 시절을 다시금 회상해 보면, 내가 자동차를 가지고 놀면서 경험했던 것들이 나중에 수학을 배우는 데 긍정적이고 정서적인 영향을 주었다고 확신한다. 나는 실제로 피아제의 이론이 여기에 부합한다고 믿는다. 피아제를 사적으로 알게 되면서, 피아제가 자신의 인지 발달 이론에서 정서적인 요인을 간과한 것은 정서적 요인을 무관한 요인으로 여겨서가 아니라 정서적 요인에 대해 알려진 사실이 거의 없다는 겸손한 인식에서 비롯되었음을 알게 되었다. 어쨌든 내 어린 시절로 다시 돌아가 보자.

어느 날 나는 어떤 어른들, 심지어 '대부분의' 어른들이 톱니바퀴의 마법에 대해 모르거나 심지어 관심도 없다는 사실을 알고 충격을 받았다. 나는 더 이상 어릴 때처럼 톱니바퀴에 대해 많은 생각을 하진 않지만, 처음 톱니바퀴에 대해 알아 가면서 갖고 있던 의문을 한 번도 외면한 적이 없다. 나에게는 이토록 단순한 것을 왜 어떤 사람들은 이해하지 못하는가? 존경하는 내 아버지는 "네가 똑똑해서 그렇단다"라고 설명하셨다. 그러나 나는 차동 장치를 이해하지 못하는 사람들 중에는 내가 매우 어려워하는 것을 척척 해내는 사람이 있다는 것을 속상할 정도로 잘 알고 있었다. 나는 학습의 근간이 되는 것들을 천천히 정리하기 시작했다. 이를테면 나는 내가 축적해 온 개념 모형에 동화시킬 수 있는 것들이라면 무엇이든 잘 이해한다. 그러나 동화시킬 수 없는 것들은 이해하는 데 애를 먹는다. 나는 여기서 다시 한번 피아제의 이론에 부합하는 사고법을 발전시켰다. 학습에 대한 이해는 기존 사고 모형을 기반으로 유전적으로 발전한다. 이 말은 틀림없이 지식의 기원을 의미한다. 한 사람의 학습 대상과 그 사람의 학습 방법은 그 사람이 사용할 수 있는 모형에 달려 있다. 그렇게 되면 다시 그 사람이 이런 모형을 어떻게 습득했는가 하는 문제로 되돌아간다. 따라서 '학습 법칙'은 인지적 체계가 어떻게 형성되었으며, 그 과정에서 지적 체계가 어떻게 논리적이고 정서적인 형태를 갖추게 되었는지 설명할 수 있어야 한다.

이 책은 발생론적 인식론을 응용한 책으로 인지를 강조한 피아제의 인식론을 정서로까지 확대하려는 시도의 연장선에 있다. 이러한 시도는 지적인 모형이 자리 잡을 여건을 조성하는 데 주안점을 둔 교육 연구에 새로운 관점을 제시한다. 이것이 지난 20여 년간 내가 해온 연구다. 나는 연구를 하면서 어린 시절 발견했던 차동 장치의 여러 가지 측면을 자주 떠올리고는 한다. 첫째, 누구도 내게 차동 장치에 대해 배우라고 하지 않았다. 둘째, 나와 톱니바퀴 사이에는 머리로 이해하는 것 이상의 '느낌', '사랑' 같은 것이 있었다. 셋째, 나는 태어난 지 2년 만에 처음으로 톱니바퀴와 조우했다. 그 어떤 '과학적인' 교육 심리학자라도 나와 톱니바퀴의 이 같은 만남이 불러온 효과를 '측정'하려고 시도했다면 분명 실패했을 것이다. 실제로 톱니바퀴는 내 인생에 큰 영향을 주었다. 그러나 이러한 사실은 내가 톱니바퀴와 만난 지 여러 해가 지나서야 알 수 있었다. 만 두 살에 하는 '사전, 사후' 검사로는 톱니바퀴가 내게 끼친 영향을 결코 측정할 수 없었을 것이다.

피아제의 연구는 내 어린 시절의 톱니바퀴에 대한 관점에 새로운 틀을 제공했다. 우리는 톱니바퀴를 이용하여 군 이론이나 상대 운동과 같은 강력한 '고급' 수학 이론을 설명할 수 있다. 그러나 톱니바퀴는 그 이상을 한다. 톱니바퀴는 수학의 형식적 지식과 관련이 있을 뿐 아니라 어린이의 감각 운동 도식*인 '신체 지식body knowledge'과도 관

---

* (옮긴이) 발달 과정상 최초로 나타나는 인지 구조로 빨기나 잡기 반사와 같이 인간이 태어날 때부터 갖고 있는 반사 행동에서 출발한다. 아기의 경우 환경과 상호 작용하면서 반사를 수정해 나간다.

련이 있다. 우리는 톱니바퀴가 '될' 수 있으며, 톱니바퀴에 우리 자신을 투사하여 돌려 봄으로써 톱니바퀴가 어떻게 돌아가는지 이해할 수 있다. 이러한 추상적이면서 감각적인 이중 관계는 톱니바퀴가 강력한 수학을 우리 머릿속으로 가져올 수 있도록 도움을 준다. 뒤에 나올 장에서 설명할 용어로 말하면, 여기서 톱니바퀴는 '이행 대상물 transitional object'로 작용한다.

내 이야기가 설득력 있게 들렸다면 현 시대의 몬테소리는 아마도 어린이를 위한 톱니바퀴를 만들자고 했을지 모르겠다. 그랬다면 지금의 모든 아이가 내가 어린 시절 경험한 것들을 똑같이 경험할 수 있을 것이다. 그러나 이런 바람에는 내 이야기의 핵심이 들어 있지 않다. 나는 톱니바퀴와 사랑에 푹 빠져 있었다. 이런 경험을 단순히 '인지'라는 용어 안에 모두 담을 수 없다. 내가 경험한 것은 무척 개인적인 사건으로, 다른 아이도 똑같은 형태로 경험했을 거라고 가정할 수는 없다.

내 논지는 다음과 같이 요약할 수 있다. 톱니바퀴가 할 수 없는 것을 컴퓨터는 할 수 있을지도 모른다. 컴퓨터는 기계들의 프로테우스* 다. 컴퓨터의 핵심은 보편성에 있으며 이는 곧 시뮬레이션 능력이다. 컴퓨터는 1000가지 형태로 1000가지 기능을 수행할 수 있기 때문에 1000가지 취향에 호소할 수 있다. 이 책은 지난 10년간 컴퓨터를 유연한 도구로 만들려고 했던 노력의 산물이다. 내가 어린 시절 톱니바퀴를 가지고 놀았듯이 어린이들이 컴퓨터를 가지고 놀면서 각자 자기만의 것을 만들어 갈 수 있기를 바란다.

* (옮긴이) 그리스 신화에 나오는 변신술에 능한 신

🐢

어린이를 위한 컴퓨터

몇 년 전까지만 해도 사람들은 컴퓨터를 비싸고 특별한 기계라고 생각했다. 상업용·산업용 컴퓨터가 등장하면서 많은 일반인에게도 영향을 주었지만, 컴퓨터가 우리 삶의 일부가 될 거라고 예측한 사람은 거의 없었다. 이런 관점은 급속도로 바뀌었다. 바로 집집마다 거실에 컴퓨터를 둘 수 있을 만큼 개인용 컴퓨터 가격이 떨어지고 컴퓨터가 윗옷 주머니에 넣고 다녀도 될 정도로 소형화되면서부터였다. 다소 원시적인 형태를 띤 최초의 개인용 컴퓨터는 기자들의 상상력을 사로잡기에 충분했고, 기자들은 컴퓨터로 가득한 미래상을 제시하는 기사를 마구 쏟아 냈다. 기사는 주로 사람들이 컴퓨터로 무엇을 할 수 있을 것인지 다루는 내용이었다. 대부분의 기자들이 컴퓨터가 게임, 오락, 소득세 신고, 이메일, 쇼핑, 은행 업무 처리에 사용되리라고 힘주어 말했다. 몇몇 기자는 컴퓨터가 교육용으로 사용될 거라고 말했다.

이 책에서도 마찬가지로 개인용 컴퓨터로 할 수 있는 일이 무엇인지 질문을 던지긴 하지만 질문 방식은 전혀 다르다. 나는 컴퓨터가 사람들이 생각하고 배우는 방식에 어떻게 영향을 줄 것인지에 대해 말하려 한다. 먼저 컴퓨터가 사고를 향상시키고 지식에 접근하는 패턴을 바꾸는 두 가지 방법의 차이점을 짚어 보면서 내 생각을 구체적으로 설명하고자 한다.

사람이 생각하는 것을 돕는 도구로 활용되는 컴퓨터는 그동안 공상과학물에서 꾸준히 등장했다. 예컨대 수많은 〈스타 트렉〉 팬들은 우주선 엔터프라이즈호의 컴퓨터가 어려운 질문에도 빠르고 정확하게 답한다는 것을 알고 있다. 그러나 〈스타 트렉〉의 우주선에 탑승한 주인공들이 20세기를 살고 있는 사람들과 전혀 다른 사고방식을 지닌 것처럼 보이지는 않는다. 〈스타 트렉〉 에피소드들만 놓고 보면, 컴퓨터와 접촉한다고 해서 우주선에 있는 사람들이 자기 자신에 대해 생각하거나 문제에 접근하는 방식이 바뀌진 않았다. 이 책에서는 컴퓨터가 사람들의 사고 과정에 단순히 도구로 쓰일 뿐 아니라 개념적으로도 크게 기여함으로써 사람들이 컴퓨터와 물리적으로 접촉하지 않고서도(내가 어렸을 때 학교 수학 시간에 톱니바퀴가 없었지만 톱니바퀴가 대수학을 이해하는 데 도움이 되었던 것처럼) 사고 과정에 어떻게 영향을 받는지 논의할 것이다. 이제 과학과 기술로부터 대중을 소외시키는 문화는 종식될 것이다. 여러 가지 문화적 장벽이 어린이들이 과학적 지식을 온전히 자기 것으로 만들지 못하게 가로막고 있다. 그중에서 가장 눈에 띄는 장벽은 궁핍과 고립이라는 물리적인 장벽이다. 또 다른 종류의 장벽은 좀 더 정치적이다. 도시에서 자라는 많은 아이가 과학의 산물에 둘러 싸여 있지만 아이들은 이러한 과학적 산물을 '타자'에게 속한 것으로 본다. 그럴 만하다고 보는 이유는 대부분의 경우 타자는 사회의 적으로 인식되기 때문이다. 이런 사회적 장벽은 물리적인 장벽보다 추상적이지만 본래 성격은 같다. 유럽과 미국의 세련된 현대 문화에서 파생되어 세분화된 여러 문화는 너무나 '수학 공포증' 같은 경향을 보인다. 그로 인해 과학의 혜택을 누리는 대부분의 어린이조차 과학을 효과적으로(또는 좀 더 부드럽게) 자신에게 적합한 것으로 받아들이지 못한다. 나는 소형 컴퓨터의 형태를 띤 우주 시대space-age의 물건이 이러한 문화적 장벽을 뛰어넘어 모든 어린이의 사적인 세계로 들어가게 될 거라고 생각한다. 컴퓨터는 단순히 사물에 그치지 않을 것이다. 나는 이 책에서 컴퓨터가 어떻게 강력한 아이디어powerful idea를 전달하고 문화적 변화의 씨앗이 될 수 있는지, 사람들이 지식과 새로운 관계를 만들어 가는 데 어떤 도움을 줄 수 있는지 소개할 것이다. 과거의 지식은 과학에서 인간성을 분리하고, 인문학과 과학으로부터 자아에 대한 인식을 떼어 놓았다. 이 책은 컴퓨터를 사용하여, 누가, 무엇을, 몇 살에 이해할 수 있다는 통념에 도전한다. 이 책은 컴퓨터를 사용하여 발달 심리학, 적성과 태도의 심리학이 내세웠던 일반적인 가정에 의문을 제기한다. 또한 개인용 컴퓨터와 개인용 컴퓨터 이용 문화가 계속해서 '엔지니어'들만의 전유물이 될지 살펴보고, 또 컴퓨터 문화 형성 과정에서 오늘날 스스로를 '휴머니스트'라고 생각하는 사람들이 소외되지 않고 참여할 수 있는 지적 환경을 우리가 조성해 갈 수 있을지 다룬다.

그런데 컴퓨터가 할 수 있는 일과 사회가 컴퓨터를 가지고 시도하려는 일 사이에는 크나큰 간극이 있다. 사회는 근본적이고 위협적인 변화에 다양한 방법으로 저항한다. 따라서 이 책은 결국 정치적일 수밖에 없는 선택에 대해서도 다룬다. 정치적 영향을 많이 받는 교육계에 컴퓨터가 도입되면서 변화를 추구하는 세력과 변화에 저항하는 세력에 대해서도 살펴볼 것이다.

이 책은 컴퓨터에 대한 현재의 고정 관념과 매우 다른 관점에서 컴퓨터를 바라보는 데 상당 부분을 할애한다. 전문가와 비전문가 모두 자신이 가지고 있는 컴퓨터에 대한 고정 관념에서 의식적으로 벗어나야 한다. 컴퓨터는 이제 막 걸음마 단계에 있다. 우리는 현재 우리가 알고 있다고 생각하는 컴퓨터의 속성과 한계를 미래의 컴퓨터에 투사하지 않고는 컴퓨터의 미래를 생각하기 어렵다. 그리고 교육계에 컴퓨터를 어떻게 도입할 수 있을지 생각하는 데 있어서 이런 투사 과정이 그 어느 때보다 절실하다. 내가 이 책에서 전개할 어린이와 컴퓨터의 관계상은 오늘날 학교에서 흔히 볼 수 있는 어린이와 컴퓨터의 관계를 진전시키는 데 있지 않다. 오히려 전혀 다른 방향으로 나아가는 데 있다.

오늘날 대부분의 학교에서 하는 '컴퓨터 이용 교육'이라는 말은 컴퓨터가 아이들을 가르치게 만든다는 말이다. 어떤 사람은 컴퓨터가 아이들을 프로그래밍하고 있다고 말하기도 할 것이다. 그러나 내 비전에서는 어린이가 컴퓨터를 프로그래밍한다. 어린이는 컴퓨터를 프로그래밍하면서 가장 현대적이고 강력한 기술에 대한 감각을 익힐 뿐 아니라 과학과 수학, 지적인 모형 구성을 통해 얻은 심도 있는 개념과 친밀해진다.

나는 수많은 어린이를 뛰어난 프로그래머로 이끌어 가는 학습 과정에 대해서도 설명할 것이다. 일단 프로그래밍을 적절한 관점에서 보면, 어린이가 수준 높은 프로그래머가 된다는 사실이 그리 놀라운 일도 아니다. 컴퓨터를 프로그래밍한다는 것은 컴퓨터와 사람이 '알아들을' 수 있는 언어로 컴퓨터와 소통하는 것이다. 그리고 아이들이 가장 잘하는 것 중 하나가 언어 습득이다. 평범한 어린이라면 누구나 말하는 법을 배운다. 그렇다면 어린이가 컴퓨터와 '대화'하는 법을 배우지 못할 이유가 뭐란 말인가?

그러나 사람들이 어린이가 컴퓨터와 대화하는 법을 배우기 어렵다고 예상할 만한 이유는 많이 있다. 예를 들어 보면 이렇다. 아기들은 깜짝 놀랄 정도로 모국어를 쉽게 배우지만 대부분의 어린이는 학교에서 외국어를 배울 때 상당히 어려워한다. 그리고 모국어로도 글을 잘 쓰지 못하는 경우도 많다. 컴퓨터 언어 학습은 모국어로 말하기보다는 어려운 외국어로 글쓰기를 배우는 것에 더 가깝지 않을까? 게다가 수학을 배울 때 겪는 어려움까지 더해지면 문제가 더 복잡해지지 않을까?

두 가지 근본 개념이 이 책 밑바탕에 흐르고 있다. 첫째, 컴퓨터와 자연스럽게 소통할 수 있게끔 컴퓨터를 설계하는 일이 가능하다는 것이다. 미국 학교의 교실에서 부자연스러운 방식으로 외국어를 배우는 것이 아니라 마치 프랑스에 살면서 프랑스어를 배우듯이 컴퓨터를 사용하는 게 가능하다. 둘째, 컴퓨터와 소통하는 방식을 배우면 다른 것을 배우는 방식에도 변화가 온다. 컴퓨터는 수학적 언어도 알아듣고 알파벳 문자도 알아듣는다. 우리는 어떻게 하면 어린이들이 좋아하는 소통 방식으로 컴퓨터를 만들지 연구하고 있다. 어린이는 컴퓨터와 소통하면서 수학을 생생한 하나의 언어로 받아들인다. 게다가 수학적 커뮤니케이션과 알파벳 커뮤니케이션은 모두 수학이 변형된 것으로, 대부분의 어린이가 어렵게만 여겼던 대상을 점차 자연스럽고 쉬운 대상으로 받아들이게 된다. 컴퓨터와 '수학으로 대화하기'라는 아이디어는 '수학 나라Mathland'에서 수학을 배운다는 관점으로 확대할 수 있다. 다시 말해, 프랑스에 살면서 프랑스어를 배우듯 수학 나라에서 수학을 배우는 것이다.

나는 이 책에서 수학 나라라는 비유를 가지고 인간 능력에 대한 뿌리 깊은 고정 관념에 의문을 제기할 것이다. 대부분의 사람들은 일반적으로 어린이가 일정한 학년이 되기 전까지는 기하학을 정식으로 배울 수 없으며, 그 이후라 해도 제대로 배우지 못한다고 지레짐작한다. 그러나 우리는 이러한 추정의 근거가 매우 빈약하다는 것을 곧 알아챌 수 있다. 아이들의 프랑스어 습득 능력에 대해 비슷한 질문을 던지면 된다. 우리 주장을 뒷받침하는 근거로 미국 학교에서는 학생들이 프랑스어를 제대로 습득하지 못한다는 사실을 들었다면, 우리는 대부분의 사람들이 프랑스어를 숙달할 수 없다는 결론을 내려야 했을 것이다. 그러나 우리는 평범한 어린이가 프랑스에서 살면 프랑스어를 쉽게 배울 수 있음을 잘 안다. 나는 우리가 '형식적'이거나 '지나치게 수학적'이라고 보는 것을 아이들이 쉽게 배울 수 있다고 생각한다. 가까운 미래에 컴퓨터로 가득한 세상에서 어린이들이 자란다면 어렵지 않은 일이 될 것이다.

나는 우리가 수학과 맺은 관계를 이 책의 주제와 관련된 사례들과 함께 면밀히 살펴보고, 우리 인간이 능력을 키우는 과정에서 기술적·사회적 프로세스와 어떻게 상호 작용하는지 논하려 한다. 그리고 학습이 효과적으로 이루어지는 경우와 그렇지 않은 경우를 이론적으로 설명하고, 독자들의 이해를 돕기 위해 수학적 사례를 소개할 것이다.

나는 스스로 지식을 '구성'하는 어린이의 인지적 구조 모형을 장 피아제[1]로부터 가져왔다. 어린이는 타고난 학습자처럼 보인다. 어린이는 학교에 들어가기 한참 전부터 어마어마한 양의 지식을 습득하는데, 이러한 과정을 '피아제식 학습' 또는 '가르침 없이 일어나는 학습'이라고 한다. 예를 들어 어린이는 말하기와 공간을 돌아다니는 데 필요한 쉬운 기하학적 지식과 부모를 설득하는 데 필요한 논리와 수사법修辭法을 학습한다. 그리고 이 모든 것을 누가 '가르쳐 주지' 않아도 스스로 깨우친다. 어떤 유형의 학습은 일찍부터 자발적으로 일어나는 반면, 어떤 유형의 학습은 한참이 지난 후에야 이루어지거나 정식 교육을 통해 의도적으로 가르치지 않으면 결코 이뤄지지 않는다는 사실에 의문을 느낄 필요가 있다.

우리가 진정으로 어린이를 '구성가로서의 어린이'라는 관점으로 바라본다면 답에 근접해 가고 있다고 봐도 된다. 무언가를 지으려는 사람에게는 재료가 필요하다. 아이들을 둘러싼 문화를 이러한 재료의 원천으로 본다는 점에서 나는 피아제와 견해가 다르다. 어떤 경우에 문화는 아주 풍부한 재료를 제공함으로써 구성주의적인constructive 피아제식 학습이 쉽게 일어날 수 있게 해 준다. 예를 들어, 우리가 자주 사용하는 물건(나이프와 포크, 엄마와 아빠, 신발과 양말) 중에는 두 개가 한 쌍으로 이뤄진 것이 많은데, 이런 물건은 어린이들이 수에 대한 직관적인 감각을 구성하기에 좋은 '재료'가 된다. 피아제는 특정 개념이 너무 복잡하거나 형식적인 경우에 아이들이 오랜 시간에 걸쳐 천천히 그 개념을 이해한다고 본다. 반면, 나는 해당 개념을 단순하게 만들고 구체화하는 데 도움이 되는 재료가 부족한 문화적 배경 때문에 학습 속도가 지체되는 것이라 생각한다. 또 어떤 경우에 문화는 재료를 제공하지만 이것을 이용하는 것을 막기도 한다. 형식주의 수학의 경우 정식 교재도 부족하고 문화적 장벽도 존재한다. 현대 문화에 만연한 고질적인 수학 공포증 때문에 많은 사람이 '수학'이라고 인식되는 것을 배우는 데 애를 먹지만, 수학이라고 인식하지 않는 수학적 지식은 쉽게 배운다.

우리는 계속해서 수학 공포증이 수학과 과학 학습을 방해하는 것 이상의 파급력을 행사하는 현장을 보게 될 것이다. 수학 공포증은 다른 고질적인 '문화적 독소'와 상호 작용한다. 예컨대 적성과 관련된 대중적인 이론 때문에 사람들이 가지고 있는 학습자로서의 자아상이 훼손된다. 보통 사람들은 학교 수학을 어렵다고 느끼기 시작하면서 지적으로 해로운 과정에 들어서는 경우가 많다. 이 과정에 들어서면 우리는 '수학에 소질이 있는' 또는 '수학에 소질이 없는', '예술에 소질이 있는' 또는 '예술에 소질이 없는', '음악에 소질이 있는' 또는 '음악에 소질이 없는', '이해가 깊은' 아니면 '겉핥기식의', '똑똑한' 또는 '멍청한'이라는 수식어로 자신을 규정한다. 따라서 결핍이 정체성이 되고 학습은 어린 시절 세상을 자유롭게 탐구하는 활동에서 불안감과 자신이 가한 제약이 낳은 하기 싫은 일로 변질된다.

두 가지 주된 주제가 컴퓨터와 교육에 대한 내 연구 의제의 기틀을 마련해 왔는데, 바로 어린이는 컴퓨터를 다루는 법을 능수능란하게 배울 수 있고, 컴퓨터를 다루는 법을 배우면 다른 모든 걸 학습하는 방식을 바꿀 수 있다는 것이다. 지난 10년간 나는 MIT(인공 지능 연구실 내 로고2 그룹)에서 훌륭한 동료 학자들 및 학생들과 함께 어린이가 컴퓨터와 의사소통하는 법을 배울 수 있는 환경을 조성하는 행운을 누렸다. 우리는 연구하는 내내 어린이가 언어를 습득하는 방식인 모방이라는 비유를 사용했으며, 이 비유는 전통적인 것과 전혀 다른 교육 및 교육 연구에 대한 비전으로 우리를 안내했다. 교직에 있는 사람들에게 '교육'이라는 단어는 '가르침', 특히 교실에서 가르침을 연상시키는 경향이 있다. 이 때문에 교육 연구의 목표는 교실에서 어떻게 하면 더 잘 가르칠까에 치우친다. 그러나 내가 지금까지 강조해 왔듯이, 성공적인 학습이 아이가 말하기를 배우는 것처럼 의도적으로 가르치거나 틀에 맞춰 가르치지 않는 과정이라면 우리의 목표는 완전히 달라져야 할 것이다. 그간 우리 사회는 아무런 제약이 없는 편안한 환경은 쓰기, 문법, 학교 수학 같은 특정 핵심 영역을 가르치기에 적합하지 않다고 여겼다. 하지만 나는 사회가 억지로 조성한 인공적이고 비효율적인 학습 환경이 바로 교실이라고 생각한다. 우리가 컴퓨터로 교실 밖 학습 환경을 바꿀 수 있게 되면, 현재 학교가 매우 어렵게 비용을 들여 가르치려 하지만 가르치지 못하는 지식을 아이들이 배울 수 있을 것이다. 비록 학교에서 가르치고자 하는 지식의 전부는 아니더라도 말이다. 체계적인 교육을 받지 않은 아이들도 힘들이지 않고 말하기를 제대로 배우는 것을 보면 알 수 있듯이 우리는 앞으로 우리가 알고 있는 형태의 학교가 설 자리를 잃게 될 것임을 예상할 수 있다. 그러나 학교가 새로운 모습으로 바뀌어 변화에 적응할지, 아니면 점점 힘을 잃고 다른 것으로 대체될지는 두고 봐야 한다.

내가 바라보는 미래의 교육상을 실현하는 데 있어서 기술이 핵심적인 역할을 하겠지만, 내가 가장 중요하게 생각하는 대상은 컴퓨터가 아니라 마음이다. 특히 지적인 활동과 문화가 스스로를 정의하고 성장시키는 방식에 관심이 많다. 실제로 나는 컴퓨터에 문화적 '싹' 또는 '씨앗'을 실어 나르는 '운반체'라는 역할을 부여했으며, 이러한 새싹과 씨앗이 만들어 내는 지적 산물은 씩씩하게 성장하는 마음 안에 한번 뿌리를 내리면 더 이상 기술 지원을 필요로 하지 않을 것이다. 모두 그렇지는 않지만 수학을 좋아하고 수학이 적성에 맞는다고 느끼는 대부분의 아이들이 그렇게 느끼는 이유는 최소한 우연히 어른들, 그러니까 수학 언어를 구사할 줄 아는 어른들로부터 '수학 문화'의 '싹'을 얻었기 때문이다. 마치 17세기 프랑스 극작가 몰리에르의 작품 속 주인공인 주르뎅 씨가 항상 산문체로 말하면서도 정작 자신은 그런 줄 몰랐던 것처럼 이 어른들도 수학 언어를 쓰지만 정작 자기는 그런 사실을 모를 수 있다. 이 같은 '수학적 언어를 구사하는' 어른이라고 해서 모두 방정식을 풀 줄 아는 것은 아니다. 자신이 수학적 언어를 사용하는 사람임을 알리는 표식은 이들의 사고방식에 새겨져 있다. 이런 어른들이 주장할 때 펼치는 논리나 평소에 즐기는 퍼즐, 말장난, 역설을 보면 알 수 있다. 수학과 과학을 어려워하는 어린이들은 대부분 수학적 언어를 구사하는 어른들이 비교적 적은 환경에서 자란 경우가 많다. 이런 어린이들은 학교에서 수학을 쉽게 배우는 데 필요한 요소들을 갖추지 못한 채 학교에 입학한다. 학교는 이런 아이들에게 부족한 요소를 모두 채워 줄 수 없기 때문에 어쩔 수 없이 아이들을 암울한 학습 환경에 몰아넣고, 아이들은 수학은 물론 배운다는 것 자체에 부정적인 감정을 강렬하게 느낀다. 악순환이 이렇게 시작된다. 이 같은 아이들은 나중에 부모가 되어 자기 자녀에게 수학의 씨앗을 전달하는 데 실패할 뿐 아니라 오히려 수학 공포증이라는 지적으로 파괴적인 세균을 아이들에게 감염시킬 가능성이 매우 높다.

다행히도 악순환을 영원히 깰 수 있는 어떤 지점에 도달하는 순간이 있다. 나는 이런 악순환을 깨는 데 컴퓨터가 어떻게 도움이 될지 보여 줄 것이다. 이로써 컴퓨터에 의존하지 않고도 이런 악순환에서 벗어날 수 있을 것이다. 내 견해는 두 가지 측면에서 '본성 대 양육'에 대한 대부분의 주장과 다르다. 나는 본성과 양육에 대해 어떤 식으로 양육하는 것이 지적 성장에 필요한지 그리고 좀 더 넓은 사회적 맥락에서뿐 아니라 가정에서 이런 식으로 양육하려면 어떻게 해야 하는지에 대해 더 구체적으로 논할 것이다.

그러므로 이 책은 사실상 하나의 문화, 즉 생각하는 방법, 다시 말해 한 가지 생각이 어떻게 어린이의 마음속에 자리 잡는지에 관한 책이다. 나는 이런 문제를 다룰 때 추상적인 방식을 믿지 못하는 사람이므로 구체적인 특정 부분에 초점을 맞추려 한다. 사실 내가 집중해서 다루려는 분야는 내가 가장 잘 아는 생각하는 방식에 대한 것이다. 일단 나 자신의 발달 과정에 대해 알고 있는 것들부터 살펴볼 것이다. 내가 이렇게 되었으니 누구나 나처럼 되어야 한다는 뜻으로 말하려는 것은 아니다. 그러나 학습을 이해하는 가장 좋은 방법은 잘 선정한 구체적인 사례를 이해한 다음 여기에서 얻은 통찰을 어떻게 일반화할지 고민하는 것이다. 생각한다는 것이 무엇인지 진지하게 생각하려면 뭔가를 생각하는 것에 대해 생각해야 한다. 그리고 여기서 뭔가에 대해 생각한다고 할 때 그 대상은 바로 수학이다. 내가 가장 잘 아는 분야가 수학에 대해 생각하는 법이다. 이 책에서 수학에 대한 내용을 쓸 때, 내가 예상하는 독자들은 수학적 사고 자체에 관심이 지대한 수학자들이 아니다. 내 관심사는 좀 더 보편적인 문제인데, 사람들이 어떻게 생각하는지 그리고 생각하는 법을 어떻게 배우는지가 궁금하다.

내가 어떻게 수학자가 되었는지 돌이켜 보면, 그 과정이 너무나 특

이해서 교육은 이래야 한다고 일반화해서 제시하기 어렵다. 게다가 모두가 수학자가 되길 원하는 것도 아니다. 그러나 나는 내가 수학에서 얻은 그런 종류의 기쁨을 배움에서 느낄 수 있도록 하는 것이 교육의 비전에 들어가야 한다고 생각한다. 우리가 만일 어떤 사람이 경험한 것의 본질을 완전히 이해할 수 있다면 우리는 다른 방식으로 그 경험이 만들어 낸 결과물, 구체적으로 말해 추상적인 것에서 아름다움을 찾아내는 과정을 그대로 흉내 낼 수 있을 것이다. 따라서 이 책에서는 수학에 대한 이야기를 많이 할 것이다. 수학을 싫어하는 독자들에게는 미리 사과한다. 그러나 사과의 의미로 수학을 싫어하는 독자들이 수학에 조금이라도 호감을 가질 수 있게 돕고 싶다. 아니면 적어도 '수학으로 말하기'에 대해 갖고 있던 선입견을 바꿔 보고 싶다.

이 책의 서문에서 나는 내가 수학적 사고를 하게 되는 데 톱니바퀴가 어떻게 도움이 되었는지 설명했다. 이는 톱니바퀴의 몇 가지 특징 덕분이었다. 첫째, 톱니바퀴는 나를 둘러싼 문화 속에 자연스럽게 자리한 '배경'의 일부였다. 이 때문에 나는 톱니바퀴를 발견할 수 있었고 나만의 방식으로 톱니바퀴를 이해할 수 있었다. 둘째, 톱니바퀴는 내 주위에 있는 어른들 세계의 일부였으며 톱니바퀴를 통해 나는 이 어른들을 이해할 수 있었다. 셋째, 나는 내 몸을 가지고 톱니바퀴에 대해 사고할 수 있었다. 나는 내 몸이 돌아가는 상상을 하면서 톱니바퀴가 어떻게 돌아가는지 느낄 수 있었다. 그렇게 되자 나는 내 '신체 지식'에 기대어 톱니바퀴 체계를 사고할 수 있었다. 마지막으로 실질적으로 톱니바퀴들 간의 관계에는 수학적 정보가 엄청나게 많이 담겨 있었기 때문에 나는 톱니바퀴들을 가지고 형식 체계에 대해 생각할 수 있었다. 나는 '생각하게 하는 사물object-to-think-with'로 어떻게 톱니바퀴를 이용할 수 있는지 기술했다. 나는 톱니바퀴를 이용하여 스스로 수학자로 성장했다. 톱니바퀴들은 내가 교육학자로 일할 때에도 생각하게 하는 사물이 되어 주었다. 내 목표는 아이들이 자신만의 방식으로 스스로 만들 수 있는, 생각하게 하는 사물을 설계하는 것이었다. 나는 책의 대부분을 이러한 연구 과정을 기술하는 데 할애할 것이다. 일단 컴퓨터로 만든 '생각하게 하는 사물'의 한 예를 설명하겠다. 바로 '로고 거북이'[3]이다.

내가 로고 거북이를 제시했다고 해서 로고 거북이가 모든 교육 문제를 해결할 만병통치약이라는 뜻은 아니다. 나는 로고 거북이가 귀중한 교육적 사물이라고 생각한다. 그러나 이 책에서 로고 거북이는 앞으로 만들 생각하게 하는 사물의 모형이다. 나는 '생각하게 하는 사물'을 만드는 과정에 관심이 있다. 이런 사물에는 문화 현장, 거기에 깔린 지식, 자기 인식에 대한 가능성이 교차한다.

로고 거북이는 컴퓨터로 조종할 수 있는 사이버네틱cybernetic 동물이다. 이 거북이는 '로고 환경'이라고 하는 인지적 소문화miniculture 속에 존재하며, 컴퓨터 언어인 로고는 이 거북이와 소통할 수 있게 해 준다. 로고 거북이는 프로그래밍하기 좋고 생각하기 좋은 대상이라는 점 이외에 별다른 특이점은 없다. 어떤 로고 거북이들은 추상적인 대상으로 컴퓨터 화면에만 존재하기도 한다. 또 다른 로고 거북이들은 바닥에 올려놓고 평범한 장난감처럼 움직이거나 손으로 집어 올릴 수도 있는 물리적 사물이다. 보통 첫 만남은 키보드에 명령어를 입력하여 로고 거북이가 움직이는 모습을 아이에게 보여 주면서 시작한다. FORWARD 100이라는 명령어를 입력하면 로고 거북이는 직선으로 거북이 걸음 한 걸음당 1㎜씩 100걸음 움직인다. RIGHT 90이라고

치면 거북이는 제자리에서 90도 방향으로 우회전한다. PENDOWN이라고 치면 로고 거북이는 펜을 내려 움직이는 경로를 따라 선을 그리며, PENUP이라고 명령하면 펜을 위로 들어 올린다. 물론 이 숫자들이 의미하는 바를 완전히 이해하려면 아이들은 아주 많은 관찰을 해야 한다. 그러나 이 모든 과정은 매우 재미있어서 아이들이 따라가기에 무리가 없다.

프로그래밍이라는 개념을 소개할 때에는 로고 거북이에게 새로운 단어를 가르친다는 비유를 사용한다. 여기까지는 쉽다. 아이들은 대개 자기가 만든 새로운 명령어, 이를테면 SQUARE나 TRIANGLE 또는 SQ나 TRI 등에 로고 거북이가 반응하여 적당한 모양을 그리게 하는 것으로 프로그래밍을 시작한다. 일단 새로운 명령어를 정의해 놓으면 나중에 다른 명령어를 정의할 때 다시 사용할 수 있다. 예컨대 그림 1의 집을 삼각형 한 개와 정사각형 한 개로 지었듯이 이 집을 짓는 프로그램은 정사각형과 삼각형을 그리라는 명령어를 가지고 만든다. 그림 1은 이 프로그램의 진화 과정을 네 단계로 보여 준다. 이렇게 단순한 그림을 가지고 이 어린 프로그래머는 다양한 시도를 할 수 있다. 어떤 아이들은 구체적인 것이든 추상적인 것이든 더 복잡한 그림을 그린다. 어떤 아이들은 로고 거북이를 그림 도구로 사용하지 않고 로고 거북이의 터치 센서를 사용해 사물⁴을 찾아내거나 피하는 프로그램을 만든다. 나중에 아이들은 컴퓨터를 가지고 로고 거북이를 움직이는 것 말고도 음악도 만들 수 있다는 것을 알게 된다. 그런 다음 이 두 가지 프로그램을 합쳐서 춤추는 로고 거북이 프로그램을 만든다. 아니면 바닥을 돌아다니는 거북이에서 '화면 속 로고 거북이'로 옮겨 갈 수 있다. 여기에서 어린이들은 프로그래밍으로 형형색색의 움직이는 그림을 그린다. 이런 사례는 끝이 없다. 그러나 각 사례에서 어린이는 매우 풍부하고 정교한 '마이크로월드micro-world'를 통제하는 방법을 배우게 된다.

인터랙티브한 컴퓨터 화면을 본 적이 없는 독자들은 상상이 잘 안 될 것이다.* 그런 독자들은 그리 멀지 않은 미래에 컴퓨터 그래픽 디스플레이가 될 전자 스케치북을 상상하면 좋을 것이다. 한마디로 텔레비전 화면인데, 색상이 있는 움직이는 그림을 보여 줄 수 있다. 이 전자 스케치북에 뭔가를 '그릴' 수도 있고 명령을 내릴 수도 있다. 명령을 내리는 방법은 자판을 치거나 말을 하거나 아니면 막대기 같은 것으로 가리키는 방식이 될 수 있다. 요청하면 색상 팔레트가 화면에 나타날 수도 있다. 원하는 색상을 막대기로 가리켜 선택할 수 있다. 선택을 바꾸기 전까지는 앞에서 고른 색으로 그림을 그릴 수 있다. 여기까지는 전통적인 미술 재료와 크게 다를 게 없어 보인다. 그러나 현격한 차이는 그림을 편집할 방법을 생각하기 시작하면서부터 드러난다. 이제 우리는 컴퓨터 언어로 '그림에게 말'을 할 수 있다. 그림에게 '말해서' 색상을 바꾸거나 그림을 움직이게 한다. 아니면 똑같은 그림 두 개를 그려서 서로 반대 방향으로 돌아가게 한다. 아니면 색상 팔레트를 음성 팔레트로 대체하여 음악 한 곡을 '그린다.' 작업한 것을 컴퓨터 메모리에 저장한 후 원할 때 다시 불러오거나 중앙 통신 네트워크에 연결된 수많은 컴퓨터 가운데 한 컴퓨터의 메모리로 전송하여 친구를 즐겁게 할 수 있다.

* (옮긴이) 이 책의 원서 1판은 1980년, 2판은 1993년에 발간됐다.

그림 1

계획

TO HOUSE
SQ
TR1

마인드스톰

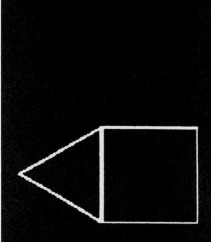

TO HOUSE
SQ
RIGHT 30
TR1
END

TO HOUSE
RIGHT 90
SQ
RIGHT 30
TR1
END

당연히 이 모든 것은 재미있다. 그러나 여기에는 단순한 재미 이상의 것이 있다. 매우 강력한 유형의 학습이 일어난다. 전자 스케치북을 가지고 뭔가를 하는 어린이는 모양에 대한 것들과 모양의 다양한 변화, 속도와 변화율, 과정과 절차를 말하는 데 필요한 언어를 배운다. 이 아이들은 수학 언어를 배우게 되며 스스로를 수학자로 생각한다.

로고 거북이를 가지고 노는 어린이를 설명하면서 나는 어린이가 프로그래밍을 배울 수 있다는 사실을 넌지시 드러냈다. 일부 독자들에게는 아이들이 로고 거북이를 가지고 놀면서 프로그램을 배운다는 이야기가 극장에 가서 연극을 볼 때 사실적이지 않은 내용을 받아들이기 위해 불신을 유예suspension of disbelief*하는 것과 같다고 느껴질지도 모른다. 그런 독자에게 프로그래밍은 수학을 잘하는 일부 어른이나 배울 수 있는 복잡하면서도 시장성 있는 기술이다. 그러나 내 경험은 다르다. 나는 초등학생 수백 명이 프로그래밍을 쉽게 배우는 것을 지켜봤으며, 이보다 더 어린아이들도 프로그래밍을 할 수 있다고 알려주는 증거가 쌓여 가고 있다. 이 연구에 참여한 어린이들은 전혀 특출 난 아이들이 아니며, 오히려 각자 특수한 상황에 놓여 있다고 말하는 편이 더 정확할 것이다. 어떤 아이는 학업 성취도가 뛰어났으며, 또 어떤 아이들은 정서 장애나 인지 장애 진단을 받기도 했다. 어떤 아이들은 뇌성 마비가 심해서 자기 마음대로 물체를 조작해 본 적이 없었다. 어떤 아이들은 자신의 재능을 '수학적인' 형태로 표출했으며, 어떤 아이들은 '언어적' 형태로, 또 어떤 아이들은 '시각적'으로, 또 어떤 아이들은 '음악적' 형태로 표출했다.

---

* (옮긴이) 영국 시인 새뮤얼 테일러 콜리지가 만든 용어로 픽션의 비현실적인 내용도 극의 주제를 받아들이기 위해 의심하지 않는 태도를 가리킨다.

물론 이런 어린이들이 일반 언어를 구사하듯이 프로그래밍 언어를 유창하게 구사하지는 않았다. 수학 나라 비유를 좀 더 진지하게 적용해 보면 어린이의 컴퓨터 경험은 실제로 프랑스에 살면서 프랑스어를 익힌다기보다는 방학 때 프랑스에 놀러가 1~2주 머무르면서 프랑스어를 배우는 것에 더 가까웠다. 그러나 프랑스어로 말하는 사촌과 방학을 보내는 어린이처럼 프로그래밍을 하는 어린이도 분명히 '컴퓨터 언어'로 말하는 법을 배운다.

나는 이런 연구가 지닌 의미를 생각할 때마다 두 가지 인상이 또렷이 떠오른다. 첫째, 제대로 된 여건이 주어지면 모든 어린이는 능숙하게 프로그래밍을 할 수 있으며 이런 능력을 통해 지적으로 한 단계 발전한다. 둘째, '제대로 된 여건'이라 함은 요즘 학교에서 일반적으로 말하는 종류의 컴퓨터 접근성과 크게 다르다. 내가 이 책에서 이야기하는 유형의 관계를 컴퓨터와 맺으려면 현재 교육 기획자들이 생각하는 것보다 컴퓨터 사용이 훨씬 더 자유로워야 한다. 그리고 지금 학교가 제공하는 것과는 전혀 다른 컴퓨터 언어와 그러한 컴퓨터 언어 학습 환경이 필요하다. 심지어 현재 학교가 사들이는 컴퓨터와 다른 종류의 컴퓨터를 필요로 한다.

나는 이 책 대부분을 컴퓨터와 컴퓨터 언어, 나아가 컴퓨터 문화를 어떻게 선택할지 설명하는 데 할애할 것이다. 어떤 선택을 하느냐에 따라 어린이가 컴퓨터를 가지고 얼마나 잘 배울지 그리고 거기서 어떤 이점을 얻는지가 달라진다. 그러나 모든 어린이가 무료로 컴퓨터를 이용하는 것에 대한 경제적 타당성 문제는 지금 당장 이야기할 수 있다. 그렇게 함으로써 내 '교육 비전'의 '경제적 실현 가능성'에 대한 독자들의 의구심을 해소하고 싶다.

새로운 유형의 학습 환경에 대한 내 비전은 어린이가 컴퓨터에 자유롭게 접근하는 것이다. 그러려면 집에서 가족이 쓸 컴퓨터를 한 대 사거나 아이 친구들이 컴퓨터를 가지고 있으면 된다. 여기서 하려는 논의를 위해(그리고 우리 논의를 사회 전 계층을 대상으로 확장하기 위해) 우리는 학교가 모든 학생에게 강력한 개인용 컴퓨터를 한 대씩 제공한다고 가정한다. 대부분의 '현실적인' 사람들(부모, 교사, 학교장, 재단 관리자)은 이런 생각에 다음과 같이 똑같은 반응을 보인다. "당신 말대로 컴퓨터가 그런 일을 해낸다고 칩시다. 그러나 현실적으로는 그럴 수 없습니다. 그런 돈이 어디서 납니까?"

　　이런 사람들이 하는 말에 정면으로 대응할 필요가 있다. 이 사람들은 틀렸다. 1987년 유치원에 입학할 아이들, 즉 '2000년도 고등학교 졸업자들'을 대상으로 계산을 해 보자. 유치원부터 고등학교 3학년까지 13년간 어린이 한 명당 학교 교육에 투입되는 직접 공공 비용이 현재 기준(2000년 졸업자들 기준으로는 아마도 3만 달러에 가까울 것이다)으로 2만 달러를 넘는다. 각 어린이에게 개인용 컴퓨터를 제공하는 데 따르는 비용, 즉 이 책에서 기술한 교육 목표를 달성하기에 충분한 성능을 갖추고, 업그레이드와 수리를 진행하고, 필요 시 대체하는 비용까지 감안하여 비용을 보수적으로 책정하더라도 학교를 다니는 13년 동안 학생당 약 1000달러의 비용이 든다고 예상할 수 있다. 따라서 2000년 졸업자들에게 들어가는 '컴퓨터 비용'은 교육 부문 총 공공 지출의 5%에 불과하며 이는 컴퓨터 사용으로 인한 교육비 구조를 전혀 바꾸지 않아도 되는 수치다. 그러나 사실 학교에서 컴퓨터를 사용하는 것은 다른 관점에서 볼 때 교육에 들어가는 비용을 낮출 수 있는 좋은 기회이기도 하다. 학교는 컴퓨터 사용 주기를 13년에서 12년으로 줄일 수 있게 된다. 또한 컴퓨터로 인해 학생이 얻게 되는 자율성이 확대되면, 각 학생이 교사로부터 관심을 그대로 받는 선에서 학급당 학생 수를 한두 명 늘릴 수도 있다. 어떤 식이 됐든 컴퓨터 비용을 '회수'할 수 있다. 여기서 내 목표는 교육비 절감이 아니다. 컴퓨터를 이용해서 아이가 학교 다니는 기간을 1년이라도 줄여 보자거나 초등학교 학급당 학생 수를 한 명이라도 늘리자고 이런 이야기를 하는 게 아니다. 내가 교육의 '예산 균형'에 대한 예를 든 것은 이 책의 1장을 읽기 시작하는 독자들의 마음 상태와 관련이 있다. 지금까지 나는 내가 교육적 이상주의자라고 말했다. 내가 나를 교육적 이상주의자라고 말하는 것은 단순히 첨단 기술에 둘러싸인 어린이가 있는 곳에 교육의 미래가 있다고 보기 때문만은 아니다. 나는 아이들이 매우 강력한 컴퓨팅 기술computational technology과 컴퓨팅 아이디어computational idea를 익히면 인지적인 면은 물론 정서적인 면에서도 학습하고 생각하며 성장할 가능성이 어린이들에게 열릴 거라고 믿기 때문이다. 앞으로 다룰 장에서 이러한 가능성이 무엇인지 다룰 것이며 이 가능성들은 대부분 누구나 컴퓨터를 사용할 수 있는 미래, 즉 어린이의 일상 속에서 컴퓨터가 중요한 부분을 차지하는 미래에 달려 있다. 그러나 나는 독자들이 내 비전과 이 책에서 말하는 '유토피아'가 특정 방식으로 컴퓨터를 사용하는 것임을 명확하게 이해하기를 바란다. 여기서 특정 방식이란 컴퓨터와 사람이 새로운 관계를 맺는 방식으로 컴퓨터를 이용하는 것을 말한다. 그저 컴퓨터가 앞에 있기 때문에 사용해야 한다는 생각은 봉건 시대의 생각이다.

[1]

🐢

컴퓨터와 컴퓨터 문화

어린이는 컴퓨터를 접하는 현대의 교육적 상황에서 자신에게 맞는 속도로, 자신에게 적절한 난이도에 맞는 문제를 풀고 피드백을 받으며 정보를 얻기 위해 컴퓨터를 활용한다. 이 말은 컴퓨터가 어린이를 프로그래밍한다는 뜻이다. 로고 환경에서는 이 관계가 바뀐다. 어린이, 심지어 학령기 이전의 어린이라 해도 컴퓨터를 다룰 수 있다. 어린이가 컴퓨터를 프로그래밍한다. 아이는 생각하는 방법을 컴퓨터한테 가르치면서 자기가 어떤 식으로 생각하는지 탐색하기 시작한다. 매우 신나는 경험이다. 생각하는 것이 뭔지 생각하는 것은 어린이를 인식론자로 만들어 준다. 이는 대부분의 어른들도 경험하지 못하는 점이다.

어린이 인식론자라는 강력한 이미지는 내가 피아제와 함께 연구하는 동안 내 상상력을 사로잡았다. 제네바에 있는 피아제의 발생론적 인식론 센터Center for Genetic Epistemology에 머문 지 5년이 지난 1964년, 나는 어린이를 인지적 구조물을 쌓아 올리는 건축가로 바라보는 피아제의 관점에 깊은 인상을 받았다. 교사가 아닌 학습자 스스로가 지적 구조를 구축한다고 해서 백지에서 시작한다는 뜻은 아니다. 오히려 그 반대다. 어린이는 다른 건축가들처럼 자신에게 필요한 용도에 맞는 재료를 찾아낸다. 가장 눈에 띄는 점은 아이가 자신을 둘러싼 문화가 제시하는 모형과 메타포를 이용한다는 것이다.

피아제는 어린이의 지적 능력이 발달하는 순서를 저술한 바 있다. 나는 지적 능력 발달 순서에 있어서 특정 문화가 제공하는 재료가 피아제의 생각보다 영향을 더 많이 끼친다고 생각한다. 예를 들어, 우리 문화에는 아이가 수리적인 사고와 논리적인 사고의 요소들을 구성하는 데 유용한 자료가 풍부하다. 아이들은 셈하는 법을 배운다. 아이들은 센 물건의 수가 물건의 순서와 배열로부터 독립적이라는 사실을 배운다. 아이들은 이런 '보존' 개념을 자기들이 쏟은 액체와 자기들이 모양을 바꾼 고체의 속성에까지 확장한다. 어린이는 이러한 생각의 요소들을 전의식前意識적이면서 '자발적으로' 발전시킨다. 다시 말해 의도적으로 가르치지 않아도 그렇게 한다. 지식의 다른 요소, 이를테면 순열과 조합은 더 천천히 배우게 되거나 아니면 정식 교육을 받지 않으면 아예 배울 수 없다. 전체적으로 이 책에서는 다수의 중요한 사례를 살펴보면서 발달적 차이가 생기는 원인이 분명히 '훨씬 더 진보된' 지적 구조물을 쌓을 수 있음에도 그런 재료가 우리 문화에 상대적으로 부족하기 때문이라고 주장한다. 이 같은 주장은 유럽이나 미국의 도시에 사는 어린이와 아프리카 밀림에 사는 원주민 어린이의 차이점을 찾는 피아제의 문화적 해석과 매우 다를 것이다. 내가 이 책에서 '우리' 문화라고 말할 때의 '우리'는 편협함을 의미하지 않는다. 나는 미국 뉴욕과 아프리카 차드Chad를 비교하려는 것이 아니다. 내 주된 관심사는 컴퓨터 이전의 문화(미국 도시이든 아프리카 부족 국가이든)와 앞으로 어디서든 보게 될 '컴퓨터 문화'의 차이점이다.

나는 컴퓨터가 텔레비전과 인쇄를 비롯한 신기술에 비해 인지적 발달에 좀 더 근본적인 영향을 줄 거라고 확신하는 한 가지 이유를 제시했다. 컴퓨터가 수학이라는 언어를 구사할 줄 아는 독립적인 객체라고 비유하면 학습자는 중요한 지식 영역과 질적으로 새로운 관계를 맺게 된다. 심지어 최고의 교육용 텔레비전 프로그램조차 텔레비전 이전에 존재했던 학습 형태의 양적 발전만 가져왔다. 미국의 유아용 텔레비전 프로그램인 〈세서미 스트리트Sesame Street〉는 일부 부모나 유치원 교사보다 훨씬 재미있게 아이들에게 뭔가를 가르쳐 주지만 어린이는 그저 설명을 듣는 데 그친다. 반면에 어린이가 프로그래밍을 배우면 학습 과정이 달라진다. 즉 아이들은 학습 과정에 더욱 능동적이고 자발적으로 참여하게 된다. 특히 각자의 명확한 목적에 따라 지식을 습득한다. 아이는 그렇게 얻은 지식을 가지고 무언가를 한다. 새로운 지식은 힘의 원천이며 아이의 마음속에서 그 지식이 형성되는 순간부터 아이는 그 힘을 경험한다.

나는 새로운 방식의 수학 학습법에 대해 이야기했다. 그러나 수학 말고도 더 많은 것들이 새로운 학습법의 영향을 받는다. 무엇이 얼마나 영향을 받는지는 피아제의 다른 아이디어를 살펴보면 알 수 있다. 피아제는 사고를 '구체적' 사고와 '형식적' 사고로 구분한다. 구체적 사고는 아이가 만 6세, 즉 1학년이 될 무렵 이미 발달하며 이후 몇 년에 걸쳐 자리를 잡는다. 형식적 사고는 아이의 연령이 만 12세 전후가 되기 전까지는 발달하지 않으며, 일부 학자들은 형식적 사고가 완전히 발달하지 않은 어른도 많다고 말한다. 나는 피아제의 이러한 구분에 전적으로 동의하지는 않지만 충분히 현실적이란 생각은 한다. 인지적 발달에 대한 한 가지 혁신이 그저 그런 1000가지 발상의 누적된 양적 효과보다 질적으로 탁월하다. 더 간단히 말하면 나는 컴퓨터가 형식적인 사고를 구체화(그리고 개인화)한다고 추정한다. 여기에 비추어 볼 때 컴퓨터를 단순히 또 하나의 강력한 교육 도구로만 볼 수는 없다. 컴퓨터가 특별한 도구인 이유는 피아제와 다른 많은 학자들이 아동기에서 성인기의 사고로 넘어가는 과정에서 극복해야 할 장애물이라 여기는 것을 없앨 수 있는 해결책을 제공하기 때문이다. 나는 컴퓨터를 이용해 구체적 사고와 형식적 사고를 구분하는 경계를 바꿀 수 있다고 생각한다. 형식적인 과정을 통해서만 접근할 수 있었던 지식에 이제는 구체적으로 접근할 수 있다. 게다가 진짜 마법은 이런 지식이 형식적 사고를 하기 위한 필요 요소라는 데 있다.

컴퓨터의 역할에 대한 이런 구구절절한 설명이 추상적으로 들릴 수 있다. 뒷장에서 컴퓨터의 역할에 대해 더 구체적으로 논하겠지만, 우선 피아제가 인지적 발달에서 형식적 단계와 관련지은 두 가지 유형의 사고가 컴퓨터를 가지고 하는 학습에 어떤 효과를 미치는지 구체적으로 설명하겠다. 인지적 발달의 형식적 단계에서 일어나는 조합적 사고란, 한 사람이 어떤 시스템에서 일어날 가능성이 있는 모든 상태의 집합과 생각 자체에 대한 자기 참조적 사고에 따라 추론하는 것이다.

조합적 사고에 대한 일반적인 실험에서, 어린이는 여러 가지 색깔의 구슬을 놓고 가능한 모든 조합(또는 패밀리*)을 만들어 보라는 요청을 받는다. 놀라운 것은 대부분의 어린이가 5, 6학년이 되기 전까지는 요청을 체계적이고 정확하게 수행하지 못한다는 사실이다. 왜 그럴까? 왜 이 과제가 7, 8세 어린이가 지적으로 성취해 낸 것보다 더 어렵게 보이는 걸까? 과제의 논리적 구조가 더 복잡해서일까? 사춘기가 가까워지기 전까지 발달하지 않는 어떤 신경학적 메커니즘 때문인가? 나는 좀 더 가능성 있는 설명을 문화적 특징에서 찾아볼 수 있다고 생각한다. 구슬을 특징별로 분류하는 과제 수행을 우리는 프로그램, 즉 루프 두 개가 중첩된 매우 흔한 정렬 프로그램을 만들어 실행하는 것으로 볼 수 있다. 먼저 첫 번째 색깔을 정한 다음, 두 번째 색깔로 올 수 있는 가능한 모든 구슬을 골라낸다. 그런 다음 다른 색깔의 구슬에 대해서도 똑같은 과정을 반복한다. 컴퓨터와 프로그래밍에 매우 익숙한 사람들은 이러한 과제를 특별히 '형식적'이라거나 추상적으로 느끼지 않을 것이다. 컴퓨터 문화에 익숙한 어린이에게 이런 과제는 식탁에서 숟가락과 젓가락끼리 짝 맞추기만큼이나 구체적으로 다가올 것이다. 심지어 동일한 조합을 반복하는 '버그'(이를테면 빨강-파랑과 파랑-빨강)가 뭔지도 잘 알 것이다. 우리 문화에는 사물 간 쌍별, 짝별, 일대일 대응이 풍부하다. 그리고 언어에도 이에 대한 표현이 풍부하다. 이런 풍부함은 어린이가 크기가 큰 사탕 세 개와 크기는 작지만 개수는 네 개인 것 중 어떤 쪽이 많은지 답하는 것과 같은 문제에 대해 생각할 수 있도록 이끌 뿐 아니라 그에 필요한 모형과 도구를 제공한다. 이런 문제를 해결하기 위해 아이들은 수

---

* (옮긴이) 동일한 숫자 세트 또는 수학 재료를 사용하여 방정식이나 조합, 수학적 사실을 표현한다.

량에 대해 탁월한 직관력을 습득한다. 그러나 우리 문화에서 체계적인 절차를 제시하는 모형은 상대적으로 부족하다. 최근까지만 해도 제대로 프로그래밍하는 데 필요한 개념은 물론 프로그래밍을 표현할 대중적인 언어조차 없었다. '중첩 반복문nested loop'을 가리키는 단어도 없고 이중 계수 버그double-counting bug를 가리키는 단어도 없다. 실제로 컴퓨터 전문가들이 말하는 '버그'와 '디버깅' 같은 강력한 아이디어를 표현할 어휘도 전무한 상황이다.

계통성과 관련된 문제를 사고하기 위한 강력하고 구체적인 방법을 고안하는 데 필요한 동기나 자료가 없으면 아이들은 어쩔 수 없이 더 듬더듬 막연하게 접근할 수밖에 없다. 미국 도시와 아프리카 촌락에 공통적으로 존재하는 문화적 요인들을 알면, 어린이가 직관적으로 수량과 계통에 대한 지식을 형성하는 연령이 왜 다른지 설명할 수 있다.

나는 제네바에서 근무할 당시 새로운 컴퓨터 문화의 자료들을 가지고 심리학자들이 생각[1]에 대해 생각하는 새로운 방법을 개발하는 방식에 관심을 기울였다. 실제로 내가 컴퓨터 세계에 입문한 가장 큰 동기는, 컴퓨터 모형으로 이전에는 무척 막연하고 추상적으로 보였던 지식 영역을 구체화하는 방식이 심리학자보다는 어린이에게 더 유용하다고 생각했기 때문이었다.

나는 컴퓨터 프로그래밍을 배운 아이들이 어떻게 구체적인 컴퓨터 모형을 사용하여 생각에 대해 생각하고 학습에 대해 학습함으로써 심리학자와 인식론자로서의 힘을 기를 수 있는지 깨닫기 시작했다. 예를 들어, 대부분의 아이들이 배우기를 주저하는 것은 아이들 머릿속의 학습 모형에는 '맞다' 아니면 '틀리다'가 있기 때문이다. 그러나 컴퓨터 프로그래밍을 배울 때 처음부터 잘하지는 못한다. 능숙한 프로그래머가 되려면 능숙하게 '버그'를 찾아내고 수정하는 법을 익혀야 한다. 프로그래밍을 하면서 던져야 할 질문은 이것이 맞느냐 틀리냐가 아니라 버그를 수정할 수 있느냐 없느냐다. 이런 식의 지적 결과물을 바라보는 방식이 지식과 지식 습득을 대하는 좀 더 큰 문화에까지 보편화된다면 우리 모두 '틀리는 것'을 덜 두려워하게 될 것이다. 이렇게 컴퓨터가 성공과 실패라는 우리의 흑백 논리적 사고를 바꾼다는 것은 컴퓨터를 '생각하게 하는 사물'로 이용한 예다. 효과적인 학습을 위해 컴퓨터를 반드시 사용해야 하는 것은 아니다. '디버깅' 전략은 컴퓨터가 존재하기 한참 전부터 성공적인 학습자들이 개발해 놓은 것이다. 그러나 학습을 프로그램 개발과 비슷하다고 본다면 학습을 위한 디버깅 전략을 좀 더 명확하게 하고 좀 더 계획적으로 디버깅 전략을 개선하는 강력하고 쉬운 방법을 갖추게 되는 것이다.

컴퓨터 문화와 그 영향력이 사고에 어떻게 작용하는지 논할 때, 나는 강력한 컴퓨터가 사람들의 삶 속에 깊숙이 파고든 상황을 전제한다. 분명히 그런 날이 올 것이다. 계산기, 전자 게임, 디지털시계가 우리 삶 속에 들어온 것도 다른 것들은 인플레이션으로 인해 가격이 오르던 시기에 전자 제품은 기술 혁명으로 인해 가격이 빠르게 떨어졌기 때문이었다. 집적 회로에 의해 가능해진 그러한 기술 혁명 덕분에 이제는 개인용 컴퓨터가 우리 생활 속에 들어오고 있다. 한때 대형 컴퓨터는 수백만 달러에 달했다. 물리적으로 서로 다른 부품 수백만 개를 일일이 조립해야 했기 때문이다. 새로운 기술 환경에서는 회로를 복잡하게 조립하지 않고 단일 부품으로 생산한다. 그리고 이를 '집적 회로'라고 부른다. 집적 회로 기술이 비용에 미친 효과를 이해하려면 인쇄술과 비교해서 생각하면 된다. 책 한 권을 만드는 데 들어가는 대부분의 비용은 책을 찍어 내기 한참 전부터 발생한다. 저술, 편집, 조판에도 비용이 들어간다. 인쇄 후에도 제본, 유통, 마케팅 과정에서 비용이 발생한다. 책 한 권에 들어가는 인쇄비 자체는 미미하다. 영향력이 큰 책이든 그렇지 않은 책이든 발생하는 비용은 똑같다. 마찬가지로 집적 회로에 들어가는 비용 대부분도 공정 준비 단계에 들어간다. 개별 회로 생산에 들어가는 실제 비용은 회로가 충분히 많이 팔리는 경우 개발 비용 분산 효과에 의해 크게 줄어든다. 이러한 기술 발전이 컴퓨터 사용 비용에 미친 파급 효과는 실로 극적이다. 컴퓨터를 만들려면 1960년대에는 수십만 달러, 1970년대 초에는 수만 달러가 필요했지만 이제는 그렇지 않다. 단, 여기서 한계 요인은 특정 회로가 한 '면'에 딱 들어가느냐 여부인데, 여기서 '면'이란 식각(蝕刻)된 회로가 들어가는 '실리콘 칩'을 말한다.

그러나 해마다 실리콘 칩에 회로를 새기는 기술이 규칙적이고 예측 가능한 방향으로 점점 더 정교해지고 있다. 더욱 복잡한 회로가 칩 하나에 올라갈 수 있게 될 것이고, 이에 따라 달러당 뽑아낼 수 있는 컴퓨터 성능도 향상될 것이다. 아마도 20세기가 끝나기 전에 현재 수백만 달러에 판매하는 IBM 컴퓨터와 비슷한 성능을 내는 컴퓨터를 아이들 장난감으로 사 줄 날이 올 것이다. 그리고 이런 식으로 컴퓨터가 사용되면 이런 컴퓨터 비용 대부분이 키보드 같은 주변 기기에 들어가게 될 것이다. 설령 가격이 내리지 않는다 하더라도 앞으로는 슈퍼컴퓨터 가격이 타자기와 텔레비전 가격과 비슷해질 수 있다.*

실제로 전문가들 사이에서는 엄청나게 많은 컴퓨터가 일상에서 쓰

---

* (옮긴이) 2020년 현재 한국에서 저가형 조립 컴퓨터 가격은 20만 원대다.

마인드스톰

일 정도로 컴퓨터 가격이 떨어지리라는 데 이견이 없다. 그런 컴퓨터 중에서 어떤 컴퓨터는 프로그래밍에 적절할 것이다. 또 다른 컴퓨터는 갈수록 복잡해져서 자동화 슈퍼마켓에서 상품 선반, 심지어 깡통들끼리 대화할 날이 올지도 모른다. 누구나 마음껏 상상해 볼 수 있다. 분명히 물질적 측면에서 사람들마다 삶의 모습이 크게 바뀔 것이며 어쩌면 어린이들의 삶도 크게 바뀔 것이다. 그러나 컴퓨터가 가져올 효과에 대해서는 사람들마다 의견 차가 크다. 나는 이 책에서 '회의적'이고 '비관적'인 두 가지 의견 흐름 축과 내 생각을 분명히 구별하고자 한다.

회의론자들은 컴퓨터가 사람들의 학습 방식과 사고방식에 큰 변화를 가져올 거라고 내다보지 않는다. 회의론자들이 그렇게 생각하는 이유 몇 가지를 설명해 보겠다. 나는 회의론자들이 교육과 컴퓨터가 교육에 미칠 영향을 너무 좁은 관점에서 바라본다고 생각한다. 회의론자들은 컴퓨터가 문화 전반에 미칠 파급 효과보다는 교육용으로 프로그래밍된 컴퓨터를 사용하는 데만 관심을 둔다. 그리고 컴퓨터가 학교 교육을 어느 정도 개선은 하지만, 근본적으로 바꾸지는 못할 거라는 결론을 내린다. 어떤 면에서 이러한 회의론적 관점은 아이의 성장 과정에서 피아제의 학습이 얼마나 많이 일어나는지 제대로 이해하지 못한 결과물일 수 있다. 어떤 사람이 아이의 인지적 발달(또는 도덕적, 사회적 발달)이 주로 의도적인 가르침에서 온다고 생각한다면 그런 사람은 엄청나게 많은 컴퓨터와 기타 상호 작용을 일으키는 사물이 어린이에게 미치는 잠재적 효과를 과소평가할 가능성이 있다.

한편 다른 비관론자[2]들은 컴퓨터가 변화를 가져올 것이라고 생각하며 이를 두려워한다. 예를 들어 비판론자들은 컴퓨터를 통한 의사소통이 사람들의 유대감을 약화시키고 그로 인한 사회적 분열이 일어날 것이라고 두려워한다. 사회적, 경제적 참여에서 컴퓨터 사용법을 아는 것이 점차 중요해지면서 소외 계층의 입지가 더 악화되어 기존의 계층 격차가 더욱 심화될 수 있다고 본다. 컴퓨터가 가져올 정치적 파급력 측면에서 비판론자들의 우려는 가정용 컴퓨터가 사람들을 감시하고 생각을 통제하는 복잡한 제도의 일부가 되는 조지 오웰의 소설 《1984》 속의 전체주의 이미지와 궤를 같이 한다. 게다가 비판론자들은 컴퓨터의 확산이 정신 건강에 미치는 해악을 강조한다. 이러한 해악 중 일부는 이미 현대인의 삶을 관찰해 온 사람들이 걱정하는 문제가 확대된 형태다. 또 어떤 해악은 근본적으로 완전히 다른 종류의 것들이다. 전자의 전형적인 예가, 텔레비전 전성시대에 텔레비전이 심리적으로 끼치는 파급력이 더욱 심각해지고 있다는 현실에 우리가 엄청나게 무지하다는 사실이다. 최소한 두 가지 측면에서 컴퓨터가 텔레비전 프로그램의 이러한 위력과 심리적 파급 효과를 증가시킬 수 있다. 텔레비전 콘텐츠가 개별 시청자의 취향에 맞춰 달라질 것이며, 상호 작용이 늘어나면서 '시청자'로부터 행동을 끌어낼 것이다. 이런 일들은 미래에 일어날 일이기는 하지만 컴퓨터가 사람들에게 미칠 파급 효과를 우려하는 사람들은 이미 밤새도록 컴퓨터만 하면서 공부와 사회적 접촉을 외면하는 학생들의 사례를 인용한다. 일부 학부모는 자녀가 매우 단순한 컴퓨터 게임을 하면서 아이들 특유의 몰입을 보일 때면 이러한 사례들을 떠올린다.

오래된 문제의 악화된 버전이라기보다는 새로운 문제의 범주에서 비판론자들은 컴퓨터의 기계적인 사고 프로세스가 사람들의 사고에 영향을 끼친다는 점을 지적해 왔다. 마셜 맥루한의 "미디어는 메시지다"라는 금언을 여기에 적용할 수 있을 것 같다. 미디어가 사람처럼 말을 알아듣고 말도 할 줄 아는 인터랙티브한 컴퓨터라면, 컴퓨터도 사람과 같고 사람도 컴퓨터와 같다는 메시지를 쉽게 이해할 수 있을 것이다. 이런 것이 자라나는 어린이의 가치관과 자아상에 어떤 영향을 끼칠지 판단하기는 어렵다. 그러나 사람들이 걱정하는 이유를 찾는 건 어렵지 않다.

이러한 우려의 목소리에도 불구하고 나는 근본적으로 컴퓨터가 사회에 미칠 효과에 대해 낙관적이다(혹자는 이상주의자라고 할 수도 있다). 나는 비판론자들의 주장을 무시하지는 않는다. 오히려 나 역시 컴퓨터가 인간의 정신에 막대한 영향을 끼칠 거라고 생각한다. 나는 인터랙티브한 컴퓨터가 사람들을 사로잡는 힘holding power이 얼마나 강한지, 컴퓨터를 하나의 모형으로 받아들이는 것이 자기 자신에 대해 생각하는 방식에 얼마나 큰 영향을 미치는지 너무나 잘 알고 있다. 사실상 지난 10년의 대부분을 헌신한 로고 작업은 정확히 이러한 컴퓨터의 영향력을 긍정적인 쪽으로 발전시키는 일들이었다. 예를 들어 비판론자는 첨단 컴퓨터로 만든 슈퍼 핀볼 게임 앞에서 최면에 걸린 듯한 어린이를 떠올리며 끔찍하다고 느낀다. 로고 활동에서는 첨단 슈퍼 핀볼의 물리학이나 수학, 언어학 버전을 만들어, 어린이가 말하는 법을 배우듯이, 참여자들이 이 컴퓨터로 게임을 하면서 물리학이나 수학, 언어학을 자연스럽게 배울 수 있게 해 준다. 그토록 비판론자들이 두려워하는 컴퓨터의 '관심을 사로잡는 힘'이 교육적으로 유용한 도구가 된다. 아니면 좀 더 심각한 다른 예를 들어 보겠다. 비판론자는 어린이가 컴퓨터를 사고의 모형으로 받아들인 후 '기계적인 사고'를 하게 될까봐 두려워한다. 반대로 나는 컴퓨터, 예를 들어 단계별로, 시키는 대로, 기계적인 방식으로 움직이는 전형적인 컴퓨터 프로그램처럼 의도적으로 사고하는 기술을 익힐 기회를 교육적으로 활용하는 방법을 고안했다. 이런 식의 사고가 적절하고 도움이 되는 상황이 있다. 일부 어린이들이 문법이나 수학처럼 형식적인 과목을 학습하는 데 어려움을 느끼는 이유는 이러한 방식의 핵심을 보지 못하기 때문이다.

두 번째 교육상의 이점은 간접적이긴 하지만 궁극적으로 더 중요하다. 기계적인 사고를 흉내 내는 법을 의도적으로 배우면 학습자는 무엇이 기계적인 사고이고 무엇이 기계적인 사고가 아닌지 분명하게 설명할 수 있다. 이런 연습을 통해 문제에 적합한 인지 양식cognitive style 을 선택하는 데 자신감을 얻을 수 있다. '기계적인 사고mechanical thinking' 를 분석하고 기계적인 사고가 다른 유형의 사고와 어떻게 다른지 분석하면서 문제 분석 연습을 하면 새로운 지적 수준에 도달할 수 있다. 특정 사고방식에 대한 매우 구체적이고 현실적인 모형을 제공하면서 컴퓨터로 작업하는 것은 '생각하는 방식' 같은 것이 있다는 사실을 이해하는 데 도움을 준다. 게다가 아이들에게 두 가지 방식 중 하나를 선택할 기회를 주면 아이들은 선택에 필요한 기술을 발전시킬 기회를 얻게 된다. 따라서 단순히 기계적인 사고를 유도하기보다 컴퓨터와 직접 접촉할 수 있게 하는 것이 기계적인 사고를 막는 최고의 해독제가 될 수 있다. 그리고 여기서 내가 가장 중요하게 생각하는 것은 이러한 경험을 통해 어린이들이 인식론자로서 훈련을 받는다는 사실이다. 즉 자신의 사고 과정을 명확하게 따라가는 법을 배운다.

오늘날의 문화가 제시하는 지적 환경에는 어린이들이 자신이 생각하는 방법을 공개하고, 자신의 사고방식에 대해 표현하는 법을 배우며, 그런 것을 표출하여 시험해 볼 기회가 부족하다. 컴퓨터를 이용하면 이러한 상황을 크게 바꿀 수 있다. 로고 거북이로 단순한 작업을 하면서도 아이들은 자신의 생각에 대한 생각을 정교화할 수 있다. 로고 거북이를 프로그래밍하려면 먼저 로고 거북이가 했으면 하는 일을 자신이라면 어떻게 할지 깊이 생각하는 데서 시작한다. 따라서 로고 거북이에게 행동하는 법을 가르치거나 '생각하는 법'을 가르치면서 자신의 행동과 사고를 돌아보게 된다. 그리고 다음 단계에서 아이들은 컴퓨터가 더 복잡한 결정을 내릴 수 있게 프로그래밍하면서 자신의 사고 과정에서 더 복잡한 측면에 대해 깊이 생각한다.

요약하면, 나는 컴퓨터를 가지고 뭔가를 배우는 것이 사람들이 생각하는 방식에 큰 영향을 끼친다는 데는 비판론자들과 뜻을 같이하지만, 이러한 영향력을 긍정적인 방향으로 활용하는 데 관심이 더 많다.

내가 비판론자들에게 한 반박에 대해 다시 두 가지 반론이 나올 수 있다. 첫 번째는 아이들이 인식론자가 되는 것이 좋다고 믿는 내 믿음에 대한 반론이다. 설령 의도적이라 해도 말로 표현된 지나치게 분석적인 생각이 비생산적이라고 주장하는 사람이 많을 것이다. 두 번째는 컴퓨터가 사색적이고 의식적인 사고에 도움이 될 거라는 내 의견에 대한 반론이다. 많은 사람이 컴퓨터로 학습하면 오히려 정반대 효과를 가져온다고 주장할 것이다. 이 두 가지 반론은 각기 다른 종류의 분석을 요하므로 동시에 논의할 수 없다. 첫 번째 유형의 반론은 학습 심리학에 대해 기술적 문제를 제기하는데, 이에 대해서는 4장과 6장에서 다룰 것이다. 두 번째 유형의 반론에 대해 직접 답을 하자면, 내가 바라는 효과를 컴퓨터가 낼 거라고 장담하기는 어렵다. 모든 컴퓨터 시스템이 그런 효과를 낼 수 있는 건 아니다. 오늘날 쓰이는 대부분의 컴퓨터로는 바라는 효과를 거두기 어려울 수 있다. 나는 로고 환경에서 어린이들이 자신이 직접 할 줄 아는 행동을 로고 거북이가 할 수 있게 프로그램을 만드는 도중에 자기가 아는 것에 대해 다른 아이들과 활발하게 대화하는 모습을 본다. 물론 물리적으로 컴퓨터만 있다고 해서 그런 대화가 일어나는 것은 아니다. 전혀 그렇지 않다. 수천 곳의 학교와 수십만 가정에서 지금 이 순간에도 어린이들은 저마다 다른 방식으로 컴퓨터를 경험한다. 대부분의 경우 어린이들은 컴퓨터를 비디오 게임 도구나 산수나 철자 공부용으로 프로그래밍된 '학습 도구'로 다양하게 이용한다. 게다가 어린이들이 부모나 친구, 전문 교사로부터 베이식BASIC과 같은 언어로 간단한 프로그램을 만드는 법을 배울 때조차 우리가 로고 환경에서 보게 되는 인지론적 사고가 일어나지는 않는다. 따라서 나는 현재 컴퓨터 활동에 대한 비판론자들의 회의론에 동의한다. 그러나 나는 컴퓨터로 할 수 있는 일들에 큰 변화를 가져오는 데 관심이 있다. 이런 변화의 핵심은 정치적이다. 지금 무슨 일이 벌어지고 있는가 하는 질문은 경험적인 질문이다. 무슨 일이 일어날 수 있는가 하는 질문은 기술적인 질문이다. 그러나 앞으로 무슨 일이 벌어질 것인가 하는 질문은 정치적 질문으로 사회적 선택에 따라 답이 달라진다.

어린이에게 컴퓨터가 미칠 영향에 관해 1980년대 사람들이 던진 질문은 다음과 같다. 어떤 사람들이 컴퓨터 세계에 매력을 느낄까? 어떤 재능을 가진 사람들이 컴퓨터 세계에 들어올까? 그리고 이런 사람들이 확대되는 컴퓨터 문화에 어떤 취향과 이념을 더하게 될까? 나

마인드스톰

는 로고 환경에 있는 어린이들이 자신의 생각에 대해 자기 참조적인 대화를 한다고 말했다. 그럴 수 있었던 것은 로고 언어와 로고 거북이를 설계한 사람들이 이런 식의 대화를 좋아하고 그런 방식의 대화를 돕는 매개체를 열심히 설계했기 때문이다. 어린이에게 적합한 활동에 대해 저마다 다른 취향과 생각을 갖고 있는 다른 컴퓨터 시스템 설계자들도 있다. 어떤 설계가 어떤 하위문화에서 대세를 이룰지는 단순히 관료주의적 의사 결정, 예컨대 정부의 교육부나 전문가 위원회의 의사 결정을 따르지 않는다. 컴퓨터 스타일의 트렌드는 이런저런 디자인을 지원할 재원을 보유한 재단, 시장을 내다보는 기업, 학교, 새로운 활동 영역에서 경력을 쌓기로 결정한 개인, 무엇을 가지고 무엇을 생각할지 결정권이 있는 아이들이 얽혀 있는 복잡한 의사 결정망에서 시작된다. 사람들은 종종 어린이들이 미래에 컴퓨터를 프로그래밍할지 아니면 사전에 프로그래밍된 활동에 빠져들게 될지 묻는다. 답은 이렇게 하는 아이도 있고, 저렇게 하는 아이도 있으며, 둘 다 하는 아이도 있고, 둘 다 하지 않는 아이도 있을 것이라 할 수 있다. 그러나 어떤 아이들, 가장 중요한 어떤 사회 계층의 아이들이 각 범주 중 어느 범주에 속할 것인가 하는 문제는 그 아이들 주변에서 벌어지는 컴퓨터 활동의 종류와 그곳에 형성된 컴퓨터 환경에 따라 달라질 것이다.

대부분의 사람들이 컴퓨터와 어린이를 생각할 때 머릿속에 잘 떠올리지 않을 활동으로 이를테면 컴퓨터를 쓰기 도구로 활용하는 경우를 생각해 보자. 나에게 글쓰기란 초고를 작성한 다음 상당 기간에 걸쳐 다듬어 가는 과정이다. 내 작가적 자아상에는 '받아들일 수 없는' 초고를 계속 고쳐서 누군가에게 보여 줘도 되는 수준으로 만들어

간다는 기대가 들어가 있다. 그러나 내가 초등학교 3학년이라면 그런 작가적 자아상을 상상할 수 없다. 3학년 아이에게 글쓰기란 육체적으로 더디고 고된 활동이다. 나를 도와줄 비서도 없다. 대부분의 어린이에게 글을 고쳐 쓰는 것은 너무나 힘든 일이어서 초고가 곧 최종본이다. 아이에게는 비판적인 시각으로 다시 읽을 수 있는 능력이 아직 없다. 그러나 이런 상황이 극적으로 달라지는 때가 있으니 바로 텍스트를 마음대로 조작할 수 있는 컴퓨터를 이용할 때다. 키보드로 초고를 작성하고 쉽게 수정할 수 있다. 최신 원고는 언제나 말끔하다. 글쓰기라면 질색하던 아이가 컴퓨터로 글을 쓰기 시작한 지 몇 주 만에 글쓰기(글의 수준도 빠르게 우수해지면서)에 몰두하는 것을 본 적도 있다. 아이에게 신체장애가 있어서 손으로 글을 쓰는 것이 다른 때보다 훨씬 어렵거나 아예 불가능했던 경우에는 더욱 극적인 변화가 나타난다.

직업적인 글쓰기를 하는 어른이 있는 곳에서는 이런 식의 컴퓨터 이용이 빠르게 늘어날 것이다. 현재 대부분의 신문사에서 직원에게 '문서 작성' 컴퓨터 시스템을 제공한다. 집에서 일하는 많은 작가들이 컴퓨터를 구입하고, 컴퓨터 터미널이 비서들의 기본 도구였던 타자기를 밀어낼 것이다. 글쓰기 도구로 컴퓨터를 이용하는 어린이 이미지는, 전문직 종사자에게 좋은 것이 어린이에게도 좋다는 내 전반적 주장의 훌륭한 예다. 그러나 컴퓨터가 어린이의 언어 숙달에 기여하는 이런 방식은 대부분의 초등학교에 정착된 방법과 정반대다. 초등학교에서는 컴퓨터를 수업 도구로 본다. 이 도구를 가지고 아이들이 동사와 명사를 구분하고 철자를 외우고 텍스트의 의미를 묻는 다지선다형 문제를 푼다. 나는 컴퓨터를 바라보는 이러한 시각 차이가 단

순히 두 가지 교수학습 전략 중 하나를 선택하는 사소한 기술적 문제
가 아니라고 본다. 컴퓨터 이용법의 차이는 교육 철학의 근본적 차이
를 드러낸다. 더 중요한 것은 이러한 차이가 어린 시절의 특징에 대
한 관점 차이를 드러낸다는 것이다. 나는 쓰기 도구로서의 컴퓨터가
어린이에게 자신의 지적 산물과의 관계 그리고 스스로와의 관계 측
면에서 좀 더 어른처럼 되는, 실제로 전문가처럼 되는 경험을 선사한
다고 믿는다. 이런 관점은 설령 의도하지는 않았어도 어린이를 자주
'아기 취급'하는 측면이 많은 학교와 정면으로 배치된다.

아이는 문서 작성 프로그램으로 글을 쓰면서 진짜 작가가 되는 경
험을 할 수 있다. 그러나 아이 주변의 어른들이 작가의 경험에 대해
잘 모르면 아이가 그런 기분을 느끼기 어렵다. 예를 들어 교사를 비
롯한 어른들이 텍스트를 고치고 또 고치는 것에 대해 시간 낭비라고
표현하는 것("왜 다른 새로운 것을 써 보지 그래?" 또는 "더 나아지지
않았어. 철자 틀린 거 왜 안 고치니?")이 여기에 해당된다.

글쓰기처럼 작곡, 기술을 요하는 게임, 복잡한 그래픽 등 모든 것이
마찬가지다. 컴퓨터 자체는 문화가 아니지만 매우 다양한 문화적·철
학적 세계관을 발전시키는 데 활용할 수 있다. 예컨대 어떤 사람은
로고 거북이 프로그램을 각도, 도형, 대응 관계와 같은 전통적인 교
육 과정 구성 요소들을 가르칠 때 사용하는 도구로 볼 수 있다. 그리
고 실제로 로고 거북이 활용법에 대한 조언을 얻기 위해 나를 찾아온
대부분의 교사들이 이런 방식으로 컴퓨터를 활용하는 것을 매우 당
연하다고 생각한다. 이런 교사들은 주로 로고 거북이를 도입하면서
생기는 학급 조직, 일정 관리, 교수학적 문제에 대해 물어보는데, 특
히 다른 교육 과정과 개념적으로 어떻게 연관시켜야 할지 질문한다.

물론 로고 거북이 프로그램은 전통적인 교육 과정을 가르치는 데도 도움이 되지만 나는 이 거북이를 피아제식 학습 도구로 간주했으며 내게 피아제식 학습은 교육 과정 없는 학습을 의미한다.

'피아제식 교육 과정' 또는 '피아제식 교수법'을 만들려는 사람들이 있다. 그러나 내가 보기에는 이런 용어 자체가 이런 사람들이 내세우는 어구 및 활동과 모순된다. 나는 피아제를 교육 과정 없는 학습에 대한 이론가로 본다. 그리고 피아제는 의도적으로 가르치지 않았는데도 일어나는 학습에 대한 이론을 정립한 이론가다. 그런 피아제를 새로운 교육 과정의 이론가로 바꾸려 한다면 피아제를 완전히 잘못 이해한 것이다.

그러나 '교육 과정 없이 가르치기'가 즉흥적이고 자유로운 형태의 교실을 의미한다거나 단순히 '아이들을 내버려 두기'를 의미하지는 않는다. '교육 과정 없이 가르치기'란 어린이가 자기를 둘러싼 문화에서 끌어낸 소재를 가지고 지적 구조물을 만들 때 도와주는 것을 의미한다. 이러한 모형에서 교육적으로 개입한다는 것은 문화를 바꾸고, 문화 안에 새로운 요소들을 넣어 주고, 해로운 요소들은 제거하는 것을 말한다. 이런 일은 커리큘럼을 바꾸는 것보다는 큰일이지만 현재의 변화 속에서 실현 가능하다.

30년 전에 어떤 교육자가 수학 교육 문제를 해결하기 위해 많은 사람이 새로운 수학 언어를 유창하게(그리고 열정적으로) 구사할 수 있게 만들기로 결심했다고 가정해 보자. 이론 자체는 원칙적으로 훌륭했다고 해도 현실적으로는 말도 안 되는 이야기였을 것이다. 그런 이론을 실천할 힘을 지닌 사람이 아무도 없었다. 그러나 지금은 상황이 달라졌다. 엄청나게 많은 사람이 프로그래밍 언어를 배우는데 어린

마인드스톰

이 교육과는 아무 상관없는 이유로 배운다. 따라서 어른들이 어떤 언어를 배울지에 영향을 끼치면 그 어른들의 자녀가 바로 그 언어를 선택할 가능성이 있다는 주장이 현실성을 얻고 있다.

교육자는 반드시 인류학자가 되어야 한다. 인류학자로서의 교육자는 어떤 문화적 재료가 인지적 발달과 관련이 있는지 알려고 노력한다. 그런 다음 교육자는 문화에 어떤 흐름이 일고 있는지 알아야 한다. 유의미한 개입은 이런 흐름에 맞아야 한다. 인류학자로서의 교육자라는 내 역할에 따라 나는 컴퓨터가 개인의 삶 속으로 들어가면서 요구도 새로워지고 있음을 본다. 집에 컴퓨터가 있거나 직장에서 컴퓨터를 사용하는 사람들은 자녀와 컴퓨터에 대한 대화를 나누기 원할 것이다. 이들은 자녀에게 컴퓨터를 사용하는 법을 가르치고 싶을 것이다. 따라서 이전에는 없었던 그리고 어쩌면 있을 수 없었던 방식으로 로고 거북이 그래픽과 같은 뭔가에 대한, 바로 신수학New Math에 대한 문화적 수요가 생길 수 있다.

이번 1장 전반에 걸쳐 나는 교육자와 재단, 정부와 개인의 선택이 어린이의 학습 방법에 가히 혁명적인 변화를 가져올 거라고 말했다. 그러나 선택을 잘하는 것이 언제나 쉽지 않은 이유는 과거의 선택이 우리를 괴롭히기 때문이다. 처음에는 쓸 만했던 어떤 신기술의 산물이 구식이 된 채로 뿌리를 내리는 경향이 있다. 나는 이를 쿼티QWERTY 현상이라고 부른다.

표준 타자기에서 제일 윗줄에 있는 알파벳 키는 QWERTY 순서로 배열되어 있다. 나에게 쿼티 현상은 기술이 발전의 동력이 아니라 장애물로 작용하는 경우가 너무나 많다는 것을 의미한다. 쿼티 배열에는 그 어떤 합리적인 이유가 없다. 그저 오래전부터 그렇게 해 왔다는 이유가 전부다. 쿼티 자판은 초창기 타자기의 문제를 해결할 목적으로 탄생했다. 초창기 타자기는 활자가 곧잘 뒤엉켰다. 이 자판이 나온 것은 원래는 자주 연이어 나오는 키들을 따로 떼어 놓기 위해서였다. 그로부터 몇 년 뒤 기술이 전반적으로 향상되면서 활자들끼리 서로 뒤엉키는 일은 사라졌지만 쿼티는 계속 남았다. 일단 쿼티가 채택되자 엄청나게 많은 타자기와 타법(실제로 완전히 안착한 교육 과정)이 등장했다. 이제는 너무나 많은 손가락이 쿼티 자판을 따라가는 데 익숙하다는 사실로 인해 생긴 일종의 기득권과 더불어 변화(예컨대 자판에서 주로 많이 사용하는 활자를 같이 놓는 등)에 따른 사회적 비용이 서서히 증가한다. 쿼티 자판보다 '합리적인' 체계가 있음에도 불구하고 쿼티 자판은 여전히 살아남아 있다. 반면에 사람들과 쿼티 배열에 대한 이야기를 하면 사람들은 '객관적인' 기준을 근거로 쿼티 자판을 정당화할 것이다. 사람들은 쿼티 자판이 뭔가에 '최적화'되어 있다거나 뭔가를 '최소화한다'는 근거를 들 것이다. 이러한 주장을 뒷받침하는 합리적 근거가 전혀 없는데도 이런 식의 정당화는 하나의 과정, 즉 원시적 기능을 시스템 안에 잔존하게 하는 데 필요한 신화를 만들어 가는 사회적 과정을 보여 준다. 나는 컴퓨터에 대해서도 똑같은 일이 반복될 가능성이 높다고 생각한다. 우리는 시대착오적 관습을 지키려 하고 있다. 그 관습에는 초창기에 개발된 기술과 이론이라는 역사적 뿌리만 있을 뿐 합리적인 근거가 없다.

컴퓨터를 오직 주입식 교육과 반복 연습에만 사용하려는 것은 컴퓨터 영역에서 나타나는 쿼티 현상의 한 예다. 또 학생들에게 컴퓨터를 프로그래밍하는 법을 학습하게 할 때에도 쿼티 현상이 발생한다. 뒷장에서 다루겠지만 컴퓨터 프로그래밍을 배우려면 '프로그래밍 언어'를 배워야 한다. 프로그래밍 언어에는 많은 종류가 있다. 예컨대 포트란Fortran, 파스칼Pascal, 베이식BASIC, 스몰토크Smalltalk, 리스프Lisp 그리고 덜 알려진 로고가 있다. 로고는 컴퓨터와 어린이를 대상으로 한 대부분의 실험에서 우리 연구진이 사용한 프로그래밍 언어다. 쿼티 현상이 강하게 일어나는 경우는 어린이가 컴퓨터 프로그래밍을 배우는 데 사용할 언어를 우리가 선택할 때다. 이 문제가 왜 그렇게 중요한지는 나중에 자세히 설명하겠다. 프로그래밍 언어는 특정 비유, 이미지, 사유 방식을 선호한다는 점에서 인간의 자연 언어와 비슷하다. 어떤 언어를 사용하느냐에 따라 컴퓨터 문화의 색깔이 달라진다. 그렇다면 컴퓨터 활용에 관심이 있으면서 문화적인 영향에 민감한 교육자들이 언어 선택에 특별히 관심을 가졌을 것 같다. 그러나 그런 일은 일어나지 않았다. 오히려 기술적인 문제에 유독 자신감이 없거나 컴퓨터 제조사에 어떤 언어를 제공해 달라고 요구하기에는 너무나 아는 것이 없는 교육자들이 쿼티 자판을 수용하듯 특정 프로그래밍 언어를 채택해 버린다. 대표적인 예가 미국 어린이가 배우는 프로그래밍 언어로 확실히 자리 잡은 베이식[3]이다. 기술적인 이유는 다음과 같다. 베이식은 소형 컴퓨터에서도 잘 사용할 수 있지만, 다른 프로그래밍 언어는 높은 성능의 컴퓨터를 필요로 했다. 따라서 고성능 컴퓨터 가격이 엄청나게 비싸던 초기에는 베이식을 사용할 수밖에 없는 기술적인 이유가 실제로 있었으며, 특히 예산에 쪼들리는 학교들은 더욱 베이식을 이용할 수밖에 없었다. 그로부터 여러 해가 지나고 컴퓨터 메모리 가격이 크게 떨어진 지금, 베이식을 사용해서 얻는 경제적 이득은 미미하다. 그러나 배우기도 훨씬 쉽고 지적인 측면에서 배울 것이 더 많은 다른 컴퓨터 프로그래밍 언어가 있는데도 대부분의 고등학교에서 프로그래밍 언어는 곧 베이식이라고 여긴다. 매우 역설적인 상황이다. 컴퓨터 혁명은 이제 막 시작했을 뿐인데 벌써 보수주의가 판치고 있다. 베이식을 자세히 살펴보면 어떻게 보수적인 사회 시스템이 잠재적인 혁명 도구를 전혀 다른 용도로 사용하여 무력화하는지 볼 수 있다.

쿼티가 타자 도구이듯이 베이식은 컴퓨터 연산 도구다. 많은 교사가 베이식을 배웠고 베이식에 관한 많은 책이 출간되었으며 많은 컴퓨터가 베이식을 '내장'한 채로 생산되었다. 타자기 사례에서 우리는 사람들이 현상 유지를 정당화하기 위해 어떻게 '이론적으로 합리화' 하는지 살펴봤다. 베이식 사례를 보면 이런 현상이 더 심해져 이데올로기 형성 과정과 흡사해졌다. 맨 처음 컴퓨터에 베이식이 내장된 이유를 합리화하기 위해 초기 컴퓨터 기술 특성상 필요했다거나 베이식을 설계할 당시 다른 대안이 충분하지 않았기 때문이라면서 복잡한 주장을 내놓는다.

베이식 이데올로기의 한 예를 들면, 베이식이 배우기 쉬운 이유가 베이식의 어휘가 매우 적기 때문이라는 주장이 있다. 이런 주장을 어린이가 자연어를 습득하는 상황에 적용해 보면 즉각 의문이 든다. 어린이가 쉽게 배울 수 있는 특수한 언어를 만든다고 가정해 보자. 이 언어가 갖고 있는 어휘는 50개뿐이지만 매우 엄선한 단어들이기에 이 정도 어휘만으로도 모든 개념을 표현할 수 있다고 하자. 과연 이런 언어를 쉽게 배울 수 있을까? 어휘 자체를 익히는 것은 쉬울 수 있다. 그러나 어떤 생각을 전달하기 위해 이 어휘를 사용하려면 너무나 많이 꼬아야 해서 똑똑하고 동기 부여가 강한 어린이만이 '안녕' 이상의 말을 배울 수 있을 것이다. 베이식은 이런 언어가 처한 상황과 비숫하다. 베이식의 어휘는 몇 개뿐이어서 빨리 배울 수 있다. 그러나 베이식을 사용하는 것과 어휘를 익히는 것은 별개 문제다. 베이식으로 프로그램을 만들려면 구조가 너무나 미로 같아서 사실상 의욕이 넘치고 ('수학적으로') 똑똑한 어린이만이 그나마 배워서 단순한 프로그램이라도 짤 수 있다.

학생들이 베이식을 어려워한다는 것을 교사들이 왜 모르느냐고 묻는 사람도 있다. 답은 단순하다. 대부분의 교사가 학생들이 높은 성취를 보일 거라고 기대하지 않기 때문이다. 특히 프로그래밍처럼 '수학적'이고 '형식적'인 영역에서 교사들의 기대치는 더욱 낮아진다. 그러므로 일반적으로 수학은 어렵다고 보는 인식이 팽배한 문화는 베이식을 계속 유지하자는 주장을 강화하고, 이는 다시 수학이 어렵다는 인식을 강화하는 결과를 가져온다. 게다가 교사들만이 이런 추정과 편견을 가지고 베이식을 영속시키는 것은 아니다. 자기들이 사용할 컴퓨터 언어를 결정하는 사람들, 즉 컴퓨터 전문가들도 마찬가지다. 일반적으로 이런 엔지니어들은 베이식을 배우는 게 꽤 쉽다고 생각한다. 이들에게는 기술적인 시스템을 학습하는 것이 매우 익숙한 일이며, 베이식의 어떤 간결함이 엔지니어들 입장에서는 매력적으로 보이는 면도 있다. 따라서 특정 하위문화, 컴퓨터 엔지니어들이 지배하는 하위문화가 해당 하위문화와 가까운 학생들 편에서 교육계에 영향을 준다. 이런 과정은 암묵적이지, 의도적이지 않다. 이런 과정은 공론화된 적도 없다. 평가는 말할 것도 없다. 이러한 모든 면에서 베이식을 사회적으로 수용한 것은 쿼티가 '자리 잡은 것'보다 더 심각한 결과를 초래했다.

다양한 방식으로 컴퓨터와 관련된 하위문화적 속성이 교육계에 투사된다. 예를 들어 기존 교수법과 닮았기에 교사들에게 매력으로 다가오는 반복 학습과 연습 도구로서의 컴퓨터라는 개념은 컴퓨터 시스템을 설계하는 엔지니어들에게도 매력적이다. 반복 학습용 응용 프로그램은 예측이 가능하고 만들기 쉬우며 컴퓨터 자원을 더 효율적으로 사용한다. 따라서 최고의 엔지니어들이 이러한 종류의 응용 프로그램 쪽으로 치우친 컴퓨터 시스템 개발에 쏠린다. 이런 편향성은 눈에 잘 띄지 않는다. 컴퓨터 설계자들은 실제로 교실에서 무엇을 할지 결정하지 않는다. 교실의 일은 교사들이 결정하며 때에 따라 신중하게 통제된 조건에서 실시한 비교 실험 결과를 따른다. 그러나 통제된 실험에는 아이러니가 존재한다. 통제된 실험은 최고 점수에서 관측된 작은 유효성이 실제로 유의미한 것인지 아니면 우연에 의한 것인지를 잘 보여 준다. 그러나 교사들에게는 실험만으로는 컴퓨터 자체에 내재된 편향성에 따른 실제(그리고 아마도 더 어마어마한) 효과를 측정할 방법이 전혀 없다.

우리는 교육에서 사용되는 컴퓨터에 대한 보수적 편향성이 이미 신기술에도 내재되어 있다는 사실을 언급했다. 사람들이 새로운 기술을 처음 사용하는 모습을 보면 이전의 해당 기술 이용 방식과 크게 다르지 않다. 자동차 디자이너들이 자동차는 자동차이지, '말이 끌지 않는 마차'가 아니라는 사실을 받아들이기까지 여러 해가 걸렸다. 마찬가지로 초창기 영화는 실제로는 카메라 앞에서 찍었지만 배우들은 마치 관객이 앞에 있는 것처럼 연기했다. 새로운 영화 예술이 연극 무대와 영상 기술을 단순히 합쳐 놓은 것과는 다른 예술 양식으로 새롭게 부각되기까지 30년이나 걸렸다. 지금까지 '교육용 기술' 또는 '교육용 컴퓨터'라는 미명 아래 이뤄진 것들은 사실상 오래된 교수법에 신기술을 이용해 단편적으로 엮은 것에 지나지 않는다. 나는 앞으로 기본적인 교육 원칙 간의 유기적인 상호 작용과 이런 원칙들을 현실에 적용하는 새로운 방법에 대해 연구한 것들을 이야기하려 한다.

우리는 현재 근본적인 변화의 가능성이 있고 그러한 변화의 가능성이 컴퓨터의 영향력과 직접 닿아 있는 교육사의 한 지점에 있다. 오늘날 교육 '시장'이 무엇을 제공할 것인가 하는 문제는 굼뜨고 보수적인 제도가 이를 수용할 수 있느냐의 여부에 따라 결정된다. 그러나 우리가 서 있는 이 지점에서 컴퓨터는 변화에 적합한 환경을 만들어 가고 있다. 현재와 가까운 미래에 교육에 대한 새로운 아이디어가 실현될 수 있는 조건을 생각해 보자. 아이들이 좀 더 효과적이고 자연스럽게 수학을 배울 수 있게 하는 방법을 내가 안다고 가정하자. 그리고 그 아이디어를 수백만 명에게 설득할 수 있다고 가정하자. 이런 시장에서라면 많은 상품이 성공을 거둘 것이다. 그러나 오늘날 교육계에서는 이러한 새로운 아이디어의 파급력이 그리 크지 않을 수 있다. 전국에 걸쳐 수백만 명이라면 개별 마을의 학교 제도 내에서는 소수에 지나지 않으므로 이런 사람들이 목소리를 낼 수 있는 효과적인 소통 창구가 없을지도 모른다. 이렇게 되면 훌륭한 교육 이론뿐 아니라 아이디어를 창출하는 과정 자체가 막힌다. 이러한 장애물은 결국 일부 교육 관계자들에게까지 영향을 미친다. 상상력과 창의성, 위대한 것을 만들고 말겠다는 의지가 있는 극소수만이 이 분야에 진출한다. 그리고 그런 이들 가운데 대다수가 좌절을 겪고 현장을 떠날 것이다. 교육계에서 보수주의는 영원히 계속되는 '사회적' 현상이다.

다행히도 이러한 악순환의 고리에도 느슨한 곳이 있다. 조만간 컴퓨터는 점점 더 많은 사람의 사유 재산이 될 것이며 그렇게 되면 점차 교육 방식을 결정할 수 있는 주도권이 개인에게 되돌아갈 것이다. 교육은 좀 더 사적인 행위가 될 것이고 좋은 아이디어, 참신한 아이디어, 신나는 아이디어를 내는 사람들이 더 이상 자신의 아이디어를 보수적인 관료주의자들을 대상으로 '영업'해야 하느냐 아니면 그냥 창고에 처박아 둬야 하느냐의 딜레마에 빠지지 않아도 될 것이다. 이 사람들은 앞으로 공개된 시장에서 소비자들에게 직접 자신의 아이디어를 제시할 수 있을 것이다. 상상력과 독창성을 가진 사람에게 새로운 기회가 주어질 것이다. 교육에 대한 생각이 르네상스 시대를 맞이할 것이다.

마인드스톰

🐢

수학 공포증: 배움에 대한 두려움

플라톤은 자신이 세운 아카데미아 입구에 이렇게 적었다. "기하학을 모르는 사람은 이 문으로 들어오지 말라." 시대가 변했다. 오늘날 플라톤의 지적 세계에 들어가려는 사람들은 대부분 수학(기하학)을 모를 뿐 아니라 플라톤의 경고를 무시하는 것이 모순임을 알아차리지 못한다. 우리 문화에서는 정신 분열증에 걸린 듯이 '인문학'과 '과학'을 나누고 안도한다. 플라톤은 철학자였고 철학이 인문학에 속하는 것은 수학이 과학에 속하는 것만큼이나 확고하다고 본다.

이러한 분열은 우리의 언어, 세계관, 사회, 교육 제도, 가장 최근에는 신경 생리학 이론에까지 나타나고 있다. 이런 현상은 그 자체로 영속적이다. 즉 문화가 분열될수록 각각은 개별적으로 성장한다.

나는 이미 컴퓨터가 '두 문화'의 경계를 허무는 힘이 될 것이라고 시사한 바 있다. 인문주의자는 '기술'로 인해 인간을 이해하는 관점과 관련된 지식에 대한 가정이 바뀔 수 있다는 말에 의문을 품을 것이다. 그리고 과학자는 '모호한' 인문주의적 사고가 침투해 과학의 엄밀성이 희석되면 위험하다고 느낄 것이다. 그러나 나는 컴퓨터의 출현 덕분에 덜 분열된 문화적 인식론이 자라날 씨앗이 뿌려질 거라고 생각한다.

현대 문화에서 차지하는 수학의 위상을 보면 문화가 얼마나 양분되었는지 아주 잘 알 수 있다. '인문주의적' 수학, 즉 인간에 대한 연구와 '인문학'으로부터 분리된 것으로 인식되지 않는 수학의 출현은 변화가 성큼 다가왔음을 알려 주는 신호라 할 수 있다. 따라서 이 책에서 나는 컴퓨터의 출현이 어린이가 수학과 인간적인 관계뿐 아니라 좀 더 인본적인 관계를 맺는 데 도움이 된다는 사실을 보여 줄 것이다. 그렇게 함으로써 수학 이상의 것을 논의하려고 한다. 그러려면 학습 과정 자체에 대한 새로운 관점을 전개해야 할 것이다.

똑똑한 어른이 가장 기초적인 수학 이외에는 할 줄 아는 게 없는 소극적인 구경꾼이 되어 버리는 경우가 흔하다. 개개인은 이러한 지적 마비의 직접적인 결과를 직업 선택이 제한된다는 측면에서만 경험할지도 모른다. 그러나 간접적이고 부차적인 파급력은 더 심각하다. 대부분의 사람들이 수학 시간에 배우는 주된 내용 중 하나는 엄격한 제약 사항에 대한 것이다. 사람들은 냉전 시대에 철의 장막에 의해 영토가 조각조각 나뉜 발칸반도 국가들 같은 형태의 인간 지식을 학습한다. 여기서 내 도전 과제는 지적 영토에 대한 통치권이 아니라 영토 사이를 쉽게 드나들지 못하게 가로막는 장벽이다. 나는 수학을 문학으로, 아니면 문학을 수학으로 축소하려는 게 아니다. 흔히 생각하듯이 문학적 사고와 수학적 사고가 다른 게 아님을 말하고 싶다. 따라서 나는 수학이 모국어인 수학 나라 비유를 사용하여 컴퓨터의 존재가 인문학 문화와 수학·과학 문화를 하나로 통합할 수 있다는 내 생각을 전개하려 한다. 이 책에서 수학 나라는 컴퓨터의 출현이 어린이에게 수학을 가르치는 방식을 어떻게 바꿀 수 있는지뿐 아니라 좀 더 근본적으로 우리 문화가 지닌 지식과 학습에 대한 전반적인 사고방식을 어떻게 바꿀 수 있는지 논하는 거대한 담론의 첫 번째 관문이다.

나는 '수학 공포증mathophobia'이라는 단어를 들으면 두 가지가 떠오른다. 하나는 수학에 대한 널리 퍼져 있는 두려움으로, 그 강도가 병적인 공포증에 가까운 경우도 있다. 다른 하나는 이 단어의 어근 'math'가 가지고 있는 의미다. 그리스어로 'math'는 보통 '배움'을 의미한다.* 우리 문화에서 배움에 대한 두려움은 (더 자주 은폐되긴 하지만) 수학에 대한 두려움만큼이나 고질적이다. 아이들은 열정적이고 유능한 학습자로서 삶을 시작한다. 그러다 배움 자체의 고통, 수학의 어려움을 '깨닫게' 된다. 'math'라는 말에 담긴 두 가지 의미, 즉 배움과 수학 측면에서 변화가 일어난다는 말이다. 다시 말해 수학과 배움을 사랑하는 사람에서 수학과 배움을 모두 두려워하는 사람으로 바뀌는 것이다. 우리는 이러한 변화가 어떻게 일어나는지 살펴보고 컴퓨터가 어떻게 이런 변화를 막을 수 있는지 생각해 볼 것이다. 일단 아이가 배운다는 것이 무엇인지 생각해 보자.

어린이들이 잘 배운다는 사실은 너무나 분명해서 많은 사람들이 기록으로 남길 가치를 못 느낄 정도다. 그중 높은 학습률을 보이는 영역이 바로 구어 어휘 습득이다. 만 2세에는 극소수의 어린이만이 수백 개의 단어를 습득한다. 그로부터 4년 후 초등학교 1학년이 될

---

* 원뜻은 박식가라는 의미의 'polymath'라는 단어에 담겨 있다. 같은 어간을 가진 단어 중 덜 알려진 단어는 배움과 관련이 있다는 뜻을 담은 'mathetic'으로 뒷장에서 사용할 것이다.

무렵 이 아이들이 이해하는 어휘는 수천 개에 달한다. 분명히 아이들은 매일 새로운 단어를 끊임없이 배운다.

아이들이 어휘를 익히는 것은 '볼 수 있지만' 언어 습득 속도와 비슷하거나 더 빠르게 수학을 익히는 모습을 보기는 꽤 어렵다. 이런 현상은 어린이의 지식 습득 과정에 대한 피아제의 평생에 걸친 연구에서 정확히 드러난다. 피아제가 발견했으나 잘 드러나지 않은 사실은, 아이들이 배우는 지식의 범위와 본질을 어른들이 인식하지 못한다는 것으로, 그 까닭은 바로 우리가 당연히 여기는 지식 구조에 있다. 우리는 피아제의 '보존' 개념으로부터 이 같은 사실을 분명히 확인할 수 있다(그림 2를 보라).

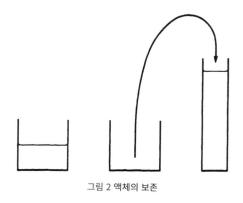

그림 2 액체의 보존

어른들은 한 유리잔에서 다른 유리잔으로 액체를 옮겨 부었을 때 액체의 부피가 변하지 않는다는 사실(액체 몇 방울을 흘렸다거나 유리잔에 잔여물로 남아 있는 것과 같은 사소한 효과는 무시한다)을 당연하게 생각한다. 부피는 변하지 않는다는 사실을 너무나 당연히 여겨서 피아제 이전에는 그 누구도 네 살짜리 아이들에게는 그런 사실이 당연하지 않다고 전혀 생각하지 못한 것 같다.* 어린이가 '보존' 세계관을 발전시키려면 상당 수준의 인지적 발달이 이뤄져야 한다. 부피 보존의 개념은 모든 아이가 배우는 다양한 보존 개념 중 하나다. 또다른 보존 개념으로 수의 보존 개념이 있다. 마찬가지로 여러 개의 사물을 셀 때 세는 순서를 바꿔도 사물의 개수가 똑같다는 사실을 아이들은 배워야 알 수 있다는 점을 대부분의 어른은 잘 모른다. 어른들에게 수를 세는 것은 그저 '거기에 있는' 물체가 얼마나 많이 있는지 알기 위한 방법일 뿐이다. 그 결과는 '객관적인 사실'로 수를 센 행위와는 독립적이다. 그러나 아직 보존 개념이 없는 아이들은 수를 계수하는 행위와(계수 결과를 과정과) 분리하지 못하며, 이는 어린이가 갖고 있는 세계관과 맞지 않는 인식론적 추정에 바탕을 둔다. 이러한 보존 개념은 어린이 스스로 깨우치는 방대한 지식 구조 중 일부 '숨겨진' 수학적 지식에 지나지 않는다. 4~5세 어린이의 직관 세계에 존재하는 기하학에서는 직선이 두 점 사이를 잇는 최단 거리가 아닐 수 있다. 그리고 두 점 사이를 천천히 걷는다고 해서 빨리 걸을 때보다 시간이 더 많이 걸리지도 않는다. 여기에서 빠진 것은 단순히 '하나'의 지식이라기보다는 두 지점을 건너는 행위가 아닌 두 지점 사이의 '최단 거리'라는 개념에 깔린 인식론적 추정일 수 있다.

어린이가 이렇게 생각하는 것은 단순히 지식이 '부족'해서가 아니다. 피아제는 어린이가 어떻게 자기만의 언어로 세상에 대한 이론을 세우고, 이 이론이 얼마나 완벽하게 일관성을 유지하는지 증명했다. 모든 아이가 즉흥적으로 '습득'하는 이런 이론들은 비록 우리가 아는

---

* 사람들은 어린이와 오랜 시간을 함께 살았다. 어린이가 어떻게 생각하는지, 우리가 어린이처럼 사고하는 것에 대해 무엇을 망각했는지 피아제가 말해 주기 전까지 몰랐다는 사실은 너무나 놀라워서 프로이트의 '인지 억압(cognitive repression)' 모형을 떠올릴 정도다.

수학은 아니지만 우리 (어른) 문화가 일반적으로 수용하는 것보다 더 '수학적'인 요소들을 갖추고 있다. 겉으로 드러나지 않는 학습 과정은 최소한 두 단계로 이뤄져 있다. 이미 학령기 이전에 모든 아이가 처음으로 세상에 대해 하나 이상의 성인기 전 이론을 구성한다. 그런 다음 좀 더 어른다운 세계관으로 이동한다. 이 모든 과정이 내가 피아제식 학습이라 부르는 과정을 거치며 일어난다. 피아제식 학습은 학교가 부러워할 정도로 다양한 특성을 갖춘 학습 과정이다. 피아제식 학습은 효과적이며(모든 아이가 목표를 성취한다). 비용이 낮고 (교사나 교육 과정 개발을 필요로 하지 않는 것 같다) 인간적이다(어린이는 명시적인 외부 보상이나 벌을 받지 않고 걱정이나 근심 없이 학습한다).

우리 사회에서 어른이 되어 학습에 대한 어린 시절의 긍정적인 태도를 잃은 정도는 개인차가 있다. 확실하지는 않지만 분명히 상당수의 어른이 배우기를 완전히 포기했을 것이다. 이런 사람들은 의도적인 학습을 거의 하지 않으며, 자기 자신이 공부를 잘한다거나 즐긴다고 생각하지 않는다. 이에 따른 사회적·개인적 비용은 어마어마하다. 수학 공포증은 문화적으로, 물질적으로 사람들의 삶에 제약을 가한다. 배우기를 완전히 포기하지 않은 사람이 아직은 많지만 여전히 자신의 능력에 대한 뿌리 깊은 불신 때문에 학습에 심각하게 지장을 받고 있다. 부족한 능력은 정체성이 된다. "나는 프랑스어를 배울 수 없어. 나는 듣기 능력이 부족해", "나는 사업가가 될 수 없을 거야. 나는 셈에 밝지 않아", "나는 패러렐 스키를 못 타. 균형을 잡은 적이 없어" 같은 믿음은 미신처럼 의례적으로 반복된다. 그리고 미신처럼 이런 믿음은 금기를 만든다. 이 경우에는 배움에 대한 금기다. 이번 장과 3장에서 우리는 이러한 자아상이 매우 제한된 현실, 대개 한 사람이 겪은 '학교 현실'과 일치한다는 사실을 증명한 실험을 다룰 것이다. 정서적 지원과 지적 지원이 적절히 이뤄지는 학습 환경에서는 '균형 감각이 떨어지는 사람들'도 저글링 같은 서커스 기술을 배울 수 있으며, '셈에 능하지 않은 사람들'도 수학을 할 수 있을 뿐 아니라 심지어 즐길 수도 있다.

이러한 부정적인 자아상은 극복 가능한 것인데도 한 개인의 삶에서 강하고 끈질기게 남아서 더욱 강해진다. 자신이 수학을 못한다고 굳게 믿는 사람들은 자신이 수학이라고 생각하는 것들을 하지 못하게 스스로를 계속해서 방해할 것이다. 이러한 자기 파괴적인 행위는 결국 개인의 실패로 이어지고, 각각의 실패는 다시 자기 자신에 대한 불신을 더욱 강화한다. 그리고 이러한 불신은 개인뿐 아니라 문화 전체에 퍼졌을 때 가장 사악한 위력을 발휘한다.

우리 어린이들은 '똑똑한 사람'과 '멍청한 사람'이 있다는 고정관념에 젖은 문화 속에서 성장한다. 개인이라는 사회적 구성물은 갖가지 적성으로 간주된다. '수학을 잘하는' 사람과 '수학을 못하는 사람'이 있을 뿐이다. 어린이가 학습 과정에서 처음으로 겪는 실패와 불쾌한 경험을 자신의 무능력 탓으로 돌리게끔 모든 것이 설정되어 있다. 그 결과 어린이는 실패하면 자신을 '멍청한 사람' 그룹으로 분류하거나 더 많은 경우 '~을(를) 못하는 사람' 그룹으로 분류한다(우리가 앞에서 언급했듯이 여기서 '~'는 수학을 의미한다). 이러한 틀 안에서 어린이는 자신의 한계에 따라 자신을 규정하고 이렇게 규정된 자아는 아이가 살아가는 동안 더욱 고착된다. 아주 드물게 예외적인 사건을 통해 자신의 지적 자아상을 재구성하는 사람이 있는데, 이런 사람들은 학습 대상에 대한 새로운 관점에 눈을 뜨면서 지적 자아상을 재편한다.

인간 능력의 구조에 대한 이러한 신념을 무너뜨리기는 쉽지 않다. 대중의 신념을 뿌리째 뽑는 일은 결코 쉬운 일이 아니다. 이토록 어려운 이유는 여러 다른 요소가 복합적으로 얽혀 있기 때문이다. 우선, 인간의 적성에 대한 대중적인 이론들이 '과학적'인 근거가 있는 것처럼 보인다. 어찌 됐든 심리학자들도 적성 측정 측면에서 말한다. 그러나 무엇을 측정하느냐가 얼마나 중요한지는 수학 나라를 상상해 보는 단순한 사고 실험만으로도 충분히 진지하게 문제를 제기할 수 있다.

수학 나라를 상상하는 사고 실험에서 실제로 수학 나라를 어떻게 만들지에 대한 문제가 남지만, 이 사고 실험이 철저히 검증된 것이라고 볼 수 있는 이유는 수학적 적성에 대한 사람들의 믿음이 현재 우리가 아는 증거[1]에 기반을 두지 않기 때문이다. 그러나 실제로 수학 공포증이 있는 독자들이 이런 사고 실험을 스스로 하는 것은 어려울 수 있으므로 이 실험을 다른 형태로 바꿔서 내 주장을 보강하겠다. 아이들에게 하루에 한 시간씩 네모난 종이에 어떤 춤의 스텝을 그리라고 시키고, 실제로 춤을 추려면 해당 '춤 스텝'에 대한 시험을 통과해야 한다고 말했다고 가정해 보자. 그렇게 되면 세상이 '춤을 무서워하는 사람'으로 가득 차지 않을까? 시험을 통과해 댄스홀에 나가서 음악에 맞춰 직접 춤을 추는 사람들을 '춤에 소질이 있는 사람'이라고 말할 수 있을까? 이는 마치 어떤 아이가 수백 시간 동안 덧셈만 하는 걸 싫어한다고 해서 그 아이에게 수학적 적성이 없다고 결론을 내리는 것처럼 말도 안 되는 이야기다.

어떤 사람은 이런 비유 대신 엄격한 심리학적 방법론을 적용하여 개인이 습득할 수 있는 능력의 실제 한계에 대해 좀 더 '확실한' 데이터를 얻고 싶을 것이다. 그러나 그럴 수 없다. 현대 교육 심리학의 패러다임에서는 우리 모두가 살고 있는 '반수학 나라anti-Math-land'에서 어린이가 어떻게 수학을 배우거나 또는 배우지 않는지(이런 경우가 더 흔하다)를 연구하는 데 집중한다. 이러한 연구 방향을 다음과 같은 우화로 비유할 수 있다.

19세기에 살고 있는 누군가가 운송 방법을 개선해야 할 필요성을 느꼈다고 가정해 보자. 그 사람은 새로운 방법을 고안해 내려면 기존 방법의 문제점을 깊이 이해해야 한다고 생각했다. 그래서 그 사람은 말이 끄는 수레들의 차이점을 세세하게 조사하기 시작했다. 그리고 수레 형태와 다양한 축에 쓰인 재료, 베어링, 마구 기술에 따라 속도가 어떻게 달라지는지 조사하여 매우 자세하게 문서로 남겼다.

돌이켜 보면 19세기 운송 수단이 다니던 도로는 지금과 다르다. 말이 끄는 수레와 같은 기존 운송 수단이 제대로 작동하는지 못하는지 자세히 안다고 해서 자동차와 비행기를 발명할 수 있는 게 아니다. 그러나 현대 교육 연구가 이런 모형을 따른다. 교육 연구에서 표준이 되는 패러다임은 기존 교실 문화나 교외 활동 문화를 주된 연구 대상으로 삼는다. 오늘날 학교에서 학생들이 배우는 빈약한 수학이나 과학적 관념과 관련된 연구가 많이 있다. 심지어 '훌륭한' 교육학은 빈약한 사고방식을 출발점으로 삼아야 한다는 '인간적인' 주장이 만연해 있다. 인간적인 의도에 공감하는 건 쉽다. 그러나 나는 이런 전략이 전통적인 제도를 보존하고자 하는 의지를 담고 있다고 생각한다. 이것은 마치 말이 끄는 수레의 축을 고치겠다는 것과 같다. 그러나 진짜 문제는 우리가 '교육계의 자동차'를 발명할 수 있느냐다. 교육 심리학에서 이 질문(이 책의 중심 테마)에 대한 답을 다루지 않았으므로 우리는 적성에 대한 신념의 '과학적' 근거가 매우 불확실하다는 결론을 내릴 수밖에 없다. 그러나 적성에 대한 신념은 학교에서, 시험 제도에서 대학 입학 기준이라는 형태로 제도화되었으며, 그로 인해 이러한 신념의 사회적 근거는 확고해진 반면 과학적 근거는 그만큼 약해졌다.

어린이는 유치원에서부터 언어와 수리 적성 검사를 받으면서 언어와 수리가 '실재'하며 둘을 별개라고 인식한다. 이런 적성 검사의 결과는 아이라는 사회적 구성물을 적성의 묶음으로 보게 한다. 예를 들어 조니와 조니의 담당 교사가 조니가 미술은 '잘하고' 수학은 '못한다'는 인식을 공유하게 되면 이런 인식은 그 자체로 강화되는 경향이 있다. 여기까지는 현대 교육 심리학에서 널리 받아들여진다. 그러나 학교가 적성을 구성하는 방법에는 좀 더 심각한 측면이 있다. 내가 8~9세까지 관찰했던 한 아이의 사례를 살펴보자. 짐은 전문직 종사자 부모 사이에서 태어났으며 언어 감각은 뛰어났지만 수학 공포증이 있었다. 짐은 학교에 들어가기 한참 전부터 단어와 말하기를 좋아했다. 수학 공포증은 학교에 입학하면서 시작되었다. 나는 짐에게 수학 공포증이 생긴 이유가 짐이 언어적으로 너무나 조숙했기 때문이라고 생각한다. 짐의 부모에 따르면, 짐은 어렸을 때부터 무엇을 하든지 모든 것을 말로 표현하는 습관이 있었으며, 특히 크게 소리내어 말하는 경우가 자주 있었다고 했다. 이런 습관은 부모와 유치원

마인드스톰

교사들에게 그다지 문제가 되지 않았다. 짐의 이런 습관이 진짜 문제가 된 것은 수학 시간이었다. 이 무렵 짐은 '큰소리로 말하는 것'을 자제해야 한다고 배웠다. 그런데 나는 짐이 어떤 활동을 할 때 그 활동에 대해 속으로 이야기하는 것을 멈추지 않았으리라고 생각한다. 짐은 수학 시간에 아무것도 할 수 없었다. 짐은 단지 덧셈에 대해 어떻게 말해야 할지 몰랐다. (대부분의 우리가 그렇듯이) 짐에게는 어휘가 부족했고 목표 의식이 없었다. 짐의 언어적 습관에서 불거진 좌절감은 수학에 대한 혐오로 발전했으며, 수학에 대한 혐오감은 수학 적성 검사에서 나쁜 결과를 가져왔다.

나는 짐의 이야기가 정말 안타깝다. 나는 짐의 경우처럼 지적으로 강한 부분 때문에 지적으로 취약한 부분이 점점 커진다고 확신한다. 그리고 언어적 강점만이 다른 영역을 취약하게 만드는 것은 아니다. 아이들을 유심히 관찰해 본 사람들이라면 이와 비슷한 과정이 다른 식으로 전개되는 경우를 봤을 것이다. 예를 들어, 논리적 순서에 푹 빠진 아이는 영어 철자만 나오면 바로 흥미를 잃고 그때부터 쓰기라면 무조건 싫어하기도 한다.

수학 나라 개념은 짐과 짐의 대척점에 있는 난독증 증상을 가진 아이가 그런 상황에서 벗어나기 위해 어떻게 컴퓨터를 도구로 활용할 수 있는지 보여 준다. 두 어린이는 언어와 수학을 철저히 분리하는 우리 문화의 희생양이다. 이번 장에서 설명할 수학 나라에서는 짐의 언어에 대한 애정과 능력이 수학을 싫어하기보다는 수학적 능력을 개발하는 데 도움이 될 수 있다. 또 논리를 좋아하는 다른 아이가 언어에 대한 관심을 발전시키는 데도 도움이 될 것이다.

한 아이의 다양한 강점이 지적 활동의 모든 영역에 동원된다는 개

넘은 재능의 차이가 두뇌 발달의 실제 차이를 반영할 수도 있다는 의견에 대한 대답이다. 뇌가 마치 수학적 뇌와 언어적 뇌로 분리되어 있다거나 뇌 안에 별도의 '기관'이 있다는 말을 흔히 듣는다. 이런 식의 사고에 따르면 어린이는 어느 두뇌 기관이 가장 발달했느냐에 따라 언어에 적성이 있는 아이와 수학에 적성이 있는 아이로 나뉜다. 그러나 지능에 대한 이런 식의 해부학적 주장은 일련의 인식론적 가정을 반영한다. 예컨대 이런 식의 주장은 수학으로 통하는 길은 단 하나뿐이며 이 길이 '해부학적으로 차단'되어 있으면, 그 아이는 수학이라는 목적지에 도달하지 못한다고 가정한다. 사실상 현대 사회에 사는 대부분의 어린이에게 '고등' 수학으로 가는 길은 단 하나, 바로 학교 수학을 통과하는 것이다. 그러나 설령 뇌생물학 연구 결과 고등 수학을 소화할 수 있느냐 여부가 어떤 어린이에게 없는 해부학적 뇌 기관에 달려 있다고 해도 수학 자체가 이러한 두뇌 기관에 의해 결정된다는 결론에 이르지는 못할 것이다. 오히려 우리가 다른 경로를 찾아야 한다는 결론에 도달할 것이다. 이 책은 대안적인 경로가 존재한다고 주장하고 있으므로 두뇌 기능에 의존한다는 개념이 그 자체로 사회적 구성물임을 보여 준다고 할 수 있다.

논의를 위해, 우리가 학교에서 가르치는 숫자 조작 능력을 특히 잘하게 해 주는 뇌의 특정 부위가 있다고 하고, 그 부위를 '수학 습득 장치math acquisition device, MAD'[2]라고 부른다고 하자. 이런 가정에 의하면 인류는 역사적으로 MAD를 최대한 이용하기 위해 연산법과 연산법을 가르치는 교수법을 발전시켜 왔을 것이라 볼 수 있다. 그러나 이런 방법이 우리 대부분과 사회 전체에 효과적이었다고 해도, MAD에 손상을 입거나 다른 이유(아마도 '신경증')로 MAD에 접근할 수 없는 사람에게는 이런 교수법이 치명적이었을 것이다. 이런 사람은 학업 수행 능력이 떨어지고 '계산 곤란증' 환자라는 진단을 받을 것이다. 그리고 정해진 방법대로 어린이에게 수학을 가르쳐야 한다고 고집하는 한 우리는 계속해서 객관적인 시험을 통해 이 어린이들이 정말로 '연산'을 하지 못한다고 '증명'하려 할 것이다. 그러나 이는 마치 청각 장애 어린이가 언어를 구사하지 못하는 것은 듣지 못하기 때문이라고 증명하는 것과 같다. 수화가 손과 눈을 이용하여 일반적인 언어 기관을 우회하듯이, 기존 방법과 다르더라도 MAD를 우회하여 수학을 할 수 있게 해 주는 대안이 있다면 일반적인 방법과 달라도 그만큼 좋을 것이다.

그러나 우리는 왜 어떤 어린이는 수학 언어를 유창하게 구사하지 못하는지 설명하기 위해 신경학에 매달리지 않아도 된다. 음악이나 댄스홀 없이 진행하는 춤 수업에 대한 비유를 든 데는 다 이유가 있다. 우리의 교육 문화는 수학 학습자에게 수학을 이해하는 데 필요한 자원을 거의 제공하지 않는다. 따라서 어린이들은 어쩔 수 없이 최악의 수학 학습 모형을 따라야 한다. 바로 주입식 학습 모형으로, 여기에서 내용은 무의미한 것으로 취급된다. 한 마디로 '분리' 모형이다. 문화적으로 통합이 가능한 수학을 가르치는 데 따르는 일부 어려움은 객관적인 문제에 있었다. 즉 컴퓨터가 나오기 전에는 수학의 가장 기본적이고 흥미로운 것과 일상적인 것 사이에 괜찮은 접점이 거의 없었다. 그러나 가정, 학교, 직장이라는 일상 속에서 수학적 언어를 구사하는 컴퓨터가 이러한 접점을 제공할 수 있다. 문제는 교육에서 이 접점을 이용할 방법을 찾아내는 것이다.

수학 학습의 유일한 사례는 결코 아니다. 그러나 많은 독자들이 지금쯤 내가 수학이 아닌 다른 주제를 말하길 바라고 있다는 바로 그 이유 때문에 수학은 아주 좋은 예다. 우리 문화는 너무나 수학을 공포의 대상으로 여기고 두려워하므로 컴퓨터가 수학과 우리의 관계를 새롭게 하는 데 어떻게 도움이 될지 보여 주려면, 우리가 두려워할 만한 다른 종류의 학습과 우리의 관계도 컴퓨터로 바꿀 수 있다는 강력한 증거가 있어야 한다. 수학 나라에서의 경험, 이를테면 '수학적 대화'에 참여하는 것은 사람들에게 이전에는 '너무나 어려워' 보였던 다양한 일을 할 수 있으리라는 해방감을 준다. 그런 점에서 컴퓨터는 가공된 정보를 제공하는 방식이 아니라 사람의 제한된 가정에 도전하는 방식으로 사람들이 지식에 접근할 수 있게 해 준다.

내가 제안하는 컴퓨터 기반의 수학 나라에서는 어린이가 모국어를 습득하는 자연스러운 과정을 설명하는 피아제 학습 이론을 수학 학습으로 확장한다. 피아제식 학습은 일반적으로 다른 활동에도 깊이 새겨져 있다. 예를 들어 유아는 '말하는 법을 배우는' 기간을 따로 정해 두지 않는다. 이 학습 모형은 분리 학습, 즉 다른 유형의 정신적·육체적 활동과 각각 분리되어 있는 학습과는 반대된다. 우리 문화에서 학교 수학은 전형적인 분리 학습 모형을 따른다. 대부분의 사람들은 수학을 쓰디쓴 약처럼 배우고 받아들인다. 수학 학습이 분리되면서 우리 문화는 인식론적 소외라는 특징을 더 강하게 띠게 되었다. 로고 환경은 이러한 경계를 희미하게 만들었다. 그 어떤 컴퓨터 활동도 '수학 학습'이라고 따로 떼어 놓지 않는다.

학습자에게 수학을 '이해'시키는 문제는 '형식 서술formal description' 언어를 이해시키는 것과 관련이 있다. 따라서 컴퓨터가 어떻게 수학에 의미를 부여하는지 사례를 살피기 전에 사람들이 수학이라고 여기지 않는 지식 영역에서 형식적인 기술 언어에 의미를 부여하는 데 컴퓨터가 도움이 되는 몇 가지 사례를 살펴보려 한다. 우리가 살펴볼 첫 번째 사례가 속한 영역은 문법이다. 많은 사람이 수학만큼 문법을 두려워한다.

'평균적인' 중학교 1학년 학생들로 이뤄진 학급에 성능이 좋은 컴퓨터를 제공하고 1년 넘게 수행한 연구에서 학생들은 '컴퓨터로 시 쓰기'라는 작업을 했다. 학생들은 컴퓨터 프로그램을 사용하여 문장을 생성했다. 학생들은 컴퓨터에 구문론의 기본 구조를 입력한 다음, 해당 구문론 구조 안에서 컴퓨터가 정해진 단어 목록상의 단어를 무작위로 선택할 수 있게 했다. 그 결과, 컴퓨터는 일종의 구체적인 시를 작성하는데 64쪽에서 확인할 수 있다. 참여 학생 중 열세 살 제니는 컴퓨터 작업을 한 첫날, 프로젝트 운영자에게 한 가지 질문을 던져 마음을 뭉클하게 했다. 제니는 이렇게 물었다. "왜 우리가 이 실험에 뽑힌 건가요? 우리는 영재가 아닌데요." 이 연구에서는 의도적으로 '평균적인' 학업 성취도를 보이는 어린이를 선택했다. 하루는 제니가 매우 들떠 있었다. 뭔가를 발견한 것이다. 제니는 "이제 왜 명사와 동사가 있는지 알겠다"라고 했다. 제니는 몇 년 동안이나 학교에서 문법을 반복해서 배웠으면서도 명사와 동사, 부사의 차이점을 전혀 이해하지 못했다. 그러나 제니가 문법을 어려워했던 이유가 제니에게 논리력이 부족했기 때문이 아니라는 사실이 이제야 분명해졌다. 문제는 다른 데 있었다. 제니는 문법 공부의 목적을 찾지 못했던 것이다. 제니는 문법이 존재하는 '이유'를 이해할 수 없었다. 게다가 제니가 문법이 왜 있는 거냐고 질문했을 때, 제니의 교사가 준 답은 명백히 거짓말이었다. 제니는 "문법을 배우면 말을 더 잘할 수 있다"라고 배웠다고 말했다.

INSANE RETARD MAKES BECAUSE SWEET SNOOPY SCREAMS

SEXY WOLF LOVES THATS WHY THE SEXY LADY HATES

UGLY MAN LOVES BECAUSE UGLY DOG HATES

MAD WOLF HATES BECAUSE INSANE WOLF SKIPS

SEXY RETARD SCREAMS THATS THE SEXY RETARD HATES

THIN SNOOPY RUNS BECAUSE FAT WOLF HOPS

SWEET FOGINY SKIPS A FAT LADY RUNS

제니의 구체적인 시

사실 문법을 배우는 것과 말을 잘하는 것 사이의 관계를 추적하려면 제니가 처음으로 문법을 접한 나이에 본 것보다 더 큰 그림, 즉 복잡한 언어 학습 과정의 측면에서 바라봐야 한다. 제니는 문법이 말하기에 어떻게 도움을 줄 수 있는지 몰랐으며, 자신의 말하기 실력이 더 향상되어야 한다고도 생각하지 않았다. 결국 제니는 문법을 싫어하는 상태에서 문법을 배웠다. 누구든지 뭔가를 싫어하면 잘할 수 없다. 그러나 제니가 컴퓨터로 시를 쓰려고 노력하면서 놀라운 일이 벌어졌다. 이제는 단어를 범주별로 분류할 수 있게 된 것이다. 그것도 누가 시켜서가 아니라 스스로 그렇게 해야겠다고 느꼈다. 제니가 컴퓨터에 일련의 단어를 주고 영어처럼 보이는 것을 만들도록 '가르치려면' 적절한 유형의 단어를 컴퓨터가 선택하게끔 '가르쳐야' 했다. 제니가 컴퓨터로 이러한 경험을 하면서 문법을 익힌 것은 전혀 기계

마인드스톰

적이거나 반복적이지 않았다. 제니의 학습은 매우 깊이 있고 의미 있게 이뤄졌다. 제니는 특정 품사의 정의를 배우는 것 이상을 해냈다. 제니는 단어들을 (사물처럼) 다양하게 묶거나 세트로 배치할 수 있으며 그렇게 하는 것이 도움이 된다는 일반적인 개념을 이해했다. 제니는 단순히 문법을 '이해'했을 뿐 아니라 자신과 문법의 관계까지 바꾸었다. 문법은 '제니의 것'이 되었다. 그리고 컴퓨터와 함께하는 동안 이러한 경험은 제니 스스로에 대한 자아상을 바꾸는 데도 도움을 주었다. 제니의 성취도도 달라졌다. 전에는 성적이 평균 이하였지만 이후로는 학교를 마칠 때까지 '전 과목 만점'을 받았다. 제니는 결국 자신도 '똑똑한 사람'이 될 수 있음을 깨달았다.

아이들 주변 사람이 이해하지 못한다면 아이들도 수학과 문법을 이해하지 못한다. 아이들이 수학과 문법을 이해할 수 있도록 도우려면 교사가 정확하게 설명하고 칠판에 그림을 제대로 그리는 것 이상을 해야 한다. 나는 많은 교사와 학부모에게 수학이 어떠해야 한다고 생각하는지 그리고 왜 수학을 배우는 것이 중요한지 물어봤다. 아이가 자신의 인생에서 수천 시간을 할애하여 수학을 배워야 하는 정당한 이유를 일관되게 논리적으로 답하는 사람은 거의 없었으며 그런 사실을 아이들도 알고 있다. 교사가 학생에게 슈퍼마켓에서 잔돈을 거슬러 받고 확인할 수 있어야 하기 때문에 계산법에 많은 시간을 할애해야 한다고 말할 때 아이는 교사의 말을 믿지 않는다. 아이들은 이러한 '이유'를 어른들이 하는 또 하나의 앞뒤가 안 맞는 이야기라고 여긴다. 아이들에게 학교 수학이 "재미있다"라는 말을 할 때도 똑같은 반응이 나온다. 아이들은 수학이 재미있다고 말하는 교사들이 막상 여가 시간에는 자기들이 재미있다고 말한 수학은 제외하고 다른 것을 한다는 사실을 잘 안다. 아이들에게 과학자가 되려면 수학을 해야 한다고 말하는 것도 전혀 도움이 되지 않는다. 대부분의 어린이가 과학자가 될 생각이 없다. 아이들은 교사도 자기들만큼이나 수학을 싫어하며 교사가 수학을 가르치는 것은 학교 교육 과정에 그렇게 하라고 쓰여 있기 때문임을 너무나 잘 안다. 이 모든 것이 어른들의 세계와 교육 과정에 대한 아이들의 신뢰를 좀먹는다. 그리고 나는 이러한 것들이 교육적인 관계에 부정직이라는 심각한 영향을 끼친다고 생각한다.

아이들은 학교에서 늘어놓는 수학에 대한 미사여구가 말도 안 된다고 여긴다. 이런 상황을 타개하기 위해 우리는 반드시 아이들 생각이 기본적으로 옳다는 사실을 인정해야 한다. 학교에서 어린이에게 강요하는 '종류의 수학'은 의미나 재미도 없으며 심지어 그렇게 쓸모가 있지도 않다. 그렇다고 해서 어린이가 스스로 수학을 가치 있고 즐길 만한 게임으로 바꾸지 못하는 건 아니다. 어떤 어린이들에게 이런 게임은 점수를 올리는 것이고, 또 어떤 어린이들에게 게임은 교사와 제도의 허점을 찌르는 것이다. 반복적이고 단조로운 학교 수학을 좋아하는 어린이도 많다. 정확히 말하면 수학을 아무 생각할 필요 없이 무언가 교실에서 벌어지고 있는 일들로부터 스스로를 차단할 수 있는 피난처로 여긴다. 이 모든 것이 어린이의 창의성을 보여 준다. 그렇다고 창의적인 아이들은 학교 수학이 아무리 지루해도 그 안에서 즐길 거리나 의미를 찾을 수 있으니 괜찮다고 합리화하는 건 아니다.

중요한 점은 내가 앞으로 '수학' 또는 '학교 수학'이라고 부르는 것과 대부분의 비수학자들이 거의 생각하지 못하는 아름다움이 깃든 어마어마하게 넓은 탐구 영역을 가리키는 '수학'의 차이점을 기억하는 것이다.

나는 '학교 수학'을 사회적 구성물로 본다. 일종의 쿼티 자판과 같다. (곧 논의할 내용인) 일련의 역사적 사건으로 인해 몇 가지 수학적 주제가 시민들이 감당해야 할 수학적 부담이 되었다. 타자기 자판의 쿼티 배열처럼 학교 수학도 특정한 역사적 맥락에 비춰 보면 납득이 되는 측면이 있다. 그러나 쿼티 자판과 마찬가지로 학교 수학도 뿌리가 너무나 깊이 박힌 나머지 사람들은 그런 현상을 당연시하며, 학교 수학이 그럴 수밖에 없었던 역사적 상황이 해소되고 오랜 세월이 흘렀음에도 계속해서 현재의 학교 수학을 정당화할 구실을 만들어 낸다. 사실 우리 문화권에 속한 사람들 대부분이 다른 형태의 학교 수학을 떠올리기란 매우 어렵다. 우리가 아는 수학이라고는 현재 학교에서 배우는 것이 유일하기 때문이다. 이러한 악순환을 깨기 위해 나는 새로운 수학 영역인 로고 거북이 기하학을 독자들에게 소개하고자 한다. 로고 거북이 기하학은 나와 동료들이 어린이를 위해 만든 더 우수하고 의미 있는 첫 번째 형식적 수학 영역이다. 로고 거북이 기하학의 설계 기준을 가장 잘 이해하려면 학교 수학이 만들어진 역사적 배경을 조금만 더 자세히 들여다보면 된다.

역사적 배경 중 몇 가지는 실용성에 있었다. 전자계산기가 존재하기 이전에 긴 나눗셈 따위를 빠르고 정확하게 계산할 수 있도록 사회는 사람들을 '프로그래밍'해야 했다. 그러나 싼 값에 계산기를 살 수 있는 지금, 어린이들의 인생에서 수백 시간을 이러한 계산법을 익히는 데 투자할 가치가 있는지 다시 생각해 봐야 한다. 나는 어떤 지식의 지적 가치, 그러니까 수에 대한 지적 가치를 부정하려는 것이 아니다. 그러나 이제 우리는 수에 대한 지식을 일관되고 합리적인 근거를 토대로 선별할 수 있다. 우리는 과거에 어떤 지식을 몇 살에 배워야 한다는, 피상적인 실용주의에 입각한 억압적 사고로부터 자유로워질 수 있다.

그러나 실용주의는 학교 수학이 생겨난 역사적 이유 중 한 가지에 불과하다. 또 다른 이유는 '학습법mathetics'과 관련이 있다. 학습법은 학습을 관장하는 일련의 지도 원칙이다.* 학교 수학이 필요했던 몇 가지 역사적 이유가 있었는데, 이는 컴퓨터 이전 시대에 무엇을 배울 수 있고 가르칠 수 있는가와 관련되어 있었다. 내가 보기에는 학교에서 어떤 수학을 가르칠 것인지 결정하는 주된 요인은 원시적인 연필과 종이를 가지고 교실에서 가르칠 수 있느냐의 여부에 달려 있었다. 예컨대 어린이는 종이와 연필을 가지고 그래프를 그릴 수 있다. 따라서 학교 수학에서는 어린이가 그래프를 많이 그릴 수 있게 했다. 같은 맥락에서 특정 유형의 기하학을 강조하게 되었다. 예를 들어, 학교 수학에서 '해석 기하학'은 곡선을 식으로 나타내는 것으로 가르친다. 그 결과 학교 교육을 받은 모든 사람의 기억 속에 $y = x^2$은 포물선의 방정식으로 희미하게 남아 있다. 게다가 부모들 대부분이 자기들도 왜 사람이 이런 것을 배워야 하는지 모르면서 아이들이 모른다고 하면 분개한다. 부모들은 이런 것들을 잘 이해하는 사람들에게는 그들만의 심오하고 객관적인 뭔가가 있다고 막연히 생각한다. 얄궂게도 부모들은 수학 공포증 때문에 왜 어떤 사람들은 수학을 잘 이해하는지 깊이 살펴보지 못하게 되고, 결국 자칭 수학 전문가들의 자비에 자신들을 맡긴다. 학교 수학에 어떤 내용이 포함되고 어떤 내용이 제

---

* (옮긴이) '가르치는 듯한, 훈계하는 듯한' 의미의 교수법(didactics)과 반대되는 의미로 학습자가 학습의 주체가 되어 무언가를 행하고 수행함으로써 학습하는 것

외된 이유가 연필로 포물선을 그리는 것만큼 대충 결정된 게 아닐까 의심하는 사람은 거의 없다. 바로 이 때문에 컴퓨터가 많은 세상에서 가장 큰 변화를 볼 수 있는 분야가 수학이다. 쉽게 만들 수 있는 수학적 구성물의 범위가 크게 확장될 것이다.

학교 수학의 사회적 구성에서 또 다른 학습법적 요인이 성적 평가 기술이다. 살아 있는 언어는 구어로 배우므로 교사가 각 문장을 검증하고 점수를 매길 필요가 없다. 사어死語는 교사로부터 끊임없이 '피드백'을 받아야 한다. '덧셈'이라고 알려진 활동은 학교 수학에서 이러한 피드백 기능을 수행한다. 이렇게 터무니없는 단순 반복 학습의 이점은 단 하나다. 채점하기 쉽다는 것이다. 그러나 이런 장점 하나가 학교 수학의 중심에 확고하게 자리 잡고 있다. 간단히 말해 학교 수학의 구성물은 지휘봉과 모래, 분필과 칠판, 연필과 종이처럼 원시적이고 소극적인 기술을 이용해 수학을 '죽어 있는' 주제로 가르칠 때, 가르칠 수 있을 만한 것들이 무엇이냐에 따라 결정된다고 생각한다. 그 결과물은 기본 학습 원칙을 위반한, 어떤 내용은 배우기 쉽고 어떤 것은 배우는 것이 거의 불가능한, 지적으로 일관성 없는 주제들의 모음이 되었다.

이러한 학교의 유산을 이어받은 수학 교육이 취할 수 있는 접근법은 두 가지다. 전통적인 접근법은 학교 수학을 정해진 대상으로 받아들이고 이것을 가르치기 위해 고군분투하는 것이다. 일부 교육자들이 이런 목적으로 컴퓨터를 사용한다. 그러다 보니 역설적으로 컴퓨터 이전 시대에는 소화할 수 없었던 내용을 교육 현장에 강제로 주입하는 데 컴퓨터가 이용된다. 하지만 로고 거북이 기하학에서는 컴퓨터를 전혀 다른 식으로 사용한다. 로고 거북이 기하학에서 컴퓨터는 수학적 표현을 위한 매체, 즉 개인적으로 의미 있고 지적으로 일관적이며 어린이가 쉽게 배울 수 있는 수학적 주제를 자유롭게 디자인할 수 있는 수단으로 사용된다. 우리는 교육적 문제를 '기존의 학교 수학을 어떻게 가르칠까'로 제시하는 대신 '수학의 재구성' 또는 가르치는 데 노력이 덜 들어가는 방식으로 지식을 재구성하는 문제로 제시한다.

모든 '교육 과정 개발'은 '지식의 재구성'이라 말할 수 있다. 예를 들어 1960년대 신수학New Math 교육 과정 개정에서 학교 수학에서 가르치던 내용을 바꾸려고 시도했다. 그러나 큰 성공을 거두지 못했다. 이전과는 다른 종류의 덧셈이기는 했지만 덧셈에서 더 나아가지는 못했다. 새로운 덧셈에서 숫자 대신 집합 또는 십진수 대신 이진수 연산을 다룬다고 해서 큰 변화가 일어나지는 않았다. 게다가 개정된 수학 교과는 창조적인 수학자들의 창의성을 자극하지 못했으며 새로운 사고의 산물이라 할 수 있는 어떤 흥분감을 불러오지 못했다. '신수학'이라는 이름 자체도 문제였다. 신수학 안에 담긴 수학 콘텐츠에 새로운 것은 거의 없었다. 신수학은 어린이 수학을 만드는 과정에서 나온 게 아니라 수학자들을 위한 수학을 쉬운 것으로 만드는 과정에서 나왔다. 어린이들은 구닥다리 수학에서 고른 몇 가지 내용보다 더 나은 것을 배워야 하고 그럴 자격이 있다. 동생들이 물려받은 옷이 그렇듯이 이런 구닥다리 수학은 어린이에게 결코 맞지 않는다.

로고 거북이 기하학은 어린이에게 맞추는 것을 목표로 시작되었다. 로고 거북이 기하학의 주된 설계 기준은 '유용해야 한다'였다. 물론 진지한 수학 콘텐츠도 담아야 했지만 우리는 어린이에게 적합한 수학적 사고와 깊이 있는 수학적 사고가 충분히 양립할 수 있다고 생각했다. 반대로 우리는 가장 개인적인 지식 중 어떤 것들이 수학적으로 가장 깊이가 있을 수도 있음을 이해하게 될 것이다. 다방면에서 수학, 예컨대 공간, 운동, 행동의 반복적인 패턴과 관계된 수학을 어린이들이 가장 자연스럽게 받아들인다. 이런 수학이야말로 로고 거북이 기하학이 뿌리를 내리려 하는 수학이다. 나와 동료 학자들은 이런 아이디어를 연구하면서, 유용한 수학이라는 개념에 몇 가지 원칙을 더할 수 있었다. 첫째, 연속성의 원칙이다. 수학은 '인지' 능력뿐 아니라 온정과 가치관을 물려받은 잘 확립된 개인적 지식과 연관되어야 한다. 그다음은 능력의 원칙이다. 수학은 학습자가 수학 없이는 할 수 없는, 개인적으로 의미 있는 프로젝트를 수행할 수 있게 해 주어야 한다. 마지막으로 문화적 공명resonance의 원칙이 있다. 수학은 좀 더 넓은 사회적 맥락에서 이해할 수 있는 것이어야 한다. 나는 어린이들이 로고 거북이 기하학을 이해할 수 있다고 말했다. 그러나 어른들이 로고 거북이 기하학을 받아들이지 않는 한 어린이들도 진정으로 로고 거북이 기하학을 이해할 수는 없을 것이다. 어린이에게 맞는 수학이란 우리도 먹지 않을 쓰디쓴 약을 주듯이 아이들을 괴롭히기 위해 주는 뭔가가 되어서는 안 된다.

로고 거북이 기하학: 학습에 꼭 맞는 수학

로고 거북이 기하학은 다른 방식의 기하학이다. 마치 유클리드 기하학의 공리적 스타일과 데카르트 기하학의 해석적 스타일이 서로 다른 것과 같다. 유클리드 기하학은 '논리적' 스타일이고, 데카르트 기하학은 '대수학적' 스타일이다. 로고 거북이 기하학은 '컴퓨터' 스타일의 기하학이다.

유클리드는 기본적인 개념의 집합을 가지고 유클리드 기하학을 만들었는데 기본 개념 중 하나가 점이다. 점이란 위치 이외에는 다른 속성이 없는 객체다. 즉 점에는 색상, 크기, 형태가 없다. 형식적 수학의 기본 개념을 아직 배우지 않아서 이런 개념을 '수학적'으로 표현하지 못하는 사람은 이러한 개념을 잘 이해하지 못하며 심지어 이상하다고 여긴다. 이런 사람들은 자기가 알고 있는 것들과 이런 수학적 개념을 연결하기 어려워한다. 로고 거북이 기하학에도 유클리드의 점과 비슷한 기본 객체가 있다. 나는 이 객체를 '로고 거북이'라고 부르며 이 거북이는 사람들이 아는 것과 연결 지을 수 있다. 로고 거북이는 유클리드의 점과 달리 모든 속성이 배제되어 있지 않다. 로고 거북이는 정적이지 않고 동적이기 때문이다. 로고 거북이는 위치 이외에 다른 중요한 속성을 가지고 있는데 바로 '방향'이다. 유클리드의 점은 임의의 위치에 있다. 그리고 그 위치가 그 점에 대해 알고 있는 전부다. 로고 거북이도 어딘가에 있다. 마찬가지로 위치가 있다. 그러나 로고 거북이는 어떤 곳을 향하기도 한다. 바로 그곳을 우리는 방향이라고 한다. 여기서 로고 거북이는 사람(나는 '여기' 있으며 북쪽을 향하고 있다)이나 동물 또는 선박과 같다. 로고 거북이는 특별한 것은 이러한 유사성 때문이다. 이런 점 때문에 로고 거북이가 어린이가 배울 형식적 수학의 첫 번째 대표 역할을 수행할 수 있다. 어린이들은 로고 거북이와 자신을 '동일시'할 수 있다. 따라서 어린이들은 형식 기하학을 배울 때 자신의 신체 지식을 적용한다.

어떻게 이런 일이 일어나는지 확인하려면 로고 거북이에 대해 한 가지 사실을 더 알아야 한다. 로고 거북이들은 터틀 토크TURTLE TALK, 로고 거북이 말라는 언어로 표현된 명령어를 알아듣는다. FORWARD(앞으로)라는 명령을 내리면 로고 거북이는 자신이 향하고 있는 방향으로 일직선으로 움직인다(그림 3). 얼마나 멀리 갈지 명령하려면 FORWARD 다음에 숫자가 와야 한다. FORWARD 1이라고 하면 아주 조금만 움직일 것이고, FORWARD 100이라고 하면 더 많이 움직일 것이다. 로고 환경에서 많은 어린이가 기계로 만든 거북, 즉 사이버네틱cybernetic 로봇을 통해 로고 거북이 기하학을 배우며 이 로봇 거북이는 아이들이 키보드로 입력한 명령어를 수행한다. '바닥을 돌아다니는 거북이'에게는 바퀴와 반구형의 몸체, 펜이 달려 있어서 움직이면서 선을 그릴 수 명령어로 정사각형을 그릴 수 있다.

```
FORWARD 100
RIGHT 90
FORWARD 100
RIGHT 90
FORWARD 100
RIGHT 90
FORWARD 100
RIGHT 90


FD 100      (타자를 줄이기 위해 약어로 사용함)
RT 100
FD 100
ERASE 1     (이전 명령어 수행 결과를 취소함)


RT 10       (정확한 각도를 찾기 위해 로고 거북이를 이리저리 움직여 봄)
LT 10
LT 10
FD 100
RT 100      (이번에는 더 빨리 찾아냄)
LT 10


RT 100
LT 10
FD 100
RT 40
FD 100
RT 90
FD 100
```

그림 3 어린이가 정사각형을 그리기 위해 작성한 실제 프로그램의 처음 형태

있다. 그러나 기하학에서 중요한 것은 로고 거북이의 핵심 속성, 즉 위치, 방향, 터틀 토크 명령어 수행 능력이다. 어린이는 나중에 이 세 가지 속성을 '화면 속 로고 거북이'라고 하는 다른 형태의 거북이에서 볼 수 있다. 화면 속 로고 거북이는 삼각형 모양의 물체로 텔레비전 화면에 있다. 화면 속 로고 거북이 역시 위치와 방향을 가진다. 게다가 똑같이 터틀 토크 명령어에 따라 움직인다. 거북이마다 각각 강점이 있다. 바닥에서 돌아다니는 거북이는 불도저로도 사용될 수 있을 뿐 아니라 제도기로도 사용할 수 있다. 화면 속 로고 거북이는 눈으로 따라갈 수 있는 속도보다 더 빠르게 밝은 색으로 선을 그린다. 둘 중에 뭐가 더 좋다고 말할 건 없다. 그러나 둘 다 강력한 아이디어를 담고 있다. 즉 '물리적'으로 다른 두 객체가 '수학적'으로는 동일(또는 '동형')하다는 것이다.

FORWARD(앞으로)와 BACK(뒤로) 명령어는 로고 거북이가 향하고 있는 방향을 향해 직선을 따라 움직이게 한다. 로고 거북이의 위치가 달라져도 그 방향은 그대로다. 서로 다른 두 가지 명령어를 가지고 위치는 그대로 둔 채 방향만 바꿀 수도 있다. RIGHT(오른쪽)와 LEFT(왼쪽) 명령어는 로고 거북이가 '축을 중심으로 회전'하게 만들어 동일한 위치에 있으면서 방향만 바꾸게 한다. FORWARD처럼 회전 명령어 다음에도 숫자, 즉 입력 메시지를 넣어 로고 거북이를 얼마만큼 회전시켜야 할지 알려 준다. 어른들은 이런 숫자가 의미하는 바가 몇 도 각도로 회전하라는 것임을 재빨리 알아챈다. 그러나 대부분의 어린이는 탐색을 해야 한다. 그리고 어린이들은 그런 과정을 즐거워한다.

로고 거북이를 제어하는 법을 배우는 것은 마치 언어를 배우는 것과 같아서 말을 배우는 데 선수인 아이들은 이런 과정을 즐거워 한

마인드스톰

다. 로고 거북이는 명령을 받아야 하기 때문에 명령을 내리는 데 전문인 아이들에게는 이것 역시 즐겁다. 로고 거북이에게 정사각형을 그리게 하려면 직접 정사각형 모양으로 걸어 보고 터틀 토크로 로고 거북이에게 설명해야 한다. 그런 다음 아이들은 자신의 전문성을 살려 로고 거북이를 이리저리 열심히 움직여 본다. 로고 거북이는 아이들 안에 내재되어 있는 '신체 기하학' 지식을 이끌어 낸다. 여기서 신체 기하학은 형식 기하학과 이어 주는 다리의 시작점이 된다.

로고 거북이 학습 환경에서 아이들이 처음 로고 거북이를 경험할 때 주 목적은 형식적인 규칙을 배우는 데 있는 게 아니라 공간에서 자기들이 움직이는 방식을 이해하는 데 있다. 아이들은 자기가 이해한 것을 로고 거북이에게 터틀 토크로 설명해 주고, 그런 설명은 로고 거북이에게 '프로그램'이나 '절차' 또는 '미분 방정식'이 된다. 로고 거북이를 직선 방향으로 움직여서 정사각형과 삼각형, 직사각형을 그리는 법을 배운 한 아이가 어떻게 원 그리기 프로그램을 작성하는지 자세히 살펴보자.

"로고 거북이에게 원을 그리게 하려면 어떻게 해야 하죠?"라고 묻는 아이가 있다고 가정해 보자. 나는 그동안 이런 아이들을 많이 만났다. 로고 환경에서 교사는 이런 질문에 대답하지 않는다. 대신 아이에게 아이 자신이 한 질문뿐 아니라 교실에 있는 다른 아이들의 문제까지 해결할 수 있는 방법을 소개한다. 이 방법을 한마디로 요약하면 '로고 거북이 역할 놀이'다. 아이는 화면 속 로고 거북이가 자기가 원하는 모양을 그리게 하려면 어떻게 움직여야 하는지 알아내기 위해 적극적으로 자기 몸을 움직여 본다. 로봇 거북이로 원을 그리고 싶은 아이는 자신이 직접 원 모양으로 움직이면서 "원을 그리며 걸을 때는, 앞으로 한 발짝만 조금 내딛고 나서 옆으로 살짝 튼 다음 계속 이렇게 반복해야 해" 같은 말을 할 것이다. 이렇게 말한 다음 한 발짝을 살짝 떼면 정식 로고 거북이 프로그램에 한 발 가까워진다.

```
TO CIRCLE REPEAT [FORWARD 1 RIGHT 1]
```

간단한 프로그램을 완성해 본 경험이 적고 '로고 거북이 역할 놀이'를 많이 해 보지 않은 아이는 도움이 필요할 것이다. 그러나 이런 아이를 도와줄 때는 로고 거북이를 시켜 원을 그리도록 프로그래밍하는 방법을 가르치기보다는 스스로 발견하도록 하는 것이 좋다. ('로고 거북이 역할 놀이'로 요약할 수 있는 조언을 포함하는) 이 방식은 개인의 활동과 형식적 지식의 창조 사이를 단단하게 이어 줄 것이다.

로고 거북이 수학 나라에서 의인화된 이미지들은 익숙한 환경에서 새로운 맥락으로 지식을 전달할 수 있게 해 준다. 예를 들어 우리는 '컴퓨터 프로그래밍'을 흔히 로고 거북이에게 새로운 단어를 가르치는 일에 비유한다. 정사각형을 많이 그리고 싶은 아이는 그림 3과 같이 정사각형을 그리는 데 사용되는 명령어 일곱 개를 순서대로 실행하는 새로운 명령어를 로고 거북이에게 가르칠 수 있다. 컴퓨터에 이런 명령을 여러 가지 형태로 내릴 수 있는데 그중 몇 가지는 다음과 같다.

```
TO SQUARE
FORWARD 100
RIGHT 90
FORWARD 100
RIGHT 90
FORWARD 100
```

```
RIGHT 90
FORWARD 100
END

TO SQUARE
REPEAT 4
  FORWARD 100
  RIGHT 90
END

TO SQUARE :SIZE
REPEAT 4
  FORWARD :SIZE
  RIGHT 90
END
```

마찬가지로 우리는 다음과 같이 삼각형을 그리는 프로그램을 짤 수 있다.

```
TO TRIANGLE
FORWARD 100
RIGHT 120
FORWARD 100
RIGHT 120
FORWARD 100
END

TO TRIANGLE :SIDE
REPEAT 3
  FORWARD :SIDE
  RIGHT 120
END
```

이 프로그램의 결과는 거의 같지만 프로그램을 잘 아는 독자들이라면 다른 점을 눈치챌 것이다. 가장 눈에 띄게 다른 점은 어떤 프로그램은 크기가 다른 도형을 그릴 수 있게끔 변수를 넣을 수 있다는 데 있다. 그런 경우 정사각형을 그리는 명령어는 단순히 SQUARE가 아니라 SQUARE 50 또는 SQUARE 100이어야 한다. 좀 더 미묘한 차이점은 로고 거북이를 원래 상태로 남겨 두는 프로그램에 있다. 이렇게 깔끔하게 작성한 프로그램은 이해하기 쉬우며 다양한 상황에서 훨씬 쉽게 사용할 수 있다. 이러한 차이점을 알아가면서 어린이는 두 가지를 배운다. 하나는 일반적인 '학습법의 원칙'으로서 모듈화가 잘된 구성 요소들을 만드는 것이고, 다른 하나는 '상태'라고 하는 매우 강력한 아이디어를 이용하는 법이다.

잘 아는 것에서 잘 모르는 것으로 옮겨 가는 것과 같은 전략을 통해 학습자는 강력한 아이디어, 예컨대 (지식, 조직, 유기체의) 계층 구조, 프로젝트 실행 계획, 디버깅에 대한 개념을 접할 수 있다.

삼각형이나 정사각형을 그리는 데 컴퓨터가 필요하지 않을 수 있다. 종이와 연필로도 충분히 그릴 수 있을 것이다. 그러나 도형을 그리는 프로그램이 일단 만들어지면 이 프로그램은 아이들이 지식의 계층 구조를 만들 수 있게 해 주는 또 하나의 구성 요소가 된다. 이 과정에서 아이들의 지적 기량이 크게 발달한다. 로고 거북이 프로그래밍 세션을 몇 번 거친 아이들이 직접 계획한 프로젝트를 살펴보면 이런 사실을 확실히 알 수 있다. 많은 아이가 자연스럽게 파멜라처럼 행동한다. 파멜라는 처음에는 앞에서 언급한 SQUARE와 TRIANGLE을 컴퓨터에 가르친다. 파멜라는 집을 그리려면 정사각형 위에 삼각형을 올려놓으면 된다는 사실을 깨달았다. 그래서 시도해 본다.

```
TO HOUSE
  SQUARE
  TRIANGLE
  END
```

그러나 파멜라가 HOUSE라고 명령하면 로고 거북이는 그림 4를 그린다.

삼각형이 정사각형 위에 올라가야 하는데 삼각형 안으로 들어가 버렸다!

보통 수학 시간에 답이 틀리면 어린이는 자기가 틀렸다는 사실을 최대한 빨리 '망각'하려 한다. 그러나 로고 환경에서 어린이는 그림이 잘못되었다고 지적당하지 않는다. 디버깅 과정은 프로그램을 이해하는 정상적인 과정의 일부다. 아이는 프로그램 오류를 모른 척하지 않고 버그가 왜 일어났는지 적극적으로 알아내려고 한다. 로고 거북이를 프로그래밍하는 상황에서는 버그를 조사해야 할 이유가 충분하다. 결과가 달라지기 때문이다.

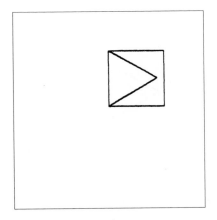

그림 4

버그를 고치는 방법에는 여러 가지가 있다. 파멜라는 로고 거북이를 이리저리 조작해 보면서 해결책을 찾아냈다. 파멜라는 로고 거북이의 발자취를 따라가면서 정사각형 안으로 삼각형이 들어간 이유를 알아냈다. 삼각형을 그리기 시작할 때, 맨 처음 회전 방향이 오른쪽이기 때문이었다. 파멜라는 왼쪽으로 회전하는 삼각형 프로그램을 만들어 버그를 해결할 수 있었다. 이 버그를 해결하는 흔한 방법은 SQUARE와 TRIANGLE 사이에 RIGHT 30을 삽입하는 것이다. 어떤 방법을 사용하든 수정한 프로그램은 그림 5와 같은 그림을 그린다.

학습자는 과정을 지켜보면서 완전히 맞는 답이나 완전히 틀린 답이 있다기보다는 맞고 틀리는 것이 하나의 연속적인 과정임을 깨닫는다. 집 모양은 나왔지만 여전히 문제가 있다. 로고 거북이를 조금만 더 조작해 보면 마지막 남은 문제를 해결할 수 있다. 프로그램을 시작할 때 RIGHT 90 명령을 먼저 실행하면 된다.

어떤 어린이는 프로그램의 빌딩 블록을 이용하여 HOUSE와 같은 그

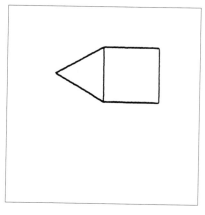

그림 5

림을 구체적으로 그린다. 어떤 어린이는 추상적인 그림을 선호한다. 예를 들면, 로고 거북이에게 SQUARE 명령을 내리고 나서 RIGHT 120 명령을 내리고 다시 SQUARE 명령을 내린 다음, 로고 거북이를 RT 120 이나 RT 10으로 회전시킨 후, SQUARE 명령을 한 번 더 내리는 과정을 반복한다. 그러면 그림 6a와 같은 그림이 나온다. 회전하는 각도를 작게 주면 그림 6b와 같은 그림이 나온다.

이런 예시들은 연속성의 원칙과 능력의 원칙이 어떻게 로고 거북이 기하학을 학습 가능한 것으로 만드는지 보여 준다. 그러나 우리는 로고 거북이 기하학을 가지고 다른 것도 하고 싶다. 로고 거북이 기하학이 지적인 문을 활짝 열어 주기를 원한다. 나는 로고 거북이 기하학이 중요하면서도 강력한 아이디어를 잘 전달해 주는 수단이 되었으면 좋겠다. 정사각형과 별 모양을 간단히 그리는 과정에서 로고 거북이는 각도, 반복 제어, 상태 변화 연산자와 같은 몇 가지 중요한 개념을 전달한다. 어린이가 로고 거북이를 조작하면서 배우는 것이 무엇인

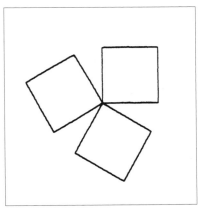

그림 6a

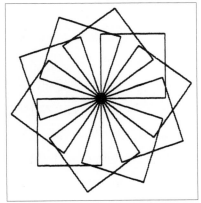

그림 6b

지 더 체계적으로 살펴보기 위해 우리는 먼저 두 가지 지식의 차이점을 알아보겠다. 한 가지가 '수학적' 지식이다. 로고 거북이는 방대한 수학적 주제 가운데 일부분을 다룬다. 로고 거북이 기하학은 쉽게 배울 수 있고 일반적인 수학 개념을 효과적으로 전달한다. 다른 하나는 학습에 대한 지식인 '학습법적' 지식이다. 일단 로고 거북이 프로그램의 학습법적 측면을 면밀히 살펴본 다음, 좀 더 기술적인 수학적 측면을 살펴보겠다. 물론 이 두 가지 측면은 서로 겹치기도 한다.

우리는 로고 거북이 기하학을 기본적인 학습법 원칙과 연결 지어 소개했다. 이 원칙은 내가 무엇을 배우고 싶은지 아는 것이다. 제니의 사례를 떠올려 보자. 제니가 명사와 동사가 개념적으로는 무엇인지 알면서도 문법을 제대로 익히지 못한 까닭은 문법 체계와 자신을 '동일시'할 수 없었기 때문이었다. 근본적으로 제니는 문법을 도무지 이해할 수 없었다. 로고 거북이 기하학은 어린이가 '이해할 수 있고' 중요하게 여길 수 있는 대상으로 특별히 설계되었다. 그리고 로고 거북이는 어린이가 학습 전략을 직접 개발할 수 있도록 설계됐다. 뭔가를 배우려면 가장 먼저 배우려는 대상을 이해해야 한다.

로고 거북이로 원을 그리는 사례는 '동조 학습syntonic learning'[2]을 보여 준다. 동조 학습은 임상 심리학에서 사용하는 용어로 앞에서 다룬 분리 학습과 대비된다. 이 용어는 동조의 유형을 알리는 수식어와 함께 사용된다. 예를 들면 로고 거북이로 원 그리기는 어린이가 자기 몸에 대해 느끼는 감각 및 지식과 확실히 관련이 있다는 점에서 '신체 동조적'이다. 또 어린이가 자기 자신을 의도와 목표, 욕망과 호불호가 있는 한 인간으로 인식한다는 점에서 '자아 동조적'이기도 하다. 로고 거북이를 가지고 원을 그리는 어린이는 원을 그리고 싶은 것이므로

마인드스톰

원을 그리면서 뿌듯해하고 즐거워한다.

로고 거북이 기하학이 배우기 쉬운 것은 동조적이기 때문이다. 그리고 로고 거북이 기하학이 다른 것들을 배우는 데도 도움이 되는 것은 문제 해결 및 학습법 전략을 의식적이고 의도적으로 사용하도록 권장하기 때문이다. 헝가리 수학자 포여 죄르지[3]는 문제를 해결하기 위한 보편적인 방법을 가르쳐야 한다고 주장했다. 로고 거북이 기하학에서 사용하는 일부 전략은 포여의 주장을 뒷받침하는 특별한 사례다. 예컨대 포여는 어떤 문제에 접근할 때 발견법적 질문 목록을 확인하라고 권한다. 이를테면 이런 질문을 던지는 것이다. 이 문제를 더 단순한 문제로 나눌 수 있을까? 내가 이미 해결한 문제와 이 문제가 관련이 있을까? 이런 활동에 적합한 것이 로고 거북이 기하학이다. 로고 거북이가 원을 그릴 수 있게 만들려면 이전에 다룬 문제, 이를테면 원을 그리며 걷는 문제를 참고해야 한다. 로고 거북이 기하학을 활용하면 문제를 분할하는 연습을 해 볼 수 있다. 예를 들어, HOUSE를 만들기 위해 SQUARE와 TRIANGLE을 먼저 만들었다. 요약하면 로고 거북이 기하학은 포여의 이론에 잘 들어맞는다. 포여의 주장을 학생들에게 가장 잘 설명하는 방법은 학생들에게 로고 거북이 기하학을 시켜 보는 것이다. 결론적으로 로고 거북이 기하학은 발견법이라는 아이디어의 전반적인 개념을 전달하는 도구다.

포여의 영향으로 수학 교사들이 내용뿐 아니라 체험이나 '과정'에도 특별히 관심을 기울여야 한다는 말이 자주 나왔다. 다만 포여의 개념이 교육 제도에 뿌리를 내리지 못한 데는 아이들이 단순하고 흥미로운 발견적 지식 모형을 접하고 자기 것으로 만들기 좋은 상황이 많지 않았던 탓도 있었다. 로고 거북이 기하학은 특별히 이런 상황을 많이 발생시킬 뿐 아니라 포여의 제안에 새로운 요소를 추가하기까지 한다. 문제를 해결하려면 내가 이미 알고 있는 것이 무엇인지 찾아야 한다. 포여의 말은 추상적이지만 로고 거북이 기하학은 포여의 추상적인 생각을 로고 거북이가 되어 직접 해 보자고 하는 구체적이고 절차적인 원칙으로 바꿔 놓는다. 로고 거북이 기하학을 하다 보면 상당히 '비슷한 상황'이 끊임없이 나온다. 우리 자신의 동작과 몸을 이용할 수 있기 때문이다. 그러니까 이제는 문제가 생기면 로고 거북이 역할 놀이를 한다. 이로써 포여의 제안은 현실성 있는 제안이 된다. 로고 거북이 기하학은 포여의 제안으로 가는 다리가 된다. 다양한 방법으로 로고 거북이를 다뤄 본 아이는 '다른 비슷한 문제를 찾는 것'이 얼마나 중요한지 확실히 안다. 포여의 조언을 따르면 효과가 있기 때문이다. 이러한 결과로부터 아이들은 포여의 원칙을 여러 상황에 적용하는 데 필요한 자신감과 기술을 얻는다. 여기서 여러 상황이란 비슷한 점은 잘 드러나지 않지만 대부분의 학교 수학에서 마주치는 상황을 말한다. 내용적 측면에서 학교 수학은 비록 초급이긴 하지만 포여의 원칙의 적용 대상이라는 측면에서는 비교적 고급에 속한다.

발견적 사고를 학습하기 시작할 때 연산을 선택하는 건 좋지 않지만 로고 거북이 기하학은 훌륭한 입문 과정이다. 자아 동조와 신체 동조적 특징 덕분에 로고 거북이에게 그림을 그리게 하는 학습 행위는 5학년인 빌이 학교에서 곱셈표를 배우는 방식인 분리 학습 모형과 아주 다른 학습 모형을 제공한다. 빌은 곱셈표에 대해 이렇게 말했다. "곱셈을 배우려면 저절로 알게 될 때까지 머리를 텅 비운 채 입으로 반복해서 말해야 해요." 빌은 곱셈표를 '학습'하기 위해 상당히 많은 시간을 들였으나 결과는 좋지 않았다. 빌이 거둔 나쁜 결과 자체가 그의 정신적인 학습 과정을 정확하게 나타낸다. 빌이 학습에 실패한 것은 곱셈과 자신을 억지로 떼어 놓았기 때문이다. 아니 어쩌면 학습 전략으로 최악의 관계인 분리를 택했기 때문일 수도 있다. 빌을 가르친 교사들은 빌의 '기억력이 좋지 않다'고 생각했으며, 심지어 뇌 손상 가능성을 이야기하기도 했다. 그러나 빌은 팝송이나 포크송은 정말 많이 알고 있었고 이런 노래를 외우는 데도 아무런 지장이 없었다. 아마도 노래를 외우는 것이 너무 즐거워서 뭔가를 배우려면 머리를 텅 비워야 한다고 생각할 틈이 없었던 것 같다. 뇌의 기능이 분리되어 있다는 현재 이론에 따르면 빌의 '나쁜 기억력'은 숫자에만 한정되어 있다고 볼 수 있다. 그러나 빌은 참조 번호, 가격, 수천 개에 달하는 목록에 기재된 날짜는 힘들이지 않고 말했다. 빌이 학습'할 수 있었던' 것과 학습'할 수 없었던' 것의 차이는 지식의 내용이 아니라 빌과 해당 지식의 관계에 있었다. 빌과 로고 거북이 기하학의 관계는 일상생활에서 필요한 리듬과 움직임, 조종 능력과 관련이 있다는 점에서 빌과 곱셈표의 관계보다는 빌과 노래의 관계에 더 가까웠다. 빌이 보인 진전은 눈이 부실 정도였다. 로고 거북이 기하학을 통해 빌이 이전에는 받아들이기를 거부했던 수학적 지식이 빌의 지적 세계에 들어갈 수 있었다.

이제는 학습법에서 수학적 내용으로 넘어가자. 어떤 사람이 로고 거북이 기하학을 배울 때 그 사람은 어떤 수학을 배울까? 이러한 논의를 위해 우리는 수학적 지식을 세 가지로 나누는데 각 지식은 로고 거북이로부터 도움을 얻는다. 첫 번째는 '학교 수학'이라는 지식 체계로, 모든 시민이 배워야 할 기본 수학의 핵심으로 명백히(내 생각에는 역사적 우연에 따라) 선별된 것이다. 두 번째는 전통적인 교육 과정에서 명확하게 언급되지 않았으나 학교 수학에 의해 전제된 지식 체계다(나는 이것을 '최초의 수학'이라고 부르겠다). 이러한 지식의 일부는 보편적인 '사회적' 특징을 띤다. 예를 들면, 우리가 도대체 왜 수학을 해야 하는지, 어떻게 수학을 이해할 수 있는지에 대한 지식이 이에 해당한다. 두 번째 분류에 속한 다른 지식으로는 교육자들의 주목을 끈 발생론적 인식론의 근간이 되는 지식이 있다. 이를테면 이행성, 보존, 분류에 있어서 직관적 논리 등과 같은 연역적 원칙들이 여기에 속한다. 마지막으로 세 번째는 학교 수학에 포함되지도 않고 학교 수학이 전제하지 않았지만, 미래에 교육받은 시민으로서 갖춰야 할 지적 도구에 포함시켜야 하는 지식이다.

나는 유클리드 기하학과 데카르트 기하학, 기하학의 미분 체계 사이의 관계를 이해하는 것이 세 번째 분류에 속한다고 생각한다. 학생들에게 로고 거북이로 원을 그리는 것은 원을 그리는 '상식적인' 방법 이상을 의미한다. 로고 거북이를 통해 어린이는 미적분학의 핵심을 이루는 여러 가지 지식과 접촉할 수 있다. 이 같은 사실이, 고등학교나 대학교 수학 시간에 특정 기호를 형식적으로 취급하는 걸 '미적분'이라고 배운 게 전부인 많은 독자들 눈에는 안 보일 수 있다. 로고 거북이로 원을 그린 아이는 미적분의 형식주의, 예컨대 x^n은 nx^{n-1}의 도함수라는 것을 배운 게 아니라 미적분의 쓰임새와 '의미'를 배운다. 실제로 로고 거북이로 원을 그리는 프로그램은 전통적인 '미분 방정식'에 대한 대안적인 형식주의로 이어지며 미분학 뒤에 숨겨진 아이디어를 전달하는 강력한 매개체다. 바로 이런 점 덕분에 로고 거북이를 통해 다양한 주제를 이해할 수 있다. 로고 거북이 프로그램은 전통적인 응용 수학의 거의 모든 사례에 등장하는 미분 방정식 개념에 대한 직관적인 비유라 할 수 있다.

미분학은 증가가 이루어지는 지점에서 일어나는 일로 증가분을 기술할 수 있다는 데 그 위력이 있다. 이런 점 때문에 뉴턴이 행성의 운동을 이해하려고 할 때 훌륭한 도구가 되었다. 궤도를 따라가다 보면 행성이 현재 위치한 조건에 따라 그 행성이 다음에 어디로 갈지가 결정된다. 로고 거북이에게 지시하는 명령어 FORWARD 1, RIGHT TURN 1에서 우리는 로고 거북이가 지금 위치한 곳과 앞으로 향하는 곳의 차이만 말했다. 이 때문에 명령어가 '미분'이 된다. 여기에서는 로고 거북이의 경로 바깥의 먼 공간을 언급하지 않는다. 로고 거북이는 있는 그대로의 원만 바라보며 원 안쪽에서, 그러니까 원에서 멀리 떨어진 것들은 쳐다보지 않고 움직인다. 이러한 속성을 너무나 중요하게 생각한 수학자들이 특별히 로고 거북이 기하학에 '내재적'이라는 수식어를 붙여 주었다. 내재적 미분 기하학의 특징은 곡선, 예컨대 원에 대해 생각하는 몇 가지 방식을 살펴보면 알 수 있다. 유클리드 기하학에서 원을 규정하는 속성은 원 위의 여러 점과 중심점 사이의 거리가 일정하다는 것이다. 이때 중심점은 원의 일부가 아니다. 데카르트 기하학에서 점들은 직교 좌표계로부터 일정한 거리를 두고 위치하고 있다. 이런 점에서 보면 데카르트 기하학은 로고 거북이 기하학에 비해 유클리드 기하학에 더 가깝다. 선과 곡선들은 이러한 좌표들을 연결하는 식에 의해 정해진다. 예를 들면, 원을 다음과 같이 기술할 수 있다.

$$(x-a)^2 + (y-b)^2 = R^2$$

로고 거북이 기하학에서 원은 로고 거북이가 FORWARD와 TURN을 조금씩 반복한다는 사실에 따라 결정된다. 이렇게 FORWARD와 TURN을 반복하면서 로고 거북이가 그리는 곡선은 '일정한 곡률'을 가지게 되며 여기서 곡률은 전진 운동[4]을 할 때 얼마나 회전하는지 나타낸다.

로고 거북이 기하학은 유클리드나 데카르트 체계에서는 볼 수 없는 속성을 띤 기하학에 속한다. 이런 기하학은 모두 뉴턴 이후 발전한 미분 기하학이며 대부분의 현대 물리학의 초석이 되었다. 우리는 '미분 방정식'이 형식 체계이며 이로 인해 물리학이 입자나 행성의 운동을 기술할 수 있게 되었다고 말했다. 이에 대해 더 자세히 다룰 5장에서, 우리는 미분 방정식이 동물의 움직임이나 경제 발전을 설명하기에 적절한 형식 체계라는 사실 또한 살펴볼 것이다. 따라서 우리는 어린이의 경험과 물리학의 가장 큰 성과를 이어 주는 로고 거북이 기하학이 결코 우연의 산물이 아님을 분명히 깨닫게 될 것이다. 어린이가 아는 운동 법칙은 형식 면에서 정확성이 떨어지지만 태양 주위를 도는 행성의 운동 법칙, 촛불 주위로 날아다니는 나방의 움직임을 설명하는 미분 방정식과 동일한 수학적 구조를 갖는다. 그리고 로고 거북이는 이러한 수학적 구조의 질적 핵심을 직관적인 컴퓨터 형태로 재현한 것이라 할 수 있다. 5장에서 이러한 개념을 다룰 때 우리는 어떻게 로고 거북이 기하학이 미적분학, 물리학 그리고 생물학과 사회학에 사용되는 수학적 모형을 직관적으로 이해하는 데 도움을 주는지 살펴볼 것이다.

학교 수학의 몇 가지 요소를 가지고 수행하는 로고 거북이 기하학은 주로 '관계' 또는 '정서'에 영향을 준다. 많은 어린이가 로고 연구실에 들어올 때는 숫자를 낯설어하고 싫어하지만 나갈 때는 수를 사랑하게 된다. 또 어떤 경우에는 로고 거북이와의 활동을 통해 대부분의 어린이가 어렵다고 느끼는 복잡한 수학 개념을 이해하는 데 도움이 되도록 구체적이고 직관적인 모형을 제공하기도 한다. 수를 사용하여 각을 재는 것이 간단한 예다. 로고 거북이 기하학이라는 맥락에서 어린이는 거의 무의식적으로 이러한 능력을 사용한다. 우리와 함께 작업한 소수의 1학년 학생과 다수의 3학년 학생을 비롯한 모든 어린이가 45도나 10도 또는 360도가 무엇을 의미하는지 고등학생보다 훨씬 더 잘 이해한다. 이로써 이 아이들은 '각도'의 개념이 중요한 여러 가지 형식적 주제, 이를테면 기하학, 삼각법, 제도 등을 배울 준비를 마친다. 그런데 어린이들은 다른 것에 대해서도 준비가 된다. 이를테면 각도 측정을 일상생활에서 쓰는 법을 배우게 되는데 이는 학교 수학에서 체계적으로 다루지 못하는 것이다.

현대 미국인의 생활 속에서 각도 개념이 가장 널리 쓰이는 영역이 방향 찾기다. 많은 사람이 배나 비행기를 조종하거나 지도를 읽는다. 대부분의 경우 '살아 있는' 활동과 '죽어 있는' 학교 수학이 전적으로 분리되어 있다. 우리는 각도 개념을 설명하기 위해 로고 거북이를 비유적 도구로 사용하면 신체 기하학과 확실히 연결될 수 있다는 사실을 강조했다. 우리는 이를 신체 동조화라고 부른다. 이제 **문화적 동조화**를 살펴보자. 로고 거북이는 각도 개념을 길 찾기와 연결한다. 길 찾기는 많은 어린이의 교외 활동 문화에 탄탄하면서 긍정적으로 뿌리내린 활동이다. 그리고 컴퓨터 보급이 계속해서 확대되면 로고 거북이 기하학의 문화적 동조화는 점점 더 강력해질 것이다.

로고 거북이를 통해 빨리 이해하게 되는 두 번째로 중요한 수학적 개념이 '변수'다. 변수는 미지의 객체에 이름을 붙여 사용한다는 아이디어다. 변수 개념을 이해하는 데 로고 거북이가 어떻게 도움이 되는지 알아보기 위해 우리는 원을 그리는 로고 거북이 프로그램을 나선형을 그리는 로고 거북이 프로그램으로 확장했다(그림 7).

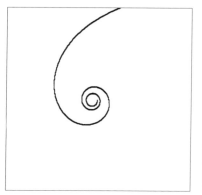 

그림 7

예를 들어 코일coil 모양의 나선형spiral 무늬를 보자. 원을 그릴 때처럼 이 모양도 명령어를 사용하여 그릴 수 있다. 앞으로 약간, 옆으로 약간 가면 된다. 그러나 원과 나선형의 차이는 원은 '끝까지 동일하게'인 반면, 나선형 모양은 중앙에서 움직일수록 '덜 굴곡진' 모양이다. 원은 곡률이 일정한 곡선이다. 나선형의 곡률은 밖으로 나갈수록 줄어든다. 나선형을 따라 걸으려면 한 발짝 내딛은 다음 돌고, 한 발짝 내딛은 다음 돌면서 매번 이전보다 덜 회전(또는 보폭을 늘리거나)해야 한다. 이 같은 사실을 로고 거북이가 알아들을 명령어로 바꾸려면 우리가 '가변'량을 다룬다는 사실을 표현할 방법이 필요하다. 원칙적으로 우리는 이런 것을 로고 거북이가 걸음을 내딛을 때마다 회전해

야 하는 각을 구체적으로 명시하는 프로그램(그림 8)으로 길게 짤 수
있다. 무척 따분한 일이다. 더 나은 방법은 변수를 통해 이름을 붙이
는 것이다. 이는 매우 강력한 수학적 아이디어다.

```
TO SPI        TO COIL
FORWARD       10 FORWARD 5
RIGHT 90      RIGHT 5
FORWARD       15 FORWARD 5
RIGHT 90      RIGHT 5 * .95
FORWARD       20 FORWARD 5
RIGHT 90      RIGHT 5 * .95 * .95
FORWARD       25 FORWARD 5
RIGHT 90      RIGHT 5 * .95 * .95 * .95
FORWARD       30 FORWARD 5
RIGHT 90      RIGHT 5 * .95 * .95 * .95
FORWARD       35 FORWARD 5
RIGHT 90      RIGHT 5 * .95 * .95 * .95 * .95
FORWARD       40 FORWARD 5
RIGHT 90      RIGHT 5 * .95 * .95 * .95 * .95 * .95
FORWARD       45 FORWARD 5
RIGHT 90      RIGHT 5 * .95 * .95 * .95 * .95 * .95 * .95
FORWARD       50 FORWARD 5
RIGHT 90      RIGHT 5 * .95 * .95 * .95 * .95 * .95 * .95 * .95
FORWARD       55 FORWARD 5
RIGHT 90      RIGHT 5 * .95 * .95 * .95 * .95 * .95 * .95 * .95 * .95
FORWARD       60 FORWARD 5
RIGHT 90
FORWARD 65    이하 생략.
RIGHT 90

이하 생략
```

그림 8 이런 방식으로 나선형을 그리면 안 된다.

터틀 토크에서 변수는 의사소통 수단이다. 우리는 로고 거북이에게 "조금만 앞으로 간 다음 얼마만큼 회전해야 하는데, 얼마나 틀어야 하는지 지금 말할 수는 없다. 매번 달라지기 때문이다"라는 말을 하고 싶다. '정사각형 나선형'을 그리려면 우리는 "일정 거리만큼 직진 하는데 그 거리는 매번 달라진다. 해당 거리만큼 직진한 다음 90도 회전하라"라고 말해야 한다. 수학적 언어에서 이와 같이 말하는 좋은 방법은 "내가 말하는 얼마만큼"에 이름을 붙이는 것이다. 그 이름은 X 와 같은 글자일 수도 있고, ANGLE 또는 DISTANCE라는 단어가 될 수도 있다(컴퓨터 문화가 수학에 기여한 것 중 하나가 변수명으로 한 글자 대신 연상되는 낱말을 사용하도록 습관을 들인 것이다). 따라서 변수 개념을 로고 거북이에게 입력하려면 터틀 토크로 '입력값이 있는 프로시저'를 만들어야 한다. 다음과 같이 입력할 수 있다.

```
TO STEP DISTANCE
FORWARD DISTANCE
RIGHT 90
END
```

STEP 100이라고 명령하면 로고 거북이는 100단위만큼 전진한 다음 오른쪽으로 90도 회전할 것이다. 마찬가지로 STEP 110이라고 명령 하면 로고 거북이는 110단위만큼 전진한 후 오른쪽으로 90도 회전할 것이다. 로고 환경에서 우리는 아이들에게 의인화하는 것을 권한다. 명령어 STEP은 로고 거북이에게 FORWARD 명령과 RIGHT 명령을 내리는 행위자(일명 'STEP 인간')를 연상시킨다. 그러나 행위자는 메시지, 즉 'FORWARD 인간'이 받아서 로고 거북이에게 전달할 숫자가 없으면 임무를 완수할 수 없다.

STEP 프로시저는 그다지 흥미롭지는 않지만 작은 변화를 주어 재미있게 바꿀 수 있다. 이 프로시저를 SPI 프로시저와 비교해 보라. 한 줄 빼고 모두 똑같다.

```
TO SPI DISTANCE
FORWARD DISTANCE
RIGHT 90
SPI DISTANCE + 5
END
```

SPI 100 명령은 SPI 행위자를 불러 100이라는 입력 메시지를 전달한다. SPI 행위자는 세 가지 명령을 내린다. 첫 번째 명령은 STEP 행위자의 첫 번째 명령과 같다. 로고 거북이에게 100단위만큼 전진하라고 말하는 것이다. 두 번째 명령은 로고 거북이에게 오른쪽으로 돌라고 말한다. 마찬가지로 새로울 것은 없다. 그러나 세 번째 명령어가 하는 일은 정말 특별하다. 바로 SPI 105라는 명령어다. 그렇다면 결과는? 이 명령어는 로고 거북이에게 105단위만큼 전진하라고 명령한 다음 오른쪽으로 90도 회전하라고 말하고 SPI 110 명령을 내린다. 따라서 우리는 '재귀recursion'라고 부르는 해법을 통해 그림 9처럼 첫 발짝을 내딛고 나서 끝없이 계속되는 프로세스를 만들 수 있다.

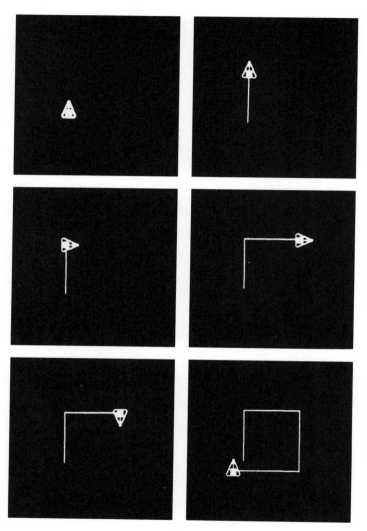

그림 9a

그림 9b

아이들에게 소개한 모든 아이디어 중에서 아이들이 가장 환호했던 개념이 바로 재귀다.

나는 무한히 반복된다는 개념이 모든 아이의 환상을 자극한 면도 있고, 재귀적 반복이라는 것 자체가 대중문화에 뿌리를 내린 탓도 있다고 생각한다. 예를 들어 재귀적으로 반복되는 수수께끼가 있다. 만일 두 가지 소원이 있다면 두 번째로 빌고 싶은 소원은 무엇일까(소원 두 개를 더 들어주는 것?)? 그리고 어떤 라벨이 있는 그림이 있는데, 그 라벨 안에 또 그 그림이 들어 있는 식이다. 무한이라는 개념을 가지고 놀 기회가 풍부해지면 SPI 프로시저로 표현되는 일련의 아이디어를 통해 아이들은 수학자가 된다는 것이 무엇인지 경험할 수 있다. 수학적 경험을 생생하게 하는 또 다른 측면이 그림 9b에 나타나 있다. 이 그림에서 우리는 SPI 프로시저에 각도를 다르게 줄 때 일어나는 신기한 수학적 현상을 탐색할 수 있다. 각도를 90도에 가깝게 주면 놀라운 현상이 일어난다. 정사각형 비슷한 형태의 은하의 나선팔을 만들려고 프로그래밍을 한 것은 아니었기 때문이다. 아이들은 이런 것을 보고 놀라워하며 아름다운 수와 기하학적 세계를 오래 탐구하려는 의지를 보이는 경우가 종종 있다.

로고 환경에서는 새로운 아이디어를 가지고 이전에는 하지 못했던 무언가를 하는 데 필요했던 것을 시도할 수 있다. 전통적인 학교 환경에서 1학년 학생은 다음과 같은 단순한 문제를 가지고 변수의 개념을 배운다.

$$5 + X = 8, \text{ 여기서 } X \text{는 얼마인가?}$$

이 문제를 자기 자신과 연관시키는 아이들은 매우 드물다. 그리고 이

마인드스톰

문제의 해법을 힘의 원천으로 받아들이는 경험을 한 아이는 더욱 드물다. 그렇다. 아이들의 삶 속에서 이런 문제의 해법을 가지고 할 수 있는 것은 많지 않다. 그러나 로고 환경에서는 상황이 매우 다르다. 한 아이가 혼자 해 보고 싶은 게 있다. 나선형을 만드는 것이다. 이런 상황에서 변수라는 개념은 개인적 힘의 원천으로, 하고 싶었지만 이 개념 없이는 할 수 없었던 것을 해낼 수 있게 하는 힘이다. 물론 전통적인 학교 환경에서 변수 개념을 배운 많은 어린이가 변수를 효과적으로 사용하는 법을 배운다. 그러나 이런 경우 제 아무리 수학을 잘하는 아이라 해도 '수학적 능력'을 얻었다고 느끼는 아이는 드물다. 바로 이런 점이 전통적인 학교 환경과 로고 환경에서 변수 개념을 접했을 때 나타나는 가장 큰 차이점이다. 로고에서 변수 개념은 아이에게 힘을 부여한다. 그리고 아이는 이전에는 그 누구도 할 수 없었던 것을 수학이 어떻게 가능하게 하는지 경험한다.

　나선형을 만들기 위해 변수를 사용하는 것이 '수학적인 능력'을 '설명'하기 위한 단 하나의 사례로 소개되었다면 (나에게는 톱니바퀴가 그랬듯이) 변수 개념은 몇몇 어린이에게만 해당되는 이야기가 됐을 것이다. 그러나 로고 거북이 기하학에서는 단 하나의 특별한 사례가 아니다. 이는 모든 수학적 지식을 만나게 되는 전형적인 방식이다. 혹자는 "수학적 능력이 한 사람의 삶의 방식이 된다"라고 말할 것이다. 능력이 생겼다는 느낌은 단순히 각도라는 변수를 이용하는 것처럼 즉각 응용할 수 있는 방법뿐 아니라 '정리'나 '증명', '발견 학습' 또는 '문제 해법' 같은 개념과도 관련이 있다. 이러한 개념을 이용하면서 어린이는 수학에 '대해' 말하는 법을 발전시킨다. 그리고 이제 우리가 다루려는 내용은 아이들이 수학적 논리를 발달시키는 방법에 대한 것이다.

로고 거북이를 가지고 정사각형과 원을 이미 그려 본 아이가 있는데, 이 아이가 지금은 세 변의 길이가 모두 로고 거북이 걸음으로 100 걸음 길이인 삼각형을 그리고 싶어 한다고 하자. 프로그램의 형태는 다음과 같을 것이다.

```
TO TRIANGLE
REPEAT 3
  FORWARD 100
  RIGHT SOMETHING
END
```

그러나 로고 거북이가 이 삼각형을 그리게 하려면 아이는 좀 더 자세히 설명해야 한다. 우리가 SOMETHING이라고 부르는 양은 얼마인가? 로고 거북이에게 각 꼭짓점에서 90도 회전하라고 명령하여 정사각형을 그리는 프로그램은 다음과 같았다.

```
TO SQUARE
REPEAT 4
  FORWARD 100
  RIGHT 90
END
```

이제 우리는 포여의 원칙인 '유사점 찾기'와 로고 거북이 기하학의 절차 원칙인 '로고 거북이 역할 놀이'가 어떤 식으로 함께 발현되는지 볼 수 있다. 정사각형과 삼각형은 '어떤 점이 똑같은가?' 로고 거북이를 가지고 로고 거북이가 움직여야 할 거리를 '측정'해 보면, 정사각형과 삼각형 모두 동일한 지점에서 시작하고 끝이 나며 같은 방향을 향한다는 사실을 알 수 있다. 즉 우리는 시작한 지점에서 끝이 난다. 그리고 그 과정에서 완전히 한 바퀴 돈다. 정사각형과 삼각형을 그릴 때 '다른 점'은 우리가 회전을 '세 번' 했느냐 아니면 '네 번' 했느냐다. 이 같은 아이디어에 담겨 있는 수학적인 내용은 단순함만큼 강력하다. 가장 중요한 것은 총이동량이다. 전체적으로 얼마나 많이 회전했는지가 중요하다.

놀라운 것은 총이동량이 동일하게 360도라는 사실이다. 정사각형에 있는 네 개의 90도 각도를 모두 더하면 360도이고, 모든 모서리에서 한 번씩 회전하므로 삼각형에서 회전을 세 번 할 때 틀어야 할 각도는 360도 나누기 3을 해야 한다. 따라서 우리가 SOMETHING이라고 명명한 수치는 실제로 120도다. 바로 이것이 '로고 거북이의 총이동량 정리'다.

로고 거북이가 어떤 영역의 경계를 한 바퀴 돌아오는데 시작한 지점에서 종료한다면 총 회전 각도의 합은 360도다.[5]

이 정리를 이해하는 데 있어서 가장 중요한 점은 잘 정의된 문제를 푸는 데 이 정리를 활용하는 법을 배우는 것이다. 따라서 이러한 정리를 접한 어린이는 "삼각형 내각의 총합은 180도다"라는 유클리드 정리를 달달 외운 아이와 여러 면에서 다르다.

첫째, (최소한 로고 컴퓨터의 맥락에서) 로고 거북이의 총이동량 정리는 훨씬 강력하다. 아이가 실제로 이 정리를 활용할 수 있다. 둘째, 좀 더 보편적이다. 이 정리는 삼각형뿐 아니라 정사각형과 곡선에도 적용할 수 있다. 셋째, 더욱 쉽게 이해할 수 있다. 증명 과정을 따라가기도 쉽다. 그리고 좀 더 개인적이다. 직접 '단계별로 실행'할 수 있으며, 수학을 개인적인 지식과 연관 지어 보는 습관을 들이는 하나의 모형이 된다.

우리는 어린이가 로고 거북이의 총이동량 정리를 이용하여 삼각형을 그리는 것까지 봤다. 그런데 신나는 부분은 이 정리가 어떻게 아이들을 단순한 과제에서 더 높은 수준의 과제로 이끄는지 지켜봤을 때다. 더 높은 수준의 과제는 곧이어 나올 꽃을 재현하는 것으로 이제 그 과정을 소개할 것이다. 우리가 아이들에게 정리를 사용하라고 가르칠 때 중요한 점은 외우라고 말해서는 안 된다는 것이다. 가장 중요한 것은 몇 가지 매우 강력한 정리를 이해하면서 성장한 아이가 평생에 걸쳐 특정 아이디어를 어떻게 사고의 도구로 사용할 수 있는지 이해하게 된다는 점이다. 어떤 아이는 강력한 아이디어를 즐겁게 배우고 그 위력을 실감할 것이다. 또한 무엇보다도 강력한 아이디어는 바로 강력한 아이디어에 대해 생각해 보는 것임을 배운다.

다음에 나오는 내용은
컴퓨터를 가지고 작업하고 노는
두 아이가 나누는 가상의 대화다.

이러한 실험과 같은 것들이
매일 일어날 수 있으며
실제로 일어난다.

계획

– 컴퓨터로 이런 꽃을 그려 보자.

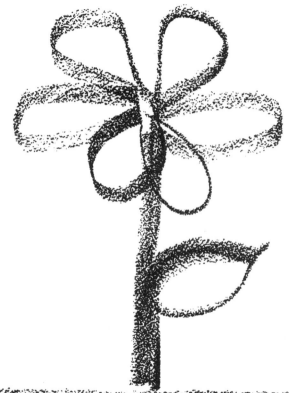
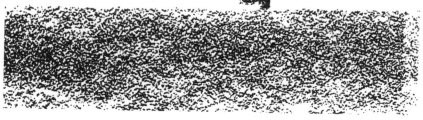

마인드스톰

자료 찾기

- 우리가 사용할 만한 프로그램이 있어?
- 응, 지난주에 내가 만든 4분의 1 원이 있어.
- 보여 줘.

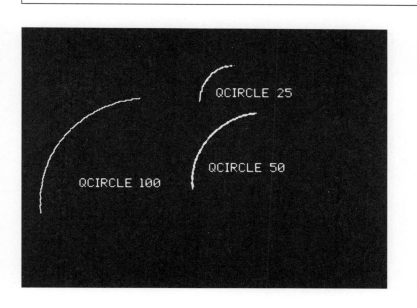

- 이 프로그램은 로고 거북이가 어디서 시작하든지 4분의 1 원을 그릴 수 있어.
- 얼마나 크게 그려야 할지 입력값이 필요하겠는데.

다른 것 시도하기

- 우리 QCIRCLE 두 개를 합쳐서 꽃잎을 만들어 보자.
- 좋아. 얼마나 큰 거?
- 50 어때?

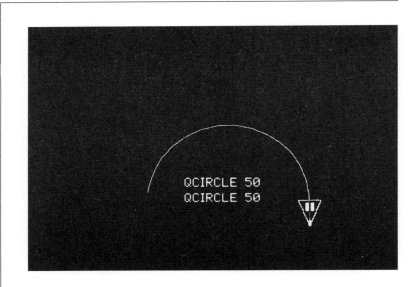

첫 번째 버그

- 안 되네.
- 당연하지! QCIRCLE이 두 개면 반원이 되니까.

버그 수정

- QCIRCLE 사이로 로고 거북이를 회전시켜야겠어.
- 120도로 해 보자.
- 좋아. 삼각형 그릴 때는 잘됐었어.
- 그리고 우리 HIDETURTLE 명령어를 입력해서 로고 거북이를 숨겨 보자.

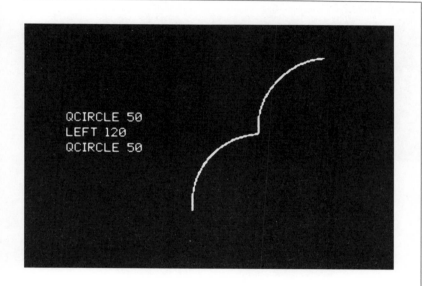

새잖아!

- 이게 뭐야?
- 오른쪽으로 돌려 보자.

- 우리 그냥 새 그리는 거 어떨까? 새 떼를 만들어 보는 거야.
- 너나 그렇게 해. 나는 꽃을 그리고 싶다고.
- 그럼 꽃 먼저 하고 그다음에 새도 그리자.

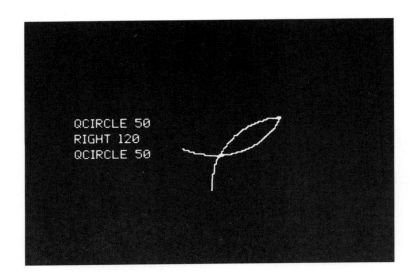

물고기잖아!

- 오른쪽으로 돌리는 게 더 낫겠어.
- 그런데 얼마나 회전시켜야 할지 모르겠어.
- 여러 각도로 돌려 보면 될 거야.
- 아니면 수학 공식을 적용해 볼까.

마인드스톰

수학아 구해 줘

- 너 로고 거북이 총이동량 정리에 대해 알아? 로고 거북이가 꽃잎 주위로 도는 각도를 모두 합하면 360도래.

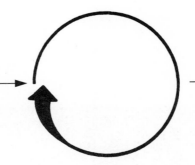

- 한 바퀴를 다 돌면 360도.
- 각각의 QCIRCLE은 90도 회전해. QCIRCLE이 두 개 있으면 180 도가 되지.
- 합하면 360도. 그럼 QCIRCLE을 위해 180도를 빼자. 그러면 뾰 족한 부분의 180도가 남지, 각각 90도씩.
- 그러니까 각 포인트에서 RIGHT 90을 해야 해.
- 해 보자.

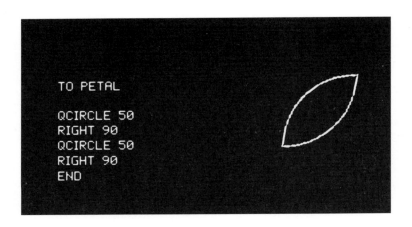

```
TO PETAL

QCIRCLE 50
RIGHT 90
QCIRCLE 50
RIGHT 90
END
```

- 그렇게 네 번을 하면 꽃이 그려져.

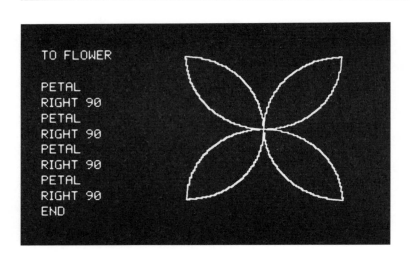

```
TO FLOWER

PETAL
RIGHT 90
PETAL
RIGHT 90
PETAL
RIGHT 90
PETAL
RIGHT 90
END
```

- 뭔가 프로펠러 같아.
- 그럼 열 번 해 보자.

- PETAL에도 입력값을 넣으면 크거나 작은 꽃을 만들 수 있어.
- 그건 쉽지. 그럼 TO PETAL SIZE, QCIRCLE SIZE 이렇게 해 보자.
- 그런데 왠지 그렇게 하면 버그가 생길 것 같은데. 일단 그냥 25 먼저 해 보자.
- 그런 다음 꽃을 그리는 상위 프로시저를 만들 수 있을 거야.

개발

빌딩 블록

- 이걸 모두 열 번씩 입력하려면 손가락에 쥐가 날 거야.
- 그럼 REPEAT를 사용하면 돼.

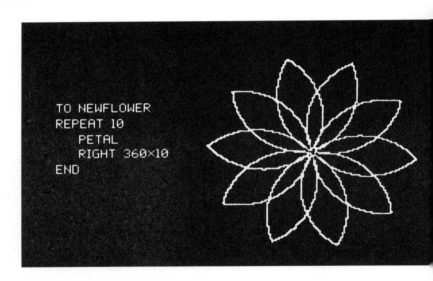

```
TO NEWFLOWER
REPEAT 10
    PETAL
    RIGHT 360×10
END
```

- 그려졌어.
- 그런데 너무 커.
- 그럼 PETAL의 입력값 50을 바꾸기만 하면 돼.
  그럼 25로 해 보자.

해결책이 도구가 되다

- 나한테 꽃을 여러 개 그릴 수 있는 멋진 프로시저가 있어. 이름이 SLIDE야. 그냥 PLANT SLIDE PLANT SLIDE PLANT SLIDE라고만 하면 돼.

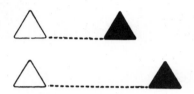

```
TO SLIDE DISTANCE
PEN UP
RIGHT 90
FORWARD DISTANCE
LEFT 90
PEN DOWN        END
```

새로운 도구 사용하기

- 작은 꽃이랑 큰 꽃을 같이 그리면 좋을 것 같아.
- 그럼 입력값을 넣을 수 있게 프로시저를 바꿔 보자.
- 그리고 RANDOM을 사용하면 정원도 만들 수 있겠어.

- 내 다음 프로젝트는 새 떼를 그려 보는 거야
- 어쩌면 우리 새랑 꽃을 함께 그릴 수도 있겠다.
- 아마도.

뜻밖의 발견

- BIRD SLIDE BIRD SLIDE 명령어로 새 떼를 만들어 보자.
- 새가 여섯 마리였으면 좋겠어. REPEAT를 사용할 거야.

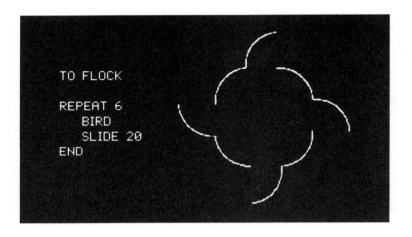

- 이거 웃긴다. 나는 새 여섯 마리가 모두 같은 방향으로 나란히 있게 하고 싶었는데.
- 그렇지만 이것도 괜찮은데. 디버깅하려면 일단 이거 따로 복사해 놔야겠어.

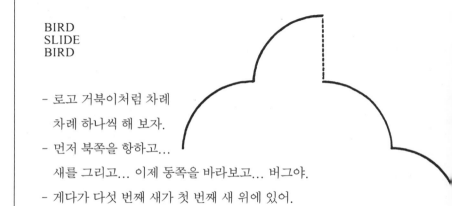

BIRD
SLIDE
BIRD

- 로고 거북이처럼 차례 차례 하나씩 해 보자.
- 먼저 북쪽을 향하고... 새를 그리고... 이제 동쪽을 바라보고... 버그야.
- 게다가 다섯 번째 새가 첫 번째 새 위에 있어.

- 버그를 고치고 싶으면 로고 거북이에게 새를 그리게 한 다음 북쪽을 향하게 해야 돼.
- 그리고 새를 더 작게 그려 보자.

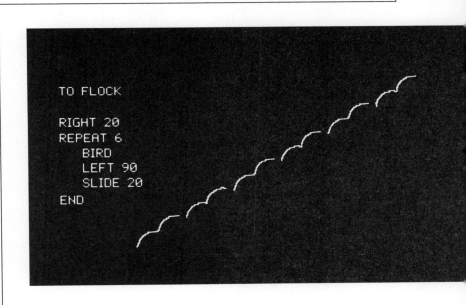

```
TO FLOCK

RIGHT 20
REPEAT 6
    BIRD
    LEFT 90
    SLIDE 20
END
```

- 이제 새 떼가 됐어.

끝.

그리고…

- 아직 안 끝났어. 우리 새 떼에도 입력값을 주어서 여러 무리가 다니게 하자.

- 얘네를 어떻게 날게 하지?
- 내가 멋진 걸 찾아냈어. BIRD에서 RIGHT 대신에 SPIN을 쓰는 거야. 버그가 있긴 하지만 예쁘다.

다시 시작

다음 단계의 프로젝트에서는 새가 움직이는 정말 멋진 효과를 만들어 낼 것이다. 그러나 인쇄한 지면에서는 결과나 과정을 제대로 보여줄 수 없다. 이를테면 우연한 발견, 버그, 모든 움직임을 이해해야만 얻을 수 있는 수학적 통찰은 지면에 드러나지 않는다. 우리가 무엇을 놓쳤는지 살펴보면 컴퓨터가 어린이에게 제공하는 새로운 것들을 더 찾아낼 수 있다. 가령 몸을 움직여 가며 선을 그려 보고 끄적거릴 수 있는 기회를 아이들에게 주는 것이다. 어쩌면 아이들은 그런 시도들을 하면서 좀 더 역동적으로 생각하는 법을 배울 것이다.

🐢

컴퓨터와 사람을 위한 언어

> 지네는 행복했다. 두꺼비가 어떤 순서로 다리를 내딛느
> 냐고 장난삼아 묻기 전까지는. 지네는 마음이 상했다.
> 지네는 심란한 마음으로 도랑에 누웠다. 다리를 내딛는
> 방법을 고민했다.
>
> ― 익명

이 지네 이야기는 우리를 고민에 빠뜨린다. 우리는 보통 생각하고 이
해하는 것이 당연히 좋은 일이라고 생각한다. 특히 생각하는 것이 학
습에 도움이 된다고 알고 있다. 그러나 지네는 자신의 행동에 대해
생각하면서 침울해졌다. 똑같은 일이 우리에게도 일어날까? 이 이야
기는 우리도 자신에 대해 생각하는 걸 그만둬야 한다는 뜻일까? 실제
로 우리의 '이성 중심' 문화에서는 사고가 행동을 가로막는다는 개념,
심지어 바로 그 생각이 학습을 방해한다는 개념이 만연해 있다. 자전
거 타는 법을 배울 때 우리가 흔히 하는 말이 있다. "계속해 봐. 언젠

가는 무슨 말인지 알 거야"라는 말이 자전거를 배우려고 애쓰는 어린 이에게 부모가 흔히 하는 말이다.

많은 철학자들이 어떤 지식은 언어로 기술할 수 없거나 의식적인 사고로 이해할 수 없다는 생각을 전개해 왔다. 이러한 개념은 능동적인 학습을 옹호하는 이들에 의해 최근 교육 과정 개편에 적용됐고, J. S.브루너[1]의 지식 습득의 분류 이론을 기반으로 한다. 브루너는 어떤 지식은 행동으로 나타나고, 어떤 지식은 이미지로 그리고 나머지는 기호로 드러난다고 했다. 브루너는 '언어와 그림'은 오직 행동으로만 표현되는 종류의 지식을 나타내기에는 '약하다'고 주장했다. 이번 장에서 나는 이러한 문제에 대해 좀 더 유연한 관점을 전개하려고 한다.

내 관점이 더 유연한 이유는 말로 표현할 수 있는 것과 표현할 수 없는 것이라는 이분법적 사고를 거부하기 때문이다. 지식을 언어로 완전히 축약할 수는 없지만, 그렇다고 지식을 언어로 표현하지 못하는 건 아니다. 또한 내 관점은 역사적 측면을 인정한다는 점에서 유연하다. 지식의 역사에서 중요한 요소는 '언어와 그림'의 효력을 늘리는 기술을 발전시켰다는 데 있다. 역사적으로 진실인 것이 개인에게도 진실이다. 이러한 관점에서 자전거를 타는 문제는 누군가가 다른 이에게 자전거를 어떻게 타면 되는지 '전부 말'할 수 있느냐에 있지 않다. 문제는 자전거 타는 법을 배울 수 있을 정도로 다른 사람들(그리고 내적 대화에서 우리 자신)과의 의사소통 능력을 어떻게 향상시킬 수 있느냐에 있다. 이번 장의 핵심 주제는 학습에 대해 말할 때 사용하는 서술 언어를 개발하는 것이다. 우리가 집중적으로 다루려는 학습은 많은 사람들이 '일단 실행'했을 때 가장 잘할 수 있다는 통념을 가진 종류의 학습, 바로 신체적 기술에 대한 학습이다. 우리는 이번 장에서 학교의 '체육 교육(지식을 전달하는 과목이 아닌)' 방식과 전혀 다른 접근법을 취할 것이다. 우리의 전략은 신체 기술 습득이 과학 이론 학습과 상당히 비슷하다는 점을 아이들에게 분명하게 보여 주는 것이다.

이런 깨달음에는 많은 장점이 있다. 로고 실험실에서 내가 알게 된 것인데, 우선 신체 기술을 더 효과적으로 배울 수 있다.[2] 이러한 직접적인 장점이 없다면 몸을 움직여 비슷한 뭔가를 그려 가면서 어떤 과학적 개념을 '설명'하는 것은 '교사가 하는 앞뒤가 안 맞는 말'에 지나지 않을 것이다. 그러나 어린이가 중요하고 특별하게 여기는 활동을 통해 과학적 사고를 할 수 있는 신뢰할 만한 곳을 찾을 수 있다면 우리는 일관적이고 동조적인 패턴의 학습을 시작하게 될 것이다.

이번 장에서 나는 이렇게 할 수 있다는 것을 보여 주고 과학을 신체적 기술과 결부시키는 것이 과학 교육에서 교육자들이 말하는 '동기'를 부여하는 것보다 더 효과적일 수 있음을 제시한다. 어린이가 과학자들이 형식적 서술 언어를 사용한다는 것과 자기들 역시 그런 언어를 신체 기술, 이를테면 저글링을 배우는 데 도구로 사용할 수 있다는 것을 알게 되면, 과학자와 자신을 어느 정도 동일시할 가능성이 생긴다. 이 아이디어의 취지는 어린이가 자신의 몸을 가지고 즐거운 활동을 할 때 스스로 '과학자'처럼 사고하는 방법을 알려 주는 데 있다. 데카르트가 만들어 낸 좌표 기하학이 어린이의 일상생활 속 경험과 동떨어진 것이 아님을 어린이 스스로 알 수 있다면 이는 데카르트에게도 의미가 있을 뿐 아니라 어린이가 자신을 더 가치 있는 존재로 인식하는 데 도움이 될 것이다.

우리 문화에서 신체적인 기술을 배우는 것에 대해 어떻게 생각하는지 좀 더 면밀히 살펴보자. 신체적 기술을 배우는 방법이라고 해서 앞에서 다룬 더 '추상적'인 주제인 수학보다 더 일관된 방법이 있는 것은 아니다. 신체 기술을 배울 때 '의식적인' 사고가 도움이 되지 않는다는 게 사회적 통념이자 상당수의 교육 심리학 이론의 견해지만 직업 스포츠인들은 그 의견에 동의하지 않는다. 일부 유명 코치들은 반드시 익혀서 완벽히 수행해야 하는 동작들을 분석하고 말로 표현하는 데 엄청난 노력을 들인다. 스포츠 작가 티모시 갤웨이는 사람들이 이런 모순적인 상황을 민감하게 받아들이는 모습에 관심을 가지고 책을 집필해 베스트셀러 작가가 됐다. 티모시 갤웨이는 자신의 책 《Inner Tennis》에서 이러한 딜레마에서 빠져나오는 방법을 몇 가지 제시한다. 갤웨이는 학습자가 스스로를 두 개의 자아, 즉 한쪽은 더 분석적이고 말로 표현하는 자아, 다른 한쪽은 전체적이고 직관적인 자아로 이루어졌다고 생각할 것을 권한다. 갤웨이는 자아 1과 자아 2가 서로를 통제하는 것이 적절하며, 실제 학습 과정에서는 한 '자아'가 언제 통제권을 가져가고 언제 다른 자아에게 통제권을 주고 떠나야 할지 가르치는 것이 중요하다고 주장한다.

갤웨이처럼 성공적인 학습을 위해 협상과 거래의 언어로 설명하는 경우는 교육계에서 흔치 않다. 갤웨이는 분석적 사고와 전체적 사고 사이에서 학습자에게 선택권을 준다. 이는 학교 교육 과정을 설계할 때 벌어지는 일과 매우 다르다. 교육 과정 개혁자들은 언어적 학습과 비언어적 학습 사이에서 무엇을 선택할지 고민하는 경우가 많다. 그러나 이들의 전략은 보통 상부에서 정한 것을 교육 과정에 넣는 것이다. 갤웨이의 전략은 학습자가 스스로 선택하는 방법을 배우도록 돕는 것이다. 이는 어린이를 인식론 학자로 바라보는 관점과 일치하며,

어린이를 인식론 학자로 대할 때 어린이는 다양한 사고방식을 인식하고 선택하는 데 전문가가 될 수 있다.

여기서 티모시 갤웨이를 예로 들었다고 해서 내가 갤웨이가 하는 말에 다 동의하는 것은 아니다. 나는 갤웨이의 아이디어 대부분에 문제가 있다고 본다. 그러나 나는 갤웨이가 기술을 배울 때 체계적으로 말하는 법과 생각하는 법을 배워야 할 필요성을 아주 잘 인지하고 있다고 생각한다. 현대 언어는 이런 학습 영역에서 사용하기에는 그렇게 풍성하지 않다.

컴퓨터가 풍부한 세계에서 컴퓨터 언어는 컴퓨터를 제어하는 수단을 제공하고 동시에 생각하는 데 필요한 새롭고 강력한 기술 언어를 선사하는데, 이러한 언어는 분명히 일반 문화에 도입될 것이다. 이러한 컴퓨터 언어들은 우리 자신과 우리가 배우는 것을 서술하는 우리 언어에 특별히 영향을 미칠 것이다. 그리고 어느 정도 이미 영향을 미치고 있다. 컴퓨터에 대한 지식이 없는 사람도 '입력', '출력', '피드백' 같은 개념을 써 가면서 자신의 사고 과정을 설명하는 것을 쉽게 볼 수 있다. 우리는 이런 과정에 대한 사례로 어떻게 프로그래밍 개념을 특정 신체 기술, 이를테면 저글링을 배우기 위한 개념의 틀로 이용하는지 보여 주겠다. 결국 우리는 프로그래밍을 서술 도구로 본다. 즉 우리는 프로그래밍이 언어를 보완해 줄 거라고 생각한다.

과학과 수학의 발전이 언어와 비슷한 기능을 한 경우가 많았다. 과학과 수학은 체계적으로 사고하기에는 구체적인 형태가 없는 것처럼 보였던 대상을 기술할 수 있는 어휘와 개념을 우리에게 주었다. 기술 언어의 위력을 보여 주는 가장 놀라운 예 중 하나가 바로 현대 과학의 발전에 결정적 역할을 했던 해석 기하학의 탄생이다.

전해 내려오는 말에 따르면 데카르트는 어느 날 아침 늦게까지 침대에 누워 천장에 앉은 파리를 관찰하면서 해석 기하학을 창안했다고 한다. 우리는 데카르트가 무엇을 생각했을지 상상할 수 있다. 파리는 분명히 유클리드 수학의 원과 타원을 그리며 여기저기 날아다니고 있었지만, 유클리드의 언어로는 기술할 수 없는 한 가지가 있었다. 그때 데카르트는 해결 방법을 찾아냈다. 매 순간 파리의 위치가 벽에서부터 얼마나 떨어져 있는지 기술하면 됐다. 공간의 한 점을 한 쌍의 수로 이뤄진 좌표로, 파리의 경로를 방정식이나 파리가 움직인 경로 위에 있는 여러 개의 좌표를 만족시키는 관계로 서술할 수 있었다. 기호의 위력은 데카르트가 공간에 대해 기술할 때 어떻게 대수학 언어를 사용하는지, 대수 현상을 기술할 때 어떻게 공간 언어를 사용해야 하는지 깨달았을 때 한 단계 도약했다. 이런 깨달음에서 나온 데카르트의 좌표 기하학 방법론은 이후로 파리와 행성이 움직이는 경로를 기술하는 데 이용됐으며 더 추상적인 대상의 '경로', 즉 순수 수학의 내용을 설명하는 데도 사용됐다.

데카르트의 획기적인 발견과 로고 거북이로 원 그리기 에피소드에 등장했던 아이가 경험한 것 사이에는 공통점이 많다. 떠올려 보면 이 아이는 원을 그리며 걷는 과정을 명쾌하게 설명할 방법을 찾고 있었다. 로고에서 원을 그리며 걷는 과정을 설명하기 위한 틀은 매우 단순하다. 아이는 어떻게 설명할지 방법을 고안하기만 하면 된다. 데카르트가 해야 할 일은 그 이상이었다. 그러나 두 경우 다 그전까지는 지각 운동 감각적 방식으로만 알 수 있었던 것을 분석적으로 서술할 수 있는 능력을 보상으로 얻었다. 아이와 데카르트는 둘 중 누구도 지네처럼 괴로워하지 않았다. 둘 다 자기들의 움직임을 분석적으로 설명하는 방법을 알고 난 후에도 이전처럼 원을 그리며 걸을 수 있었다.

그러나 데카르트의 형식주의는 그 나름대로 물리 세계의 과정을 서술하기에는 강력했지만 신체 기술의 세계에서 과정을 설명하는 데는 적절하지 않았다.

저글링이나 지네가 걷는 법을 설명하면서 미적분을 이용한다면 혼란만 초래할 것이다. 신체적인 기술을 배우는 상황에서 이런 언어를 사용하는 것은 가뜩이나 혼란스러워하는 학습자를 그대로 방치하는 것이나 다름없다. 이런 식의 형식적인 서술은 신체적 기술을 학습하는 데는 맞지 않는다. 그러나 다른 형식주의는 맞는다.

교육 연구 분야는 이러한 형식 체계를 발전시키는 쪽으로 향하지 않았다. 그러나 컴퓨터 과학자들로 이뤄진 다른 연구 커뮤니티는 (자체적인 이유로) 기술 언어를 연구해야만 했으며, 뜻밖에도 이런 연구가 교육을 혁신하는 데 필요한 자원을 제공했다. 컴퓨터가 다양한 일을 수행해야 하면서 컴퓨터로 뭔가를 하려면 컴퓨터가 알아들을 수 있을 정도로 정확하게 기본 과정을 서술해야 한다. 이에 따라 재능과 열정으로 가득한 컴퓨터 과학자들은 강력한 서술적 형식 체계를 개발했다. 혹자는 컴퓨터 과학이 컴퓨터 과학이 아니라고 말할지도 모른다. 컴퓨터 과학은 사실상 컴퓨터에 대한 과학이라기보다는 서술 description과 서술 언어descriptive language에 대한 과학이라는 것이다. 컴퓨터 과학이 만들어 낸 일부 서술적 형식 체계는 신체적 기술을 학습하는 과정을 이해하는데 꼭 필요하다. 우리는 여기서 프로그래밍에서 중요한 아이디어 세트 중 하나, 즉 구조화된 프로그래밍 개념을 가지고 우리 생각을 설명하겠다. 한 5학년 학생의 로고 환경 학습 경험을 살펴보자.

키스Keith는 컴퓨터로 상자 안에 막대 사람을 그리겠다는 목표를 세웠다(그림 10a).

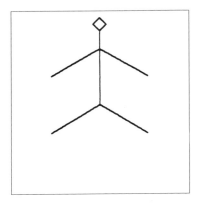

그림 10a 목표

키스는 로고 거북이 선 그리기로 발부터 하나씩 상자 안에 있는 사람을 그릴 계획이었다. 그렇게 하는 과정에서 키스는 컴퓨터 이전 문화에서 익숙했던 경험을 떠올리게 되는데 바로 점과 점을 이어서 그림을 그리고 자기가 한 것을 단계별로 설명하는 걸 배웠던 경험이었다. 그래서 키스는 자연스럽게 그 방법을 여기에 적용하기로 했다. 수행 과제는 간단했지만 다소 지루해 보였다. 키스는 다음과 같이 프로그래밍을 했다(그림 10b).

그러자 화면에 전혀 예상하지 못한 이상한 그림이 나왔다(그림 10c). 무엇이 잘못된 걸까?

키스는 이런 일에 놀라지 않았다. 이미 언급했듯이 로고 환경의 중심축 중 하나가 바로 '버그', '디버깅'과 관련한 개념들이다. 아이는 뭐든 단번에 잘될 것을 기대하지 않는다. 아이는 "맞았어. 좋은 점수를

마인드스톰

```
TO MAN
FORWARD 300
RIGHT 120
FORWARD 300
RIGHT 180
FORWARD 300
LEFT 120
FORWARD 300
LEFT 120
FORWARD 300
  RIGHT 180
  FORWARD 300
  RIGHT 120
  FORWARD 300
  RIGHT 180
  FORWARD 300
  LEFT 120
  FORWARD 150
  LEFT 45
  FORWARD 50
  RIGHT 90
  FORWARD 50
  RIGHT 90
  FORWARD 50
  RIGHT 90
  FORWARD 50
  END
```

그림 10b

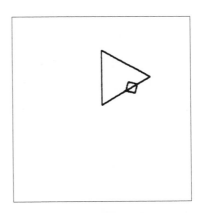

그림 10c 버그 때문에 생긴 사람

받을 거야"와 "틀렸어. 나쁜 점수를 받을 거야"라는 식으로 생각하지 않는다. 대신에 아이는 이런 질문을 한다. "어떻게 고치지?" 그리고 문제를 고치려면 컴퓨터 언어를 썼을 때 무슨 일이 벌어졌는지부터 파악해야 한다. 그런 다음에야 비로소 우리가 생각한 결과를 얻을 수 있다. 그러나 지금 상황에서 키스는 무슨 일이 벌어졌는지 알 수 없다. 키스는 문제가 정확히 어디에서 발생했는지 짚어 내기 너무나 어렵게 프로그램을 작성했다. 키스의 프로그램에서 버그는 어디에 있는 걸까? 어떤 버그이기에 키스가 의도한 것과 전혀 다른 그림이 나왔을까?

　키스가 부딪친 문제를 이해하기 위해 키스가 만든 프로그램을 '구조적 프로그래밍structured programming'이라고 알려진 프로그래밍 전략과 비교해 보겠다. 우리의 목표는 프로그램을 자연스럽게 나눈 다음, 각기 나눈 부분을 별도로 디버깅하는 것이다. 키스가 작성한 길고 아무런 특징도 없이 나열된 명령어들 속에서 버그를 찾는 것은 어렵다. 그러나 프로그램을 작게 나누면 버그를 한곳에 가두어 해결하기 쉬워진다. 이 경우 프로그램을 자연스럽게 나누려면 팔과 다리로 사용할 수 있는 V자 모양의 개체와 머리 부분으로 사용할 정사각형을 그리면 된다. 일단 이렇게 '하위 프로시저'를 작성해서 테스트가 끝나기만 하면, 막대 사람을 그리는 '상위 프로시저'를 작성하는 것은 엄청나게 쉽다. 우리는 막대 사람을 그리는 프로그램을 다음과 같이 정말 단순하게 작성할 수 있다.

```
TO MAN
VEE
FORWARD 50
VEE
FORWARD 25
HEAD
END
```

이 프로시저는 전체를 한눈에 파악할 수 있을 만큼 간결하다. 물론 이러한 간결성은 VEE와 HEAD 명령어를 컴퓨터가 이해한다고 가정했을 때만 가능하다. 컴퓨터가 이 두 명령어를 이해하지 못하면 그다음 단계는 VEE와 HEAD를 정의하는 것이다. 명령어는 우리가 전체적으로 이해할 수 있는 프로시저를 짤 때와 똑같은 양식으로 정의할 수 있다. 예를 들면 다음과 같다.

```
TO VEE
RIGHT 120
LINE 50
RIGHT 120
LINE 50
RIGHT 120
END
```

(이 프로그램에서 우리는 로고 거북이의 전진과 후진을 담당하는 명령어 LINE을 이미 정의했다고 가정한다.)

이것을 작동시키기 위해 다음으로 LINE을 정의한다.

```
TO LINE :DISTANCE
FORWARD :DISTANCE
BACK :DISTANCE
END
```

마지막 프로시저는 로고에 내장된 명령어만 사용했으므로 따로 정의하지 않아도 된다. MAN을 완성하기 위해 우리는 HEAD를 다음과 같이 정의한다.

```
TO HEAD
RIGHT 45
SQUARE 20
END
```

중학교 1학년인 로버트는 이런 식으로 프로그래밍 방식을 전환했다는 것을 알리려고 신이 나서 말했다. "보세요, 이제 프로시저가 제 마음의 크기만 해졌어요." 로버트는 자기 생각 크기만 해졌다는 표현에 대해 다음과 같이 설명을 덧붙였다. "제가 작성한 프로그램은 완전히 잡탕이었어요. 이제 저는 하나의 프로시저에 제가 소화할 수 있는 것보다 더 많은 것을 구겨 넣지 않아요." 로버트가 강력한 아이디어 하나를 만난 것이다. 이해할 수 없는 단계를 만들지 않고도 큰 지적 시스템을 구축하는 게 가능해진 것이다. 그리고 계층 구조로 시스템을 만들면 시스템을 전체적으로 파악할 수 있다. 다시 말해 시스템을 '위에서 조망'할 수 있다.

구조화되지 않은 MAN 프로그램을 만든 키스는 하위 프로시저라는 개념이 있다는 사실은 알고 있었지만 이용하려 들지 않았다. 키스에게는 '직선형' 프로그램이 더 익숙했다. 키스는 자신이 MAN 프로그램을 디버깅할 수 없게 되기 전까지는 구조화된 프로그래밍의 필요성을 절실히 느낀 적이 없었다. 로고 환경에서 우리는 이런 일을 자주 목격한다. 문제에 부딪힌 아이가 어떻게 해야 하냐고 물을 때는 보통 "어떻게 해야 할지는 네가 알지!"라고 답하는 것만으로도 충분하다. 그러면 아이들이 어떤 때는 의기양양하게, 또 어떤 때는 소심하게 "아무래도 하위 프로시저로 나눠야 할 것 같은데요?"라고 말한다. 아무도 키스에게 '정답'을 강요하지 않았다. 컴퓨터는 키스가 융통성과 능력을 발휘하여 솔직하게 자기만의 방식을 탐색할 수 있게 해 주었다.

이러한 두 가지 방식의 접근법이 프로젝트를 계획하고 수행할 때 흔히 사용된다. '지적인' 기술을 배울 때뿐 아니라 '신체적인' 기술을 배울 때도 이런 방식이 사용되는 것을 볼 수 있다. 예컨대 5학년 학생 두 명이 우리의 어린이 학습 연구소에서 프로그래밍 기술과 신체적 기술을 둘 다 배우는 경우를 생각해 보자.

마이클은 자신이 힘이 세고 운동을 잘하는 '강한 아이'라고 생각한다. 폴은 좀 더 내성적이고 학구적이며 체격이 왜소하다. 마이클은 학교 공부를 잘하지 못하고 폴은 학교 공부를 잘한다. 따라서 폴이 컴퓨터를 빨리 익히고 복잡한 구조화 프로그래밍 프로시저로 진도를 먼저 나가는 것에 대해 두 아이 모두 대수롭지 않게 여겼다. 몇 주가 지나도 마이클은 여전히 직선적인 스타일로만 프로그램을 짤 수 있었다. 마이클은 좀 더 정교한 프로그램을 만드는 데 필요한 개념은 모두 알고 있었지만 하위 프로시저를 사용하는 데 대해 전형적인 거부감을 강하게 드러내며 앞으로 더 나아가지 못했다.

당시 폴과 마이클은 둘 다 죽마竹馬 걷기stilt walking*를 배우기 시작한 무렵이었다. 마이클의 전략은 순차적인 형태로 진행되는 죽마 걷기에 집중하는 것이었다. "한쪽 죽마에 발을 놓고, 일어선 다음, 다른 죽마에 다리를 올려놓는 거야. 그다음 첫발을 앞으로 내딛어야지…." 이렇게 죽마 걷기를 시도하자마자 곧바로 넘어졌다. 그러나 마이클은 언

---

* (옮긴이) 대나무 막대기에 올라타서 걷는 놀이

젠가는 해낸다는 자신감으로 용감하게 일어나 다시 시작하고, 다시 시작하기를 반복했다. 그리고 실제로 성공했다. 그런데 놀랍게도 먼저 성공한 쪽은 폴이었다.

폴의 전략은 달랐다. 폴도 처음에는 똑같이 시작했지만 아무런 진전이 없다는 것을 깨닫자 걷는 과정에서 문제가 되는 부분, 바로 '버그'를 따로 떼어 내어 공략했다. 발을 떼서 앞으로 나아갈 때 보통 다른 죽마를 뒤에 두는 경향이 있다. 일단 이 버그를 찾아내자 버그를 없애는 건 어렵지 않았다. 한 가지 요령은 발을 뗄 때 발과 함께 죽마가 발을 '옮기게' 하는 게 아니라 죽마와 걸음을 같이 걷는다고 생각하는 것이다. 그렇게 하려면 발은 그대로 두고 팔로 죽마를 들어 올리면 된다. 프로그래밍에 빗댄 폴의 접근법은 폴에게 너무나 익숙해서 폴의 사례를 프로그래밍 학습이 신체 기술 학습으로 '전이'된 사례로 볼수 있을 것이다.

사실 이 두 가지 상황 모두 오랜 기간 폴이 상황을 일반적으로 인지해 온 방식의 특징에서 비롯된 것일 가능성이 크다. 그러나 로고에 대한 경험 덕분에 폴은 자신의 방식을 명확하게 설명할 수 있었다. 프로그래밍과 죽마 걷기의 관계가 더욱 명료하게 드러난 경우가 마이클의 경우다. 마이클은 프로그래밍 비유를 사용했을 때만 자신과 폴의 죽마 걷기 방식의 차이점을 분명하게 인식할 수 있었다! 다시 말해 프로그래밍 경험은 두 아이가 자신의 행동을 더 잘 이해하고 더 명확하게 설명하는 데 도움을 주었다.

학습을 보조하는 학습법 원칙으로서 구조적 프로그래밍이라는 아이디어의 보편성은 다음 사례를 통해 그 뜻이 더 분명해질 것이다. 지금부터 설명할 사례는 또 다른 신체 기술인 저글링을 배우는 과정에 대한 것이다. 우리는 즉흥적으로 저글링을 예시로 정하지 않았다. 로고 거북이로 원 그리기는 '누군가의 몸'을 가지고 수학을 배우는 데 훌륭한 도구였다. 저글링은 신체 기술을 '수학과 함께' 배우는 데 똑같이 도움이 되는 도구다. 물론 언뜻 생각하기에 더 복잡하면서 더 흥미로운 것은 두 경우 모두 과정이 양방향으로 적용되기 때문이다. 다시 말해 프로그래밍 비유에서 신체 언어로, 신체 언어에서 프로그래밍 비유로 적용할 수 있다. 로고 거북이 기하학을 경험하면서 어린이들은 형식 기하학을 이해했을 뿐 아니라 자신의 신체와 신체 움직임에 대한 감각까지도 키웠다. 게다가 구조화된 프로그램에 대한 이론적 개념을 저글링 용어, 즉 실제 신체 용어로 표현하면 구체성과 힘을 얻게 된다. 프로그래밍과 저글링의 경우, 지식은 우리가 동조화라고 규정한 특성을 띤다.

저글링의 종류는 매우 다양하다. 사람들은 흔히 저글링하면 '샤워 저글링showers juggling'을 떠올린다. 샤워 저글링에서 공은 '원'을 그리며 하나의 공 뒤에 다른 공이 따라가는데 공중에서는 왼쪽에서 오른쪽으로, 아래쪽에서는 오른쪽에서 왼쪽(또는 그 반대로)으로 움직인다. 샤워 저글링을 할 때 공을 던지는 방식은 두 가지다. 하나는 짧고 낮게, 한 손에서 다른 손으로 공을 던지는데 (손 쪽에 가까운) 원의 아래쪽에서 던지는 것이다. 그리고 다른 한 가지 방식은 길고 높게 원의 위쪽으로 공을 던지는 것이다(그림 11).

캐스케이드 저글링cascade juggling은 구조가 더 단순하다. 원의 아래쪽이 없다. 공은 원의 위쪽 원호를 따라서 양쪽 방향으로 움직인다.

던지는 방식은 오직 하나다. 길고 높게 던지기다(그림 11). 이 방법

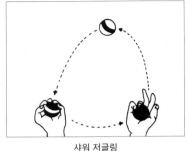

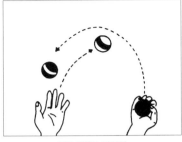

샤워 저글링   캐스케이드 저글링

그림 11 저글링의 두 가지 형태

은 단순해서 우리가 주장하는 내용에 대해 더 좋은 예가 될 뿐 아니라 배우기도 쉽다. 우리가 답을 얻고자 하는 문제는 캐스케이드 저글링을 배우고 싶어 하는 누군가에게 저글링 방법을 말로 분석해서 설명해 주는 것이 도움이 되느냐 아니면 방해가 되느냐다. 답은 경우에 따라 달라진다. 학습자가 분석적 서술을 위해 어떤 재료들을 갖고 있느냐에 달려 있다. 우리가 캐스케이드 저글링을 예로 든 것은 좋은 컴퓨터 모형으로 '인간 프로시저'를 만들어 기술 수행 능력을 어떻게 향상시킬 수 있는지 그리고 사람이 수행하는 프로시저를 돌아보는 것이 프로그래밍과 수학을 배우는 데 어떻게 도움이 되는지 보여 주기 위해서다. 물론 말로 하는 설명 중에서 '어떤 것들'은 도움보다는 혼란을 줄 것이다. 예컨대 다음과 같은 설명에 대해 생각해 보자.

1. 먼저 공①과 공②를 왼손으로 잡고 오른손에는 공③을 잡는다.
2. 공①을 오른손 쪽으로 높이 포물선을 그리며 던진다.
3. 공①이 정점에 도달했을 때 공③을 비슷한 크기의 포물선 형태로 왼손 쪽으로 던진다. 단, 공③을 던질 때는 공①보다 밑으로 던지

도록 주의한다.

4. 공①이 오른손에 오고 공③이 정점에 있을 때 공①을 잡고 공②를 공③보다 아래쪽으로 던진다.

이러한 설명은 기본적으로 완전히 주먹구구식의 직선적인 프로그램이다. 학습이 목적인 경우 이러한 설명은 유용하지 않다. 컴퓨터 문화에 속하지 않은 사람들은 이런 식의 설명이 '명령어instruction 다음에 다른 명령어가 이어지는' 컴퓨터 프로그램과 너무나 똑같다고 말할지도 모른다. 키스가 처음에 만든 MAN 프로그램과 같은 것 말이다. 그러나 좋은 내부 구조 없이 명령어만 나열하는 건 좋은 컴퓨터 프로그래밍이 아니다. 그리고 우리는 프로그램을 만드는 데 도움이 되는 구조적 프로그래밍 기술이 저글링 학습법을 설명하는 데도 좋다는 사실을 알게 될 것이다.

우리의 목표는 인간 프로시저인 TO JUGGLE을 만드는 것이다. 이 프로시저를 정의하기 위해 먼저 키스가 막대 사람을 그릴 때 사용했던 하위 프로시저(TO VEE, TO HEAD, TO LINE)가 맡은 역할과 비슷한 하위 프로시저를 만들고 이름을 붙인다. 저글링의 경우 자연스럽게 나뉜 하위 프로시저를 각각 TOSSRIGHT와 TOSSLEFT라고 부르기로 한다. VEE 명령어가 컴퓨터에게 V자 형태의 모양을 화면에 그리라고 명령하는 것처럼, TOSSLEFT 명령어가 우리의 초보 저글러에게 주어지면 공을 던지게 '만들어야' 한다. 여기서 우리는 초보 저글러가 왼손에 든 공을 오른손이 있는 쪽으로 던진다고 가정한다.

그러나 TO MAN을 프로그래밍하는 것과 TO JUGGLE을 프로그래밍하는 것 사이에는 중요한 차이점이 있다. TO MAN의 프로그래머는 타이밍에 대해서는 걱정할 필요가 없지만 저글링의 프로시저를 설정할 때는 '반드시' 타이밍을 고민해야 한다. 저글러는 동작 도중 적절한 시기에 TOSSRIGHT와 TOSSLEFT를 수행해야만 하고 두 가지 동작이 동시에 이뤄져야 한다. 우리는 공을 잡는 단계를 던지는 단계와 동일한 하위 프로시저에 포함시키기로 했으므로 TOSSRIGHT 프로시저에는 공이 왼손에 왔을 때 공을 잡는 것도 포함되어 있다. 마찬가지로 TOSSLEFT는 왼손에서 오른손 쪽으로 공을 던지고 공이 오른손에 들어오면 잡으라는 명령어다.[3]

대부분의 사람들이 이러한 동작을 수행할 수 있기에 우리는 TOSSLEFT와 TOSSRIGHT가 기본적으로 주어진 것으로 보고, 이 프로시저들을 우리가 TO JUGGLE이라고 부를 새로운 프로시저와 어떻게 합칠지 집중적으로 다루겠다. 이 문제는 하위 프로시저 TO VEE와 TO HEAD를 합쳐 TO MAN이라는 프로시저로 만든 것과 본질적으로 다르다. TOSSLEFT는 바로 앞의 TOSSRIGHT에 의해 시작된 동작이 끝나기 전에 시작되어야 한다. 컴퓨터 과학 언어로 이런 것을 '병렬'로 처리한다고 하는데, 이는 막대 사람을 그릴 때 사용했던 엄격한 '직렬' 처리와 상반된 개념이다.

하위 프로시저 조합을 설명하기 위해 우리는 새로운 프로그래밍 요소를 도입한다. 바로 'WHEN DEMON'이라는 개념이다. 이 개념은 'WHEN HUNGRY EAT(배고픈 상태면 먹으라)이라는 명령어로 설명할 수 있다. 로고의 한 버전에서 'WHEN HUNGRY EAT(배고픈 상태면 먹으라)의 의미는 'HUNGRY(배고프다)라고 하는 조건이 발생하면 EAT(먹는다)이라는 행동을 실행하라는 뜻이다. '유령demon'의 비유가 나타내는 개념은 명령어가 컴퓨터 시스템 내에서 자율적인 객체를 만든다는 것을 말한다. 이때 컴퓨터는 특정 유형의 이벤트가 발생하기 전까지는 동면 상태에 있다가 유령처럼 깨어나 행동을 개시한다. 저글링은 두 개의 WHEN DEMON을 사용할 것이다.

이 명령어의 정의는 다음과 같다.

```
WHEN something TOSSLEFT
WHEN something TOSSRIGHT
```

'something'의 자리에 두 가지 조건 또는 인식 가능한 시스템의 상태, 즉 던지기 행동을 촉발하는 것을 기술한다.

공 던지기에서 가장 중요한 순간에 공은 그림 12와 같이 된다.

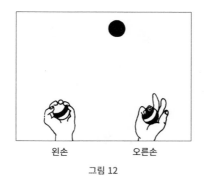

왼손   오른손

그림 12

그러나 이 그림은 시스템의 상태를 완벽하게 보여 주지 않는다. 제일 위에 있는 공이 어느 방향으로 날아가는지 보여 주지 않기 때문이다. 이 부분을 보완하기 위해 우리는 방향을 알려 주는 화살표(그림 13a) 를 추가했다. 그리고 두 가지 상태를 보여 주는 그림을 만들었다(그림 13b와 그림 13c).

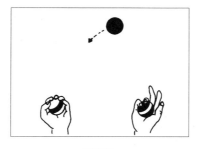

그림 13a

그림 13b TOPRIGHT: 공이 맨 위에 있다가 오른쪽으로 이동한다.

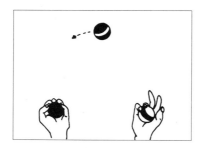

그림 13c TOPLEFT: 공이 맨 위에 있다가 왼쪽으로 이동한다.

저글러가 두 가지 상황을 인식한다고 우리가 합리적으로 가정한다면 다음에 나올 형식이 자동으로 설명된다.

마인드스톰

```
TO KEEP JUGGLING
WHEN TOPRIGHT TOSSRIGHT
WHEN TOPLEFT TOSSLEFT
```

또는 더 단순하게 표현할 수 있다.

```
TO KEEP JUGGLING
WHEN TOPX TOSSX
```

이것은 TOPRIGHT 상태가 되면 오른손이 던지기를 시작해야 하고, TOPLEFT 상태가 되면 왼손이 던지기를 시작해야 한다는 말이다. 조금만 생각해 보면 이것만으로도 충분한 설명이 된다는 것을 알 수 있다. 저글링 과정은 각각의 던지기가 다음 던지기를 촉발하는 시스템 상태를 만들기 때문에 저절로 이 과정을 계속해서 반복하게 된다.

그러면 저글링을 '인간 프로시저'로 전환하는 이러한 모형을 가르치기 전략에 어떻게 적용할 수 있을까? 먼저 저글링 모형에서 몇 가지 가정을 세운다는 점을 주목하자.

1. 학습자는 TOSSRIGHT와 TOSSLEFT를 수행할 수 있다.
2. 학습자는 토스하라는 신호를 전달하는 TOPLEFT와 TOPRIGHT 상태를 인식할 수 있다.
3. 학습자는 TO KEEP JUGGLING 프로시저의 정의에 따라 이런 동작들을 동시에 수행할 수 있다.

이제 우리가 세운 가정과 인간 프로시저를 가르치기 전략으로 전환해 보자.

1단계: 학습자가 토스할 수 있는지 검증한다. 공 한 개를 주고 다른 손으로 공을 던져 보라고 한다. 보통 어렵지 않게 한다. 그러나 나중에 조금씩 교정해야 함을 알게 될 것이다. 즉흥적인 프로시저에는 버그가 있다.

2단계: 학습자가 토스 동작들을 동시에 할 수 있는지 검증한다. 공 두 개를 주고 다음과 같은 지시를 내린다.

```
TO CROSS
TOSSLEFT
WHEN TOPRIGHT TOSSRIGHT
END
```

이는 왼손과 오른손 사이에서 공을 주고받기 위함이다. TOSSLEFT와 TOSSRIGHT를 서로 조합하는 것이 단순해 보이기는 하지만 처음부터 잘되는 경우는 많지 않다.

3단계: 토스 프로시저에서 버그를 찾아낸다. 왜 TO CROSS가 작동하지 않을까? 보통 우리는 학습자의 토스 실력이 1단계에서 보여 줬던 것만큼 좋지 않음을 알아낸다. 토스 프로시저에서 가장 흔히 나타나는 문제나 '버그'는 토스를 하면서 공을 따라 시선이 움직이는 것이다. 사람의 눈은 한 쌍뿐이므로 첫 번째 토스를 할 때 눈동자가 토스한 공을 따라가면서 두 번째 토스를 하기가 거의 불가능하다. 따라서 통상 공이 땅바닥에 떨어지면서 저글링을 망치게 된다.

4단계: 디버깅을 한다. 첫 번째 공으로 시선이 따라가는 것이 버그라는 가정하에 학습자에게 공을 던질 때 공을 보지 말라고 디버깅한다.

(놀랍게도) 대부분의 학습자는 날아가는 공의 포물선 궤적의 정점 주변에 눈을 고정한 채 토스 동작을 연습할 필요가 거의 없음을 깨닫게 된다. 공 한 개를 던지는 것에 대한 디버깅이 끝나면 학습자는 다시 두 개의 토스를 동시에 수행해 본다. 이제 대부분 잘되겠지만 다른 버그가 있을 수 있다.

5단계: 공을 세 개로 늘려 본다. 일단 학습자가 CROSS라고 부르는 프로시저를 매끄럽게 수행하면 공 세 개로 시도한다. 그러려면 한 손에는 공 두 개, 다른 손에는 공 하나를 들고 시작한다(그림 14).

CROSS를 실행하듯이 공②를 던지고 공①은 무시한다. CROSS에서 TOSSRIGHT는 공 세 개가 KEEP JUGGLING을 할 준비가 된 상태로 만들어 준다. CROSS에서 KEEP JUGGLING으로의 전환은 일부 학습자에게 조금 어렵지만 쉽게 극복할 수 있다. 대부분의 사람들이 이 전략을 사용하면 30분 이내에 저글링을 할 수 있다.

이러한 변형된 교수 전략을 많은 로고 교사가 이용했으며 그중 한 사람인 하워드 오스틴이 이 전략을 자세히 연구했는데 그의 박사 학위 논문 주제가 저글링 분석이었다. 이 전략은 확실히 효과적이며 그 이유는 분명하다. 서술 언어로서 프로그래밍 개념을 사용하면 디버깅이 쉬워지기 때문이다.

막대 사람 그리기와 저글링 배우기 과정을 설명하면서 주된 주제는 복잡한 과정을 적절하게 설명하는 것이 어떻게 디버깅에 도움이 되는가이다. 두 가지 경우 모두 설명을 할 때 모듈 형태로 과정을 표현했는데 자연스럽고 기능적인 단위로 나뉘어 있으며 범위를 가능한

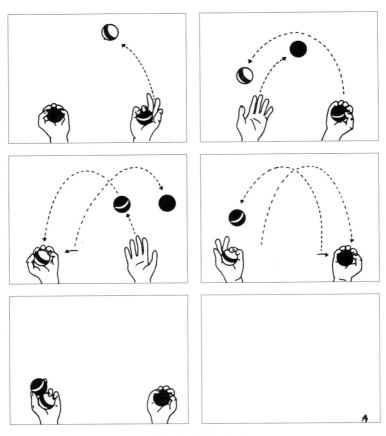

그림 14 캐스케이드 저글링

한 좁혀서 버그를 잡는 데 도움이 되게 했다. 디버깅을 할 때 최악의 상황은 여러 개의 버그가 동시에 나타날 때다. 디버깅 과정은 버그가 한 개 이상 나타나기 어려울 정도로 모듈 크기가 작을 때 더욱 효과적이다.

여러 개의 버그로 인해 발생하는 어려움을 잘 보여 주는 경우가 바

마인드스톰

로 초보자가 무작정 저글링을 배우려고 할 때다. 사실 (마이클이 죽마 걷기를 배울 때와 같이) 종종 성공하기도 한다. 보통 공 두 개를 교차해서 던지지도 못하는 상태에서 몇 시간 동안 공 세 개를 허공으로 무수히 날린 뒤에야 성공하는 경우다. 하워드 오스틴은 학습자의 행동을 자세히 관찰하는 동안 우리가 합리적인 전략에서 서술한 것과 같은 버그, 즉 눈이 공을 따라가는 오류를 발견했다. 수없이 반복하는 과정, 이른바 '시행착오 학습'을 하다 보면 요령을 터득할 것이다. 우연히 공을 던진 쪽으로 눈동자를 아주 조금만 움직일 수 있다. 인간도 다른 동물들처럼 어떤 사건을 포착하고, 그 사건의 발생 확률을 높일 수 있는 학습 메커니즘을 갖고 있다. 결국 버그가 사라지고 학습자는 저글링 방법을 습득한다. 사람들도 미로 속의 쥐처럼 학습할 수 있다. 그러나 그런 방식의 학습 과정은 느리고 원시적이다. 우리는 더 많이, 더 빨리 배울 수 있다. 의식적으로 학습 과정을 통제하고 자신이 한 행동을 명확하게 설명하고 분석할 수만 있다면 가능한 일이다.

컴퓨팅 절차computational procedure가 학습 능력을 향상시킨다고 해서 학습 과정에서 모든 반복적인 프로세스가 마법처럼 사라진다거나 저글링을 배우는 데 들어가는 시간이 0에 가까워지는 것은 아니다. 버그를 찾아서 없애는 데는 언제나 시간이 걸린다. 필요한 요소 기술을 배우는 데도 항상 시간이 필요하다. 쓸모없고 비효율적인 방식은 제거할 수 있다. 학습자가 형편없는 학습 전략을 따르면, 공 세 개를 저글링할 수 있는 기술을 충분히 배우는 데 더 많은 시간이 든다. 학습자가 좋은 전략을 채택한다면 걸리는 시간이 크게 줄어든다. 보통 20분이나 30분이면 된다.

어린이는 종종 디버깅에 '저항'한다. 이는 아이들이 하위 프로시저를 만들 때 보인 저항과 비슷하다. 나 역시 로고 환경의 첫 세션에서 많은 어린이가 디버깅에 저항하는 것을 본 적이 있다. 아이는 로고 거북이를 가지고 집이라든가 막대 사람 같은 그림을 그릴 계획을 세운다. 그리고 서둘러 프로그램을 만든 뒤 실행해 본다. 그림이 안 그려진다. 아이는 디버깅하는 대신 프로그램을 지워 버린다. 때로는 아예 과제를 그만둔다. 때로는 정말 존경스러울 정도로 끊임없이 시도하지만 언제나 한 번에 '제대로' 해내기 위해 처음부터 새로 시작한다. 그러다가 컴퓨터가 그림을 그리게 하는 데 실패하거나 성공하기도 한다. 그러나 이 아이는 아직까지 디버깅 전략을 제대로 습득했다고 볼 수 없다.

이해는 된다. 학교 규범에 따르면 잘못한 건 지워야 한다. 잘 만든 프로그램에 사소한 버그가 있으면 아이는 '잘못됐고 좋지 않은 실수'라고 여긴다. 학교에서는 오류가 나쁘다고 가르친다. 그러다 보니 아이는 오류를 조사하고 곱씹어 보거나 생각하는 것을 싫어하게 된다. 아이는 아무도 볼 수 없게 흔적 없이 지울 수 있는 컴퓨터를 사용할 수 있다는 사실에 기뻐한다. 디버깅의 철학은 이와는 정반대인 태도를 취하라고 제안한다. 오류는 우리에게 도움을 준다. 오류를 통해 우리는 어떤 일이 벌어졌는지 알아내고 무엇이 잘못됐는지 파악하며, 파악한 내용을 바탕으로 오류를 해결한다. 컴퓨터 프로그래밍을 경험한 어린이는 다른 활동을 할 때보다 더 디버깅의 힘을 '신뢰'한다.

로고 환경과 접촉하다 보면 하위 프로시저로 나누기와 디버깅에 대한 뿌리 깊은 저항감이 조금씩 사라진다. 어린이들이 자신의 '오류'

마인드스톰

를 점점 더 잘 수용하는 것을 본 사람들은 이러한 아이들의 태도 변화가, 아이들이 '틀렸다'고 생각하는 프로그램에 대해 감정을 드러내지 않고 비판하지 않는 교사들 때문이라고 생각한다. 하지만 나는 여기에 좀 더 근본적인 이유가 있다고 생각한다. 로고 환경에서 어린이들은 교사도 배우는 사람이라는 것, 따라서 '모든 사람'이 잘못을 통해 배운다는 것을 깨닫는다.

5학년 학생 열두 명으로 구성된 그룹이 9월 새 학기를 시작하고 일주일에 몇 시간씩 로고를 체험했다. 12월 초가 되자 이 학생 그룹은 공동 프로젝트를 수행하기로 했다. 거북이 기계를 프로그래밍해서 큰 종이 배너에 'Merry Christmas'를 쓰게 한 다음 학교 복도에 걸어놓을 계획이었다. 딱 알맞은 프로젝트였다. 학생들에게 알파벳 글자가 할당됐다. 학생들은 글자를 그리는 프로그램을 하위 프로시저로 사용하여 글자들을 그리고 장식하고 전체 메시지를 완성하는 프로그램을 만들 계획이었다.

그러나 눈보라가 불고 다른 차질이 생기면서 작업이 늦어졌다. 그리고 학기의 마지막 주가 다가왔는데도 여전히 배너를 완성하지 못하고 있었다. 담당 교사는 일반적인 규칙을 깨고 자신이 프로그램 몇 개를 직접 만들기로 했다. 담당 교사는 로고 거북이 없이 혼자 집에서 프로그램을 짰다. 다음 날 아침, 디버깅이 안 된 프로그램을 교사와 아이들이 함께 디버깅했다. 교사와 한 어린이가 로고 거북이가 알파벳 'R'을 그리는 것을 지켜봤다. 그러나 알파벳 'R'에서 비스듬한 경사가 잘못 그려졌다. 어디에 버그가 있는 걸까? 교사와 함께 해결책을 고민하던 아이가 말했다. "저걸 어떻게 고쳐야 할지 정말 모르신다는 말씀이세요?" 아이는 아직 어떻게 말해야 할지 잘 몰랐지만, 그 아이는 자기와 교사가 함께 과제를 수행하고 있다는 것을 새롭게 깨달았다. 이 사건은 우리에게 시사점을 던져 준다. 이 아이는 교사가 "우리 함께 이걸 해 보자"라며 제안하는 게임에 참여하기는 하지만 언제나 교사와 학생의 협업이 가상의 일이라고 생각했다. 새로운 것을 발견하는 일은 계획을 세워 진행할 수 있는 것이 아니며 계획대로 발명이 이뤄질 수도 없다.

전통적인 학교 교실에서 교사들은 아이들과 함께 뭔가를 하려고 노력하지만 보통 교재만 가지고는 함께 생각해 볼 만한 문제가 즉석에서 생기지 않는다. 어른과 어린이가 초등학교 산수 문제를 놓고 진정한 의미의 협업을 할 수 있을까? 컴퓨터로 작업하는 것의 가장 큰 특징은 교사와 학생이 실제로 지적으로 협력할 수 있다는 데 있다. 교사와 학생이 함께 컴퓨터에 이런저런 명령을 내려 보면서 컴퓨터가 실제로 할 수 있는 것이 무엇인지 알아 간다. 교사도 학생도 경험한 적이 없는 상황이 자주 발생하기 때문에 교사가 일부러 짐짓 모르는 척할 필요가 없다. 아이는 교사와 함께 문제와 해결책을 공유하면서 '교사가 말하는 대로'가 아니라 '교사가 하는 대로' 배운다. 교사가 하는 일 중 하나가 문제를 완전히 이해할 수 있을 때까지 문제를 파고드는 것이다. 로고 환경은 특별하다. 로고 환경은 초등학생들이 완전하게 이해할 수 있는 수준의 문제를 많이 제공하기 때문이다. 일상에서는 찾아보기 힘든 상황이다. 이런 점을 좀 더 잘 이해하려면 앞에서 언급한 간단한 디버깅 사례를 다시 살펴보는 게 도움이 될 것이다.

우리가 살펴본 프로그램은 다음과 같다.

```
TO HOUSE
SQUARE
TRIANGLE
END

TO SQUARE
REPEAT 4
  FORWARD 100
  RIGHT 90
END

TO TRIANGLE
REPEAT 3
  FORWARD 100
  RIGHT 120
END
```

그러나 이 프로그램에는 버그가 있어서 정사각형 위에 삼각형을 그리지 않고 정사각형 안에 삼각형이 들어가 있다. 왜 그럴까? 처음에는 아이에게 수수께끼처럼 보일 것이다. 그러나 아이는 '왜 로고 거북이가 그런 바보 같은 짓'을 했는지 금방 알아낼 수 있다. 이미 잘 알려진 발견 학습법, 바로 로고 거북이 역할 놀이를 해 보면 된다. 직접 로고 거북이 역할 놀이를 하되 마치 자신이 로고 거북이처럼 아무것도 모르는 척해야 한다. 그리고 로고 거북이가 왜 그렇게 했는지 알아내자마자 그 문제의 해결책이 떠오른다. 예컨대 누군가가 "로고 거북이가 정사각형 안에서 회전한 것은 TRIANGLE(삼각형)이 RIGHT TURN(우회전)하라고 했기 때문이야"라고 말하는 식이다. (똑같이 단순한 해결책 가운데 한 가지) 해결책은 문제 안에 있다. 즉 삼각형 프로시저에서 왼쪽으로 회전하라고 해야 한다.

마찬가지로 REPEAT [FORWARD 100 RIGHT TURN 60]으로 로고 거북이가 삼각형을 그리게 할 수 있다고 생각한 어른도 육각형이 나타나면 당황할 것이다. 그러나 프로그램 안으로 '들어가서' 왜 그런 일이 일어나는지 알아볼 수 있다. 게다가 가장 흔히 알려진 유클리드의 삼각형 정리인 '삼각형 내각의 총합은 180도'를 매우 피상적으로 이해한 데서 버그가 발생한다는 점을 깨닫고 돌아볼 수 있다.

어린이(그리고 대부분의 어른)가 사는 세상은 모든 것을 부분적으로만 이해할 수 있는 세상이다. 제법 충분히 이해할 수 있다 해도 결코 완전히 이해할 수는 없다. 로고 거북이의 행동을 너무나 완벽하게 이해한 나머지 더는 덧붙일 말이 없을 정도가 된다는 것은 많은 사람에게 매우 드물고 특별한 경험이다. 어떤 사람들에게는 무척 기쁜 일일 수도 있다. 자기가 알게 된 사실을 아이가 열심히 설명하려는 모습을 보면 알 수 있다. 이는 대부분의 사람들이 경험해 온 분석적인 지식보다 더 선명한 사례가 된다.

독자들은 어린이 프로그래머가 로고 거북이를 '완전히' 이해하기는커녕 로고 거북이가 로고 명령어를 수행할 때마다 복잡한 로고 거북이 작동 원리를 전혀 이해하지 못한다고 항변할 수도 있다. 사실상 우리가 최고의 컴퓨터 과학자들만 아는 복잡한 내용을 담은 고급 기술 환경에 아이들을 데려다 놓고 혼란스럽게 만들고 있는 것은 아닐까?

이러한 우려는 이번 장을 시작하면서 다룬 문제로 우리를 다시 데려간다. 예를 들어 나는 저글링을 간단한 프로그램 형태로 설명했다. 그러나 여기서도 똑같은 문제가 생긴다. 프로시저 언어로 기술했을 때 과연 저글링 과정의 핵심이 잘 전달될까, 아니면 저글링의 복잡한 과정들을 덮어 버림으로써 더 혼란에 빠지게 될까?

이런 질문은 매우 일반적이며 과학적 방법론의 근본적인 문제와 관련이 있다. 뉴턴은 우주를 '이해'할 때 모든 행성을 일련의 운동 법칙에 따라 움직이는 점들로 축소해서 생각했다. 그렇다면 뉴턴은 실제 세계의 본질을 이해한 것일까, 아니면 실제 세계의 복잡성을 은폐한 것일까? 과학자처럼 사고할 수 있다는 말의 뜻은 어느 정도는 이러한 인식론 문제를 직관적으로 이해하는 것이며, 나는 어린이들이 로고 거북이와의 작업을 통해 이러한 인식론적 문제를 이해할 수 있는 기회를 얻는다고 믿는다.

사실 어린이들은 로고 거북이가 관련 있는 문제와 그렇지 않은 문제가 있는 독립적인 세계를 규정하는 방법을 쉽게 이해한다. 다음 장에서는 독립적인 세계에만 적용되는 가정과 제약이 존재하는 '마이크로월드microworld'를 많이 만들어 보면서 이 같은 아이디어를 어떻게 발전시킬 수 있을지 논할 것이다. 어린이는 관련 없는 문제의 영향을 받지 않은 채로 선택한 마이크로월드의 속성을 탐색하는 것이 무엇인지 알게 된다. 그 과정에서 아이들은 자신의 개인적 삶에서 탐색하던 습관을, 과학적 이론을 세우는 형식 영역으로 전환하는 방법을 배운다.

컴퓨터 세계의 내적 명료성 덕분에 아이들은 물리적인 세계에서 할 수 있는 것보다 훨씬 복잡한 프로젝트를 수행할 수 있다. 많은 아이가 조립 완구 이렉터erector 세트를 가지고 복잡한 건축물을 만들어 보거나 친구들을 거대한 회사에 보내 일을 시키는 상상을 한다. 그러나 현실에서 그런 프로젝트를 실행하려면 물질과 사람이라는 난해한 한계에 부딪히곤 한다. 컴퓨터 프로그램은 이론상 의도한 대로 움직이게끔 만들 수 있기 때문에 복잡한 시스템과 좀 더 안전하게 합쳐질 수 있다. 이로써 어린이는 복잡한 것에 대한 느낌이 무엇인지 터득한다.

현대 과학과 공학 덕분에 최근까지만 해도 상상도 못한 복잡한 프로젝트를 완성할 수 있었다. 그러나 과학은 우리에게 단순함이 지닌 위력에 대해서도 가르쳐 준다. 그리고 나는 단순하지만 개인적으로는 중요한 경험을 통해 단순함의 위력을 깨달은 한 아이의 감동적인 이야기로 이번 장을 마치려고 한다.

데보라는 6학년 학생으로 학교 학습에 문제가 있었다. 로고 거북이가 어떻게 FORWARD, LEFT, RIGHT라는 명령어를 따르는지 데보라에게 보여 주면서 컴퓨터 화면 속 거북이 세계에 대해 알려 줬다. 많은 아이가 이런 명령어 뒤에 아무 숫자나 할당할 수 있다는 데서 자신감을 얻고 신나게 실험해 본다. 데보라는 이런 것들을 두려워했다. 이는 데보라가 학교생활에서 흔히 보인 반응이었다. 로고 거북이 작업을 하는 첫 몇 시간 동안 데보라는 교사가 불편할 정도로 교사에게 의존했으며, 가장 작은 탐색 단계를 밟기 전까지 교사가 계속해서 데보라를 안심시켜야 했다. 데보라의 전환점은 데보라가 로고 거북이 명령어를 제한하고 로고 거북이 명령어라는 마이크로월드 안에 또 다른 마이크로월드를 만들면서 찾아왔다. 데보라는 RIGHT 30이라는 한 가지 회전 명령어만 허용했다. 로고 거북이를 90도 회전시키기 위해 데보라는 RIGHT 30을 세 번씩 반복하려 했으며, LEFT 30에 해당하는 효과를 얻기 위해 RIGHT 30을 열한 번 반복했다. 옆에서 지켜보는 사람들 입장에서 간단한 효과를 얻기 위해 그토록 복잡한 방식을 택하는 모습이 답답해 보였을 것이다. 그러나 데보라에게 자신만의 마이크로월드를 만들 수 있다는 사실과 자신이 정한 엄격한 제약 사항 안에서 자기가 할 수 있는 일이 얼마나 많은지 발견하는 것은 무척 신나는 일이었다. 데보라는 뭔가를 해도 되냐고 더 이상 허락을 구하지 않았다. 그러던 어느 날 교사가 어떤 효과를 만들기 위해 '더 단순한 방법'이 있음을 보여 주자 데보라는 참을성 있게 설명을 들은 후에 이렇게 말했다. "저는 그렇게 하지 않을 거예요." 그로부터 몇 주 후 준비가 된 데보라는 자기만의 세계에서 빠져나왔다. 데보라는 더 큰 로고 거북이 프로젝트뿐 아니라 학교에서 했던 모든 것과의 관계에서도 새로운 자신감을 드러냈다. 코페르니쿠스와 갈릴레오 같은 사상가들은 물리학과 관련이 없는 사람들 내면에 자리한 미신을 깨뜨렸다. 나는 데보라의 경험이 이러한 성취를 작게 재현한 것이라 보고 싶다. 두 가지 사례, 즉 데보라 개인의 역사와 서구 사상사에서 수학 이론의 성취는 도구적인 역할 이상의 공헌을 했다. 수학적 이론의 성취는 사고력과 정신력의 위력을 재확인했다.

🐢

마이크로월드: 지식 인큐베이터

나는 그동안 문제 해결을 위해 발견법heuristics*이 필요하듯, 학습을 위
해서는 학습법이 필요하다고 밝혀 왔다. 즉 학습법의 원칙은 학습 과
정을 명확하게 밝히고 촉진하는 아이디어를 다룬다. 이번 장에서 우
리는 두 가지 중요한 학습법 원칙을 집중적으로 다루려고 한다. 대부
분의 사람들은 새로운 기기, 댄스 스텝, 아이디어, 낱말을 마주했을
때 무엇을 해야 하는지 아는데 이 두 가지 원칙은 그러한 상식의 일
부다. 첫째, 새로 익혀야 하는 대상을 자신이 이미 알고 있는 것과 연
결 짓는다. 둘째, 새로운 것을 가지고 나만의 것을 만든다. 그것을 가
지고 또 다른 새로운 걸 만들어서 가지고 놀고 뭔가를 또 만든다. 예
를 들어 우리는 새로운 단어를 배울 때, 먼저 익숙한 '어원'을 찾은 다
음 우리가 작성한 문장에 이 단어를 넣어 사용하는 연습을 한다.

---

* (옮긴이) 시간, 정보 등이 부족할 때 경험을 바탕으로 어느 정도 만족할 만한 해법을 찾는 방법

우리는 이 두 단계 원칙이 학습에 대한 대중적이고 상식적인 이론이라고 생각한다. 새로운 단어를 배우는 과정은 부모와 교사 세대에서 초등학교 학생 세대로 전해 내려왔다. 그리고 학습이 가장 먼저 일어나는 때 사용되는 전략도 이에 해당한다. 피아제는 어린이의 자발적인 학습을 연구하면서 이 두 가지 단계가 실제로 일어난다는 사실을 발견했다. 아이는 피아제가 '동화assimilation'라고 부르는 과정에서 새로운 것을 이미 알고 있는 것과 합치고, 활발한 활동을 하는 과정에서 자신의 지식을 구성한다.

그러나 그런 과정에 방해물이 종종 등장한다. 새로운 지식은 기존 지식과 모순되는 경우가 많다. 따라서 효과적인 학습을 위해 모순을 해결할 전략이 필요하다. 때로는 서로 모순된 지식을 조율할 수도 있고 어떤 경우에는 둘 중 하나를 폐기해야 한다. 또 별도의 사고 영역에 상반된 두 가지 지식을 안전하게 보존할 수 있다면 둘 다 '보유'하는 게 가능하다. 우리는 물리학의 형식 이론이 실제 세계에 대한 상식적이고 직관적인 생각과 첨예하게 대치되는 특수한 경우를 가지고 이러한 학습 전략에 대해 살펴보겠다.

가장 단순한 예가 뉴턴 물리학의 기본 원칙이다. 운동 중인 물체를 그대로 놔두면 일정한 속도로 일직선으로 영원히 움직인다. 이 '영구운동perpetual motion'의 원칙은 우리의 일상적 경험뿐 아니라 아리스토텔레스의 이론처럼 오래된 물리학 이론과도 모순된다.

테이블을 옮기고 싶다고 가정하자. 우리는 힘을 가해 테이블을 움직여서 원하는 곳에 테이블이 다다를 때까지 계속 힘을 가한다. 밀기를 멈추면 테이블도 멈춘다. 피상적인 우리 눈에는 뉴턴이 말하는 물체처럼 테이블이 움직이지 않는다. 만일 테이블이 교과서에 나온 뉴턴의 물체처럼 움직였다면 우리가 한 번만 밀어도 테이블이 계속 움직여야 했을 것이고, 원하는 장소에서 멈추게 하려면 밀어낸 힘에 대응하는 다른 힘을 가해야 했을 것이다.

이상적인 이론과 우리가 일상적으로 관찰하는 것들 사이의 괴리는 우리가 뉴턴 물리학을 배울 때 부딪히는 여러 장애물 중 하나에 불과하다. 다른 장애물은 두 가지 학습법 원칙을 적용하기 어렵다는 데서 나온다. 첫 번째 원칙에 따르면 뉴턴 물리학을 배우고 싶은 사람들은 자기가 이미 알고 있는 것과 뉴턴 물리학을 관련지을 방법을 찾아야 한다. 그러나 사람들에게는 효과적으로 관련지을 만한 지식이 없을 수도 있다. 두 번째 원칙에 따르면 훌륭한 학습 전략은 뉴턴의 운동 법칙으로 뭔가를 하거나 자기만의 흥미로운 방식으로 그 법칙을 적용해 보는 것이다. 그러나 이것도 그리 단순하지 않다. 뉴턴의 법칙을 이해할 수 있거나 뉴턴의 법칙을 적용해 볼 만한 익숙한 소재가 있지 않는 한 뉴턴의 법칙을 가지고 할 수 있는 것은 없다.

이번 장의 주제는 컴퓨팅 아이디어가 뉴턴의 법칙을 생각하는 데 어떻게 도움이 되는가이다. 핵심 아이디어는 이미 예상할 수 있다. 우리는 앞에서 점 대신 로고 거북이를 구성 요소로 삼았을 때 형식 기하학이 어떻게 더 쉬워지는지 살펴봤다. 이제 우리는 유클리드 기하학에 적용했던 방법을 뉴턴의 법칙을 배우는 데 적용해 보려고 한다. 뉴턴의 법칙에는 '입자particle'라는 개념이 있다. 입자는 수학적으로 추상적인 객체로서 크기는 없지만 위치 이외에 다른 몇 가지 속성을 가진 점point과 비슷하다. 입자는 '질량'과 '속도'를 가지거나 이 두 가지를 합쳐 '운동량'을 갖는다. 이번 장에서 우리는 로고 거북이의 개념을 확장하여 이미 앞에서 다룬 유클리드의 점뿐 아니라 뉴턴의 입자처럼 행동하는 객체에까지 적용할 것이다. 앞으로 움직이는 거북이Dynaturtle라고 부를 이 새로운 로고 거북이는 이전에 다룬 기하학 로고 거북이에게 있는 두 개의 기하학적 요소인 위치 및 방향과 더불어 속도와 관련된 요소 두 가지를 상태로 가지고 있다는 점에서 더 역동적이다. 게다가 고려할 수 있는 상태가 더욱 늘어남에 따라 필요한 명령어가 더 늘어났다. 확장된 터틀 토크는 로고 거북이를 일정 속도로 움직이게끔 만들 것이다. 더 풍부해진 터틀 토크는 물리학에 대한 이해 이외에도 다양한 관점을 즉각 열어 줄 것이다. 움직이는 거북이는 실제 또는 가상의 물리 법칙을 시뮬레이션할 수 있을 뿐 아니라 아름다운 것, 상상해 본 것, 단순히 재미로 해 보는 어떤 동작 패턴들을 만들어 낼 수 있다. 지나치게 좁은 시각으로 물리학에만 초점을 맞추려는 교사는 이런 활동들을 시간 낭비라고 여길지도 모른다. 이런 교사는 물리학을 이해하는 것이 진짜 할 일이라고 생각한다. 그러나 나는 물리학 교육에 대해 전혀 다른 철학이 있다고 주장하고 싶다. 나는 물리학을 배운다는 것은 물리학 지식을 매우 다양한 개인적 지식과 만나게 하는 것이라고 믿는다. 그러기 위해 우리는 물리학자가 물리학[1]이라고 인정하지 않을 수도 있는 과도적 체계를 학습자가 만들어서 그 체계를 가지고 공부할 수 있게 해 줘야 한다.

대부분의 물리 교육 과정은 학습자에게 따로 분리된 학습 패턴을 강요하고 대부분의 학생들이 학습에 동기 부여를 할 수 없는 시점까지 '흥미로운' 내용을 다루지 않는다는 점에서 수학 교육 과정과 비슷하다. 물리학의 강력한 아이디어와 지적 아름다움은 끝없이 이어지는 '선수 과목prerequisite'에 묻혀 버린다. 뉴턴 물리학을 배우는 과정은 학습법 전략이 어떻게 장애물을 만나고 피하는지 보여 주는 하나의 좋은 사례가 될 수 있다. 우리는 이러한 장애물을 피해서 뉴턴 물리학으로 가는 새로운 '학습 경로'를 설명할 것이다. 바로 컴퓨터 기반의 인터랙티브한 학습 환경이다. 이 환경에는 선수 과목이 내장되어 있으며 여기에서 학습자들은 자신이 배우고자 하는 내용을 능동적으로 설계할 수 있다.

먼저 선수 과목의 문제점을 좀 더 자세히 살펴보자. 기체 역학을 배우고 싶었던 누군가가 기체 역학에 대해 흥미롭게 설명한 수강 신청 카탈로그를 보다가 이 과목을 이수하려면 선수 과목인 역학과 유체 역학을 이수해야 한다는 사실을 확인하자마자 흥미를 잃을 수 있다. 반면 셰익스피어를 배우고 싶은 경우에는 선수 과목이 없다. 선수 과목 목록이란 교육자가 어떤 지식 영역으로 가는 학습 경로라고 믿는 것을 표현한 내용으로 봐도 무방하다. 기체 역학을 배우기 위한 학습 경로는 수학과 관련이 있다. 게다가 우리에게는 수학적 지식을 따로 묶어서, 마치 난해한 지식을 배우기 위해 따로 마련된 특별한 장소가 있다는 듯이 '특별' 취급하는 문화가 있다. 대부분의 어린이가 속한 학교 밖 학습 환경은 이런 식의 수학적인 발달을 거의 자극하지 않는다. 이 말은 학교와 대학에서 기체 역학 지식에 접근할 때 과도한 형식적 학습 경로를 따라야 함을 의미한다. 셰익스피어를 배우는 과정 역시 복잡하지만 셰익스피어를 구성하는 필수 요소들은 우리가 속한 문화의 일부다. 사람들은 정식 교육을 받지 않아도 누구나 셰익스피어를 배울 수 있다고 생각한다. 우리가 개발할 물리학 마이크로월드는 컴퓨터 기반 수학 나라와 비슷하다. 이 물리학 마이크로월드는 피아제의 학습 경로를 통해 뉴턴의 운동 법칙에 다가가도록 해 준다. 보통 뉴턴의 운동 법칙은 길고 공식화된 학습 경로를 거쳐야만 접할 수 있는 대표적인 유형의 지식으로 간주된다. 운동에 대한 뉴턴의 사고는 복잡하고 세계에 대한 반직관적인 가정의 집합으로 보이며 역사적으로 오랜 기간에 걸쳐 발전해 왔다. 그리고 개인의 발달 측면에서 어린이는 주변 환경과 상호 작용하면서 운동에 대해 개인적으로 다양한 견해를 갖게 되는데, 이 견해라는 것이 여러 면에서 뉴턴보다는 아리스토텔레스에 더 가깝다. 결국 운동에 대한 아리스토텔레스적 사고가 우리가 일상에서 경험하는 상황과 가장 맞아떨어진다. 운동에 대해 뉴턴식 사고를 발전시키려는 학생들은 세 가지 유형의 문제와 부딪히는데, 컴퓨터 마이크로월드가 문제 해결에 도움이 될 수 있다. 첫째, 학생들은 완전한 뉴턴의 운동을 직접 경험해 본 적이 거의 없다. 물론 어느 정도는 경험해 봤을 것이다. 예컨대, 자동차가 빙판에서 미끄러질 때 자동차는 뉴턴의 물체가 된다. 자동차는 외부 도움 없이 운동 상태를 지속할 것이다. 그러나 운전자의 마음 상태는 이 일을 계기로 뭔가를 배워 보겠다는 생각과는 거리가 멀다. 뉴턴의 운동에 대한 '직접적이고 물리적인' 경험이 없는 학생들에게 학교는 어쩔 수 없이 뉴턴의 물체에 대해 간접적이고 고도로 수학적인 경험을 주입한다. 여기서 물체의 운동에 대한 학습은 식을 조작하면서 이뤄질 뿐, 학생들이 실제 물체를 조작하면서 이뤄지는 건 아니다. 직접적인 경험이 부족한 이런 상황에서 학생의 직관이 바뀌려면 시간이 걸린다. 게다가 그런 식의 학습 자체가 다른 형식적인 선수 과목을 필요로 한다. 학생들이 식으로 뉴턴 세계의 모형을 만들려면 식을 다루는 법을 먼저 배워야 한다. 컴퓨터 마이크로월드가 학생들을 도와줄 수 있는 가장 간단한 방법은 뉴턴의 운동을 직접 경험할 수 있는 세계를 비슷하게 만들어 주는 것이다. 학생들이 어려도 얼마든지 할 수 있다. 방정식을 습득할 때까지 기다릴 필요가 없다. 오히려 정반대다. 학생들이 방정식을 풀 수 있을 때까지 기다리는 대신 방정식을 사용하는 것을 잘 이해할 수 있는 맥락을 제공함으로써 방정식 학습에 동기를 부여하고 더 빨리 배울 수 있게 도와줄 수 있다.

뉴턴의 운동을 직접 경험하는 것은 뉴턴 물리학을 배울 때 소중한 자산이다. 그러나 뉴턴 물리학을 이해하려면 직관과 육감에 따른 경험 이상의 것이 필요하다. 학생에게는 이 세계를 개념화하고 '포착' 할 수 있는 수단이 필요하다. 사실 뉴턴의 위대한 업적은 형식 체계를 창안한 데 있으며 그 형식 체계에 적합한 수단이 수학이다. 이를 뉴턴은 '유율流率, fluxions'이라고 불렀으며 오늘날 학생들은 '미분'이라고 부른다. 컴퓨터 화면 속 움직이는 거북이는 초보자라도 뉴턴의 물체를 가지고 놀 수 있게 해 준다. 움직이는 거북이라는 개념을 통해 학생들은 뉴턴의 물체에 대해 생각할 수 있다. 게다가 움직이는 거북이의 행동을 관장하는 프로그램은, 형식 체계가 없었다면 놓칠 수도 있는 아이디어를 붙들어 둘 수 있는 틀을 제공한다. 뉴턴의 저작을 현대 교과서에 맞게 살짝 수정해 놓은 형식 체계를 배우려면 연산, 대수, 삼각법, 미적분을 순서대로 배워야 하는데 움직이는 거북이를 이용해 이러한 긴 경로를 거치지 않고도 뉴턴의 물체에 대한 개념을 이해할 수 있다. 또한 나는 학생들이 움직이는 거북이를 통해 뉴턴이 식을 쓰기 전에 했던 생각에 더 가까이 다가갈 거라고 확신한다.

세 번째 선수 과목은 다소 모호하다. 우리는 이제 뉴턴의 운동 법칙을 직접 살펴보려 한다. 이때 많은 독자들이 '운동 법칙'이라는 말을 듣자마자 틀림없이 불편한 느낌을 받고 이런 생각을 할 것이다. '도대체 그게 뭔데?' '뉴턴의 운동 법칙 말고 운동 법칙이 또 뭐가 있단 말이지?' 뉴턴을 처음 접한 학생들 중에 이 질문에 답할 수 있는 학생은 거의 없다. 그리고 나는 이런 질문이 대부분의 학습자에게 물리학의 어려움을 설명하는 데 효과적이라고 생각한다. 학생들은 자신이 만들려고 하는 사물을 이해하지 못한 상태에서는 그 어떤 것도 스스로 만들 수 없다. 그러므로 세 번째 선수 요건은 뉴턴의 운동과 그 운동을 설명하는 법칙을 개인적으로 응용할 수 있는 방법을 찾을 뿐 아니라 운동을 설명하는 보편적인 법칙을 이해하는 것까지 포함한다. 우리는 이를 일련의 마이크로월드를 설계하여 해결할 것이다.

로고 거북이 세계는 하나의 작은 세계(마이크로월드)다. 즉, 어떤 '장소'인데 '수학 나라의 한 지방'으로 특정 유형의 수학적 사고가 잉태해서 쉽게 자랄 수 있는 곳이다. 마이크로월드는 하나의 인큐베이터다. 이제 우리는 뉴턴 물리학이 자랄 인큐베이터가 될 마이크로월드를 만들려고 한다. 이 마이크로월드는 특정한 종류의 강력한 아이디어 또는 지적 구조물이 '커 가는 장소'가 된다. 따라서 우리는 뉴턴의 사고를 '정확하게' 보여 줄 뿐 아니라 여러 다른 개념도 보여 줄 수 있는 마이크로월드를 만들고자 한다. 이를테면 역사적으로 심리학적으로 중요한 아리스토텔레스의 사고, 더 복잡한 아인슈타인의 발상, 심지어 누구나 스스로 만들 수 있는 끝없이 다양한 운동 법칙의 틀이 되는 '보편적 운동 법칙의 세계'까지도 입증할 수 있는 마이크로월드를 만들려고 한다. 따라서 학습자는 아리스토텔레스에서 뉴턴, 심지어 아인슈타인까지 이해하는 데 필요한 중간 세계를 원하는 만큼 만들 수 있다. 다음 설명에는 뉴턴을 배우는 데 방해가 되는 장애물이 제거되어 있다. 선행 지식은 개인의 지식에 뿌리를 두고 있으며 학습자는 아이디어와 다양한 운동 법칙을 창의적으로 탐구하는 활동에 참여하게 된다.

먼저 여기에 '형식적'으로 진술한 뉴턴의 세 가지 법칙을 가지고 마이크로월드를 설명하는데 독자들은 이에 대해 자세히 이해할 필요는 없다.

1. 모든 입자는 상태에 변화를 주는 힘이 가해지지 않는 한 정지해 있거나 일정 속도로 직선 운동을 한다.
2. 운동에 변화를 주는 알짜힘(또는 합력, F)은 입자의 질량(m)과 가속도(a)의 곱이다: $F = ma$
3. 모든 힘은 입자의 상호 작용에서 비롯되며 입자가 다른 입자에 힘을 작용할 때마다 작용한 힘과 같은 크기의 반작용이 일어난다.

우리가 그동안 언급했듯이 어린이가 이러한 법칙에 쉽게 접근하지 못하게 가로막는 것에는 이러한 법칙을 기술한 난해한 언어만 있는 게 아니다. 우리는 이러한 장애물을 분석해서 마이크로월드의 설계 원칙을 마련하려고 한다. 첫 번째 장애물은 어린이가 이러한 법칙들 이외에는 아는 것이 없다는 점이다. 뉴턴의 운동 법칙을 받아들이려면 다른 운동 법칙을 알고 있어야 한다. 운동 법칙에 대한 첫 번째 예가 뉴턴의 법칙들처럼 복잡하고 미묘하며 반직관적일 필요는 없다. 학습자가 매우 간단하고 접근하기 쉬운 운동 법칙의 예를 가지고 운동 법칙의 개념을 익힐 수 있으면 더 합리적이다. 이것이 우리 마이크로월드의 첫 번째 설계 원칙이다. 두 번째 장애물은 앞에서 기술한 법칙 그 자체로는 법칙을 응용하려는 학습자들에게 아무런 도움이 되지 않는다는 것이다. 교과서의 단원 정리에 나오는 연습 문제를 풀 때를 제외하고는 도움이 되지 않는다. 따라서 두 번째 설계 원칙은 활동, 게임, 미술 등을 할 수 있는 마이크로월드여야 한다는 것이다. 마이크로월드에서는 이런 활동이 중요하다. 세 번째 장애물은 뉴턴의 법칙에 나오는 개념들이 대부분의 사람들이 경험할 수 없는 개념이라는 데 있다. 이를테면 '상태state'라는 개념이 그런 예다. 우리가 설계할 마이크로월드에서는 경험할 수 있는 것들을 가지고 이 세계에서 필요한 모든 개념을 정의할 수 있다.

로고 거북이 기하학의 경우처럼 로고 거북이 물리학은 상호 작용이 가능하여 학습자가 조종할 수 있으며 학습자에게 능동적인 학습 환경을 제공한다. 그러나 상호 작용할 수 있다고 해서 '능동적인' 학습이라 할 수는 없다. 물리학 마이크로월드 안에 있는 학습자는 마이크로월드와 그곳의 법칙에 대해 자기만의 가설을 수립할 수 있으며 그 가설을 실현할 수도 있다. 마이크로월드에서 학습자들은 그날 작업할 상황을 만들고 바꾸기도 하며 대안을 만들 수도 있다. 이는 효과적인 학습 방법으로 우리 각자가 한때 가장 효과적으로 학습했던 방식과 아주 비슷하다. 피아제는 어린이들이 처음에는 자신만의 독창적인 수학(예컨대 수의 보존 개념이 없음)을 만들어서 기본적인 수학 개념을 학습한다는 사실을 증명했다. 그리고 어린이는 언어를 배울 때 가장 먼저 자기만의 언어('아기들이 하는 말')를 학습한다. 따라서 우리가 마이크로월드를 강력한 아이디어를 위한 인큐베이터라고 간주하는 것은 이러한 효과적인 학습 전략을 이용하려는 시도다. 즉 우리는 학습자가 가공의 세계를 많이 만들어 그곳에서 작동하는 물리학을 자유롭게 창안할 수 있게 함으로써 '공식적인' 물리학을 배우게 해 준다.

새로운 것은 오래된 것과 연관시켜 이해할 수 있다는 포여의 원칙에 따라 우리는 로고 거북이 기하학의 마이크로월드를 다른 종류의 물리학 법칙이 작동하는 마이크로월드로 재해석하려 한다. 우리는 뉴턴의 법칙과 아주 비슷한 형태로 로고 거북이가 동작하게 만들어서 뉴턴의 법칙을 재구성할 것이다. 그러면 다음과 같은 '로고 거북이의 운동 법칙'이 탄생한다. 물론 마이크로월드에서는 로고 거북이가 오직 한 마리이므로 입자들 간의 상호 작용을 다루는 제3의 법칙은 다루지 않는다.

1. 모든 로고 거북이는 로고 거북이 명령어가 상태를 바꾸라고 지시하기 전까지 정지해 있다.
2. a. 명령어 FORWARD(앞으로)를 입력하는 것은 로고 거북이에게 현재 상태에서 POSITION(위치)을 변경하라는 것과 같다.
   b. 명령어 RIGHT TURN(우회전)을 입력하는 것은 로고 거북이에게 현재 상태에서 HEADING(방향)을 변경하라는 것과 같다.

이 실험에서 뉴턴 물리학에 대해 더 알게 된 내용은 무엇일까? 로고 거북이 기하학을 아는(그리고 로고 거북이의 운동 법칙으로 재구성한 것임을 아는) 학생들은 이제 뉴턴의 법칙을 어떻게 바라볼까? 이 학생들은 자기가 알고 있는 내용과 뉴턴의 제1, 제2 법칙을 비교해서 뉴턴의 두 가지 법칙에 담긴 내용을 정성적이고 직관적인 형태로 진술할 수 있는 위치에 있다. 학생들은 여러 가지 상태와 상태 변화를 일으키는 오퍼레이터operator에 대해 알게 된다. 로고 거북이 세계에서 두 개의 상태 요소 각각에는 상태를 바꾸는 오퍼레이터가 있다. 오퍼레이터 명령어 FORWARD는 위치를 바꾼다. 오퍼레이터 명령어 TURN은 방향을 바꾼다. 물리학에서 상태 변화 오퍼레이터는 단 하나, 바로 '힘'이다. 힘은 속도(또는 더 정확히 말해 운동량) 변화를 가져온다. 위치는 그 자체로 바뀐다.

이렇게 비교해 가면서 학생들은 뉴턴을 정성적으로 이해하게 된다. 로고 거북이의 운동 법칙과 뉴턴의 운동 법칙에는 차이가 있지만 어린이들은 로고 거북이의 법칙을 통해 뉴턴의 법칙을 이해할 수 있다. 이런 어린이들은 물리학 학습에서 이미 크게 한발 앞서게 된다. 그러나 우리는 로고 거북이와 뉴턴의 세계 사이를 더 좁힐 수 있다. 뉴턴의 세계와 더 비슷한 운동 법칙을 따르는 또 다른 로고 거북이의 마이크로월드를 설계하는 것이다.

그러기 위해 우리는 로고 거북이의 상태를 나타내는 속성과 상태에 변화를 가져오는 오퍼레이터가 다른 또 하나의 로고 거북이 마이크로월드를 만든다. 우리는 앞서 로고 거북이 기하학을 설명하면서 로고 거북이의 위치와 속도를 구성하는 속성이 있고, 각 속성을 독립적으로 변경하는 명령어들이 있다고 설명했다. 그러나 다른 방법, 어쩌면 더 강력하고 직관적으로 생각할 수 있는 방법이 있다. 로고 거북이를 특정 유형의 명령만 '알아듣는' 존재로 보는 것이다. 자, 기하학 로고 거북이는 방향을 유지하면서 위치를 바꾸라는 명령어와 위치는 고정한 채 방향만 바꾸라는 명령어를 알아듣는다. 마찬가지로 우리는 뉴턴 로고 거북이를 한 종류의 명령, 즉 운동량만 바꾸라는 명령어를 수행할 수 있는 존재로 정의할 수 있다. 이런 식의 설명은 사실상 우리가 어린이에게 마이크로월드를 소개할 때 사용하는 방법이다. 이제 기하학 로고 거북이와 뉴턴 로고 거북이 사이에 존재하는 두 개의 로고 거북이 마이크로월드를 살펴보자.

속도 로고 거북이

속도 로고 거북이의 상태에는 POSITION(위치)과 VELOCITY(속도)가 있다. 물론 속도는 위치의 변화로 정의할 수 있기 때문에 당연히 POSITION은 (VELOCITY가 0이 아닌 한) 계속 바뀐다. 따라서 속도 로고 거북이를 조종하려면 우리는 로고 거북이에게 속도를 얼마로 내라고 말하기만 하면 된다. 이때 우리는 상태 변화 오퍼레이터인 SETVELOCITY를 사용한다.

가속 로고 거북이

기하학 로고 거북이와 뉴턴의 입자를 나타낼 수 있는 로고 거북이의 중간자인 또 다른 로고 거북이가 바로 가속 로고 거북이다. 마찬가지로 가속 로고 거북이의 상태에는 위치와 속도가 있다. 그러나 가속 로고 거북이는 '속도를 얼마로 내라'는 명령어를 알아듣지 못한다. 이 거북이는 오직 '현재 속도와 상관없이 속도를 x만큼 바꾸라'는 형태의 지시만 받는다. 이 거북이는 질량이 일정한 뉴턴의 입자처럼 행동한다.

따라서 거북이의 순서, 즉 기하학 로고 거북이에서 속도 로고 거북이, 그다음 가속 로고 거북이에서 뉴턴 로고 거북이는 뉴턴 물리학으로 가는 과정을 구성한 것으로 우리의 두 가지 학습 원칙과 잘 어울린다. 각 단계는 분명하고 투명하게 바로 이전 단계에 바탕을 두며 선수 요건의 원칙을 만족시킨다. 우리의 두 번째 학습법 원칙인 '사용하고 가지고 논다' 측면에서 보면 더욱 인상적이다. 피아제는 어린이가 자신의 주변 환경에 있는 재료(촉각, 시각, 운동 감각)를 가지고 보존 개념 이전의 세계를 먼저 구성한 다음, 어떻게 보존 개념의 세계를 구성하는지 보여 주었다. 그러나 컴퓨터가 출현하기 전까지 뉴턴의 세계를 구성할 수 있는 재료가 주변에 많지 않았다. 그러나 우리가 기술한 각각의 마이크로월드는 탐색할 수 있고 조작할 수 있는 환경을 제공한다.

　로고 거북이 기하학에서는 기하학을 이 책에서 보여 준 그림과 같은 효과를 내는 컴퓨터 그래픽 프로젝트를 통해 배울 수 있었다. 로고 거북이 기하학에서 각각의 새로운 아이디어는 동작에 대한 새로운 가능성을 열었으며, 그럼으로써 새로운 아이디어가 개인적 힘의 원천이 되는 경험을 할 수 있었다. SETVELOCITY와 CHANGE VELOCITY 같은 새로운 명령어를 가지고 학습자는 사물을 움직여 보기도 하고 모양과 크기가 끊임없이 변하는 그림을 만들 수도 있다. 이제 학습자는 개인적으로 더 많은 능력과 힘을 '소유'하고 있다고 느낀다. 컴퓨터 애니메이션도 만들 수 있다. 텔레비전이나 핀볼 게임장에서 뭔가를 보면 자신이 아는 것과 연관 지을 수 있다. 텔레비전 프로그램이나 만화 영화 또는 비디오 게임의 역동적인 시각 효과는 학생들에게 이제 어떻게 하면 그런 것들을 만들 수 있는지 질문을 던진다. 이런 질문은 학생들이 '과학실'에서 전통적으로 답하는 전혀 다른 종류의 질문이다. 전통적인 과학실에서 이뤄지는 수업에서 아이들에게 주어지는 과제는 기정사실을 확인하는 것이다. 기껏해야 '이런 식으로 세계가 작동한다'는 것을 배운다. 그러나 동적인 로고 거북이 마이크로월드에서 어린이는 다른 종류의 깨달음을 얻는다. 세계가 '왜' 이렇게 작동하는지 이해하게 된다. 다양한 운동 법칙을 실험해 보면서 어린이는 뉴턴의 운동 법칙이야말로 사물을 움직이는 데 있어서 가장 경제적이며 우아한 방법임을 깨닫는다.

앞서 한 이야기에서 뉴턴의 제1, 제2 법칙을 다뤘다. 그러면 로고 거북이 세계에서 뉴턴의 제3 법칙과 비슷한 것은 무엇일까? 제3 법칙은 서로 상호 작용하는 객체(뉴턴에게는 입자이고 우리에게는 로고 거북이)가 있는 마이크로월드에서만 의미가 있다. 그렇다면 TURTLE 1, TURTLE 2 등으로 부를 수 있는 로고 거북이가 많이 있는 마이크로월드를 가정해 보자. 각 로고 거북이에게 이름을 주면 우리는 터틀 토크를 이용해 로고 거북이들과 소통할 수 있다. 그렇게 되면 TELL TURTLE 4 SETVELOCITY 20('로고 거북이 4에게 속도를 20으로 하라고 말하라'는 뜻) 같은 명령어를 사용할 수 있다.

뉴턴의 제3 법칙은 우주의 모델을 설명한 것으로, 우리의 물리적 실세계가 하나의 자기 영속 장치로서 어떻게 작동하는지 개념화한 것이다. 이 우주 모델에서 모든 행동은 외부 개입 없이 입자들 간에 서로 가하는 힘에 의해 좌우된다. 로고 거북이 마이크로월드에서 이런 것을 모형화하려면 상호 작용하는 로고 거북이가 많이 있어야 한다. 여기에서 우리는 상호 작용하는 로고 거북이들에 대해 생각하는 데 필요한 모형 두 가지, 즉 연결된 로고 거북이 및 연결된 움직이는 거북이를 개발하려고 한다.

첫 번째 모형에서 우리는 외부로부터 명령을 받는 게 아니라 '서로에게' 명령을 보내는 로고 거북이들을 생각한다. 이 거북이들은 **연결된 로고 거북이**다. 물론 로고 거북이들은 다양한 방식으로 연결될 수 있다. 우리는 가상의 중력으로 연결된 뉴턴의 입자들을 직접 시뮬레이션하는 로고 거북이를 만들 수 있다. 로고 실험실에서 흔히 일어나는 일이다. 로고 실험실에서는 대학 물리학에서도 어렵다고 간주되는 주제를 중학생들이 접근할 수 있는 형태로 바꾼다. 이러한 시뮬레이션은 기초적인 뉴턴 역학부터 행성 운동과 우주선 유도에 이르는 내용을 이해하기 위한 발판 역할을 한다. 그렇게 하려면 뉴턴의 원리를 가지고 이것저것 해 보는 것을 능동적이고 개인적인 참여 과정의 일부가 되게 해야 한다. 그러나 상호 작용하는 입자 또는 '연결된 로고 거북이'라는 개념을 자기 것으로 '소유'하기 위해 학습자는 더 많은 일을 해야 한다. 주어진 상호 작용 안에서 작업하는 것만으로는 매우 부족하다. 학습자는 상호 작용 법칙에 대한 한 개 이상의 예를 알아야 하며 새로운 법칙을 직접 만들어 봐야 한다. 그러면 연결된 로고 거북이의 다른 예에는 무엇이 있을까?

첫 번째 예는 '거울 로고 거북이'라고 하는 연결된 로고 거북이 마이크로월드다. 우리는 다음과 같은 규칙으로 연결된 거북이 두 개가 들어 있는 '거울 로고 거북이' 마이크로월드로 시작한다. 1)둘 중 하나에게 FORWARD(또는 BACK) 명령을 내리면 다른 거북이도 똑같은 명령을 수행한다. 2)둘 중 하나에게 RIGHT TURN(또는 LEFT TURN) 명령을 내리면 다른 거북이는 명령과 반대로 행동한다. 즉 두 거북이가 서로 마주 본 채로 시작하면 어떤 거북이 프로그램이라도 두 거북이의 움직임을 서로의 거울상으로 만들게 된다. 학습자가 이 원칙을 이해하기만 하면 멋진 만화경을 쉽게 만들 수 있다.

연결된 로고 거북이의 두 번째 마이크로월드 그리고 뉴턴 물리학에 가까운 마이크로월드에서 이러한 거울상의 연결을 속도 로고 거북이에게 적용한다. 이 책에 인쇄된 정적인 이미지로는 빛으로 된 밝

마인드스톰

고 선명한 색상의 점들이 이리저리 굴러다니며 만들어 내는 만화경의 역동적인 시각 효과를 전달할 수 없을 것이다. 결과물은 신나는 미술 활동이지만 이런 작품을 만들어 내는 과정에서 서로 연결된 움직이는 물체의 작용과 반작용 측면에서 생각하는 법을 배운다.

이렇게 연결된 로고 거북이 마이크로월드는 세 가지 운동 법칙에 대한 학습자의 경험을 하나로 모은다. 그러나 우리는 여러 개의 마이크로월드 또한 운동 법칙에 대한 '아이디어'를 이해하는 데 필요한 토대를 제공한다고 주장해 왔다. 운동 법칙의 일반적인 개념을 완전히 이해한 학생은 문제 해결에 필요한 새롭고 강력한 도구를 손에 넣은 셈이다. 원숭이 문제를 가지고 설명해 보겠다.

도르래에 걸려 있는 줄의 양 끝에 원숭이와 바위가 붙어 있다. 원숭이와 바위의 무게는 같아서 서로 균형을 이루고 있다. 원숭이가 줄을 타고 올라가기 시작한다. 그러면 바위는 어떻게 될까?

지금까지 MIT 학생 수백 명에게 이 도르래 문제를 주고 풀도록 했다. 이 학생들은 모두 어렵고도 종합적인 물리학 입문 과목을 성공적으로 이수한 학생들이었다. 이 문제를 한 번도 본 적이 없는 학생의 4분의 3 이상이 틀린 답을 내놓거나 이 문제를 어떻게 푸는지 몰랐다. 일부 학생은 원숭이가 줄을 타고 올라간다고 해서 바위의 위치가 바뀌지 않을 거라고 생각했다. 원숭이의 질량은 원숭이가 줄을 타고 올라가든 안 올라가든 동일하다고 봤기 때문이다. 일부 학생은 에너지가 보존된다거나 지렛대 비유를 들면서 바위가 아래로 내려갈 것이라고 생각했다. 또 어떤 학생들은 바위가 위로 올라가긴 하겠지만 왜 그렇게 될지는 모르겠다고 답했다. 이 문제는 분명히 어렵다. 그러나 어렵다고 해서 문제가 복잡한 것은 아니다. 나는 이 문제가 어려운 이유가 매우 단순한 뭔가가 빠져 있기 때문이라고 생각한다. 이 문제에 접근할 때 학생들은 스스로에게 "이 문제는 '에너지 보존'에 관한 문제일까?", "이 문제는 '지렛대 원리'와 관련된 문제일까?"라고 묻는다. 학생들은 스스로에게 "이 문제는 '운동의 법칙'에 대한 문제가 아닐까?"라고 묻지 않는다. 학생들은 이러한 범주에서 이 문제를 생각하지 않는다. 대부분의 학생들 머릿속에서 보존, 에너지, 지렛대 원리 등의 개념은 생각을 위한 도구다. 이는 생각을 정리하고 문제를 해결하는 데 강력한 아이디어다. '운동 법칙'이라는 마이크로월드를 경험해 본 학생에게 이 문제는 운동 법칙에 관한 문제다. 따라서 이 학생은 원숭이 문제에 관해 정확한 질문을 곧바로 던졌을 것이다. 이 문제는 운동 법칙 문제다. 그러나 운동 법칙을 대수 공식으로만 생각한 학생은 그런 질문을 던지지 않을 것이다. 이런 질문을 제기한 학생들은 답을 쉽게 얻는다. 원숭이와 바위가 로고 거북이 마이크로월드에서 작업한 것과 비슷하게 서로 연결된 사물이라고 생각하기만 하면 원숭이와 바위 둘 다 상태가 똑같이 달라지는 건 너무나 당연하다. 원숭이와 바위가 동일한 속도, 즉 0으로 시작하기 때문에 둘 다 속도는 항상 동일하다. 따라서 한쪽이 올라가면 다른 한쪽도 같은 속도로 올라간다.[2]

우리는 마이크로월드를 지식의 구조에서 비롯된 선수 요건이라는 교육 문제에 대응하기 위해 제시했다. 그러나 마이크로월드는 지식에 내재된 문제가 아니라 개인에 내재된 문제에 대응해서 나온 것이기도 하다. 이 문제는 '틀린'(또는 '이행') 이론을 세우게 된 맥락을 찾는 것과 관계가 있다. 우리는 모두 구성하고 탐색하고 이론을 수립하면서 학습하지만 우리가 어릴 때 수립한 대부분의 이론은 나중에 포기해야 한다. 보존 개념이 생기기 이전의 어린이였을 때 우리가 이론을 수립하고 이용할 수 있었던 것은 단지 여러 해 동안 수량에 대해 '어긋난' 관점을 유지해도 뭐라 하는 사람이 없었기 때문이다. 어린이는 하나의 '정확한 위치true position'에서 더 '정확한 위치'로 이동하는 학습 경로를 따르지 않는다. 아이들의 자연스러운 학습 경로에는 참된 이론만큼이나 많은 것을 가르쳐 주는 '틀린 이론false theory'이 있다. 그러나 학교에서는 틀린 이론을 더 이상 받아 주지 않는다.

우리의 교육 시스템은 어린이의 '틀린 이론'을 거부함으로써 어린이가 실제로 배우는 방식을 받아들이지 않는다. 게다가 학교는 잘못된 이론이 학습 과정에서 중요한 기능을 한다는 발견도 받아들이지 않는다. 피아제는 어린이가 잘못된 이론을 고수하는 것이 사고하는 법을 배울 때 필요한 과정임을 입증한 바 있다. 어린이들이 별난 이론을 세우는 것은 아이들에게 뭔가 부족하거나 인지적 문제가 있어서가 아니다. 아이들이 특이한 이론을 세우는 것은 인지 근육을 이리저리 늘려 보고 좀 더 정통적인 이론화에 필요한 기술을 발전시키는 과정에 더 가깝다. 교육자들은 아이들이 틀린 이론을 고수한다는 사실을 밝힌 피아제의 연구 업적을 마치 교육자들이 반드시 극복해야 하는 대상으로 바라봄으로써 피아제의 메시지를 왜곡한다. 이런 시각은 교육 현장 속에서 피아제를 퇴보시킨다. 퇴보인 이유는 아이들이 제대로 된 이론을 수립할 준비가 되기도 전에 학교가 강제로 '올바른correct' 이론을 주입하기 때문이다. 그리고 퇴보인 또 다른 이유는 '올바른' 이론이 학습 전략으로서 더 우월하다는 생각에 피아제가 의

문을 제기했기 때문이다.

아이들이 비보존적인 관점으로 세상을 바라보는 것이 일종의 이론을 구축하는 것임을 받아들이기 어려워하는 독자들이 있다. 다른 예를 들어 보겠다. 피아제가 취학 전 아동에게 "왜 바람이 불지?"라고 물었다. "몰라요"라고 답한 아이는 매우 드물었다. 대부분의 아이들이 자신만의 이론을 이야기한다. "나무가 가지를 흔들어서 바람을 만들었어요" 같은 식으로 대답한다. 틀린 이론이지만 이론 구축 측면에서 상당히 발달했음을 알려 주는 좋은 증거다. 이런 이론은 경험적 사실에 비추어 시험해 볼 수 있다. 실제로 바람이 부는 것과 나뭇가지가 흔들리는 것 사이에는 강한 상관관계가 있다. 게다가 아이들은 자기들이 대충 세운 가설을 꽤 그럴듯한 이론으로 만들어 줄 실험을 할 수 있다. 얼굴 가까이에 손을 대고 흔들어 보면 정말 바람이 느껴진다. 아이들은 조그마한 손이 아니라 거대한 나무가 흔들릴 때, 그것도 한 그루가 아니라 수없이 많은 나무가 흔들릴 때 바람이 더 거세진다고 상상한다. 따라서 빽빽한 숲 속 나무들이 정말 강력한 바람을 불러올 수도 있을 것이다.

이렇게 아름다운 이론을 만들어 낸 아이에게 우리는 뭐라고 말하는가? "조니, 정말 멋진 생각이구나. 그렇지만 네 가설은 틀렸단다"라고 깎아내려 아이들이 자기만의 이론을 세우는 것이 헛된 일이라고 믿도록 만든다. 따라서 우리의 해결책은 아이의 창의성을 짓누르기보다는 참과 거짓이라는 학교가 세운 기준의 지배를 받지 않는 지적인 환경을 조성해 주는 것이다.

우리는 마이크로월드가 그런 지적 환경이라고 생각한다. 제3의 상호 작용 법칙을 따르는 뉴턴의 로고 거북이를 가지고 프로그래밍하는 것을 더 좋아하는 학생들이 뉴턴을 온전히 이해하듯이, '비(非)뉴턴' 마이크로월드에서 멋진 나선형 모양을 만들어 내는 어린이들도 뉴턴을 확실히 이해하게 될 것이다. 양쪽 어린이들 모두 마이크로월드를 구성하는 변수와 이 변수들 간의 비율을 다루는 법을 배우고, 이런 것들을 어떻게 추정하는지 배운다. 이 아이들은 참이냐 거짓이냐, 맞느냐 틀리느냐가 결정 기준이 되지 않는 환경에서 수학과 과학을 배운다.

훌륭한 미술 수업에서처럼 아이는 자신이 정한 독창적인 목표를 달성하기 위한 '수단'으로 기술적인 지식을 학습하고 결과물을 만들 것이다. 아이뿐 아니라 교사도 결과물을 두고 진심으로 기뻐할 수 있다. 수학 시간에 학생이 뭔가를 성취했을 때 교사가 진심으로 기뻐하는 모습은 종종 볼 수 있지만, 교사와 학생이 하나의 결과물을 놓고 같이 기뻐하는 모습을 상상하기는 쉽지 않다. 로고 환경에서는 이런 일이 자주 일어난다. 로고 거북이 마이크로월드에서 만든 나선형 그림은 어린이가 만들어 낸 새롭고 멋진 창조물이다. 이 아이는 나선형 그림의 바탕이 되는 거북이들끼리 연결하는 방법을 '창안'해 냈을 수도 있다.

교사가 결과물에 대해 진정으로 기뻐하면 자기들이 뭔가 해냈다는 것을 아는 아이들에게도 그 느낌이 전달된다. 아이들이 덧셈을 하면서 그저 문제 풀이일 뿐이라고 여기는 수학 시간과 달리 로고 환경에서 아이들은 자기들이 하는 일을 진지하게 받아들인다. 로고 거북이로 원을 그리기 위해 로고 거북이에게 앞으로 조금씩 직진한 다음 오른쪽으로 조금만 회전하라는 명령을 계속해서 내려 본 아이들은 원이 실제로는 다각형이라고 교사와 토론할 준비가 된 셈이다. 초등학교 5학년 로고 수업 시간에 이런 토론 내용을 들은 사람이라면 이론의 맞고 틀림은 배움에서 부차적이라는 아이디어에 깊은 인상을 받을 수밖에 없을 것이다.

[6]

🐢

마음의 크기만큼의 강력한 아이디어

"마이크로월드가 참 마음에 듭니다만 그게 물리학인가요? 물리학이 아니라는 말은 아닙니다. 단지 제가 어떻게 판단할 수 있을까요?"

– 어느 교사

앎은 흔히 두 가지 방식으로 나뉜다. '사실을 아는 것'과 '방법을 아는 것' 또는 '명제적 지식'과 '절차적 지식' 또는 '사실'과 '기술'로 나뉜다. 이번 장에서 우리는 이러한 이분법적 용어로 축소할 수 없는 다양한 종류의 앎에 대해 이야기하려 한다. 일상에서 찾을 수 있는 중요한 예는 사람을 알거나 장소 또는 누군가의 마음 상태를 아는 것이다. 개인적 지식에 뿌리를 두고 과학적 지식을 이해하기 위해 컴퓨터를 이용한다는 이 책의 주제에 따라 우리는 이제 과학적 지식을 알아 가는 방식이 어떤 사실이나 기술을 익히는 것보다는 오히려 사람을 알아 가는 방식과 더 비슷하다는 내용을 살펴보려 한다. 여기에서 우리는 로고 거북이를 이용하여 형식 기하학과 어린이의 신체 기하학에 다리를 놓는 것과 비슷한 작업을 하려 한다. 마찬가지로 우리의 목표는 전통적인 학교에서 선호하는 것보다 더 동조화된 유형의 학습을 위한 조건을 설계하는 데 있다. 앞 장에서 우리가 탐구한 역설은 다음과 같다. 우리 사회에서는 대부분 수학을 가장 접하기 어려운 유형의 지식으로 분류하지만, 역설적으로 어린이들이 가장 많이 접할 수 있는 지식이 수학이다. 이번 장에서 우리는 이와 비슷한 역설을 과학 영역에서 보게 될 것이다. 우리는 어린이나 과학자가 생각하는 방식이 '학교 과학school science'보다는 '진정한 과학real science'과 공통점이 더 많다는 사실을 살펴볼 것이다. 그리고 다시 한 번 컴퓨터가 이런 상황에 관여하여 영향을 미치는 이중 역설에 대해 언급할 것이다. 컴퓨터를 도입해 이 역설에서 벗어날 수도 있지만, 컴퓨터가 오히려 지식과 '학교 수학school math', '학교 과학'에 대한 역설적인 사고방식을 강화하여 상황을 더 악화시키는 도구로 이용되는 경우도 흔하다.

학습에 능한 어른들은 중요한 학습 경험을 이야기할 때 특정 비유를 사용한다. 이들은 말할 때 어떤 개념과 '친숙'해졌다거나 지식 영역을 '탐색'한다거나 조금 전만 해도 긴가민가했던 것들을 확실히 알 수 있는 '예민한 감각을 습득'했다고 표현한다.

나는 이러한 표현이 어린이가 학습하는 방법에도 매우 정확하게 적용된다고 생각한다. 그러나 초등학생들에게 배움에 대해 물어보면, 아이들은 전혀 다른 종류의 언어를 사용하면서 주로 자기들이 배운 사실과 습득한 기술을 주로 언급했다. 학교가 학생들에게 특정한 학습 모형을 제공했음이 분명하다. 나는 학교에서 말하는 방식뿐 아니라 훈련을 통해서도 이런 모형을 제시한다고 생각한다.

개별적인 사실과 기술은 분량을 정해 제공하기 쉽다. 또 측정하기도 더 쉽다. 그리고 기술을 가르치는 일은 누군가가 어떤 개념과 '친숙'해졌는지 확인하는 것보다 쉽다. 학교에서 기술과 사실에 대한 학습을 강조하면 학생들은 당연히 학습을 '어떤 사실을 알게 되는 것', '뭔가를 할 줄 아는 법을 배우는 것'이라고 여긴다.

로고 거북이 마이크로월드에서 작업을 하면 어떤 사람과 친숙해지듯이 어떤 개념과 친숙해진다. 이런 환경에서 공부하는 학생들도 분명히 사실을 발견하고 명제를 일반화하며 기술을 익힌다. 그러나 이때 주된 학습 경험은 암기나 기술 연마가 아니다. 오히려 로고 거북이를 알아 가면서 로고 거북이가 무엇을 할 수 있고 무엇을 할 수 없는지 탐색하는 과정이다. 이런 과정은 아이들이 매일 하는 활동, 이를테면 진흙으로 파이를 만들고 부모 권위의 한계를 시험할 때와 비슷하다. 이 모든 과정에는 '알아 가기'라는 요소가 들어 있다. 교사들은 비록 아이들이 깨닫지는 못하지만 실제로 이런저런 개념을 알아 가고 있다고 주장하며 이런 상황을 자주 조성한다. 그러나 로고 거북이는 다르다. 로고 거북이는 어린이가 편안하고 익숙하게 생각하는 것을 가지고 수학, 물리학과 관련된 학습을 계획적이고 의식적으로 할 수 있게 해 준다. 그리고 우리가 지금까지 말한 것처럼 이런 학습은 어린이의 학습 방식을 지적 수준이 높은 어른의 학습 방식에 가깝게 만들어 준다. 모든 형태의 거북이(로고 거북이 로봇, 화면 속 로고 거북이, 움직이는 거북이)가 이런 역할을 매우 잘 해낼 수 있다. 로고 거북이 자체가 흥미로운 의인화 대상이면서 강력한 수학적 아이디어 그 자체이기 때문이다. 수학과 과학 학습에 대한 모형으로서의 로고 거북이는 5학년 학생 빌(3장 참고)이 내게 알려 준 자신의 수학 공부법과 극명하게 대비된다. 빌은 머릿속을 비우고 반복적으로 되뇌며 수학을 공부한다고 했다.

내게 어떤 영역의 지식(이를테면 뉴턴 역학이나 헤겔 철학)을 알아 가간다는 것은 새로운 커뮤니티에 속한 사람들을 알아 가는 것과 상당히 비슷하다. 때에 따라서 처음에는 비슷비슷해 보이는 얼굴에 당황하기도 한다. 그러다가 점차 각 사람의 얼굴이 눈에 익기 시작한다. 또 어떤 때는 한두 사람과 금방 친해져서 나중에 중요한 관계로 발전하는 행운을 누리기도 한다. 이런 행운은 '관심이 가는' 사람을 직관적으로 찾아내는 감각에서 오거나 누군가의 소개를 통해 얻는다. 마찬가지로 새로운 영역의 지식을 처음 접할 때는 수많은 낯선 개념과 잔뜩 마주치게 된다. 훌륭한 학습자는 이런 개념 속에서 강력하면서도 적합한 개념을 알아본다. 그렇지 못한 학습자는 교사와 친구의 도움이 필요하다. 그러나 유념해야 할 사실은 친구가 내게 새로운 사람을 아무리 잘 소개해 줘도 실제로 그 사람과 사귀는 일을 다른 사람이 해 줄 수 없듯이, 훌륭한 교사가 잘 가르쳐 준다 해도 어떤 개념을 익히는 일은 스스로 해야 한다는 것이다. 누구나 자신만의 방법으로 새로운 지식을 익히는 기술을 익혀야 한다.

우리는 여기에서 물리학에서 가져온 한 가지 예를 들어 어떤 지식 영역은 강력한 아이디어들이 모인 커뮤니티라는 이미지에 초점을 맞출 것이며, 그렇게 함으로써 강력한 아이디어에 대한 인식론을 향해 나아갈 것이다. 로고 거북이 마이크로월드는 어떤 커뮤니티에 처음 들어온 사람이 다른 사람을 사귈 때 도움이 되는 일반적인 전략을 몇 가지 보여 준다. 첫 번째 전략은 학습자가 반드시 이러한 종류의 학습 모형을 갖도록 하는 것이다. 여기서 로고 거북이를 가지고 작업하는 것은 좋은 전략이다. 이러한 전략을 쓸 때 모든 지식을 '로고 거북 이화하거나' 컴퓨터 용어로 '축소'하지 않아도 된다. 이 말은 로고 거북이를 일찍부터 경험하면 강력한 아이디어를 '알아 가는데' 이를 통해 형식적인 과목을 배운다는 것이 무엇인지 '알아 간다는' 뜻이다. 나는 2장에서 로고 거북이 기하학이 학습자에게 포여의 발견법 이론을 소개하기에 좋은 지적 영역이라고 말하면서 이와 비슷한 언급을 했다. 그렇다고 해서 로고 거북이나 컴퓨터에만 의존해 발견적 사고 heuristic thinking를 하려는 건 아니다. 일단 포여의 개념을 완전히 '알게' 되면, 다른 영역(심지어 연산)에도 적용할 수 있다. 4장에서 우리는 이론 물리학이 중요한 메타 지식의 훌륭한 매개체가 될 수 있다고 이야기했다. 만일 그렇다면 어린이들의 삶에서 물리학의 역할이 무엇인지 바라보는 문화적 시각에 영향을 미칠 것이다. 어쩌면 우리는 어릴 때부터 이론 물리학을 배우는 게 적절하다고 여길지도 모른다. 물리학이 사물의 원리를 설명할 뿐 아니라 어린이가 자신의 학습 과정을 스스로 주도할 수 있게 해 주기 때문이다.

어떤 사람이 물리학을 문제 분석의 모형으로 삼는다는 말은 고도로 정량적이고 형식적인 접근법을 취한다는 것과 같은 말이다. 그런데 실제로 심리학과 사회학 같은 학문 분야에서 물리학을 모델로 삼았을 경우 결과가 그리 좋지 않은 경우가 많았다. 그러나 여기에서 쓰인 물리학은 크게 다르다. 사회 과학에 나쁜 영향을 준 물리학은 과학의 실증주의 철학을 강조했다. 내가 말하는 물리학은 사실과 '법칙'의 정확성을 내세우는 과학적 실증주의 관점과 정반대 지점에 있다. 과학에서 명제는 분명히 중요하지만 물리학자가 가진 지식의 일부일 뿐이다. 명제는 역사적으로 맨 처음에 발달한 영역이 아니었으며, 학습 과정에서 가장 먼저 배울 수 있는 내용도 아님은 물론이거니와 내가 여기서 제안하는 우리의 사고를 반영하기 위한 모형도 아니다. 우리가 관심을 가지는 지식은 정성적이고 완전히 명시적이지 않으며 명제의 형태를 띠지 않는 지식이다. 학생들에게 물리학을 구성하는 기초 지식의 한 모형으로 $f = ma$, $E = IR$ 또는 $PV = RT$ 같은 공식을 제시한다면 학생들이 스스로 '물리학'이라고 인지할 만한 것이 없는 상태에 놓이게 된다. 우리는 이미 이런 것들이 학생들을 학습자로서 큰 위험에 빠뜨린다는 사실을 알고 있다. 학생들은 분리된 학습을 하게 되고 스스로가 물리학을 이해할 수 없는 부류에 속한다고 단정해 버린다. 물리학을 구성하는 지식에 대한 여러 감각을 로고 거북이를 조작하면서 체득할 수 있다. 여기에 한 아이가 있다고 하자. 이 아이가 매우 파편화되고 완전히 구체화되지 않은 정성적인 한 가지 지식('이 로고 거북이들은 오직 속도만 바꾼다'와 같은 지식)만 가지고 있다 해도 이 아이는 이 로고 거북이를 가지고 뭔가를 할 수 있다. 사실 이 아이는 대학생들을 괴롭히는 여러 개념적 문제를 해결하기 시작할 수 있다. 속도를 수치화하는 방법을 몰라도 단편적인 지식을 활용할 수 있다! 이런 지식은 직관적이고 비형식적인 지식이지만 우리가 어린이든 물리학자든 우리 머릿속에 매우 강력한 아이디어로 자리 잡고 있다.

이런 식으로 컴퓨터를 활용하여 정성적인 사고qualitative thinking의 기회를 만드는 일은 고등학교 물리 교육 과정의 표준으로 자리 잡은 컴퓨터 활용 방식을 따르는 것과는 크게 다르다. 고등학교 물리 수업에서는 컴퓨터가 더욱 복잡한 계산을 해서 물리학의 정량적 측면을 강화하는 데 쓰이기 때문이다. 이는 컴퓨터 이전 시대의 한계를 반영하는 교육 방법론을 강화하기 위해 신기술을 활용한다는, 우리가 앞에서 언급한 역설의 일부이기도 하다. 앞에서 언급했듯이 수식 연산에서 반복 학습이 필요하다는 것은 동조적 수학 학습 여건의 부재를 알리는 징후다. 컴퓨터를 적절하게 사용한다는 것은 동조적 학습 환경을 제공한다는 뜻이다. 형편없는 수학 점수를 빨리 올려 보겠다고 컴퓨터를 활용하면 분리 학습 습관을 강화하는 꼴이 된다. 게다가 이런 습관이 삶의 다방면으로 확장되면 수식 연산을 못하는 것보다 더 심각한 문제를 야기한다. 치료법이 병을 더 키울 수 있다. 물리학에 대해 비슷한 주장이 있다. 전통적인 물리학 교수법이 정량적인 측면을 지나치게 강조하게 된 것은 확실한 '답'을 내기에 적합한 종이와 연필이라는 기술과 우연히 마주했기 때문이다. 이러한 교수법은 참과 거짓을 증명하고 이미 알려진 명제를 '발견'하기 위한 실험이 이뤄지는 '실험실'을 이용하는 교수법에 의해 강화된다. 그러면 학생들이 직관과 형식적인 방법을 구성적으로 통합할 방법을 찾기가 매우 어려워지고 모두가 정해진 방식을 쫓는 데 급급하게 된다. 또 연산의 경우처럼 컴퓨터는 근본적인 문제를 제거하는 데 사용해야 한다. 그러나 오늘날의 상황을 보면 학교 물리학은 정량적이라는 확고한 이미지와 컴퓨터에 관한 확고한 이미지가 각각의 이미지를 더욱 강화한다. 컴퓨터는 이미 지나치게 정량적 방법론을 따르는 물리학 수업을 더욱 악화시키는 데 이용되고 있다. 반복 수식 연산 연습의 경우처럼 이런 식으로 컴퓨터를 사용하면 의심의 여지없이 일부 실력은 어느 정도 향상되므로 더 나은 대안을 찾을 기회가 없는 교사들과 교육 평가 단체는 이를 지지한다. 그러나 이 책 전반에서 우리는 교육 현장의 컴퓨터에 대한 약간 정량적이지 않은 접근 방식의 요소들을 다뤘다. 이제 우리는 진지한 물리 교사들을 위해 제기해야 할 방향 전환이라는 문제를 다루려 한다.

이번 장 시작 부분의 인용구(177쪽)는 한 교사가 로고 거북이와의 작업을 확실히 좋아하기는 했으나 자신이 '물리학을 한다'고 규정한 것과 접점을 찾을 수 없는 데서 오는 괴로움을 토로한 말이다. 이런 상황은 교육에서 급진적인 혁신이 일어나길 원하는 누구나 직면하는 영원한 딜레마다. 혁신은 새로운 아이디어를 필요로 한다. 나는 우리가 전통적인 지식의 영역을 폭넓게 재개념화해야 한다고 주장해 왔다. 그러나 어디까지 확장할 것인가? 교육은 전승에 대한 책무도 있다. 예를 들어, 영어 교사 공동체는 학생들에게 현존하는 언어와 문학 그리고 언어와 문학의 역사적 발전을 가르쳐야 한다. 교사들이 전통적인 것들을 대신할 새로운 언어를 만들어 내거나 자기들 방식대로 시를 변형하여 다음 세대에 전한다면 교사로서 책무를 다하지 못한 것이다. 교사들은 로고 거북이를 움직이는 활동이 '실제로 물리학을 배우는 것'인지에 대해 진지하게 고민하고 있다.

로고 거북이를 가지고 배우는 게 셰익스피어 작품을 '더 쉽게' 변형하여 대체하는 것과 같다고 할 수 있을까? 로고 거북이와의 작업은 학생들이 갈릴레오, 뉴턴, 아인슈타인의 지적 산물을 직접 경험하게 해 주는가, 아니면 특별할 것도 없고 시간에 의해 검증되지도 않은 특이한 발명품에 지나지 않는가? 이 질문은 근본적인 문제를 제기한다. 과연 물리학이란 무엇인가? 그리고 물리학을 이해하는 데 컴퓨터가 미칠 잠재적 파급 효과는 무엇인가?

이런 물음에 대부분의 교육 과정 설계자들은 쉽게 답한다. 교육 과정 설계자들은 학교에서 가르치는 게 기초 물리학이라고 정의한다.

간혹 대학에서 가르치는 내용을 고등학교로 가지고 오거나 기존에 다룬 주제와 같은 유형의 새로운 내용을 추가하기도 한다. 예를 들어, 현대 입자를 언급하면서 교과서에 원자로의 작동 원리를 개략적으로 보여 준다. 시야가 넓은 교육 과정 개혁가들조차도 식, 수량 법칙, 실험실에서의 실험에 의해 규정된 개념적 틀을 벗어나지 않는다. 그러면서 교육 과정 설계자들은 자기들이 정말 '물리학을 가르치고 있다'는 사실에 안도할 것이다. 컴퓨터가 열게 될 새로운 활동 및 새로운 아이디어와의 관계에 대한 가능성은 문화적 유산에 대한 책임 문제를 제기한다. 나는 이러한 책임을 진지하게 받아들이지만 기존 교육 과정 뒤에서 숨어 있을 수만은 없다. 학교에서 가르치는 과학이 현재 교육 과정에 안주해서는 안 되며, 영어보다 가르치기 쉽다는 이유로 대체 언어를 가르치는 가상의 영어 교사와 같은 처지에 있지는 않은지 진지하게 고민해야 한다. 나는 지금 상황이 여기에 해당한다고 믿는다.

5장에서 나는 '진정한 물리학'의 정신에 반하는 것은 '로고 거북이 물리학'이 아니라 '학교 물리학'이라고 말했다. 이번 장에서도 나는 전통적인 교육 과정에서 다루는 물리학의 구성 요소가 움직이는 거북이에서 다루는 것보다 훨씬 축소됐다는 점을 들어 같은 주장을 펼칠 것이다. 물리학의 구성 요소는 매우 보편적이며 대개 정성적이고 직관적인 아이디어이거나 물리학자들이 문제 해결을 위해 어떤 정량적 원칙을 적용할지 정하기 전에 사용하는 '틀frame'인 경우가 많다.

나는 물리학의 정성적인 사고에 익숙하지 않은 독자들에게 두 명의 위대한 물리학자가 나눈 가상의 대화를 따라갈 것을 권한다.

수많은 학생이 갈릴레오가 피사의 사탑에서 포탄을 낙하시켜서,

물체가 땅으로 떨어지는 시간이 물체의 무게에 비례한다는 아리스토텔레스의 예측을 반박했다는 이야기를 들으며 자랐다. 갈릴레오의 실험은 공기 저항에 의한 미미한 변화를 제외하고 무거운 포탄과 가벼운 포탄을 동시에 던졌을 때 땅에 거의 동시에 닿는다는 사실을 증명하는 것이었다. 사실 갈릴레오가 이런 실험을 수행했을 가능성은 매우 희박하다. 그러나 갈릴레오가 과연 이 실험을 했을지 여부는 갈릴레오 자신이 실험 결과에 대해 조금도 의심하지 않았을 거라는 사실에 비하면 크게 중요하지 않다. 갈릴레오가 왜 그토록 확신할 수 있었는지 알아보기 위해 우리는 '갈'과 '아'라는 상상 속의 인물들이 나누는 가상의 대화를 살펴보려 한다.

갈: 보십시오. 선생님의 이론은 틀렸습니다. 여기 1kg과 0.5kg짜리 공이 있습니다. 1kg짜리 공이 땅에 닿는 데 2초가 걸립니다. 그러면 0.5kg짜리 공이 땅에 닿는 데 몇 초가 걸릴지 말씀해 주십시오.

아: 4초 정도 걸릴 것 같은데. 아무튼 2초 이상은 걸릴 걸세.

갈: 그렇게 말씀하실 줄 알았습니다. 그럼 다른 문제를 내겠습니다. 제가 0.5kg짜리 공 두 개를 동시에 던지려고 합니다. 이 공 두 개가 땅에 닿는 데 시간이 얼마나 걸릴까요?

아: 그건 다른 질문이 아니네. 나는 이미 0.5kg짜리 공이 땅에 닿기까지 4초는 걸릴 거라고 내 생각을 말했네. 공 두 개가 똑같을 걸세. 각각 따로 떨어지겠지.

갈: 선생님은 정말 일관적이시군요. 두 개의 물체는 각각의 물체이니 한 개가 아니라는 말씀이시죠.

아: 그야 물론이지, 그렇고말고.

갈: 그러면 이제는 제가 그 공을 아주 가는 실로 연결했다고 하죠. 그러
면 이제 이 물체는 두 개인가요 아니면 하나인가요? 이 공(또는 이
공들)이 땅에 닿기까지 2초가 걸릴까요? 아니면 4초가 걸릴까요?

아: 정말 헷갈리는군. 그러니까 한 개의 물체라면 땅에 닿기까지 2초
가 걸려야 하네. 그러나 그렇게 되면 비단실보다 가는 실이 철로
된 공을 엄청나게 빠른 속도로 떨어뜨린다는 말인데, 불가능해 보
이는 일이네. 그러나 내가 두 개의 물체라고 말하면…, 이거 곤란
해지는군. 물체가 뭐라고? 하나의 물체가 언제 두 개가 되는지 내
가 어떻게 알겠는가? 그리고 내가 그걸 모르면 내가 세운 낙하 운
동의 법칙을 어떻게 확신할 수 있지?

엄격한 논리적 관점에서 '갈'의 주장이 크게 흥미롭지는 않다. 어떤
사람은 '아'의 이론을 위해 '해결책'을 생각해 낼 수 있다. 예를 들어,
낙하 시간이 물체의 무게뿐 아니라 형태에 따라 달라질 수 있다고 제
안하는 것이다. 그렇게 되면 두 개의 포탄과 가는 실로 묶인 1kg짜리
물체가 철로 된 공 1kg짜리보다 더 천천히 떨어질 수 있다. 그러나
사실상 '갈'이 사용한 논거는 '아'가 내세운 종류의 논거를 뒤엎는다.
그리고 역사적으로 이러한 논거에 의해 아리스토텔레스적 사고에 일
대 대전환이 일어났을 거라 봐도 꽤 타당하다. 단 하나의 논거만으로
아리스토텔레스의 사고에 변화를 가져올 수는 없을 것이다. 아리스
토텔레스에게 낙하하는 물체에 대한 이론은 상호 보완적인 여러 이
론의 일부이기 때문이다. 그러나 '갈'의 사고방식이 확산되자 아리스
토텔레스적 체계가 천천히 무너져 내렸다. 솔직히 나는 정확한 사실
과 수식에서 비롯된 논거보다는 이런 식의 논거가 역사적으로는 과

학 자체의 진전, 개인적으로는 개별 학습자의 발달 측면에서 사고의 발전에 핵심적인 역할을 한다고 확신한다.

'갈'이 적용 가능성을 따질 수 있고 엄격히 구분되는 구체적인 사실이나 수식을 가지고 어떤 주장을 펼쳤다면 '아'는 자신의 주장을 훨씬 더 잘 방어했을 것이다. '갈'의 강력한 한 방은 물리적 사물의 특성과 자연 현상의 연속성(비단실보다 가는 것 대 엄청난 속도로 떨어지는 철)에 대한 '아' 자신의 직관을 동원한 데 있다. 논리학자에게 이런 논거는 설득력이 떨어질 수 있다. 그러나 감정 이입을 잘하는 인간인 우리는 '아'가 느끼는 혼란스러움을 똑같이 느끼며 당황한다.

단순하긴 하지만 두 사람의 대화에서 제기되는 문제를 잘 생각해보기만 해도 많은 것을 알 수 있다. 첫째 '갈'은 '아'보다 똑똑할 뿐 아니라 '아'가 모르는 것을 알고 있다. 사실 주의 깊게 살펴보면 우리는 '갈'이 몇 가지 강력한 아이디어를 능숙하게 사용하고 있음을 알 수 있다. 그중 가장 놀라운 것은 1kg인 물체를 0.5kg짜리 물체 두 개로 바라보면서 전체를 나눈 부분들의 합으로 봤다는 점이다. 이러한 발상을 추상적으로 진술했을 때 맥락에 따라 별것 아닌 것처럼 들리기도 하고 틀린 것처럼 들리기도 한다. 우리는 "전체는 부분의 합 이상이다"라는 말에 익숙하다. 그러나 우리는 이 말을 참과 거짓이라는 잣대로 판단할 수 있는 명제로 취급해서는 안 된다. 이 말은 하나의 '아이디어'이자 지적인 도구이며 제대로 사용되면 엄청난 힘을 발휘할 수 있음이 입증됐다.

'갈'의 아이디어는 강력해서 모든 현대 수학자와 물리학자 또는 엔지니어의 지적 도구 중 한 부분이다. 이 아이디어는 명제나 수식에 적합한 유형의 지식이라는 사실만큼이나 역사와 물리학을 배우는 데 있어서도 중요하다. 그러나 이런 사실을 교과서만 봐서는 알 수 없다. '갈'의 아이디어에는 이름이 없으며 역사적으로 중요한 과학자가 주창한 것도 아니고 교사들에 의해 조용히 무시되고 있다. 대부분의 직관적인 물리학처럼 이러한 지식은 '어른' 물리학자들도 교실에서 배우지 않았거나 배웠더라도 피아제의 학습 과정을 통해 습득한 것처럼 보인다. 물론 비공식적으로 학습되는 강력하고 직관적인 아이디어의 존재를 알아내는 데 내가 관심이 있다고 해서 이런 아이디어를 피아제식 학습의 범주에서 빼내 교육 과정에 포함시키려는 건 아니다. 다른 방식으로도 이런 사고의 습득을 촉진할 수 있다. 이런 사고가 존재한다는 것을 인정함으로써 우리는 이런 사고를 발전시킬수 있는 여건을 조성해야 하며, 상당수의 전통적인 학습 환경에서 이런 사고를 가로막는 장애물을 없애기 위해 많은 일을 할 수 있다.

'갈'과 '아'의 대화는 학습을 방해하는 가장 파괴적인 장애물이 무엇인지 우리에게 가르쳐 준다. 바로 형식 추론을 사용하여 직관을 억누르는 것이다.

누구나 반직관적인 현상을 만나면 불편한 감정이 생긴다. 그것이 관찰에 의해서든, 논리에 의해서든 우리의 예상과 현실이 맞지 않음을 인정해야 하는 상황에 놓일 때 불편한 감정이 생긴다. 많은 사람이 뉴턴의 입자가 영원히 운동한다는 사실을 접할 때, 방향키가 배를 회전시키는 방식을 알 때, 장난감 자이로스코프가 이상하게 움직이는 것을 볼 때 이런 불편함을 느낀다. 이 모든 경우에 우리는 직관이 우리를 배신하는 것 같다고 느낀다. 때로는 간단한 '해결책'이 있다. 우리가 가벼운 실수를 했다고 생각하면 된다. 그러나 흥미로운 경우는 문제를 아무리 깊이 생각해도 마음속 불편함이 막무가내로 버티고 있을 때다. 바로 이때 우리는 '직관을 믿을 수 없다'는 결론을 내리고 싶다. 이런 상황에서 우리는 우리의 직관을 고치고 디버깅해야 한다. 그러나 우리는 직관을 버리고 수식을 따르라는 압박을 받는다. 보통 이런 곤경에 처한 학생들이 물리 교사에게 가서 "자이로스코프가 수직으로 서지 않고 넘어질 것 같아요"라고 말하면 교사는 자이로스코프가 수직으로 서 있다는 사실을 '증명'하기 위해 수식을 쓸 것이다. 이 학생이 필요로 하는 것은 수식이 아니다. 이 학생은 자이로스코프가 똑바로 서 있어야 한다는 것을 이미 안다. 자이로스코프가 수직으로 서게 됨을 '증명'하려고 하는 것은 불난 집에 부채질하는 격일 뿐, 문제를 해결해 주지 않는다. 지금 이 학생에게는 전혀 다른 것이 필요하다. 자이로스코프가 아니라 자기 자신을 이해하고 싶은 것이다. 왜 자신의 직관이 잘못된 예측을 하는지, 자신의 직관을 바꾸려면 무엇을 해야 하는지 알고 싶은 것이다. 우리는 앞에서 소개한 '갈'과 '아'의 대화에서 '갈'이 직관을 조작하는 데 전문가라는 사실을 확인했다. '갈'은 '아'에게 수식 대신 직관을 거부하라고 강요하지 않는다. 오히려 '갈'은 '아'가 자신의 직관적인 사고, **'아'가 물체에 대해 생각하는 방식**을 매우 구체적으로 직시하게 만들었다. 어떤 이는 둘의 대화에서 '갈'이 사물을 이해할 때 이것들이 부분 또는 하위 물체가 합쳐진 것으로 받아들이는 데 익숙한 반면, '아'는 사물을 이해할 때 좀 더 전체적으로, 다시 말해 사물을 모양과 무게처럼 나뉘지 않는 전체적 속성을 가진 것으로 보는 데 익숙하다고 생각할 것이다.

컴퓨터에 대한 논의에서 옆길로 너무 샌 것처럼 보일지도 모른다. 그러나 '갈'과 '아'의 대화는 컴퓨터를 통해 이뤄지는 어린이와 컴퓨터, 어린이와 교사 사이의 중요한 상호 작용에 가깝다. '갈'은 '아'가

마인드스톰

사물에 대한 '아' 자신의 직관적인 사고방식을 직시하고 이를 헤쳐 나가게 하려고 노력했으며, '아'에게는 그럴 능력이 충분했을 것이다. 그런데 아이들이 '자신의' 직관과 맞서기 위해 할 수 있는 일은 무엇일까?

물론 이 질문은 어린이들이 생각에 대해 얼마나 많이 생각하는지 내가 안다는 점에서 하나 마나 한 질문이다. 어린이들은 자신의 생각과 맞서기도 하고 디버깅하기도 한다. 그러지 않고서는 어린이들을 그렇게 하도록 만들겠다는 것 자체가 지나치게 이상적인 생각이다. 그러나 어린이들은 이미 자신의 생각에 대해 수없이 생각하므로 우리는 어린이들이 그런 생각을 더 잘할 수 있게끔 재료를 제공할 수 있다.

나는 컴퓨터가 두 가지 측면에서 도움이 된다고 본다. 첫째, 컴퓨터는 어린이의 직관적인 예상을 표면화하도록 허용하거나 돕는다. 직관을 프로그램으로 옮기면 더욱 눈에 띄며 생각하기 쉬워진다. 둘째, 컴퓨팅 아이디어는 직관적인 지식을 리모델링하는 데 필요한 재료가 된다. 다음에서 분석할 잘 알려진 퍼즐을 가지고 어떻게 로고 거북이 모형이 형식적인 지식과 직관적인 사고 사이를 이어 주는지 설명하겠다. 우리는 어린이가 컴퓨터 작업을 하면서 겪는 사건 속에서 다양한 사례를 지켜봤다. 이제 이 말이 무엇을 의미하는지 '독자'들에게 전달하고자 나는 직관이 충돌하는 상황으로 독자들을 초대하고자 한다.

이 퍼즐을 푸는 목적은 '정답을 얻는 데' 있지 않고 이 문제를 대하는 다른 방식의 생각이 일으키는 충돌을 세심하게 들여다보는 데 있다. 예를 들어 상충하는 두 가지 직관적인 생각 또는 직관적인 분석과 형식적인 분석 사이의 충돌을 들여다본다. 우리가 충돌을 인식하고 나면, 그다음 단계는 마음이 어느 정도 편안해질 때까지 문제를 훑어 나가는 것이다. 내 경우에는 로고 거북이 모형이 아주 큰 도움이 되었다. 그러나 내 이런 반응은 분명히 로고 거북이에 대해 갖고 있는 내 긍정적인 감정이 작용했기 때문이다.

지구를 둘러싼 실이 있다고 상상해 보자. 이런 상상을 하기 위해 일단 지구가 반지름이 6400km인 완벽하게 매끄러운 구체라고 가정하자. 누군가가 1.8m 높이의 장대에 실을 매달자고 제안한다. 분명히 이 말은 줄이 더 길어야 한다는 뜻이다. 그러면 과연 실의 길이가 얼마가 되어야 할지 토론이 벌어진다. 고등학교를 나온 사람들이라면 어떻게 답을 '계산'해야 할지 안다. 그렇지만 계산부터 하거나 이 책을 계속 읽기 전에 한 번 추측해 보자. 약 1600km 정도 길이면 될까? 아니면 160km? 아니면 16km 정도?

계산하기 전에 생각부터 하는 훈련, 즉 자신의 직관을 디버깅할 줄 아는 노하우를 훈련한 사람들이라면 대부분 직관적으로 '많은' 실이 추가로 필요하다고 확신한다. 어떤 이들에게 이러한 확신은 (대략) 3만 8000km에 달하는 지구 둘레를 감싸려면 뭔가 더 있어야 한다는 생각에서 나온다. 또 다른 이들은 좀 더 추상적인 고려 사항인 비례의 원칙을 통해 더 많은 실이 필요하다고 확신한다. 이런 확신의 뿌리가 어디에서 연유한 것이든 계산 결과는 '부정확'할 수 있다. 답은 12m가 좀 안 되는 것으로 나온다. 직관과 계산 사이의 대립이 너무나 팽팽한 나머지 이 문제는 어렵지만 재미있는 문제로 널리 알려져 있다. 그리고 종종 이런 직관과 계산의 대립 끝에 나온 결론은 결국 직관을 믿지 말라는 것이다. 이러한 결론 대신 우리는 독자들을

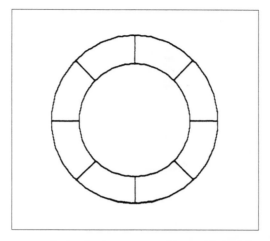

그림 15 이 그림은 엄청나게 긴 장대를 세워 놓고 지구 주위에 실을 두른 모양을 나타낸 것이다. 지구 반경을 R이라고 하고 장대 높이를 h라고 한다. 문제는 지구 바깥쪽 둘레와 실제 둘레의 차이를 추정하는 것이다. 다음 공식에 따라 계산하면 쉽다.

둘레$=2\pi \times R$(반지름)

따라서 두 둘레의 차이는 다음과 같다.

$2\pi(R+h)-2\pi R$

그러면 답은 단순히 $2\pi h$다.

그러나 여기서 문제는 정확한 답을 '계산'해 내는 것이 아니라 답을 '직관'하는 것이다.

어떤 대화에 참여시키려 한다. 이 대화는 이 같은 직관을 바꾸기 위해 무엇을 해야 하는지 밝히는 대화다.

그 첫 단계로 비슷하지만 더 다루기 쉬운 문제 찾기 원칙을 따라 보자. 그리고 문제를 단순화하기 위해 구가 아닌 직선형 버전으로 생각해 보자. 따라서 우리는 '정사각형 지구'라는 가정하에 같은 문제를 만들어 본다.

이 그림은 기하학적인 방법으로 원의 경우와 똑같은 길이의 실이 추가로 더 필요하다는 사실을 보여 준다. 이것 자체로도 매우 놀랍

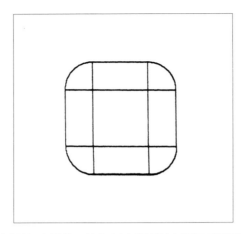

그림 16a 막대 위의 실은 정사각형으로부터 거리 h만큼 떨어져 있다고 가정한다. 가장자리의 실은 직선이다. 그리고 모서리를 지나가면서 실은 반지름이 h인 원을 따라간다. 직선으로 뻗은 영역에서 실의 길이는 정사각형 둘레의 길이와 같다. 더 늘어난 길이는 모두 모서리에 있는 네 개의 4분의 1 원을 이루고 있다. 네 개의 4분의 1 원을 모두 합하면 반지름이 h인 원이 된다. 따라서 '추가되는 실'의 길이는 이 원의 둘레가 되므로 길이는 $2\pi h$이다.

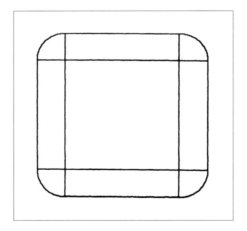

그림 16b 정사각형의 크기를 늘린다고 해서 4분의 1 원의 크기가 바뀌지 않는다. 따라서 지면에서 높이 h까지 실을 들어 올릴 때 필요한 추가 실은 지구가 아주 큰 정사각형이든 아주 작은 정사각형이든 동일하다.

다. 그러나 더욱 놀라운 점은 정사각형의 크기가 필요한 실 길이와는 아무런 관계가 없음을 두 눈으로 금방 확인할 수 있다는 것이다. 우리는 공식을 계산해 이런 사실을 알아낼 수 있었다. 그러나 그렇게 하면 똑같은 어려움에 빠진다. 정사각형을 기하학적으로 '바라봄'으로써 우리는 이 문제를 우리의 직관적 원칙에 맞출 수 있다. 즉 지구가 곡선을 이루는 부분에서만 실이 추가로 필요하다. 분명히 지면에서 1.6m 떨어진 곳까지 직선을 들어 올린다고 실이 추가로 필요하지 않다.

불행히도 이런 식으로 정사각형을 이해하면 문제가 원일 경우를 이해하는 데 방해가 되는 것처럼 보일지도 모른다. 우리는 지금까지 정사각형에 대해 완벽하게 이해했지만 정사각형과 원이 전혀 다른 도형이라고 생각했다.

그러나 이 문제를 해결할 수 있는 또 다른 강력한 아이디어가 있다. 바로 중간 경우를 생각하는 것이다. 두 가지 경우에 모순이 생기면 중간 단계의 대상을 찾아야 한다. 이는 '갈'이 실제로 0.5kg짜리 공 두 개와 1kg짜리 공 한 개 사이에 일련의 중간 단계 물체를 구성했던 것과 같다. 그런데 정사각형과 원 사이의 중간 단계는 무엇일까? 미적분이나 로고 거북이 기하학을 공부해 온 사람이면 누구나 금방 답할 수 있다. 여기서 중간 단계는 더 많은 변을 갖고 있는 다각형이다. 이제 그림 17을 보면 다각형 모양의 지구 주위를 둘러싼 줄이 보인다. 우리는 어떤 모양의 다각형이든 필요한 실의 길이가 같다는 사실을 안다. 그리고 놀랍게도 우리는 원 둘레 전부에 실이 추가로 더 들어간다는 주장을 불식시킬 수도 있는 뭔가를 깨닫는다. 천각형은 정사각형보다 더 많은 위치에 실을 추가해야 하므로 사실상 250배나

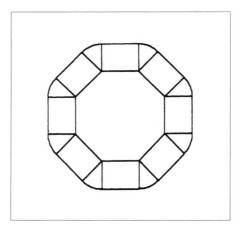

그림 17 팔각형도 마찬가지로 '여분의 실'은 모두 모서리마다 있는 파이 조각 안에 있다. 이 파이 조각들을 모두 합치면 반지름이 h인 원이 만들어진다. 정사각형에서처럼 이 원의 크기도 팔각형의 크기와 상관없이 동일하다. 정사각형과 팔각형에서 적용된 것은 백각형이나 천각형에 대해서도 똑같이 적용된다.

더 많은 곳에 실을 추가한다. 그러나 천각형이 사실상 각 모서리에 추가하는 실은 정사각형의 250분의 1에 불과하다.

이제 생각의 도약이 일어나는가? '칼'처럼 나는 딱딱한 논리를 따라 이 단계까지 오지 않았다. 앞으로도 그러지 않을 것이다. 그러나 이 시점에서 어떤 사람들은 흔들리기 시작한다. 추측컨대 이 사람들이 흔들리느냐, 그렇지 않느냐 여부는 원에 대한 다각형 근사화라는 아이디어를 얼마나 많이 생각해 봤느냐에 달려 있다. 직접 다각형으로 여러 가지 모양을 만들어 본 사람은 다각형과 원이 비슷하다는 사실을 즉각적으로 알아차리면서 직관이 뒤따라온다. 다각형과 원이 비슷하다는 직관을 아직 '소유'하지 못한 사람들도 다각형과 원의 유사성을 더 잘 숙지하기 위해 노력할 수 있다. 일례로 이 둘의 유사성을 이용하여 다른 문제를 충분히 생각하는 것이다.

다음은 마틴 가드너의 책 《Mathematical Carnival》에서 가져온 문제다.

'1페니 동전이 다른 1페니 동전 주위를 미끄러지지 않고 돌면서 동전 주위를 한 바퀴 도는 동안 이 동전은 몇 번 회전하는가? 어떤 사람은 답이 한 번이라고 할 것이다. 움직이는 동전이 자신의 둘레와 동일한 길이의 선을 따라 회전하기 때문이다. 그러나 즉시 실험을 해 보면 답은 2다. 움직이는 동전이 다른 동전의 주위를 한 바퀴 도는 동안 회전이 추가되기 때문이다.'[1]

또 다시 직관적인 추측(회전 한 번)과 자세한 관찰 결과가 충돌을 일으킨다. 한 사람의 직관을 실제 결과와 어떻게 일치시킬 수 있을까?
지구 주위를 실로 두르는 문제에 적용했던 것과 동일한 전략이 여기에서도 통한다. 동전이 미끄러지지 않고 정사각형 주변을 돌게 해보자. 동전이 모퉁이를 중심으로 회전할 때와 선을 따라 돌 때랑 전혀 다르게 움직이는 모습을 보게 될 것이다. 정사각형의 네 군데 모서리를 돌 때의 각을 모두 합하면 360도가 된다는 것을 쉽게 알 수 있다. 마찬가지로 어떤 다각형이라도 다각형의 크기가 얼마나 크든 작든 모서리를 돌 때의 각을 모두 합하면 360도라는 사실은 변함이 없다. 거듭 말하지만 중요한 단계는 다각형에서 로고 거북이가 그리는 원으로, 그다음에는 진짜 원으로 옮겨 가는 것이다.

나는 연습 문제 하나 더 푼다고 원형에 대한 직관을 바꿀 수 있다고 말하는 게 아니다. 아리스토텔레스의 물리학 사례와 마찬가지로 여기서도 특정한 지식은 상호 보완적인 사고방식이라는 거대한 네트워크의 일부일 뿐이다. 내가 하려는 말은 잠시 이 새로운 사고법을 마음에 담아 두고 마치 오랜 친구에게 새 친구를 소개해 줄 기회를 기다리듯 이런 사고법을 활용할 기회를 찾으라는 것이다. 그렇다고 하더라도 나는 독자가 원 모양에 대해 갖고 있는 직관을 바꾸길 '원하는지' 알 길이 없다. 그러나 직관을 바꾸길 원한다면 내가 제안한 과정이 최고의 방법이며 의도적으로 사고법을 바꾸든 아니면 단지 무의식적으로 바꾸게 되든 어쩌면 거의 유일한 방법이라 할 수 있다.

나는 독자들이 이 책을 통해 어린이를 사상가로서, 심지어 강력한 아이디어의 힘이라는 관념을 지닌 '인식론자epistemologist'로서 새롭게 바라보기를 원한다. 그러나 이러한 어린이상이 몇몇 독자, 특히 어린이를 가르치는 독자들에게는 추상적으로 느껴지고 심지어 거슬리기도 할 것이다.

예를 들어 학생 36명에게 문법에 맞는 문장과 수학 연산을 가르치려고 날이면 날마다 몇 시간씩 고생하는 초등학교 3학년 담당 교사들은 로고 거북이 기하학과 물리학 마이크로월드, 사이버네틱스에 대한 내 생각이 현실과 괴리가 있다고 느낄 것이다. 마치 마리 앙투아네트가 빵을 못 먹어 배고프면 케이크를 먹으라고 했던 소리처럼 들릴 것이다. 우리가 그동안 논의한 강력한 아이디어를 대다수 학교의 본업인 기초 능력 향상과 어떻게 연관 지을 수 있을까?

첫 번째 관계는 학습자의 태도를 다루는 것이다. 생업에 필요한 기술을 배우려는데 그 기술을 두려워하거나 싫어하면 잘 배울 수가 없다. 어린이가 숫자를 머릿속에 집어넣으려 하지 않아서 연산을 배울 수 없을 때 해결책은 숫자와 학생 사이에 새로운 관계를 맺어 주는 것이다. 그렇게 수와 새로운 관계를 맺는 데 성공한 어린이는 수와 비슷한 종류로 인식되는 다른 대상과도 긍정적인 관계를 맺게 된다. 그 대상이 학교 수학이 될 수도 있다.

초등학교 5학년인 킴은 학교에서 치르는 수학 시험마다 점수가 한결같이 바닥이었다. 킴은 수학을 싫어했다. 로고 환경에서 킴은 프로그래밍에 빠져들었다. 킴이 생각해 낸 프로젝트는 자신의 가계도 정보를 저장하는 특별한 데이터베이스 관리 프로그램이었다. 어느 날 한 방문 교사가 킴에게 "컴퓨터 때문에 수학이 재미있어졌네"라고 말했다. 킴은 하던 것에서 눈을 떼더니 매우 화난 소리로 말했다. "수학은 정말 재미가 없다고요." 킴의 수업 담당 교사는 킴이 지금 컴퓨터를 가지고 하는 일이 '수학'인지 아닌지 킴과 이야기하는 것이 바람직하지 않다고 생각했다. 분명히 킴이 좋아하는 것들은 수학과 관계가 없는 것들이다. 그러나 그해가 끝날 무렵 킴은 수학과 새로운 관계를 맺었고 수학이 그렇게 나쁘지도, 어렵지도 않다고 생각하게 되었다.

킴의 사례는 어떤 사람을 알아 가는(그리고 좋아하는) 것과 수학을 알아 가는(그리고 좋아하는) 것이 비슷하다는 사실을 적절히 잘 보여 준다. 컴퓨터는 기초적인 연산이 무엇인지, 어떤 강력한 아이디어가 연산에 담긴 아이디어 중 가장 중요한지에 대한 인식을 전환하여 기초 연산 학습에 기여한다. 대개 정수론의 한 분야로 간주되는 학교 수학은 어쩌면 컴퓨터 과학의 한 분야로 보는 게 더 나을 수도 있다. 어린이들이 어려움을 겪는 것은 보통 수에 대한 개념이 부족해서가 아니라 적절한 알고리즘을 활용하지 못하기 때문이다. 알고리즘 학습을 프로그램을 만들고 사용하고 고치는 과정으로 볼 수 있다. 어떤 사람이 여러 자릿수의 수를 더할 때 그 사람은 사실상 그림 18의 프로그램과 같은 프로시저를 수행하는 컴퓨터처럼 행동한다.

---

1. 관습적인 형식에 맞춰 수를 배치한다.

2. 수에서 가장 오른쪽에 있는 열에 초점을 맞춘다.

3. 한 자릿수의 수를 더하듯이 덧셈을 한다.

4. 결괏값이 10보다 작으면 그 결괏값을 기록한다.

5. 가장 오른쪽 열을 더한 값이 10과 같거나 10보다 크면 해당 수의 가장 오른쪽의 수를 기록하고 나머지 수를 바로 왼쪽 열의 수에 입력한다.

6. 다음 왼쪽 열의 수에 초점을 맞춘다.

7. 다시 3단계로 간다.

그림 18

이런 종류의 활동을 잘하려면 프로시저 원리를 더 잘 알고 더 편하게 느껴야 한다. 그리고 이는 좋은 컴퓨터 경험을 통해 얻을 수 있다.

이런 의견은 앞서 우리가 논의한 1960년대 신수학New Math 교육 과정 개혁과 컴퓨터 문화 덕분에 풍부해진 수학이 서로 다르다는 맥락에서 살펴봐야 한다. 2장에서 우리는 신수학 실패의 중요한 원인 중한 가지를 다뤘다. 신수학은 우리 사회와 수의 소외된 관계를 개선하지 못했다. 거꾸로 더욱 악화시켰다. 이제는 신수학이 실패한 두 번째 이유를 살펴보려 한다. 신수학 교육 과정은 어린이들이 실제로 겪는 개념적 장애물을 해결하는 대신 정수론이나 집합론 또는 논리학을 수학 시간에 가르칠 것을 권장했다. 아이들에게는 프로그래밍에 대한 지식이 부족했다. 결국 신수학을 창안한 사람들은 어린이들이 겪는 문제의 원인을 오해했다. 이러한 오해는 여러 측면에서 해악을 끼친다. 이런 오해로 인해 지식과 관련이 없는 반복 학습만으로 아이들에게 수학을 가르치려고 했고, 부적절한 가치 체계를 수학 교육에 담으려 했기에 해롭다. 순수 수학자들은 수에 대한 사고가 가치 있고 강력하며 중요하다고 여긴다. 반면 세세한 과정을 피상적이고 재미없다고 여긴다. 따라서 어린이가 느끼는 어려움은 수의 개념이라는 추상적인 어려움이라고 본다. 컴퓨터 과학자들이 취하는 접근법은 좀 더 직접적이다. 덧셈 문제를 다른 문제의 증상으로 보지 않고 계산 '절차'의 어려움으로 바라본다. 직업적으로 컴퓨터를 사용하는 사람에게는 프로시저와 프로시저에 문제가 생기는 방식 둘 다 흥미로우며 개념적인 대상이다. 게다가 이 사람들은 '잘못된 것', 즉 버그를 전염병처럼 피해야 할 실수로 보지 않고 배우는 과정의 일부로 당연하게 받아들인다.

초등학교 5학년인 켄은 35 더하기 35가 610이라고 생각했다. 켄의 계산에 버그가 있다는 점은 너무나 분명했다. 켄이 생각하기에 32 더하기 32가 64이므로 35 더하기 35는 610이어야 했다. 켄이 수학과의 관계를 개선하게 된 것은 자신의 잘못이 수학적 형식주의가 우리에게 거는 속임수임을 깨달았을 때였다. 프랑스인들은 70을 'soixante dix', 즉 '60-10sixty-ten'이라고 말하기도 한다. 그런데 육십오sixty-five는 65라고 쓰지만 육십-십sixty-ten은 610으로 쓰지는 않는다. 이 기호는 다른 무언가를 의미하기 위해 이미 선점되어 있기 때문이다.

겉으로 보기에는 켄의 수에 대한 직관력이 안 좋은 것처럼 보일 수 있다. 그러나 이러한 진단은 상당히 잘못된 것이다. 켄에게 "만일 너한테 35달러가 있고 추가로 35달러를 받았다고 하자. 그러면 지금 너한테는 610달러가 있는 거니?"라고 물어보면 켄은 단호하게 답한다. "절대 아니죠." 그러면 얼마가 되냐고 물어보면 켄은 종이에 계산을 한 뒤 610에서 0을 지우고는 61이라고 답했다. 직관적으로는 크게 다르지 않은 답이다. 켄의 문제는 수에 대한 나쁜 직관력 때문도, 수에 대한 개념 때문도 아니다. 직업적으로 컴퓨터를 사용하는 사람의 관점에서 봤을 때 켄의 문제는 누구나 겪을 수 있는 문제이며 각각의 문제는 이해할 만하고 또 고칠 수 있는 것들이다.

첫째, 켄은 자신의 지식 저장소와 계산 프로시저를 분리해서 생각한다. 더 훌륭한 프로시저라면 '오류 확인'이라는 프로시저가 내장되어 있을 것이다. 켄은 오류가 표시되면 오류를 인식할 수 있으므로 분명히 오류를 알려 주는 프로시저를 설정할 수 있어야 했다. 둘째, 켄은 오류를 찾아냈을 때 프로시저를 바꾸거나 자세히 들여다보지도 않고 답만 바꾸었다. 셋째, 켄을 그동안 지켜본 나는 왜 켄이 프로시저를 바꾸려 하지 않았는지 안다. 이 일이 일어났을 당시 켄은 프로시저를 누구나 명명하고 조종하거나 바꿀 수 있는 객체로 생각하지 않았다. 따라서 사실상 켄은 프로시저를 수정한다는 생각을 떠올릴 수 없었다. 프로시저가 디버깅할 수 있는 대상이라는 발상은 강력하긴 하지만 다수의 어린이에게는 프로시저에 대한 경험을 쌓기 전까지는 매우 어려운 개념이다.

나는 켄과 같은 어린이들이 로고 환경에서 코드를 어느 정도 작성해 본 다음에 이런 종류의 난관을 극복하는 것을 보아 왔다. 아이들은 왜 일상생활에서 절차적 접근법을 배우지 않는 걸까? 모든 사람이 매일 절차에 따라 생활한다. 게임을 한다거나 길을 잃은 운전자에게 길을 안내해 주는 것들이 모두 절차에 기반을 둔 사고 행위다. 그러나 사람들은 일상생활 속에서 절차를 따르고 이용하지만 굳이 절차 자체에 대해 깊이 생각하지는 않는다. 로고 환경에서 아이들은 프로시저에 이름을 붙이고 조작하고 알아 가면서 절차procedure에 대한 개념을 습득한다. 프로시저와 프로그래밍에 대한 일상 경험이 학교에서 형식적인 연산을 하는 데 필요한 자원이 된다는 점이 켄과 같은 아이에게 미치는 효과다. 뉴턴의 운동 법칙이 재미있어진 때는 우리가 컴퓨터를 비유로 들어 아이들을 좀 더 개인적이면서 개념적으로 강력한 사물과 묶어 주었을 때였다. 기하학이 흥미로워진 때는 인간이 맨 처음 경험했던 기하학 이전의 경험, 곧 공간 속에 존재하는 몸의 경험과 기하학이 연결됐을 때다. 마찬가지로 형식적인 연산이 재미있어지는 때 역시 개별 학습자를 연산 절차 이전에 했던 경험과 연결해 줄 때이다. 그리고 이러한 앞선 경험이 분명히 존재한다. 어린이는 절차적인 지식을 보유하고 있으며 다양한 측면에서, 이를테면 삼목tic-tac-toe* 게임 전략을 짜거나 길을 잃은 운전자에게 방향을 알려 줄 때 이러한 지식을 이용한다. 그러나 이런 지식을 보유한 아이가 학교에서 수학 문제를 풀 때는 이런 지식을 이용하지 않는 경우가 너무나 많다.

　이 상황은 우리가 '아'와 '갈'이 나눈 대화에서 확인한 것과 정확히 일치한다. 그리고 원에 대해 갖고 있는 직관을 바꾸기 위해 로고 거북이로 그리는 원이라는 모형을 이용하여 실과 동전 문제와 관련지은 것도 이런 상황과 일치한다. 이 모든 사례에서 우리의 관심은 하

* (옮긴이) 오목과 비슷한 게임으로 3×3 정사각형 판에 가로, 세로, 대각선으로 세 개가 이어지면 이기는 게임

나의 강력한 아이디어가 직관적 사고를 바꾸는 방법에 있다. 나는 언제 어떻게 절차적으로 사고해야 하는지에 관해 어린이의 직관력을 길러 주는 비법 같은 것은 모른다. 그러나 낯선 사람을 알아 가는 과정이라는 비유에 우리가 할 수 있는 최선이 담겨 있다고 생각한다. 교육자는 어린이들이 즐겁고 효과적으로 절차적 사고법을 이용할 수 있는 여건을 만들어 줄 수 있다. 그리고 어린이들이 절차적 사고와 관련한 많은 개념을 접하도록 도와줄 수 있다. 이는 로고 환경의 개념적 콘텐츠를 통해 이뤄진다.

이 책에서는 분명히 절차적 사고가 강력한 지적 도구라고 주장해 왔으며 심지어 절차적 사고를 위한 전략으로 스스로를 컴퓨터에 비유하라고 제안하기까지 했다. 사람들은 사람을 위해 컴퓨터 모형을 이용하면 기계적이거나 선형적 사고로 이어지지 않을까, 혹시 자신의 직관, 가치관, 판단력이 더 이상 존중받지 못하지 않을까 우려한다. 사람들은 기계적 추론이 좋은 사고의 모델이 될 거라 염려한다. 나는 사람들의 이 같은 우려를 진심으로 이해하지만 이런 우려가 컴퓨터 자체에 있다기보다는 우리 문화가 컴퓨터라는 존재에 동화될지도 모른다는 두려움에서 나온다고 본다. '컴퓨터처럼 사고하라'는 조언은 '언제나' 모든 것을 컴퓨터처럼 사고하라는 말로 들릴 수도 있다. 이런 조언은 제한적이고 협소하다. 그러나 이를 전혀 다른 관점에서 바라볼 수도 있다. 인간의 생각 도구 창고에 있는 도구를 이용하지 못하게 막는 것이 아니라 이미 가지고 있는 도구에 더 강력한 도구를 새로 들인다고 생각하는 것이다. 아무것도 포기할 필요가 없다. 새로운 방법을 수용하려면 오래된 방법을 포기해야 한다고 주장하는 것은 지나치게 단순하고 근거 없는 인간 심리학 이론이라 생각한다. 나는 인간 지능의 가장 중요한 특징이 다양한 방식의 앎을 동시에 처리하여 다양한 층위에서 많은 것을 파악한다는 데 있다고 본다. 컴퓨터의 문화적 동화는 컴퓨터 리터러시literacy, 즉 컴퓨터 문해력을 낳을 것이다. 사람들은 흔히 컴퓨터 리터러시란 컴퓨터 프로그래밍 방법을 알거나 컴퓨터를 다양하게 활용하는 것이라고 생각한다. 그러나 진정한 컴퓨터 리터러시는 컴퓨터를 활용하고 컴퓨터처럼 생각하는 방법을 아는 것뿐 아니라 언제 컴퓨터를 사용해야 적절한지 아는 것을 의미한다.

로고의 기원: 피아제와 인공 지능

독자들은 이미 효과적인 학습을 위해 보편적으로 적용 가능한 생각의 도구가 만들어 내는 다양한 학습 상황을 지켜보았다. 이번 장에서 우리는 이러한 일련의 생각과 이런 생각이 나온 이론적 배경을 직접 살펴보려 한다. 그중 중점적으로 다루려는 내용은 두 가지다. 첫 번째는 피아제가 끼친 영향이고, 두 번째는 컴퓨터 이론과 인공 지능*이 끼친 영향이다.

앞에서도 나는 '피아제 학습'에 대해 이야기했다. 피아제 학습은 사람들이 자신을 둘러싼 환경과 상호 작용하면서 자연스럽고 자발적으로 배운다는 점에서 전통적인 학교의 교육 과정 중심 학습의 특징과 대비를 이룬다. 그러나 피아제는 내 연구에 훨씬 깊이가 있고 더 이론적이며 철학적인 영향을 끼쳤다. 이번 장에서는 대부분의 사람들이

---

* (옮긴이) 패퍼트는 1968년부터 1981년까지 MIT 인공 지능 연구소 공동 디렉터로 일했다.

예상하는 것과는 많이 다른 피아제를 소개하려고 한다. 인지 발달 단계에 대해 논하거나 특정 연령대에 아이들이 무엇을 배울 수 있고 배울 수 없는지 강조하지 않을 것이다. 나는 오히려 한 사람의 인식론자로서 피아제에 집중하려고 한다. 피아제의 아이디어가 내가 지금까지 기술한 지식 기반 학습 이론에 기여한 바가 크기 때문이다. 다시 말해 수학이라는 학문 자체와 수학 학습 방법이 단절되어 있지 않다는 내 이론에 피아제의 아이디어가 영향을 주었기 때문이다.

피아제 사고의 인식론적 측면을 그동안 소홀히 취급해 왔다고 생각하는 까닭은 지금까지 피아제 사고의 인식론적 측면이 전통적인 교육 세계에서 가능한 행동을 제시하지 않았기 때문이다. 그러나 컴퓨터가 풍족한 향후 10여 년간의 교육 환경에서는 그렇게 되지 않을 것이다. 5장에서 로고 거북이 아이디어를 전개하면서 우리는 수학의 한 분야인 미분 체계의 기본에 대한 인식론적 탐구가 구체적이고 효과적인 교육 설계에 어떤 이점을 남겼는지 예들을 살펴봤다. 피아제의 발달 단계 이론은 어린이가 무엇을 할 수 없는지 강조한다는 점에서 기본적으로 보수적이며 거의 복고적이라 할 수 있다. 나는 좀 더 혁명적인 피아제를 보여 주려고 하는데 그의 인식론적 아이디어가 인간 정신의 한계를 확장할 수 있을지도 모른다. 오랫동안 그럴 수 없었던 이유는 피아제의 이론들을 제대로 수행할 도구가 부족했기 때문인데 이제는 학습법을 일깨워 주는 컴퓨터가 이를 가능하게 할 것이다.

이번 장에서 소개하는 피아제 이론은 또 다른 측면에서 새롭다. 피아제는 우리가 직접 언급하지 않은 컴퓨터 세계의 한 부분에서 끌어낸 이론적 틀에 위치하고 있지만 이 책 전반에 걸쳐 그의 인공 지능에 대한 관점이 암묵적으로 담겨 있다. 인공 지능은 좁은 의미에서 정의할 수도 있고 넓은 의미에서 정의할 수도 있다. 좁은 의미에서 인공 지능은 사람이 수행했을 때 지적이라고 여겨졌을 기능을 기계가 수행할 수 있는 데까지 확장하는 것과 관련이 있다. 인공 지능의 목적은 기계를 만드는 데 있으며 그런 점에서 첨단 공학의 한 분야로 볼 수 있다. 그러나 이런 기계를 설계하려면 기계의 특성뿐 아니라 기계가 수행하고자 하는 기능의 특징도 깊이 생각해 봐야 한다.

예를 들어, 자연어로 된 지시를 받을 수 있는 기계를 만들려면 자연어의 특징을 깊게 파고들어야 한다. 학습하는 기계를 만들려면 우리는 학습의 특징을 깊이 들여다봐야 한다. 그리고 이런 식의 연구를 하다 보면 인공 지능을 좀 더 넓게 정의하게 된다. 바로 인지 과학 관점에서 인공 지능을 정의하게 된다. 그런 점에서 인공 지능은 언어학과 심리학 같은 역사가 더 오래된 학문과 영역을 공유한다. 그러나 인공 지능이 이런 학문과 확연히 다른 점은 바로 방법론과 이론화 방식에서 컴퓨터 이론에 크게 의존한다는 데 있다. 이번 장에서 우리는 이런 이론화 방식을 다양하게 이용하려고 한다. 첫째, 피아제 이론을 재해석하기 위해서다. 둘째, 우리의 교육적 상황을 설계하는 데 도움이 될 학습 및 이해에 대한 이론을 개발기 위해서다. 셋째, 다소 색다른 방식을 쓰기 위해서다. 인공 지능의 목표는 이전에는 막연하고 심지어 형이상학적으로 보였던 사고에 대한 생각에 구체적인 형태를 부여하는 데 있다. 생각을 구체화한다는 점 때문에 많은 현대 심리학자들이 인공 지능에 매료되었다. 우리는 아이들에게 인공 지능을 가르칠 것을 제안한다. 그래서 그들도 현대의 심리학자들이 그러하듯 인간의 정신 과정에 대해 더 구체적으로 생각할 수 있도록 해야 한다. 심리학자들은 인공 지능에서 얻은 아이디어를 정신 과정에 대해 형식적이고 과학적인 이론을 수립하는 데 이용하지만 아이들은 인공 지능의 아이디어를 더 일상적이고 개인적인 방식으로 자기 자신에 대해 생각하는 데 사용할 것이다. 그리고 나 역시 인공 지능의 아이디어를 이용해 자기 자신에 대해 생각하는 게 사고 과정을 명확하게 설명하는 능력을 통해 사고 과정을 개선할 수 있다는 점에서 좋다고 생각한다.

피아제는 스스로를 인식론자라고 설명했다. 피아제는 어떤 의미에서 그런 말을 했을까? 피아제가 어린이의 발달에 대해 이야기할 때, 지식의 발달에 대해서도 그만큼 많은 이야기를 실제로 했다. 이 말은 우리가 학습을 이해하는 방식에 있어서 인식론적 방식과 심리학적 방식을 비교하게 만든다. 심리학적 관점은 학습자를 지배하는 법칙에 초점을 두지, 학습자가 배우고자 하는 대상에 초점을 두지 않는다. 행동주의 심리학자들은 강화 계획reinforcement schedule을 연구하고, 동기 이론가들은 동인動因을 연구하며, 게슈탈트 심리학자*들은 전체성을 지닌 구조를 연구한다. 피아제는 학습 과정과 학습 대상을 분리하는 것이 잘못이라고 본다. 어린이가 어떻게 수를 학습하는지 이해하려면 수를 연구해야 한다. 그리고 특정한 방식으로 수를 연구해야 한다. 이를테면 수의 구조를 연구하는 것은 수학적으로 매우 중요한 일이다. 바로 이런 점 때문에 피아제가 동일한 단락의 글에서 어린이의 행동과 이론 수학자의 고민을 같이 언급하는 것은 전혀 특이한 일이 아니다. 학습 대상의 구조에 초점을 두어 학습을 연구한다는 아이디어를 더욱 구체화하기 위해 우리는 일상에서 일어나는 구체적인

---

* (옮긴이) 게슈탈트 심리학은 인간에게는 자신이 본 것을 조직화하려는 기본 성향이 있으며 전체는 부분의 합 이상이라는 점을 강조하는 심리학이다.

학습 사례를 살펴보고 이것이 심리학적 관점과 인식론적 관점에서 얼마나 다르게 나타나는지 알아보겠다.

자전거 타는 법을 생각해 보자. 자전거를 탈 줄 모른다면 자전거를 더 잘 탄다는 게 정말로 놀라운 일처럼 보일 것이다. 어떻게 자전거를 탈 수 있는가? 어떤 사람은 이 문제에 답하기 위해 자전거 타는 사람의 어떤 자질(반응 속도, 두뇌 기능의 복잡성, 동기 부여 강도)이 자전거를 더 잘 타게 만드는지 연구할 것이다. 이러한 연구는 흥미로워 보이긴 하지만 실제로 자전거를 타는 방법과는 크게 관련이 없다. 사람들이 자전거를 탈 수 있는 것은 자전거는 일단 움직이면 균형을 잡기 때문이다. 사람이 타지 않은 자전거를 경사가 가파른 언덕에서 아래로 밀면 자전거는 무한정 언덕을 내려간다. 자전거의 앞바퀴를 잡아 주는 포크의 기하학적 구조 덕분에 자전거가 왼쪽으로 기울면 바퀴가 왼쪽으로 회전하면서 오른쪽으로 당기는 원심력이 생겨 자전거가 넘어지려는 것을 막는다. 그래서 사람이 자전거를 타고 있지 않더라도 자전거는 완벽하게 균형을 잡는다. 자전거 초보자는 자전거를 타면 넘어질 것이다. 초보자는 균형에 대해 잘못된 직관을 가지고 있어서 자전거를 꽉 붙들고 자전거 자체의 조정 메커니즘이 자유롭게 작동하는 것을 방해하기 때문이다. 따라서 자전거 타는 법을 배운다는 것이 곧 균형 감각을 배운다는 말은 아니다. 자전거 타는 법을 배운다는 것은 균형을 깨뜨리지 않고 자전거가 움직이는 대로 내버려 두는 법을 배우는 것이다.

지금까지 우리는 배우는 대상을 깊이 통찰함으로써 학습 과정을 이해했다. 이는 심리학적 원리와는 아무런 관련이 없다. 그리고 자전거를 연구함으로써 사람들이 자전거 타는 법을 알아냈듯이 피아제는 수를 더욱 깊이 이해함으로써 어린이가 수를 학습하는 방식을 이해해야 한다고 가르친다.

수의 특성에 관심이 있는 수학자들은 다른 관점에서 이 문제를 바라본다. 그중 하나가 형식주의자들과 관련 있는 접근법인데, 이 접근법은 명제를 수립하여 수를 이해하려는 방법이다. 또 다른 접근법은 버트런드 러셀과 관련 있는 접근법으로, 수를 더욱 근본적인 것, 이를테면 논리와 집합 이론으로 환원하여 정의하려는 방식이다. 이 두 가지 접근법 모두 타당하며 수학사에서 중요한 부분을 차지하지만 그 어떤 접근법도 왜 수를 배울 수 있는지에 대한 의문에 어떤 실마리도 주지 않는다. 그러나 그런 물음에 실마리를 제공한 수학 학파가 있다. 물론 이 학파는 그럴 의도를 가지고 연구한 것은 아니었다. 바로 부르바키 학파[1]의 구조주의다. 부르바키는 수학에 대한 단일 이론을 내세우는 프랑스 수학자 모임의 가명이다. 수학은 하나이지, 자기만의 언어와 발전 단계가 있는 하위 분야의 집합이 아니라고 이들은 주장했다. 부르바키 학파는 자기들이 '모구조mother structure'라고 부른 몇 가지 구성 요소를 가지고 자신들의 주장을 펼쳤다. 이 모구조는 우리가 생각하는 마이크로월드와 공통점이 있다. 순서만 있고 다른 속성은 없는 마이크로월드를 상상해 보자. 부르바키 학파 입장에서 이러한 마이크로월드를 작동시키는 데 필요한 지식은 순서에 대한 모구조다. 두 번째 마이크로월드에서는 근접 관계가 허용되는데 이는 토폴로지topology, 즉 형상에 대한 모구조다. 세 번째는 여러 객체를 조합해 새로운 객체를 만드는 것과 관련이 있다. 이를 대수적 미세 구조라고 한다. 부르바키 학파의 수학적 통일이 가능했던 것은 더 복잡한 구조, 이를테면 연산을 더 단순한 구조의 조합으로 보았기 때문인데,

여기서 더 단순한 구조란 앞에서 언급한 가장 중요한 세 가지 모구조를 말한다. 브루바키 학파는 학습에 대한 이론을 수립할 생각이 없었다. 부르바키 학파는 수학자가 일상적 연구에 활용할 수 있는 기술 도구가 될 구조 분석을 원했다. 그러나 모구조 이론은 학습 이론이다. 이 이론은 어떻게 수를 배울 수 있는지에 관한 이론이다. 연산 구조를 더 단순하면서도 여전히 의미 있고 일관된 구조로 나눌 수 있는지 드러냄으로써 수학자들은 수와 관련된 지식의 학습 경로를 보여 준다. 당시 어린이의 발달을 설명해 줄 수 있는 수학 이론을 찾아 헤매던 피아제가 이와 비슷한 구조 체계를 개발하고 부르바키 학파를 '발견'한 이후, 부르바키 학파의 구조 체계를 이용하여 자신의 이론을 풀어 갈 수 있었던 것은 그리 놀랄 일이 아니다.

피아제는 아이들이 부르바키의 모구조에 부합하는 논리 정연한 지적 구조를 발달시킨다는 사실을 관찰했다. 예를 들어 부르바키의 순서 구조를 떠올려 보라. 실제로 어린이는 아주 어릴 때부터 사물의 순서를 정하는 데 전문성을 갈고 닦기 시작한다. 토폴로지 모구조와 대수학적 모구조의 발달 전조는 서로 비슷하다. 무엇이 학습 가능한 것으로 만드는가? 첫째, 각 모구조는 어린이의 삶에서 나타나는 일관된 활동을 의미한다. 이 일관된 활동은 어린이가 원칙적으로 학습할 수 있으며 다른 것과 독립적으로 이해할 수 있다.

둘째, 각 모구조의 지식 구조는 피아제가 자신의 '군성체groupments' 이론에서 자세히 설명한 일종의 내적 단순성을 갖는다. 피아제의 군성체 이론에 대해서는 나중에 다른 용어로 다룰 것이다. 셋째, 이러한 모구조들은 서로 독립적이지만 각각의 모구조가 동시에 학습되고 공통된 형식을 공유한다는 사실은 모구조가 상호 보완적이므로 각각의 모구조를 학습하면 다른 모구조를 더 쉽게 배울 수 있음을 의미한다.

피아제는 이러한 생각을 활용하여 다양한 지식 영역에서의 발달을 어린이의 내면에서 일어나는 일관되고 규칙적인 구조 체계 측면에서 설명한다. 피아제는 이러한 내적 구조를 언제나 외부 세계와의 상호 작용으로 설명하지만, 그의 이론적 강조점은 언제나 내면에서 일어나는 사건이었다. 내 관점은 개입주의자interventionist에 더 가깝다. 내 목표는 교육이지, 단순히 왜 그런지 이해하는 데 있지 않다. 따라서 나는 피아제가 자신의 연구에서 암시하기는 했지만 명확하게 설명하지 않은 두 가지 측면에 더 중점을 두었다. 하나는 바로 현재 아이가 발달하고 있는 것과 반대로 발달할 수 있는 지적 구조이며, 다른 하나는 이런 지적 구조와 어울리는 학습 환경을 설계하는 것이다. 이 두 가지 관심 분야를 설명할 때 로고 거북이를 사용할 수 있다. 첫 번째는 강력한 수학적 아이디어의 집합을 밝히는 것이다. 이는 어린이에게서 나타나지 않거나 최소한 발달된 형태가 아닐 거라고 가정했던 것이다. 두 번째는 어린이의 환경에 존재하면서 어린이의 아이디어와 접촉하는 이행 대상물인 로고 거북이를 만드는 것이다. 수학자로서 나는 과학사에서 가장 중요한 개념 중 하나가 미분 분석이라는 것을 안다. 뉴턴 이후로 부분과 전체의 관계는 수학에서 자주 다루는 논제였다. 그러나 이 아이디어는 어린이들의 세계에서는 설 곳이 없었다. 전통적으로 그러한 주제에 접근하려면 대부분 공식적인 수학 교육을 받을 수 있어야 했기 때문이다. 대부분의 사람들은 수학에서 최고 단계의 개념에 어린이들이 접근하지 못하는 것을 전혀 이상하게 생각하지 않는다. 내가 피아제에게서 가져온 관점에서 보면 우리는 이 둘 사이의 연결점을 찾아야 할 것이다. 그래서 몇 가지 찾아보기로 했다. 그러나 연결점을 찾는다는 게 새로운 종류의 참신한 '동기 부여' 교수법을 창안하는 건 아니었다. '미분'에 들어 있는 가장 강력한 아이디어를, 접근하기 어려운 형식주의적 조건으로부터 분리하는 법을 연구하는 것이었다. 당시 목표는 과학적으로 근본이 되는 구조와 심리학적으로 강력한 구조를 연결하는 것이었다. 물론 이러한 아이디어가 로고 거북이로 그리는 원, 물리학 마이크로월드 그리고 터치센서 거북이의 기저에 깔려 있다.

마이크로월드의 원천이라 할 수 있는 자연 환경이 어떤 의미에서 마이크로월드 네트워크의 원천이 될 수 있을까? 전체 자연 환경을 일대일 대응으로 짝을 맞춰야 하는 특정한 마이크로월드의 원천으로 범위를 좁혀 보자. 대부분의 어린이가 엄마와 아빠, 나이프와 포크, 달걀과 달걀 컵처럼 짝을 이루는 것들을 보게 된다. 게다가 사람들은 아이들에게 적극적으로 짝을 맞추는 사람이 되라고 요구한다. 아이들은 양말 짝을 맞춰라, 식탁에 앉는 사람에 맞게 식탁을 세팅해라, 사탕을 나눠 주라는 말을 듣는다. 짝을 맞추느라 집중하는 그 순간에 아이들은 자기들이 만든 마이크로월드 안에 있다. 이 마이크로월드는 짝 맞추기 마이크로월드인데 우리가 학생들을 기하학과 물리학 마이크로월드에 데리고 갔던 것과 같은 이치다. 두 가지 경우 모두 관련된 마이크로월드는 복잡성이 제거되어 간결하고 이해하기 쉽다. 아이는 그곳에 있는 요소들을 가지고 자유롭게 놀 수 있다. 재료 자체에 대한 제약은 있지만 재료의 조합을 탐색하는 데는 아무런 제약이 없다. 그리고 두 사례 모두 '발견할 거리가 풍부한' 환경이라는 강점이 있다.

컴퓨터를 가지고 작업을 해 보면 아이들이 자신만의 마이크로월드를 구성한다는 사실이 더 분명해진다. 4장 말미에 나온 데보라의 이야기가 좋은 예다. 로고 덕분에 데보라는 무척 잘 정돈된 마이크로월드, 데보라만의 'RIGHT 30 세계'를 세울 기회를 얻었다. 그러나 데보라는 컴퓨터가 없었어도 자기 머릿속으로 비슷한 뭔가를 만들었을 것이다. 예를 들어 데보라는 실제 세계에서 방향을 이해할 때 몇 가지 단순한 명령어만 사용하기로 했을 수도 있다. 이와 같은 지적 사건들은 관찰자들의 눈에 쉽게 띄지 않는다. 그건 마치 내가 톱니바퀴를 사용하여 수식에 대해 생각했던 일을 내 수학 교사가 몰랐던 것과 같다. 그러나 누군가 한 사람이 충분히 가까이에서 지켜봤다면 분명히 알았을 것이다. MIT 로고 그룹 회원인 로버트 롤러는 자신의 박사학위 연구에서 이러한 사실을 명확하게 증명했다. 롤러는 자신의 여섯 살짜리 딸 미리암이 6개월간 하는 모든 행동을 관찰했다. 롤러는 자신이 확보한 풍부한 정보를 가지고, 늘어나는 미리암의 능력들의 미세 구조를 맞추어 하나의 그림을 완성할 수 있었다. 예를 들어 이기간 동안 미리암은 덧셈을 배웠으며, 롤러는 미리암의 덧셈 수행 능력이 논리적으로 단일한 절차만 습득해 얻은 것이 아님을 증명할 수 있었다. 미리암의 덧셈 학습에 대한 더 나은 설명 모형은 바로 미리암이 여러 개의 색다른 마이크로월드에서 작동하는 관계를 가져왔다는 것이며, 각각의 색다른 마이크로월드는 인식 가능한 이전 경험으로 거슬러 올라갈 수 있다는 것이다.

나는 피아제가 인식론자라고 말했지만 어떤 종류의 인식론자인지 자세히 설명하지는 않았다. 인식론은 지식론이다. 인식론epistemology이라는 말의 어원에 따르면 인식론은 지식에 대한 모든 지식을 다룬다는 의미로 사용될 수 있지만, 전통적으로 좀 더 특별한 방식으로 사용되었다. 즉 지식의 타당성에 대한 조건을 연구하는 학문이라는 의미로 쓰였다. 피아제의 인식론은 지식의 타당성이 아니라 지식의 기원 및 성장과 관련이 있다. 피아제가 지식의 기원과 진화에 관심이 있다는 사실은 그가 자신의 인식론 연구를 '발생론적 인식론'이라고 부른 데서 확인할 수 있다. 전통적인 인식론은 철학의 한 분야로 간주되곤 했다. 발생론적 인식론은 그 자체로 과학이다. 발생론적 인식론을 연구하는 학생들은 데이터를 수집하고 지식의 발전 방식에 대한 이론을 전개하는데, 때로는 역사상 지식이 발전해 온 과정에 초점을 두기도 하고 때로는 개인 지식의 발전 과정에 초점을 두기도 한다. 그러나 두 영역이 뚜렷이 구분된다고 보지는 않는다. 다만 둘 사이의 관계를 이해하려고 노력한다. 이러한 관계의 형태는 달라질 수 있다.

가장 간단한 경우로 개인의 발전은 역사적 발전과 나란히 이뤄진다. 생물학자들이 흔히 하는 말인 "개체 발생은 계통 발생을 되풀이한다"*라는 말을 떠올려 보면 된다. 예를 들어 어린이는 한결같이 아리스토텔레스 방식으로 물리적 세계를 표현한다. 예를 들어 아이들은 힘이 속도보다는 위치에 영향을 준다고 생각한다. 다른 경우에 이러한 관계는 더 복잡해서 어느 지점에서 역전이 일어나기도 한다. 아이의 발달 초기 단계에 나타나는 지적 구조는 초기 과학의 특징이라기보다는 최근 현대 과학의 특징이다. 예를 들면 모구조 토폴로지는 아이의 발달 초기 단계에 나타나지만 토폴로지 자체는 현대에 이르

---

* (옮긴이) 생물학자 에른스트 헤켈의 주장으로 모든 종의 배아의 발생(개체 발생)만으로 그 종의 진화적 발생 과정(계통 발생)을 설명할 수 있다는 것이다. 현재는 폐기된 학설이다.

러 수학 하위 분야로 출현했다. 수학이 충분히 발전해야 수학의 기원을 발견할 수 있다.

20세기 초반 형식 논리는 수학의 기초와 같은 말로 간주되었다. 부르바키 구조주의가 출현하고 나서야 수학의 내적 발전을 알 수 있었고 비로소 수학의 발생적 기원을 '생각'하게 되었다. 그리고 발생론적 인식론 연구를 통해 이러한 기원을 '생각'하자 수학은 어린이가 자신의 현실을 구성하는 방식에 대한 연구를 발전시키는 일과 긴밀한 관계에 놓이게 된다.

발생론적 인식론은 지식의 구조 그리고 지식의 구조를 이해하기 위한 정신 구조가 일련의 상동 관계임을 주장하기에 이르렀다. 부르바키의 모구조는 단순히 수 개념의 바탕에 있는 요소만은 아니다. 오히려 그런 모구조가 수 자체를 구성하는 데뿐 아니라 사람의 마음에서도 비슷하게 나타난다. 따라서 지식 구조 연구는 지식 자체뿐 아니라 사람을 더 잘 이해하기 위해서도 중요하다.

이러한 변증법적 과정을 거쳐 구조를 연구하다 보면 사람이나 지식(수학을 포함한)을 분리해서는 온전히 이해할 수 없다는 확신이 생긴다. 이러한 확신을 노버트 위너와 함께 사이버네틱스 창시자로 공을 세운 워런 맥컬록이 아주 멋지게 표현한 바 있다. 어린 시절 과학자로서의 삶을 이끈 질문이 무엇이냐는 물음에 맥컬록은 "수를 이해하게 된 인간이란 어떤 존재이며, 인간이 이해하게 된 수란 대체 무엇인가"라는 질문이었다고 답했다.

피아제처럼 맥컬록도 사람에 대한 연구와 사람이 배우고 생각하는 대상에 대한 연구는 불가분의 관계라고 생각했다. 아마도 어떤 사람들에게는 역설적이겠지만 이렇게 불가분의 관계에 대한 연구를 발전시킨 것은 기계에 대한 연구와 기계가 구현할 수 있는 지식에 대한 연구였다. 그리고 이제 우리가 관심을 가져야 할 대상은 연구 방법론, 즉 인공 지능에 대한 연구 방법론이다.

인공 지능에서 학자들은 컴퓨터 모형을 활용하여 인간 심리학에 대한 통찰을 얻을 뿐 아니라 인간의 지능을 흉내 낼 수 있는 메커니즘에 대한 아이디어를 인간 심리학에서 찾는다. 이러한 모험이 많은 이에게 매우 비논리적으로 보일 것이다. 수행 능력이 똑같아 보인다 해도 정말 기저에서 일어나는 과정까지 같다고 볼 수 있을까? 어떤 이들은 사회 통념과 맞지 않는다고 생각한다. 즉 인간과 기계의 경계는 신학과 신화에 의해 불변의 것으로 여겨진다. 우리의 '판단력'과 컴퓨터의 '계산'이 비슷하다고 봄으로써 인간 본질을 비인간화하는 것은 아닐까 두려워한다. 나는 이러한 반론을 진지하게 여기지만 이들의 의견이 환원주의자들이 인공 지능을 바라보는 관점에 바탕을 둔 것 같다는 느낌을 받는다. 그리고 나는 환원주의에 관심이 없다. 다음은 간단한 우화이자 반 정도 유머가 섞인 논리로 이 문제에 대한 내 관점을 잘 보여 준다.

인간은 언제나 나는 것에 관심이 있었다. 아주 오래전 과학자들은 새들이 어떻게 나는지 알아보기로 결심했다. 먼저 과학자들은 새를 관찰했다. 새를 보면서 날개의 움직임과 위로 날아오르는 것 사이의 상관관계를 발견하길 바랐다. 계속 관찰하는 중에 어떤 새가 깃털이 빠지자 더는 날지 못한다는 것을 발견했다. 과학자들은 깃털이 새를 날게 하는 기관이라는 결론을 내린 후에 날 수 있는 힘의 본질을 알아내기 위해 현미경과 초미세 현미경으로 깃털을 집중적으로 조사했다.

현실에서는 새가 어떻게 나는지 이해하기 위해 단순히 새만 연구하지 않으며 새의 깃털만 연구한다고 알아낼 수 있는 것은 하나도 없다. 오히려 전혀 다른 종류의 현상을 연구하고 다양한 방법을 시도해 가면서 나는 방법을 연구한다. 어떤 학자들은 고도로 수학적인 방법으로 이상 유체idealized fluid의 운동 법칙을 연구하기도 한다. 또 어떤 학자들은 지금 우리가 다루려는 요점과 가장 가까운데, '인공 비행'을 하기 위한 기계를 만들려고 했다. 물론 새의 비행을 실제로 관찰하는 것도 연구 활동 목록에 포함시켜야 한다. 새의 '자연 비행'과 비행기의 '인공 비행'을 이해함으로써 이 모든 연구 활동이 상승효과를 내면서 항공학을 탄생시켰다. 그리고 같은 맥락에서 나는 수학과 인공 지능에 대한 다양한 연구가 심리학과 상승효과를 일으켜 자연 지능과 인공 지능 양쪽에 적용 가능한 원리를 연구하는 인지 과학 분야에 발전을 가져오는 모습을 상상한다.

인공 지능에 대한 반대 목소리를 비행의 맥락으로 치환해 보면 여러 가지 시사점을 얻을 수 있다. 어떤 회의론자들이 "수학자 여러분은 이상 유체를 다룬다지요. 그렇지만 실제 대기는 훨씬 더 복잡하답니다"라거나 "비행기와 새가 같은 방식으로 난다고 볼 근거는 없습니다. 새들에게는 추진체가 없고 비행기에는 깃털이 없습니다"라고 말하는 그림이 그려질 것이다. 그러나 이러한 비판의 전제는 매우 피상적인 이해에서만 맞는다. 이상 유체에서 쓰던 '법칙'(예: 베르누이의 원리)을 실질 유체에 적용하거나 깃털로 된 날개와 알루미늄으로 된 날개에 동일하게 적용하는 식이다.

인공 지능의 '인지학' 분야를 연구하는 학자들은 생각에 대한 생각을 한 가지 방식만 이야기하지 않는다. 이는 전통적인 심리학자들과 마찬가지다. 어떤 이들은 모든 사고를 강력한 연역 체계의 형식적 조작으로 환원시키는 데 컴퓨터 모형을 이용한다. 아리스토텔레스는 성공적으로 연역법을 인간 사고의 한 부분이 되게 만들었다. "모든 인간은 죽는다. 소크라테스도 인간이다. 그러므로 소크라테스도 죽는다"와 같은 단순한 삼단 논법을 창안한 것이다. 19세기 수학자들은 이러한 논법을 다소 광범위하게 적용하기는 했지만 그래도 여전히 한정된 영역에만 적용할 수 있었다. 그러나 연역 체계를 컴퓨팅 방법론computational method의 맥락에서 확장하려는 진지한 시도가 이뤄지자 모든 형태의 추론에 연역 체계가 적용되었다. 여기에는 상식적 추론과 비유적 추론이 포함되었다. 이러한 종류의 연역적 모델을 가지고 연구하는 것이 인공 지능 초창기에 큰 인기를 끌었다. 그러나 최근에는 인공 지능 분야의 연구자들이 완전히 정반대 전략을 채택하기 시작했다. 강력한 연역적 방법론을 통해 보편적 원칙으로부터 놀라운 결론을 끌어내는 대신 사람들이 사고할 수 있는 것은 구체적이고 특정한 지식 풀을 이용하기 때문이라고 가정한다. 우리는 의외로 문제를 해결할 때 이미 '답을 거의 다 알고 있다'는 사실을 깨닫지 못할 때가 자주 있다. 어떤 학자들은 프로그램을 지능적으로 만들려고 할 때 충분한 양의 정보를 프로그램에 제공하여 문제 해결 과정의 상당 부분이 정보가 저장된 메모리를 검색하는 일이 되게끔 만든다.

수학자이자 피아제 학파 심리학자인 나는 강력한 발달 과정을 생각하는 쪽으로 나를 이끌어 줄 것 같은 컴퓨팅 모형에 자연스럽게 흥미를 느끼게 되었다. 즉 공간적 사고와 크기 및 양을 처리하는 능력을 습득하는 과정을 잘 이해하는 데 이런 컴퓨팅 모형이 도움이 될 것 같았다. 계산 모형과 경쟁 관계에 있는 다른 비슷한 접근법, 이를테면 연역 접근법 및 지식 기반 접근법은 내용이나 구조가 정적인 지적 시스템의 수행 능력을 다루는 경향이 있다. 내가 관심을 가졌던 발달상의 문제는 좀 더 역동적인 모형을 필요로 하는데, 이런 모형은 지적 구조 자체가 어떻게 만들어지고 변하는지 설명할 수 있다. 나는 이런 유형의 모형이 교육과 가장 관련이 있다고 생각한다.

이런 접근법을 설명하는 가장 좋은 방법은 특정 심리학적 현상을 이해하는 데 도움을 준 계산에서 아이디어를 가장 많이 얻은 이론의 한 사례를 제시하는 것이다. 바로 피아제의 보존 개념이다. 우리는 아이들이 만 6~7세가 될 때까지는 액체를 어떤 그릇에서 다른 그릇으로 옮겨 담을 때마다 액체의 양이 늘거나 줄어든다고 믿는다는 이야기를 기억한다. 특히 옮겨 담은 그릇의 모양이 처음에 액체가 담겨 있던 그릇보다 높고 좁으면 아이들은 모두 액체의 양이 늘었다고 말한다. 그런 다음 신기하게도 일정한 나이가 되면 모든 어린이가 생각을 바꾼다. 이제는 다들 액체의 양이 동일하다고 말한다.

어떻게 이런 일이 일어나는지에 대해 많은 이론이 제기되었다. 그중 하나는 전통적인 심리학 범주에서 가져온 것이어서 가장 익숙한 이론인데, 바로 보존 개념이 생기기 이전에 아이들은 '겉모습'에 따라 좌지우지된다는 이론이다. 어린이는 '논리'보다는 사물이 어떻게 '보이는가'를 더 중히 여긴다는 것이다. 지각이 모든 것을 지배한다.

그럼 또 다른 이론으로 넘어가 보자. 이 이론은 컴퓨팅 방법론에서 영감을 받은 것이다. 우리는 다시 한 번 묻는다. 왜 입구가 좁은 그릇의 높이가 아이들에게는 더 큰 것처럼 보일까? 그리고 그런 생각이 어떻게 바뀌는 걸까?

어린이의 생각 속에 세 행위자가 있다고 가정해 보자. 각 행위자는 저마다 다른 '지극히 단순한' 방식*으로 양을 판단한다. 첫 번째 행위자인 A_{height}는 액체의 양과 그 외의 것들을 측정할 때 세로 범위를 기준으로 삼는다. A_{height}는 어린이의 삶 속에서 매우 유용한 행위자다. 등을 맞대고 서서 키를 비교한다거나 컵에 콜라와 초코 우유를 담고 양을 비교할 때 익숙하게 사용한다. 강조하건대 A_{height}는 액체의 양을 '인지'하는 것과 같은 복잡한 일은 하지 않는다. A_{height}는 오직 단 한 가지 추상적인 원칙, 즉 무엇이든 높은 것이 양이 많다는 원칙만 따른다.

두 번째 행위자가 있다. 바로 A_{width}라고 부르는 것으로 이 행위자는 수평으로 펼쳐진 범위를 판단의 잣대로 삼는다. A_{width}는 A_{height}만큼 '많이 사용'되지는 않는다. 가끔 바다에 엄청나게 많은 물이 있다는 것을 판단할 때 사용되지만 아이의 마음속에서 이 원칙은 A_{height}에 비해 '영향력'이 떨어진다.

마지막으로 $A_{history}$라는 행위자가 있다. 이 인자에 따르면 양이 동일한 것은 예전에도 양이 같았기 때문이다. $A_{history}$는 일견 보존 개념이 있는 아이가 하는 말처럼 들리지만 그건 착각이다. $A_{history}$는 아무것도 모르며 양이 추가돼도 양이 똑같다고 말할 것이다.

보존 개념 이전의 어린이와 실험할 때 세 가지 행위자가 저마다 '결정'을 내리고 자기를 채택하라고 소란을 피운다. 우리가 알듯이 A_{height}

---

* 뒤에 나오는 보존 개념에 대한 컴퓨터 관점은 고도로 도식화되어 있으며 어떻게 이런 현상을 이론적으로 설명할 수 있을지에 대해 매우 단순하게 개괄한다. 《마음의 사회(The Society of Mind)》와 그 지은이 마빈 민스키(Marvin Minsky)에 관한 내용은 다음에 출간될 책에서 다룰 것이다.

의 목소리가 가장 크다. 그러나 아이가 다음 단계로 이동하면서 상황이 바뀐다.

앞에서 언급한 세 가지 행위자의 존재에 비추어 변화는 세 가지 방식으로 이뤄진다. A_{height}와 A_{width}가 더욱 '정교'해져서, 예컨대 다른 모든 행위자가 똑같을 때를 제외하고 A_{height}가 실격되는 경우다. 이 말은 A_{height}가 앞으로 나서는 경우는 단면적이 모두 같은 것들을 높이로 판단할 때뿐이란 뜻이다. 둘째, '나이 순서'에 따라 권한이 달라지는 경우가 있다. 이때는 $A_{history}$의 목소리가 지배적이다. 이 두 가지 변화 방식 모두 불가능하지는 않다. 그러나 더 간단하게 동일한 효과를 불러오는 제3의 방식이 있다. 이 방식의 핵심은 A_{height}와 A_{width}가 상반되는 주장을 함으로써 서로를 상쇄하는 데 있다. 이 아이디어는 매력적(그리고 피아제의 그룹별 조작의 구성이라는 개념과 가깝다)이기는 하지만 몇 가지 문제가 있다. 아이가 아무 판단도 못하도록 세 가지 행위자가 서로를 상쇄한다면 어떨까? 이 질문에 답하기 위해 추가로 가정(이 가정은 지적인 조작이 '집합적'으로 조직된다는 피아제의 생각과 공통점이 많다)을 세워야 한다. 상쇄의 원칙이 실행 가능하려면 A_{height}와 A_{width}를 위한 행위자들이 서로 특별한 관계를 맺되 $A_{history}$와는 관계를 맺지 않는 구조를 갖춰야 한다. 우리는 새로운 객체를 생성하는 기술이 프로그래밍 시스템에서 매우 효과적이라는 사실을 알고 있다. 그리고 이런 것이야말로 우리가 전제하는 프로세스다. 새로운 객체, 새로운 행위자가 생성되는 것이다. 새로운 행위자가 A_{geom}이다. A_{geom}은 A_{height}와 A_{width}의 감독자다. A_{height}와 A_{width}가 합의하는 경우, A_{geom}은 상당한 '권위'를 가지고 둘의 메시지를 전달한다. 그러나 이 둘의 의견이 일치하지 않으면 A_{geom}의 힘은 약해지고 다른 두 행위자는 무력화된다. 여기서 중요한 점은 A_{height}와 A_{width}가 뭔가를 결정했을 때 그 이유를 A_{geom}이 반드시 '이해'할 필요가 없다는 것이다. A_{geom}은 둘의 의견이 일치했는지, 일치했다면 어느 쪽으로 일치했는지만 안다.

단 네 가지 행위자가 벌이는 상호 작용만으로도 어린이의 사고 과정을 이해할 수 있다는 점에서 이 모형은 엄청나게 단순하다. 행위자 수가 수십 또는 수백 개는 되어야 복잡한 실제 프로세스를 설명할 수 있다. 그러나 이렇게 단순해도, 이 모형은 이 이론의 몇 가지 원리를 매우 정확하게 전달한다. 특히 시스템의 구성 요소들이 명제보다는 사람과 더 비슷하며 이들이 벌이는 상호 작용은 수학적 논리를 조작하는 것보다는 사회적 상호 작용에 더 가깝다. 관점을 달리하면 우리는 발달 심리학의 수많은 기술적 문제를 해결할 수 있다. 무엇보다도 우리는 논리적 학습이 사회 및 신체적 학습과 관계가 있다는 사실을 이해할 수 있다.

나는 줄곧 이런 이론이 컴퓨팅 은유computational metaphor에서 영감을 얻는다고 말했다. 혹자는 의인화된 이야기에 지나지 않는 것이 어떻게 '이론'이 될 수 있느냐고 물을 수 있다. 그러나 우리는 이미 의인화 설명법이 컴퓨터 이론에 한걸음 다가간 것을 봤다. 그리고 마음의 사회 이론의 취지는 행위자들을 바로 컴퓨팅 모델로 바꿀 수 있다는 것이다. 우리가 이러한 행위자들을 '사람'으로만 생각하는 한 이 이론은 순환 논리에 빠진다. 이 이론은 사람의 행동적인 측면에서 사람들의 행동을 설명한다. 그러나 우리가 이 행위자들을 잘 정의된 MAN 프로시저의 하위 프로시저인 VEE, LINE, HEAD와 비슷한 컴퓨터 객체로 볼 수 있다면 모든 것이 더욱 명료해진다. 심지어 우리는 작은 프로그램에 들어 있는 지극히 단순한 모듈들이 결합하여 얼마나 복잡한 결과물을 만들 수 있는지 확인했다.

이러한 컴퓨팅 논거computational argument는 마음의 사회 이론이 악순환에 빠질 수 있다는 혐의를 벗겨 주었다. 그러나 순환 이론이 되는 것을 막진 않는다. 거꾸로 3장에서 다룬 SPI 프로시저 스타일의 재귀 프로그램처럼 마음의 사회 이론은 '순환 논리'를 건설적으로 사용하는 데서 강점을 끌어낸다. 전통적인 논리학자들이 SPI를 정의하기 위해 SPI를 참조한 것을 봤다면 잘못됐다고 지적했을지 모른다. 그러나 컴퓨터 프로그래머와 발생론적 인식론자들은 이러한 자기 참조가 정당할 뿐 아니라 필요하다고 생각한다. 그리고 둘 다 어린이가 다음 발달 단계로 나아갈 때 '열등'한 논리를 이용하여 '월등'한 논리를 구성한다는 역설적 요소가 있다는 사실을 안다. 피아제는 오랜 연구 기간 동안 어린이가 자신의 생각을 반추하는 능력을 통해 지적 성장을 도모하는 것이 얼마나 중요한지 강조했다. '학습법의 역설'은 어린이의 현 지적 체계 안에서 이런 반추가 일어나야 한다는 데 '학습법의 역설'이 있다.

지나치게 단순화해서 거의 비유에 가깝긴 하지만 네 가지 행위자를 가지고 보존 개념을 해석한 것은 이러한 역설적 요소를 포착하고 있다. 어떤 수학 논리학자가 A_{height}와 A_{width}에게 계산을 하거나 적어도 높이와 단면을 가지고 부피를 추산할 수 있는 상위 행위자를 부여하고 싶을 수 있다. 대다수의 교육자들이 아이에게 그런 공식을 강요하고 싶을지도 모른다. 그러나 그렇게 하는 것은 아직 보존 개념 이전의 지적 체계를 갖고 있는 어린이에게 적합하지 않은 행위자를 주입하는 꼴이다. 우리의 A_{geom}은 어린이의 지적 체계 안에 확고히 속해 있다. A_{geom}은 심지어 가족에게 명령을 잘 내리지 못하는 아버지 모형에서 도출한 것일 수도 있다. 비록 증거는 없지만 보존 개념의 출현이 아이가 겪는 오이디푸스 콤플렉스* 위기와 관련이 있다고 추정할 수도 있다. 보존 개념에 의해 콤플렉스가 더욱 부각된 것이다. 나는 A_{geom} 같은 무언가가 중요해질 거라고 확신한다. A_{geom}에는 강한 양면 관계가 있기 때문인데, 이런 특징이 로고 거북이를 고안하는 데 사용되었다. 즉 양면 관계란 확고하게 자리 잡은 어떤 구조, 이를테면 권위적인 존재를 묘사하는 어린이의 방식과 관련이 있으면서 또 중요한 수학적 발상의 기원, 예컨대 '약분'과 같은 개념과 관련이 있다.

피아제의 이론서에 익숙한 독자들은 이러한 발생의 기원이라는 개념을 피아제의 '군성체' 이론 중 하나로 알고 있을 것이다. 따라서 독자들은 우리가 세운 모형이 피아제의 모형과 크게 다르지 않다는 점도 알 것이다. 기본적인 의미에서는 독자들이 맞다. 그러나 컴퓨팅 구조물computational structure에 특수한 역할을 부여할 때 새로운 요소가 도입된다. 이 책의 주제는 어린이에게 컴퓨터 문화를 접할 수 있게 함으로써 특수한 역할을 개발한다는 아이디어다. 만약 이러한 컴퓨터 문화가 제대로 된 구조를 갖추거나 반드시 갖추고 있다면, 개념적 잠재력을 동원하는 방식으로 적절한 구조를 표현하는 어린이의 능력을 크게 향상시킬 것이다.

피아제 이론을 재해석하면 세 가지로 요약할 수 있다. 첫째, 피아제 이론은 구체적인 심리학 이론을 제공하는데 심리학의 다른 이론에 비해 빈틈없으며 설득력이 강하다. 둘째, 피아제 이론은 구체적인

---

* (옮긴이) 프로이트가 제시한 개념으로 아이가 어머니를 독차지하려 하고 아버지에게 적대감을 보이는 것을 가리킨다.

컴퓨터 원리의 위력을 보여 주는데, 이 경우에는 순수 절차 이론의 힘을 보여 준다. 여기서 절차란 모듈 방식으로 따로 떼어서 생각할 수 있는 것을 말한다. 셋째, 피아제 이론은 다른 언어들 주변에서 생기는 문화에 어떻게 다른 언어들이 영향을 주는지에 대한 내 주장을 구체화한다. 모든 프로그래밍 언어가 이러한 순수 절차 이론을 구현하지는 않는다. 프로그래밍 언어가 순수 절차 이론을 구현하지 않을 때 심리적 문제를 위한 비유라는 프로그래밍 언어의 역할은 심각하게 편향된다. 인공 지능과 인공 비행 비유는 현상 자체는 아무리 다르게 드러나더라도 동일한 원리가 인공 현상과 자연 현상의 기저에 깔려 있을 수 있다는 사실을 보여 주었다. 물체를 위로 들어 올리는 힘은 비행의 기초가 되는 힘으로, 비행 물체가 인간이든 금속이든 상관없이 동일하게 필요하다. 우리는 인간 지능과 인공 지능의 초석이 될 원리를 살펴봤다. 이름하여 인식론적 모듈의 원리다. 지능을 가지는 데 이상적인 기계가 아날로그일지, 디지털일지 그리고 두뇌가 아날로그인지, 디지털인지에 대해 여러 주장이 있었다. 내가 여기서 전개하려는 이론적 관점에서 봤을 때, 이런 주장들은 핵심에서 벗어나 있다. 중요한 문제는 두뇌와 컴퓨터가 별개인지 여부를 따지는 게 아니라 지식을 모듈화할 수 있는지 알아내는 것이다.

나는, 새로운 심리학 이론을 담는 방식으로 컴퓨팅 은유를 사용할 수 있는 우리의 능력이, 지식에 대한 이론이 어디로 가야 할지, 지식의 생산자와 전달자로서 우리가 어디로 나아가야 할지 암시한다고 생각한다. 이러한 영역들은 서로 독립적이지 않다. 앞 장에서 우리가 지식에 대해 생각하는 방식이 우리가 자신에 대해 생각하는 방식에 영향을 준다고 언급했다. 특히 지식이 여러 종류로 나뉜다는 이미지는 사람들도 적성별로 나뉠 수 있다는 관점으로 우리를 인도한다. 그리고 이는 결국 문화의 분열로 이어진다.

내가 문화의 분열에 대해서는 이토록 부정적이면서도 지식의 모듈화에 대해서는 긍정적인 것에 대해 명확히 설명할 필요가 있겠다. 지식을 '마음의 크기'로 나눌 때 우리는 지식을 더 잘 전달할 수 있으며, 동화가 더 잘 일어날 수 있게끔 쉽고 더 단순하게 구조화할 수 있다. 우리가 지식을 과학적 세계와 인문학적 세계로 나누면 어떤 지식은 처음부터 특정 부류의 사람들에게는 전달할 수 없는 것이 되어 버린다. 우리가 소통하고자 하는 의지는 우리가 모듈화에 대한 의지, 곧 소통을 도우려는 의지를 통해 표출될 뿐 아니라 우리가 물리학이나 수학 같은 영역, 그러니까 구조화된 개체들끼리 소통할 수 있는 본질적인 언어를 찾으려는 시도에서도 드러난다. 뉴턴의 법칙을 입자(또는 '뉴턴의 로고 거북이') 간의 소통 방법에 대한 이론이라고 다른 식으로 말함으로써 어린이나 시인이 쉽게 알아들을 수 있게 해 준다.

우리가 갖고 있는 지식에 대한 이미지가 자신이 지적인 행위자라는 감각을 어떻게 무너뜨리는지 보여 주는 다른 예를 살펴보자. 교육자들은 이상적인 지식을 형식적인 논리에 의해 정의된 일종의 일관성이라고 생각할 때가 있다. 그러나 이러한 이상은 대부분의 사람들이 직접 경험하는 방식과 닮은 데가 거의 없다. 지식에 대한 주관적인 경험은 혼돈과 경쟁 행위자 간의 논쟁에 더 가깝지, p는 q를 의미한다는 식의 확신과 질서 정연함과는 거리가 멀다. 직접 경험과 이상화된 지식의 불일치는 우리에게 영향을 미친다. 겁을 먹게 되고 자신감을 잃으며 배우고 생각하는 데 비생산적인 전략을 따르게 된다.

상당수의 고학년 학생들이 학교를 중퇴할 정도로 자신감을 잃는다. 어른들이 자신감을 잃으면 어린이들은 그 두 배로 자신감을 잃는다. 우리는 어린이들이 스스로 이론을 수립하는 이론가임에도 이론가로서 존중받지 받지 못한다는 것을 안다. 그리고 이러한 모순은 현실과 맞지 않는 이상적인 지식이 사라지지 않으면서 더 악화된다. "난 절대로 수학자나 과학자가 될 수 없어"라고 단정 짓는 많은 어린이와 대학생은 자기들 나름대로 수학자 방식과 자기들 방식 사이에 놓인 격차를 떠올릴 것이다. 그러나 진실은 다르다. 이들이 생각하는 방식은 논리적 관념론보다 수학자들의 사고방식에 훨씬 가깝다.

나는 세계를 이해하는 데 있어서 강력한 아이디어의 중요성에 대해 이야기했다. 그러나 우리는 새로운 아이디어를 거의 배울 수 없었다. 매번 배울 때마다 우리는 새로운 아이디어를 활용하기 위해 우리의 인지 구조를 완전히 재편해야 하거나 아니면 그 어떤 모순이 생기지 않도록 노력해야 했다. 강력한 아이디어는 특정 유형의 문제(이를테면 물리 문제)에 대한 생각을 전환하는 데 도움을 줄 정도로 강력하지만 우리 자신을 완전히 바꿀 필요가 없다. 우리는 우리의 기술과 발견적 전략을 일종의 도구 상자에 담는다. 그리고 도구들이 상호 작용하면서 전체에 변화를 가져오는 동안 학습 행위 자체는 한 부분에서만 벌어지는 지역적 사건이 된다.

나는 학습의 이러한 지역적 특징을 보존 개념 습득을 설명하면서 다루었다. 학습을 위해 필요한 행위자들이 시스템에 들어오면 행위자들의 최우선 목표 간에 서로 충돌이 일어난다. 그러다 충돌이 조정되고 나서 자리를 잡는다. 이론 형성에 대한 '조각 깁기 이론'이 오직 아이들의 학습을 설명하는 데만 적합한 것은 아니다. 인공 지능을 연구하면서 우리가 확실히 알게 된 사실은 우리가 보존 문제를 간략히 설명했던 방식으로 해결할 수 있는 문제가 다양하다는 것이다. 앞서 예를 들었듯이 각 행위자들이 서로 충돌하는 식으로 말이다. 이 충돌은 '해결'된다기보다는 원래 행위자들처럼 단순하지만 특별한 행위자의 개입을 통해 규제되고 억제된다. 차이를 극복해 가는 행위자들의 방식은 시스템을 논리적으로 일관된 틀 안에 억지로 넣으려 하지 않는 것이다.

이러한 과정은 누군가가 뭔가를 다양하게 시도하는 장면을 연상시킨다. 학습은 자기가 다룰 수 있고 조작할 수 있는 일련의 재료와 도구를 가지고 뭔가를 만들어 가는 것이다. 아마도 자기가 갖고 있는 것으로 작업하는 과정이 그중에서 가장 중요할 것이다. 우리 모두 의식적인 수준에서는 이런 과정에 익숙하다. 예를 들어 어떤 문제를 경험적으로 해결하려 할 때 우리는 이전에 경험한 비슷한 문제에 대해 알고 있는 것들을 총동원한다. 그러나 여기서 내가 제시하는 이미 알고 있는 것을 동원한다는 말은 좀 더 깊은 의미를 지니며 나아가 무의식적 학습 과정의 다른 말이기도 하다. 인류학자 클로드 레비스트로스[2]도 비슷하게 이런 종류의 이론 구성 측면에서 말한 바 있는데, 즉 원시 과학에 대한 것이다. 원시 과학은 모든 자연물 간의 조합이자 재조합물이기도 한 자연물 간의 관계가 과학 이론 수립에 필요한 개념 어휘를 제공하는 매우 구체적인 과학이다. 여기에서 나는 기본적으로 학습자인 우리 모두 브리콜라주*를 하는 사람[3]이라고 제안한다. 이로 인해 우리는 행위자의 컴퓨팅 이론이 갖는 두 번째 의미와 만나게 된다. 첫 번째 의미가 지식과 학습에 대한 우리의 생각에 미

---

* (옮긴이) 도구를 닥치는 대로 써서 뭔가를 만드는 것

치는 영향과 관련이 있다면, 두 번째 의미는 학습자로서 우리가 갖고 있는 자신의 이미지에 미치는 효과와 관련이 있다. 브리콜라주를 하는 사람이 과학적으로 정당한 이론을 수립하기 위한 모델이라면, 우리는 브리콜라주를 하는 사람으로서의 자신에 대해 더욱 자긍심을 느낄 것이다. 물론 이 같은 사실은 피아제 학습의 중요성과 힘이라는 우리의 핵심 주제와도 연결된다. 지금 피아제 학습이 아닌 것을 피아제 학습 영역으로 가져오기 위한 조건을 만들려면 확신에 차서 행동할 수 있어야 한다. 우리는 이 과정에서 지식의 본질을 바꾸는 게 아니다.

나는 인지 이론과 사람들에 대해 한 가지 추측을 하면서 이번 장을 마치려 한다. 나는 앞에서 피아제를 발달 단계 이론가로 설명하지 않겠다고 말한 바 있다. 그러나 피아제의 발달 단계 이론을 생각해 보면 컴퓨팅 문화computational culture가 사람들에게 미치는 잠재적 영향력에 대한 중요한 시사점을 얻을 수 있다. 피아제는 자신의 인지 발달 단계가 불변한다고 보고, 다양한 문화권을 연구하면서 자신의 이론이 타당함을 확인한 것처럼 보인다. 사회가 바뀌어도 어린이는 같은 순서로 인지 능력을 발달시켜 가는 것 같다. 특히 피아제의 보존 개념이 일어나는 구체적 조작기가 그다음 단계이자 마지막 단계인 형식적 조작기보다 4년 이상 먼저 시작한다. 구체적 조작기 단계의 발달은 관찰을 통해 확인할 수 있다. 보통 우리 사회에서 6~7세 어린이는 다방면에서 한꺼번에 비약적으로 발전한다. 아이들은 수, 공간, 시간의 단위를 사용할 수 있고 삼단 논법을 사용할 수 있으며 분류 체계를 만들 수 있다. 그러나 이 아이들이 못하는 것이 있다. 특히 사물이 존재하는 방식이 아닌 사물들의 존재 가능한 모든 방식에 대해 생각해야 할 때 무척 당황스러워 한다. 그럼 내가 앞에서 언급했던 다음 예를 생각해 보자.

한 아이에게 다양한 색상의 구슬을 준다. 이를테면 초록, 빨강, 파랑, 검정 구슬을 주었다고 하자. 그리고 이 아이에게 가능한 모든 색상별로 짝을 만들어 보라고 한다. 초록-파랑, 초록-빨강, 초록-검정, 그다음에는 세 개씩 짝을 맞춰 보라고 한다. 일곱 살이 될 때까지 보존 개념을 습득하지 못하는 것처럼 전 세계 모든 어린이는 열한 살이나 열두 살이 되기 전까지는 이런 종류의 과제를 수행하지 못한다. 실제로 평범한 삶을 살기에 충분한 '지능'을 갖춘 어른들도 상당수가 이런 과제를 수행하지 못한다.

그렇다면 보존 개념과 관련된 '구체적' 조작기와 조합 능력과 관련된 이른바 '형식적' 조작기는 본질적으로 무엇이 다를까? 피아제가 붙인 이름과 경험 데이터는 심도 깊고 중요한 차이점을 시사한다. 그러나 이 장에서 발전시킨 개념이라는 프리즘을 통해 이 문제를 바라보면 전혀 다른 인상을 받는다.

컴퓨터 관점에서 조합할 때 가장 중요한 요소는 절차와 관련이 있다. 바로 체계성systematicity과 디버깅이다. 성공적인 해결책은 다음과 같은 절차를 따른다.

1. 구슬을 색상별로 나눈다.
2. 색상 A를 골라 색상 1이라고 정한다.
3. 색상 1로 짝을 맞출 수 있는 것은 모두 짝을 맞춰 본다.
4. 색상 2를 고른다.
5. 색상 2로 짝을 맞출 수 있는 것은 모두 짝을 맞춰 본다.

6. 각 색상에 대해 앞의 과정을 수행한다.

7. 다시 뒤로 돌아가 중복된 쌍은 모두 없앤다.

따라서 여기에 들어가는 모든 절차는 중요한 디버깅 단계가 전부 포함된 프로그램을 만들어서 실행하는 것과 같다. 이러한 관찰을 통해 우리는 어린이가 이런 능력을 이토록 늦게 습득하는 이유를 알 수 있다. 현대 문화는 이런 유형의 체계적인 절차에 들어가는 요소들을 가지고 '브리콜라주'를 할 기회를 제공하는 경우가 상대적으로 매우 드물다. 나는 이런 기회가 아예 없다고 말하는 게 아니다. 일부 어린이는 그런 기회를 얻는다. 예를 들면 어린이가 자기만의 '조합 마이크로월드'를 만들 수 있는 게임을 하는 경우다. 그러나 이러한 조합과 관련된 영역에서 아이에게 제공되는 이러한 기회, 인센티브, 지원은 수의 영역에서 제공하는 것에 비하면 매우 적다. 우리 문화는 아이들에게 수에 노출될 기회는 많이 주지만 체계적인 절차를 그렇게 많이 보여 주진 않는다.[4]

나는 이러한 문화적 노출의 차이가 수에 대한 보존 개념이 생기는 나이와 조합 능력을 습득하는 연령이 5년씩 차이가 나는 이유를 설명한다고 확신한다.

이러한 가설을 조사하는 일반적인 방법론은 다른 문화권에 있는 어린이들끼리 비교하는 것이다. 물론 피아제의 인지 발달 이론도 이런 실험을 거쳤다. 인류학자가 구분해 놓은 모든 발달 단계에 있으면서, 전 세계 100개 이상의 문화권에 살고 있는 어린이들에게 액체를 따르고 구슬을 분류해 보라고 했다. 모든 실험에서 적어도 보존 개념이 있고 조합 능력이 있는 경우, 수에 대한 보존 개념이 있는 아이들이 조합 능력이 있다고 증명된 아이들보다 다섯 살 이상 어리다는 사실이 입증되었다. 그러나 이러한 관찰 결과가 내 가설을 약화시키지는 않는다. 실제로 컴퓨터 이전 사회에서는 '수'에 대한 지식이 '프로그래밍' 지식보다 더 풍부하게 표현됐으리라고 보는 편이 맞을 것이다. 이토록 인지 사회적으로 보편적인 설명을 만들어 내기란 그리 어렵지 않다. 그러나 미래에 컴퓨터가 풍족한 문화에서는 상황이 달라질 것이다. 컴퓨터와 프로그래밍이 어린이의 일상생활 속으로 들어온다면 보존 개념과 조합 능력의 격차가 분명히 좁혀질 것이고 역전도 충분히 가능하다. 어린이가 수량에 대해 학습하기도 전에 체계성에 대해 학습할 날이 올 것이다!

[8]

🐢

학습 공동체의 미래

지금까지 내가 제시해 온 비전은 특정 컴퓨터 문화, 바로 학습법과 관련된 문화로, 이 문화는 학습뿐 아니라 학습에 대한 학습에 도움이 되는 문화다. 나는 이러한 문화를 이용해 지식과의 관계를 좀 더 개인적이고 친밀하게 함으로써 학습을 인간 중심적으로 만들 수 있는 방법을 보여 주었고, 학습 과정에서 만나는 다른 사람들과의 관계를 개선할 수 있는 방법에 관한 사례를 몇 가지 소개했다. 그러나 나는 이런 학습이 이뤄지는 사회적 맥락에 대해서는 가볍게 언급만 하고 지나갔다. 이제 답을 내릴 수는 없지만 많은 독자들이 마음속에 품은 질문을 대면해야 할 시간이다. 여기서 사회적 맥락은 학교가 될 것인가?

학교가 언젠가는 사라질 때가 올 거라는 말에 많은 사람이 강하게 반발한다. 학교가 없는 세상에 대해 명확하게 생각하는 것을 방해하는 장애물이 많이 있다. 어떤 것들은 매우 개인적이다. 우리는 생각보다 인생의 대부분을 학교를 다니는 데 썼다. 예를 들어 내 나이 50

이 넘었지만, 학교를 졸업하고 보낸 햇수가 취학 전 시기와 학교에서 보낸 시기를 더한 햇수를 아직 넘기지 못했다. 학교가 없는 세상이란 개념은 우리 삶의 경험과 크게 어긋난다. 다른 장애물은 좀 더 개념적이다. 학교 없는 세상이란 단순히 학교를 없애고 그 자리를 텅 빈 채로 두는 것이라고 마냥 부정적으로만 규정할 수 없다. 그렇게 되면 사고의 진공 상태가 되어 아이들이 '탈선'하거나 '마약 중독'에 빠지거나 '부모의 삶을 비참하게 만든다'는 등의 막연하면서 두려운 상상이 그 빈 공간을 채우게 된다. 학교가 없는 세상에 대해 진지하게 생각하려면 어린이가 참여할 수 있는 비학교 활동nonschool activity에 대한 정교한 모델이 필요하다.

그러한 모델을 수집하는 일은 내가 아이들의 미래를 생각하는 데 중요한 부분이 됐다. 나는 최근 브라질에서 여름을 보내면서 훌륭한 비학교 모델을 발견했다. 리우데자네이루에서 열리는 유명한 카니발의 최고 볼거리는 열두 시간에 걸쳐 펼쳐지는 노래, 춤, 가두 공연 행진이다. 공연 팀들은 차례대로 공연을 한다. 일반적으로 역사적 사건이나 민간 설화를 음악과 춤으로 표현한다. 노랫말과 안무, 의상은 새롭고 독창적이다. 기술적 측면에서 완성도가 전문가 수준이며 그 효과에 사람들이 넋을 잃는다. 이들이 참고한 대상은 신화이지만 오늘날의 정치에 대한 내용으로 가득하다.

이 행진은 즉흥 공연이 아니다. 공연은 물론 준비 과정 자체가 브라질 사람들의 삶에서 중요한 부분을 차지한다. 각 팀은 삼바 학교 Samba School라는 자신만의 학습 환경에서 경쟁적으로 카니발을 준비한다. 삼바 학교는 우리가 아는 일반적인 학교가 아니다. 삼바 학교는 수백 명에서 수천 명에 달하는 회원들로 구성된 사교 클럽이다. 각

마인드스톰

클럽은 춤을 추고 모일 수 있는 건물이 있다. 삼바 학교 회원들은 거의 주말 저녁마다 이곳에 모여 춤추고 마시며 친구들을 만난다.

해마다 각 삼바 학교는 다음 해에 열릴 카니발 주제를 선정하고 주연을 선발하며 노랫말을 쓰고 고치고 춤을 짜고 연습한다. 삼바 학교 회원의 연령대는 어린이부터 할머니, 할아버지에 이르기까지 폭넓고 공연 수준도 초보자부터 전문가에 이르기까지 다양하다. 삼바 학교 회원들은 각자 따로 춤을 추는 것이 아니라 서로 춤을 배우고 가르치는 등 모두가 함께 춤을 춘다. 심지어 주연들조차 클럽에서 어려운 부분은 따로 배운다.

미국의 디스코장 역시 춤을 추기도 하고 배우기도 하는 곳이다. 그러나 삼바 학교는 매우 다르다. 삼바 학교는 사회적 응집력과 소속감, 공동의 목표 의식이 매우 강하다. 대부분의 춤 교육은 자연스러운 환경에서 이루어지지만 다분히 의도적이다. 예를 들어 전문 댄서가 어린이들을 모아 놓고 수업을 한다. 5분 또는 20분 동안 집중해서 배우는 특정한 학습 집단이 만들어진다. 이러한 학습은 계획적이고 집중적으로 진행된다. 그런 다음 다시 흩어진다.

이 책에서 우리는 어떻게 하면 브라질의 삼바 학교와 비슷한 환경, 다시 말해 실질적이고 사회적 응집력이 강하면서 전문가와 초보자들이 공존하는 환경에서 수학을 배울 수 있을지 고민했다. 삼바 학교를 다른 나라나 문화권으로 온전히 '수출'할 수는 없지만, 삼바 학교는 학습 환경이 갖춰야 하고 또 갖출 수 있는 속성들을 잘 보여 준다. 학습은 현실과 분리되지 않는다. 삼바 학교에는 하나의 목적이 있고 이 목적을 달성하기 위해 학습을 현실과 통합한다. 초보자와 전문가가 분리되어 있지 않으며 전문가 또한 계속 배운다.

로고 환경은 여러 면에서 삼바 학교와 비슷하고 또 여러 면에서 삼바 학교와 다르다. 가장 비슷한 점은 초보자와 전문가가 실제로 함께 할 수 있는 활동이라는 것이다. 이러한 활동은 매우 다양하며 새로 발견할 수 있는 것들이 풍부하다. 그 때문에 첫 프로그래밍 수업에서도 학생들이 새로운 무언가를 할 수 있으며, 교사들도 이를 흥미롭게 받아들인다. 존 듀이는 어린이가 실제로 사냥에 참여해서 즐겁게 사냥꾼 흉내를 내면서 사냥꾼이 되어 가는 원시 사회를 그리워했다. 오늘날 학교에서 이뤄지는 학습은 그리 의미 있는 참여 활동이 아니다. 예를 들어, 수업 시간에 단순히 덧셈을 하는 건 흥미롭거나 주목을 이끄는 어른들의 활동을 모방하는 게 아니다. 그러나 컴퓨터 그래픽이나 음악을 만들거나 가상의 우주선을 날려 보는 프로그램을 작성하는 일은 어른들, 심지어 꿈에 부푼 어린이의 영웅이자 역할 모델이 되기도 하는 그런 어른들이 실제로 하는 일과 상당히 비슷하다.

로고 환경은 인간관계의 질적인 측면에서 삼바 학교와 닮았다. 일반적으로 교사들은 로고 수업을 할 때 학생 곁에 있다. 하지만 로고를 가르치는 교사들이 학생들에게 개입하는 정도는 학습 계획서와 교육 과정을 중시하는 전통적인 교사보다는 삼바 학교의 전문 댄서와 더 비슷하다. 로고 교사는 아이의 질문에 답을 하며 아이들이 도움을 요청하면 도와주고 때로는 곁에서 이렇게 말한다. "선생님이 뭐 좀 보여 줄게." 이때 교사가 보여 주려고 한 것은 수업 계획서에 명시된 내용이 아니다. 때에 따라 학생이 수행 중인 프로젝트에 적용할 수 있는 것이기도 하다. 또는 교사가 최근에 배운 내용인데 순간 학생이 좋아하리라고 생각한 것일 수도 있다. 때로는 구조화되지 않은 사회적 상황에서 신이 나서 일하는 사람처럼 그 교사도 그저 즉흥적

마인드스톰

으로 말한 것일 수도 있다. 로고 환경은 아이디어의 흐름과 가르침이 일방적이지 않다는 점에서도 삼바 학교와 비슷하다. 로고 환경은 수학과 관련된 것이면 무엇이든 오늘날 학교에서 흔히 볼 수 있는 것보다 더 풍부하고 깊은 상호 작용을 일으킬 수 있게 설계됐다. 아이들이 멋진 그래픽이나 우스꽝스러운 그림, 음향 효과, 음악, 컴퓨터 우스갯소리를 만드는 프로그램을 작성한다. 아이들은 자신이 관심 있는 분야 또는 주변에서 쉽게 경험할 수 있는 실생활과 관련된 수학 과제물을 만들면서 수학적으로 상호 작용하게 된다. 또 아이들은 직접 만든 컴퓨터 그래픽을 다른 친구들에게 보여 주고 벽에 전시하고 다른 친구들의 것을 고치고 실험하여 원래 창작자에게 '새로운' 결과물을 돌려주는 활동을 몹시 즐거워한다. 비록 컴퓨터로 하는 활동이 혼자 하는 일이기는 하지만 이런 활동은 상호 작용에 대한 아이들의 욕구를 높인다. 이 아이들은 자신과 비슷한 활동을 하는 아이들과 같이 어울리고 싶어 한다. 서로 나눌 이야기가 많기 때문이다. 그리고 아이들의 대화 소재는 자기들의 결과물에 한정되지 않는다. 로고는 무언가를 만드는 과정에 대해 이야기하기 쉽도록 설계되어 있기 때문이다.

구조적 사고에서 강력한 사고로 나아가도록 로고를 만든 결과 우리는 사용자가 한 가지 인지 양식을 경험하도록 했는데, 바로 자신의 사고 과정에 대해 이야기하도록 촉진하는 것이었다. 로고가 디버깅을 강조하는 것도 같은 맥락에 있다. 학생들의 버그가 대화의 소재가 된다. 그 결과 학생들은 필요할 때 도움을 청하기 위해 명확하고 분명한 언어를 개발한다. 학생이 자신에게 필요한 것을 명확하고 분명하게 요청하는 경우, 조력자는 특별한 훈련을 받은 전문가가 아니어도 된다. 이런 식으로 로고 문화는 모든 참여자 간의 상호 작용을 더욱 활발히 촉진시켜 더욱 정확하고 효과적이면서 진술하게 가르치고 배우는 관계를 만든다. 이로써 교사와 학생 사이의 경계를 좁히는 데 한 발 더 나아가게 된다.

로고 환경과 삼바 학교는 비슷한 점이 많지만 똑같지는 않다. 이 둘은 근본적으로 다르다. 교사는 전문가이며 학생들에게 권위를 내세우려 하지 않을 때에도 결국 학습에 대한 책임을 진다. 학생들은 잠시 머물다 떠난다. 그렇기 때문에 로고의 장기적인 목표를 자신의 것으로 삼을 정도로 로고 환경에 오래 머무르지 않는다. 궁극적으로 로고 환경과 삼바 학교의 차이는 주변 문화와 관련을 맺는 방법과 관련이 있다. 삼바 학교는 대중문화와 밀접한 관련을 맺는다. 삼바 학교에서 배운 지식은 그곳 사람들의 문화와 이어진다. 로고 환경은 인공 오아시스다. 이곳에서 사람들이 접하는 (수학과 학습에 대한) 지식은 주류 문화와 단절되어 있으며 사실상 주변 문화에서 표방하는 가치와 상반된다. 이런 상황이 달라지겠느냐는 의문이 생길 때면 나는 삼바 학교가 연구자들이 설계하거나 외부에서 재정 지원을 받거나 정부가 시행한 정책이 아니라는 사실을 되새기며 이 질문의 사회적 본질을 떠올린다. 삼바 학교는 누군가가 인위적으로 만들지 않았다. 그냥 생긴 것이다. 이 같은 사실은 학습법을 위한 컴퓨터 문화에서 출현한 새롭고 성공적인 형태의 학습을 위한 모임에도 적용된다. 강력하고 새로운 사회적 모임의 뿌리는 관료주의가 아니라 문화에 있는 것이 틀림없다.

따라서 우리는 교육자가 인류학자가 될 필요성을 다시금 깨닫는다. 교육 혁신가들이 성공을 거두려면 반드시 주변 문화에서 벌어지는 일들에 민감해야 하며, 역동적인 문화적 흐름을 교육적 조치를 담는 매체로 사용해야 한다.

어디에나 있는 컴퓨터 기술이 오늘날 문화의 특징을 나타낸다고 사람들은 흔히 말한다. 한동안 이 말은 사실이었다. 그러나 최근 몇 년간 새로운 것들이 등장했다. 지난 2년간 개인용 컴퓨터 20만 대가 미국인의 삶 속에 들어왔으며, 그중 일부는 오락용이나 교육용이 아닌 업무용이다. 그러나 인류학자로서 교육자에게 중요한 것은 컴퓨터가 사람들이 볼 수 있는 사물로 존재하며 일상의 일부로 받아들여지기 시작했다는 사실이다. 그리고 컴퓨터 기술이 일상 속에 엄청나게 침투해 옴과 동시에 교육 정치와 관련이 깊은 사회 운동이 진행 중이다. 전통적인 교육에 환멸을 느끼는 이들이 점점 늘고 있다. 어떤 사람들은 그런 환멸을 극단적인 행동으로 드러내기도 한다. 자녀가 다니던 학교를 그만두고 집에서 공부하도록 하는 것이다. 그러나 대부분의 사람들이 학교가 제 할 일을 하지 않는다고 괴로워하기만 한다. 나는 이러한 두 가지 흐름을 합치면 어린이와 부모, 학습 측면에서 좋을 수 있다고 생각한다. 그러기 위해서는 강력한 교육용 컴퓨터 환경을 구성하여 전통적인 교실과 교수법을 대체할 수 있어야 한다. 나는 이를 위한 대안으로 로고 환경을 제안하지 않는다. 로고 환경은 너무나 원시적이고 1970년대 기술에 한정되어 있다. 나는 로고 환경이 모범이 되길 바란다. 이쯤 되면 독자들은 내가 생각하게 하는 사물object-to-think-with로서의 로고 환경, 미래 교육을 만들어 가는 사회적 과정에 기여할 수 있는 로고 환경에 대해 말할 거라고 예상해야 한다.

로고 환경은 삼바 학교가 아니다. 그러나 '수학을 위한 삼바 학교'

가 있으면 어떨지 상상할 때는 도움이 된다. 최근까지만 해도 수학을 위한 삼바 학교 같은 것은 상상할 수 없었다. 초보자와 전문가, 어린 사람과 나이 든 사람들이 진정으로 흥미를 느낄 수 있는 수학적으로 풍성한 활동을 제공함으로써 수학을 위한 삼바 학교 같은 학교를 실현 가능한 영역으로 끌어들인 것은 컴퓨터다. 나는 앞으로 몇 년 동안 우리가 '컴퓨터를 위한 삼바 학교'라고 부를 만한 컴퓨터 환경이 조성되리라 확신한다. 컴퓨터 취미 클럽과 컴퓨터를 운영하는 '청소년 센터'에 관심 있는 사람들이 이미 이러한 방향으로 다양한 시도를 하고 있다.

하지만 이러한 시도가 재미있고 흥미진진하기는 해도 제대로 결실을 맺지 못하는 이유는 너무나 원시적인 컴퓨터 기술 때문이다. 이런 곳에 있는 컴퓨터는 가장 흥미롭고 여러 명이 함께 할 수 있는 활동을 하기에는 성능이 너무나 떨어진다. 그리고 컴퓨팅 사고computational thinking를 일상적인 삶에 어떻게 적용할 것인지에 대한 로고의 비전을 충분히 전개하지 못했다. 그래도 사람들은 계속 시도할 것이고 그 시도의 횟수는 점점 더 늘어날 것이다. 그리고 마침내 어딘가에서 모든 조각이 하나로 합쳐져 컴퓨팅 사고가 우리 일상을 '붙잡을' 것이다. 그렇게 확신할 수 있는 이유가 있다. 로고는 재정이 바닥나거나 이런 시도에 환멸을 느꼈을 때 그만둘지도 모르는 학자들이 수행하는 고립된 실험이 아니기 때문이다. 이런 시도는 개인용 컴퓨터, 자신의 아이들, 교육에 관심이 있는 사람들이 주도하는 사회 운동으로 나타날 것이다.

삼바 학교를 교육 현장으로 보는 건 문제가 있다. 나는 컴퓨터 삼바 학교가 어딘가에서 인기를 얻을 거라고 확신한다. 그러나 최초의 컴퓨터 삼바 학교는 특정 커뮤니티, 아마도 중산층 엔지니어로 가득한 커뮤니티에서 생길 것이다. 이런 커뮤니티는 컴퓨터 삼바 학교가 '문화적 뿌리'를 내리게 할 뿐 아니라 당연히 삼바 학교의 문화에도 영향을 끼칠 것이다. 교육 전반에 관심 있는 사람들은 이러한 노력의 역사를 되짚어 보는 일을 중요하게 생각할 것이다. 이러한 노력은 학령기 참가자의 인지적 발달에 어떻게 영향을 줄 것인가, 피아제의 인지 발달 단계가 역전될 수 있을 것인가, 전통적인 학교를 그만두도록 압력을 행사하게 될 것인가, 지역 학교는 이러한 새로운 압력에 대응하기 위해 어떤 노력을 할 것인가 고민할 것이다. 그러나 나는 교육 이상주의자로서 다른 것을 원한다. 나는 기술적 토양이 척박해서 신기술을 적극 포용하지 않는 지역 사회에서 어떤 유형의 컴퓨터 문화가 뿌리를 내리고 성장할지 알고 싶다. 나는 이것을 알아내고 싶고 이런 지역 사회에서 컴퓨터 문화가 성장할 수 있게 돕고 싶다.

한 번 더 얘기하지만, 잠재적 장애물은 경제도 아니고 사람들이 컴퓨터를 일상적으로 사용하지 않는다는 사실도 아니다. 언젠가는 누구나 컴퓨터를 사용할 것이다. 이미 대부분의 직장에서 컴퓨터를 사용하고 있고 언젠가는 집에서도 지금의 텔레비전처럼, 처음 텔레비전이 보급됐을 때와 같은 이유로 컴퓨터를 사용할 것이다. 대중적인 컴퓨팅 문화의 성장을 방해하는 것은 문화적인 것들이다. 예컨대 오늘날 컴퓨터에 깊숙이 박혀 있는 컴퓨팅 문화와 이런 컴퓨터가 들어갈 가정 문화의 부조화도 성장을 가로막는다. 그리고 문제가 문화적인 것이라면 해결책도 문화적이어야 한다.

연구 과제는 분명하다. 현대 사회에서 비생산적으로 공존하는 분열된 하위문화를 통합할 수 있도록(바라건대 획일화 없이) 문화와 컴퓨터를 엮는 기예art를 발전시켜야 한다. 예를 들어 기술적이고 과학적인 문화와 인문학적 문화 사이에 존재하는 거대한 간극 사이에 다리를 놓아야 한다. 그리고 이런 다리를 놓는 데 핵심은 시인에게만큼이나 공학자에게도 중요한 강력한 아이디어를 컴퓨팅 형식computational form으로 재구성하는 방법을 배우는 일일 것이다.

나는 컴퓨터가 결국 사람과 사람 사이의 관계를 중재하는 이행 대상물 역할을 수행할 거라고 생각한다. 탁월한 운동 감각을 지녔으나 수학 공포증이 있는 사람들도 있고, 수학을 무척 좋아하지만 수학적 지식에 대한 감각의 뿌리를 잊어버린 사람들도 있다. 로고 거북이는 이 둘 사이에 다리를 놓는다. 로고 거북이는 신체 기하학과 형식 기하학이 공유하는 요소들을 재구성하는 공통 매개체 역할을 맡는다. 구조화된 프로그래밍으로 재구성된 저글링은 신체 기술 습득 능력이 뛰어난 사람과 역사 에세이를 쓰려면 어떻게 해야 하는지 체계가 잡힌 사람 사이에 다리를 놓을 수 있다.

저글링과 글쓰기는 그 '결과물'만 놓고 보면 공통점이 거의 없는 것 같다. 그러나 두 가지 기술을 습득하는 과정 자체에는 공통점이 많다. 과정을 강조하는 인지적 환경을 만들어서 우리는 서로 다른 기술과 관심사를 지닌 사람들이 함께 이야기 나눌 수 있는 소재를 제공한다. 과정을 표현하는 언어를 개발하고 오래된 지식을 새로운 언어로 재구성함으로써 분야를 나누는 장벽을 없앨 수 있다. 학교에서 수학은 수학이고 역사는 역사이며 저글링은 지적인 활동이 아니다. 학교가 변화에 적응할지는 시간이 지나 봐야 알 것이다. 지식을 새로운 형태로 재구성하는 것이 무엇인지 이해하는 일이 더 중요하다.

우리는 이 책에서 새로운 기술과 주제 분야를 재구성하는 것 사이의 복잡한 상호 작용을 살펴봤다. 컴퓨터를 사용하여 뉴턴의 운동 법칙을 쉽게 배우는 것에 대해 논의할 때 우리는 전통적 교과서에서 나오는 것처럼 뉴턴의 공식을 '컴퓨터화'하려고 하지 않았다. 우리는 운동에 대해 생각하는 데 필요한 새로운 개념적 틀을 만들었다. 예를 들어 로고 거북이 개념은 우리가 뉴턴 물리학의 정성적 요소들을 만들 수 있게 해 주었다. 그러한 재개념화 결과물은 컴퓨터가 없어도 유효하다. 이 결과물과 컴퓨터 사이의 관계는 결코 환원주의적이지 않다. 그러나 이렇게 개념을 재구성하면 다른 식으로 물리학을 개념화했을 때는 사용할 수 없었던 방식으로 컴퓨터를 이용할 수 있으며, 이로 인해 학습법적 측면에서 힘을 발휘한다. 따라서 전 과정에서 새로운 기술과 새로운 물리학 학습 방식 사이에 변증법적 상호 작용이 일어난다. 교육에 대해 사고하기에 좋은 모형 중 하나를 살펴보면 이러한 상호 작용의 논리를 명료하게 볼 수 있다.

20년 전에는 패러렐 스키를 타려면 수년간 훈련하고 연습해야 한다고 알려져 있었다. 오늘날 패러렐 스키는 한 스키 시즌 안에 대부분 배울 수 있다. 이런 변화에 기여한 요인들은 교육 혁신을 위한 전통적인 패러다임에도 들어맞을 것이다. 예를 들어 대부분의 스키 학교에서는 새로운 교수법인 점차적 길이 변경법graduated length method, GLM을 사용하는데, 이는 처음에는 짧은 스키로 스키를 배우다가 점점 더 길이가 긴 스키로 바꾸는 방법이다. 그러나 여기에서 좀 더 근본적인 변화가 일어났다. 부모 세대에는 어려웠던 기술이 자녀 세대에 와서 쉬워졌다고 보기는 어렵다. 자녀들이 성취해야 하는 것은 그들 부모 세대가 세운 목표와 별다를 바 없다. 스키를 탈 때 스키를 11자로 만든 상태에서 산을 빠르게 내려오면서 장애물을 피하고 슬라롬 관문을 통과해야 한다. 그러나 이런 결과를 내기 위해 이들이 취한 동작은 상당히 다르다.

부모 세대가 스키를 배웠던 시대에는 휴가 때만 스키를 타는 사람이든, 올림픽 챔피언이든 패러렐 턴을 위해 (스키 회전 반대 방향으로 상체를 돌리는) 카운터 턴을 기반으로 해서 회전을 했다. 좀 더 직접적인 움직임으로 턴을 더 효과적으로 할 수 있다는 깨달음은 획기적인 발견이었으며, 이로 인해 취미 스키어들과 프로 선수들의 스키 기법이 빠르게 바뀌었다. 초보자들에게 새로운 기술은 더 빨리 스키를 배울 수 있음을 의미했으며, 선수들에게는 더 효율적으로 스키를 타고 움직일 수 있음을 의미했다. 그리고 스키 스타일을 중시하는 사람들에게는 좀 더 우아한 동작을 만들어 낼 수 있음을 의미했다. 변화의 중심에는 단순히 교수법이나 기술의 변화가 아니라 스키 타는 행위 자체에 대한 재개념화가 있다. 그러나 전체를 보려면 우리는 반드시 콘텐츠와 교수법, 기술의 변증법적 상호 작용을 인식해야 한다. 스키 동작이 바뀌었듯이 스키와 스키 부츠도 바뀌었다. 신소재 플라스틱으로 인해 스키 부츠는 더 가볍고 튼튼해졌으며 스키는 어느 정도 유연하게 제작될 수 있었다. 이러한 변화는 새로운 스키 기술과 함께 큰 상승효과를 일으켜 많은 스키 강사와 스키 관련 필자들이 이러한 스키계의 변화가 기술 덕분이라고 입을 모았다. 마찬가지로 스키 강습에 짧은 스키를 사용하자 새로운 기술에 굉장히 잘 적응하게 됐고 많은 사람이 이러한 스키 혁명을 'GLM으로의 이동'이라고 말한다.

나는 이 '스키 혁명'에 대해 생각하기를 좋아한다. 우리가 서 있는 '컴퓨터 혁명'이라는 역사적으로 중요하고 복잡한 갈림길에 대해 생각하는 데 도움이 되기 때문이다. 오늘날 우리는 어떻게 '컴퓨터 시대'가 도래할지, 또 어떻게 컴퓨터가 교육을 바꿀지에 대해 사람들이 하는 말을 많이 듣는다. 대부분의 이야기는 크게 두 갈래로 나뉜다. 하나는 '혁명가' 입장이고 다른 하나는 '개혁가' 입장이다. 대부분의 혁명가에게는 컴퓨터의 출현 자체가 매우 중대한 변화를 의미한다. 집집마다 있는 컴퓨터와 컴퓨터 네트워크가 학교(우리가 알고 있는)를 한물간 곳으로 만들어 버릴 것이다. 그런데 혁명가라고 해도 물리학의 재개념화까지는 생각하지 않는다. 개혁가들은 컴퓨터 때문에 학교가 사라질 거라고 보지 않으며 오히려 컴퓨터가 학교를 도울 거라고 내다본다. 이들에게 컴퓨터는 기존의 학교가 직면한 문제를 부분적이고 점진적인 방식으로 해결하는 데 활용할 수 있는 동력이다. 개혁가들은 혁명가들보다 더 주제의 재개념화를 생각하지 않는다.

우리의 철학은 명시적이든 암묵적이든 두 가지 흔한 함정, 바로 기술적 필연성에 대한 확신과 점진적 변화 전략에 대한 확신이라는 함정을 피하고자 한다. 기술 자체는 교육적으로든 사회적으로든 내가 믿는 방향으로 우리를 이끌어 주지 않는다. 교육 공동체가 반동적인 태도를 취할 때 치르는 대가는 그저 그런 교육과 사회적 경직성이다. 그리고 점진적으로 변화를 시도하는 것으로는 기술이 이끄는 방향을 전혀 이해할 수 없게 된다.

내 철학은 변화의 측면에서 개혁가보다는 혁명가에 더 가깝다. 그러나 내가 구상하는 혁명은 생각의 혁명이지, 기술의 혁명이 아니다. 내가 마음속에 그리는 혁명은 특정 주제 영역에 대한 새로운 이해와 학습 과정 자체에 대한 새로운 이해로 이뤄진다. 내가 생각하는 혁명은 새로우면서도 훨씬 더 훌륭한 교육 환경에 대한 열망으로 이뤄져 있다.

내가 말하는 생각의 혁명은 물리학과 분자 생물학이 실험실에서 사용되는 실험 도구로, 시가 인쇄기로 환원되듯이 단순히 기술로 환원되지 않는다. 내 비전에서 기술에는 두 가지 역할이 있다. 한 가지는 발견적 탐색을 돕는 역할이다. 컴퓨터의 출현은 아이디어의 발생을 촉진시켰다. 기술의 또 다른 역할은 도구로서의 역할이다. 컴퓨터는 지금까지 연구소에서 품어 온 아이디어들을 더 넓은 세상으로 이동시킬 것이다.

나는 적절한 기술의 부재가 과거에 교육에 대한 생각을 정체시킨 주된 이유라고 주장해 왔다. 최초의 대형 컴퓨터와 현재의 마이크로 컴퓨터가 출현하면서 이런 아이디어의 정체 원인을 제거했다. 그러나 또 다른 부차적인 원인이 고인 물에서 자라는 조류처럼 늘어났다. 우리는 이 두 번째 원인이 정체를 일으킨 환경과 함께 사라질지, 아니면 쿼티 자판처럼 발전을 계속 가로막을지 생각해 봐야 한다. 이러한 장애물을 규정하고 전체적인 관점에서 살펴보기 위해 우리는 앞 장에서 제시한 핵심적인 아이디어 중 하나를 골라 그 아이디어를 실현하는 데 필요한 다른 기술이 무엇인지 생각해 보려고 한다.

컴퓨팅 개념과 비유, 널리 확산된 컴퓨터의 위력에 대한 예측 그리고 어린이를 대상으로 한 실제 실험을 거쳐 피아제 학습이라는 아이디어가 중요한 구성 원리로 부상했다. 좀 더 구체적으로 바꿔 말하면 피아제 학습은 이전에는 정해진 교육 과정을 필요로 했던 지식 영역을 어린이가 '자연스럽게' 탐구할 수 있도록 어떻게 조건을 조성할지 연구하자는 것이다. 즉 어린이가 물리적인 것이든 추상적인 것이든 피아제 학습에 이용할 수 있는 '재료'와 접촉하게 하자는 뜻이다. 우리 사회에서 흔히 볼 수 있는 짝이 맞는 물건들도 '자연스러운' 피아제식 재료의 한 예다. 로고 거북이 환경은 우리에게 '인공적인(즉 의도적으로 만들어 낸)' 피아제식 재료를 제공한다. 짝 맞추기와 로고 거북이가 학습 측면에서 강력한 힘을 발휘하는 것은 두 가지 속성 덕분이다. 어린이들은 짝 맞추기와 로고 거북이에 자신을 결부시키며 그렇게 연관시킨 것들을 다시 중요한 지적 구조물과 연관시킨다. 따라서 짝 맞추기와 로고 거북이는 이행 대상물로 작용한다. 어린이는 자연스럽게 짝 맞추기와 그 과정에 몰입하게 되고 그런 놀이 과정에서 짝 맞추기는 강력한 아이디어의 전달자가 되거나 아니면 어린이의 활발한 정신세계에서 자라날 강력한 아이디어의 시발점이 되기도 한다.

짝 맞추기와 공유하는 로고 거북이의 속성은 단순해 보이지만 이런 속성을 실현하기 위해서는 복잡한 일련의 아이디어와 다양한 전문성 그리고 민감성이 필요하다. 다소 인위적이기는 하지만 이런 것들을 세 가지 범주로 나눌 수 있다. 그 세 가지 범주란 컴퓨터에 대한 지식, 주제 영역에 대한 지식, 마지막으로 사람에 대한 지식으로 나뉜다. 훌륭한 피아제식 재료를 설계하는 데 필요한 사람에 대한 지식은 그 자체로 복잡하다. 사람에 대한 지식에는 다양한 분야, 이를테면 인지, 성격, 임상 등의 학문적인 심리학과 관련된 종류의 지식이 있으며 창의적인 예술가 및 '어린이와 잘 지내는' 사람들이 갖고 있는 공감 능력도 여기에 포함된다. 피아제가 말하는 인지 발달 재료를 만드는 데 필요한 요건을 설명하려면 컴퓨터와 교육의 미래와 관련된 중요한 다른 문제를 직시해야 한다. 그 문제란 이러한 요건을 개발할 사람들을 어떻게 찾느냐 하는 문제다.

이 문제는 단순히 그런 사람이 부족하다는 것 이상을 의미한다. 과거에 이러한 역할이 없었던 것이 사회적, 제도적으로 굳어지면서 오늘날에는 역할이 있음에도 그들이 있어야 할 마땅한 자리가 없다. 현재 직업적 정의에 따르면 물리학자는 물리학을 어떻게 해야 할지 생각하는 사람들이고, 교육자는 어떻게 가르칠지 고민하는 사람들이다. 연구 분야가 실제로 물리학이면서 교육적으로 의미 있는 방향으로 물리학을 연구하는 사람을 위해 공인된 자리는 없다. 물리학과에서는 특히 이런 사람들을 반기지 않는다. 그들의 교육 목표 때문에 다른 물리학자들 눈에 그들의 작업이 대단해 보이지 않기 때문이다. 학교 교육에서도 이들을 반기지 않는다. 학교에서는 이들이 사용하는 고도로 기술적인 언어를 이해할 수 없으며 이들의 연구 기준을 도저히 따라갈 수 없기 때문이다. 교육 세계에서는 예컨대 로고 거북이 마이크로월드를 위한 새로운 정리를 특정 물리학 수업을 '측정 가능하게' 향상시켰는지로 판단할 것이다. 우리의 가상의 물리학자는 자신의 일을 매우 다른 시각으로 바라볼 것이다. 이들은 자기들의 일을 물리학에 이론적 기여를 하는 것으로 보는데, 장기적으로는 물리학 세계에 더 쉽게 접근할 수 있는 지식을 만들겠지만, 단기적으로는 물리 수업에서 학생들의 성적 향상은 기대할 수 없다고 여길 것이다. 어쩌면 오히려 다른 이론적 접근법에 바탕을 둔 교육 과정을 부분적으로 수정하여 학생들에게 가르쳤을 때 학생들의 수행 능력에 악영향을 끼칠 수도 있다.

어떤 담론들이 교육학과와 물리학과에서 환영받는지가 중요하다. 대학뿐 아니라 기금 지원 기관들은 교육과 관련 있다고 보기에는 지나치게 과학적 이론에 치우친 연구나, 과학과 관련 있다고 보기에는 지나치게 교육을 깊게 다룬 연구는 지원하지 않는다. 사람들이 생각하고 배우는 방법과 관련이 있는 과학을 근본적으로 연구하는 일은 누구의 일도 아닌 것처럼 보이는 실정이다. 비록 과학과 사회의 중요성에 대해 입으로는 떠들지만 그 바탕을 이루는 방법론은 전통적 교육 방법론과 비슷하다. 다시 말하면 특정 청중에게 진부한 과학을 전달하는 것이다. 대중을 위한 과학을 '만드는 진지한' 모험이라는 개념은 사람들에게 꽤 낯설다.

컴퓨터 자체로는 과학자와 교육자, 기술자와 인문주의자를 구분하는 기존의 제도적 전제를 바꿀 수 없다. 또 사람들을 위한 과학이라는 게 단지 포장을 잘해서 전달하면 되는 문제인지, 아니면 진지한 연구가 어울리는 분야인지에 대한 전제를 바꿀 수도 없다. 이것들 중 뭐라도 하려면 컴퓨터가 존재하기 전, 원칙적으로 과거에도 할 수 있었던 행동을 의도적으로 해야 할 것이다. 그러나 그런 일은 일어나지 않았다. 우리가 뭘 하든, 하지 않든 컴퓨터로 인해 뭔가가 벌어질 것이다. 변화를 원하는 이들에게 행동하지 않은 대가는 현상 유지로 인해 원치 않았던 일이 확대되고 아예 뿌리를 내리는 것이다. 한편 우리가 급속한 진화의 시기를 거친다는 것은 안정된 기간에는 불가능했을 제도 변화의 기틀을 마련할 것임을 뜻한다.

새로운 예술의 한 형태로 영화가 출현한 것은 새로운 하위문화의 출현, 이전과는 전혀 다른 기술, 감성, 삶에 대한 철학을 지닌 사람들로 구성된 새로운 전문가 집단의 등장과 밀접한 관련이 있다. 영화 세계의 변천사는 공동체의 변천사와 따로 떼어 이야기할 수 없다. 마찬가지로 개인용 컴퓨터라는 신세계가 이제 막 도래하려는 시점에, 개인용 컴퓨터의 발전사는 이 역사를 만들어 갈 사람들의 이야기와 뗄 수 없을 것이다.

수학적 무의식

이 책에 에필로그로 다시 실린 이 글은 이 책의 주된 주제가 된 아이디어에 대한 최초의 논고다. 나는 일반적으로 '탈신체화된disembodied' 수학과 인간 감각의 전 영역이 참여하는 활동을 구별하는 이분법에 반대한다.* 이 책에서는 이 같은 내 입장을 로고 거북이 기하학이라는 맥락에서 다루었다. 이어지는 내용을 보면 독 자들은 수학적 즐거움이 어디로부터 오는지에 대한 사색에서 이 주제가 비롯됐음 을 알게 될 것이다.

우리 문화에는 수학적 아름다움을 감상하고 수학을 즐기는 경험을 소수 중에서도 극소수만 누린다고 보는 시각이 깊이 뿌리박혀 있다.

---

* 이 에세이를 재인쇄하는 것을 허락해 준 MIT 출판부 편집자들에게 감사한다. 이 글은 원래 주디스 웩슬러(Judith Wechsler)가 펴낸 《Aesthetics In Science》(Cambridge, Mass.: MIT Press, 1978)에 〈Poincaré and the Mathematical Unconscious〉라는 제목으로 실린 에세이다. 이 에세이(원래 MIT에서 웩슬러가 맡은 수업의 초청 강연에서 비롯됨)를 쓰도록 격려해 준 주 디스 웩슬러에게 다시 한 번 고마운 마음을 전한다.

이러한 믿음을 앙리 푸앵카레는 이론적 원칙으로 정립했다. 앙리 푸앵카레는 20세기의 중요한 수학 사상가일 뿐 아니라 수리 과학의 인식론 분야에서 가장 생각이 깊은 저술가이자 존경받는 인물로 손꼽힌다. 무엇이 수학자를 만들어 내는지에 대한 푸앵카레의 관점은 인지 심리학과 교육 심리학의 일반적인 흐름과 극명하게 구분된다. 푸앵카레는 수학적으로 탁월한 재능을 가진 사람의 특징이 논리적인 데 있지 않고 미학적인 데 있다고 본다. 물론 다른 이야기이기는 하지만 푸앵카레는 이러한 미적인 감각이 선천적인 것이라고 믿는다. 어떤 사람들은 수학적 아름다움을 감상할 수 있는 특별한 능력을 가지고 태어난다. 그리고 그러한 사람들이 독창적인 수학자가 될 수 있다. 그렇지 않은 사람들은 독창적인 수학자가 될 수 없다. 이것이 바로 푸앵카레의 주장이다.

이 에세이는 푸앵카레의 수학적 독창성 이론을 구심점으로 하여 논리적 수학과 논리 외적 수학의 관계 및 인간 활동 중에서 수학적인 활동과 비수학적인 활동의 관계를 고찰하려고 한다. 우리 문화는 거의 누구나 대중적인 측면과 지적인 측면을 냉철하게 이분법으로 나눈다. 푸앵카레의 입장이 특히 더 흥미로운 것은 푸앵카레가 이러한 이분법을 어떤 면에서는 완화하기도 하고 어떤 면에서는 심화시키기도 했기 때문이다. 푸앵카레가 수학에서 미적인 측면을 중요한 기능으로 다룰 때는 이분법이 약화된다. 그러나 특별한 수학적 심미안을 전제하는 경우, 특히 선천적인 심미안을 가정하는 경우 수학적인 것과 비수학적인 것 사이의 구분이 더욱 뚜렷해진다. 수학적 심미안이 정말로 특별한 것일까? 수학적 심미안은 우리의 미적 체계를 구성하는 다른 요소와 뿌리가 같은가? 수학적 즐거움이란 게 수학 고유의 쾌락의 원칙에서 나온 것일까, 아니면 인간 삶의 어떤 시기들에 활기를 주는 무언가에서 오는 것일까? 수학적 직관이 특성과 형태의 측면에서 상식과 다른 것일까, 아니면 내용적으로만 다른 것일까?

이러한 질문은 심오하고 복잡하며 그 역사가 오래됐다. 내가 감히 이 짧은 에세이에서 이러한 무거운 문제를 다룰 수 있는 이유는 어느 정도 내용을 단순화할 것이기 때문이다. 첫 번째 단순화는 질문을 변형하는 것으로, 이는 장 피아제의 방식과 비슷한데, 철학적 질문을 행동 유전학적으로 바꿈으로써 어린이가 생각하는 방식에 대한 실험적 연구가 새롭게 의의를 지니게 됐다. 그렇게 함으로써 피아제는 철학자들을 자주 분노케 했거나 당황스럽게 했다. 그러나 인간 심리에 대한 과학적 연구를 크게 발전시켰다. 나는 푸앵카레의 최고의 수학적 창의성에 대한 이론을 좀 더 흔하지만 좀 더 다루기 쉬운 평범한 수학적(그리고 아마도 비수학적) 사고에 대한 이론으로 전환하려고 한다.

이런 식으로 푸앵카레의 이론을 현실적인 문제로 변형하면 푸앵카레 자신이 가장 중요하게 여긴 것이 폐기될 위험이 따른다. 그러나 이렇게 할 경우 푸앵카레의 이론은 심리학자, 교육자 및 다른 이들과 직접적인 연관성을 갖게 되며 어쩌면 시급히 다뤄야 할 이론이 된다. 예를 들어 푸앵카레의 모델에 일상적인 수학적 사고를 설명하는 요소가 담겨 있음이 밝혀진다면, 오늘날 시행하고 있는 수학 교육이 완전히 잘못된 데다 심지어 자기 파괴적이라는 사실이 드러날 것이다. 만약 수학적 미학이 학교에서 관심을 받는다면 그것은 수학적 사고를 기능하게 하는 원동력이라기보다는 수학이라는 케이크 위에 얹어지는 장식처럼 부수적인 현상일 것이다. 분명히 많은 이들이 익숙하게 받아들이는 (피아제의 이론과 같은) 수학적 발달 심리학 이론은 전적으로 수학적 미학이나 수학적 직관력까지도 무시하고, 수학적 사고의 논리적 양상을 구조적으로 분석하는 데만 치중한다.

현대 수학 교수법의 파괴적인 결과가 푸앵카레에게는 사소한 역설로 보일 수 있다. 일반적으로 학교와 우리 문화는 어린이가 갖고 있는 수학적 심미안을 키우는 데 큰 관심이 없다. 그리고 이러한 사실 때문에 심미안의 중요성을 역설한 푸앵카레의 주된 주장이 오히려 푸앵카레의 부차적인 논제, 즉 이러한 심미안이 선천적이라는 확신의 근거를 약화시킨다. 만일 푸앵카레가 주장하는 심미안에 대한 주장이 옳다면, 선천적 능력을 거론하지 않고도 수학적 재능이 있는 사람이 드문 이유를 너무나 쉽게 설명할 수 있을 것이다.

이러한 생각은 푸앵카레의 이론을 평범하게 바꿨을 때, 설령 거대한 수학 안에서 발생하는 모든 과정과 단절되더라도 교육자들에게는 훌륭한 모범이 될 수 있음을 암시하기에 충분하다. 그러나 어쩌면 우리는 단절된 양쪽 세계에서 가장 좋은 것들을 취할 수 있을지도 모른다. 앞으로 어떠한 수학적 사고에 관한 이론이 독자의 사고 과정을 거스를 것인지 좀 더 경험적인 측면에서 논의하겠지만, 엘리트 수학자들도 독자들과 비슷한 사고 과정을 경험했을 가능성을 무시하지는 않겠다. 반대로 일반적인 맥락에서 가장 타당한 푸앵카레의 생각 중 일부는, 내가 보기에 수학의 토대에 대한 사고 패러다임에 일대 변화를 가져온 현대의 흐름과 크게 부합한다. 나는 에세이의 결론에서 수학 구조에 대한 부르바키 이론을 가지고 이러한 푸앵카레의 생각과 현대의 흐름이 어떻게 일치하는지 설명할 것이다.

여기서 내 목표는 딱딱한 공식과 철저한 논거를 가지고 가설을 증명하는 데 있지 않으며 푸앵카레의 이론이 정확한지 판단하려는 것도 아니다. 수학을 잘 모르는 독자들이 자신이 잘 알고 즐기는 다른 경험보다 수학적 인식과 담론을 더 가깝게 느낄 수 있도록 제안하는 데 나는 만족할 것이다(이것이 내 주된 두 번째 단순화다). 그러나 이를 방해하는 주된 요소는 수학의 논리적 측면이 지나치게 과장되어 보인다는 것인데, 마치 메르카토르 투영법에 의해 극지방이 유난히 과장되는 바람에 지도상에서 그린란드 북부가 적도의 브라질보다 더 크게 표현된 것과 비슷하다. 따라서 우리 논의의 목표는 내가 말하는 초논리적 측면의 수학과 논리적 측면의 수학을 구별하고 둘 사이의 관계를 밝혀내는 것이다. 나는 이런 범주 안에 있는 세밀한 차이는 무시하겠다. 수학적 아름다움, 수학적 쾌락, 심지어 수학적 직관은, 이러한 개념이 논리 외적인 것들을 나타내는 한, 서로 대체 가능한 개념으로 취급할 것이다. 한편, 우리는 연역적 과정을 강조하는 형식주의자들, 환원주의 입장을 강조하는 버트런드 러셀(푸앵카레가 강렬하게 반대했던 입장), 집합론적 의미론을 강조하는 알프레드 타르스키 같은 논리주의자들의 서로 다른 측면을 따로 구분하지 않을 것이다. 이러한 논리적 이론은 수학에 대한 본질적이고 자율적인 관점과 공통점이 있는 한 어딘가에서 만나게 된다. 이러한 논리적 이론은 수학을 그 자체로 자족적인 대상으로 다루는데, 이는 형식적으로 정의한(즉 수학적으로 정의한) 타당성의 준거에 따라 스스로를 정당화하며, 수학 외적인 것으로 언급되는 대상과 수학과의 연관성을 모두 무시한다. 분명히 논리주의자들은 아름다움과 기쁨이라는 현상을 무시한다.

수학적 논리주의자들이 부정하지 않는 한, 이들이 초논리적 수학을 무시한다는 사실은 별다른 이론적 갈등을 유발하지 않는다. 누구도 수학의 논리적 측면의 현실 또는 수학적 아름다움이나 즐거움의 현실에 대해 의문을 제기하지 않을 것이다. 푸앵카레는 수학적 활동, 즉 수학자가 오직 논리적인 측면에서만 수행하는 연구 또는 수학적 아름다움과 관계없이 주로 논리적인 측면에서만 수행하는 수학적 활동을 이해하는 게 가능한가 하는 문제를 제기했다. 따라서 푸앵카레가 제기한 문제는 심리학 영역 또는 마음 이론에 속한 것이며, 이로 인해 수학적 사고를 이해한다는 특수한 문제보다 더 큰 반향을 일으킨다. 즉 푸앵카레는 정서, 감정, 미적 감각과 상반된 것으로 규정되는 인지 기능을 심리학 내에서 따로 분리하는 데 문제를 제기한다.

나는 전반적으로 수학적 사고가 '순수하게 인지적일 수 있다'는 이론에 반대하는 푸앵카레 편이지만 수학적인 사고가 높은 수준의 특이성에서 나온다는 시각에는 유보적이다. 그러나 일단 푸앵카레의 다른 이론을 먼저 소개해야겠다. 바로 무의식의 역할과 본질에 대한 이론이다.

우리가 심미성과 논리성을 비교하다가 푸앵카레와 인지 심리학이 서로 대면하는 지점까지 도달한 것처럼 무의식과 의식을 비교하다 보면 프로이트와 만나게 된다. 푸앵카레가 프로이트와 가까운 점은 의식과 무의식이라는 두 가지 정신이 각각의 역동적인 법칙을 따르면서, 서로의 활동에 대한 접근이 극히 제한된 채 다른 기능을 수행한다고 명확하게 전제한다는 데 있다. 앞으로 보겠지만 푸앵카레는 한때 풀려고 애썼던 어떤 문제의 해결책이 원래 알고 있었다는 듯이 불쑥 떠오르는 데서 깊은 인상을 받았다.

그러나 푸앵카레의 무의식은 프로이트의 무의식과 많이 다르다.

푸앵카레의 무의식은 논리적 사고 발달 이전에 성적 에너지와 본능적 욕구로 가득한 무의식이라기보다는 정서적으로 중립적이며 극도로 논리적이고 조합에 능한 기계에 더 가깝다.

무의식에 대한 이런 인식이 충돌할 때 우리는 수학의 본질에 대한 물음으로 다시 돌아가게 된다. 수학의 논리적 관점은 말 그대로 우리 몸의 제약을 받지 않으며 우리 몸과 분리되어 있고 오직 순수성과 진실이라는 내적 논리에 의해 형성된다. 이러한 논리적 관점은 팽팽한 긴장감과 본능적인 충동 에너지로 가득한 프로이트의 무의식보다는 푸앵카레의 중립적인 무의식에 더 가깝다. 그러나 내가 앞서 언급했듯이 푸앵카레 본인은 수학에 대한 이러한 관점을 거부했다. 푸앵카레는 이러한 관점이 완성된 수학적 산물이라는 이미지는 유지할 수 있다 해도(이미 의심스럽긴 하지만), 수학적 진실과 체계가 출현하는 생산적인 과정을 설명하기에는 전적으로 부적절하다고 보았다. 가장 단순하게 말하자면 수학의 논리적 이미지는 연역 체계이며, 연역 체계에서 새로운 진실은 신뢰할 만한 추론 규칙을 엄격하게 적용하여 유도한 사실로부터 끌어낸다. 비록 덜 순진한 논리주의자들의 논지를 그리 쉽게 무너뜨릴 순 없다 해도, 이런 식으로 수학을 설명하는 걸 다른 방식으로 비판할 수 있음을 알아내는 것은 의미 있는 일이다. 수학의 논리성이 확실히 불완전한 것은 연역적 추론이 어떻게 이뤄지고, 추론이 일어난 다음 어떻게 그 추론을 따라가는지 결정하는 선택의 과정을 설명하지 못하기 때문이다. 실제로 수학자들이 사용하는 추론 규칙을 부주의하게 적용할 경우 모순과 역설에 쉽게 빠질 수도 있다는 점에서 수학적 논리성은 혼란을 야기한다. 마지막으로 수학적 논리는 실제로 수학자들이 대부분의 시간을 할애했으나 오류를 완전히 해결하지 못한 부분적인 결과에 대해서는 어떤 여지도 주지 않는다는 점에서 하나의 서술 방법으로 사실상 충분하지 않다. 수학 연구는 진실로 향하는 비좁은 논리적 샛길을 따라 진실에서 진실로 진행되지 않는다. 오히려 주변을 둘러싼 완전히 진실도 아니고 완전히 거짓도 아닌 명제로 가득한 습지대에서 특이점을 찾아 과감하게 또는 암중모색하듯이 진행된다.

인공 지능 연구자들이 인공 지능 분야에서 처음 나타나는 취약한 영역을 수정한 방법은, 예를 들면, 문제 해결의 일환으로 새로운 문제들을 설정하고 관리하는 프로세스를 정형화하는 것이었다. 그러나 새로운 문제와 새로운 문제를 생성하는 규칙을 논리적인 언어로 바꾸면 기껏해야 정적인 논리를 동적인 논리로 치환한 것에 지나지 않는다. 논리적인 언어는 논리를 전혀 다른 뭔가로 바꾸지 않는다. 여기서 쟁점이 되는 문제는 가장 순수한 논리 문제를 해결하는 과정에서조차, 수학자가 떠올리는 과정과 설정하는 문제들 자체가 순수하게 논리적이지 않다는 것이다.

습지대 주변에서 진실의 궤적을 찾아 헤맨다는 비유는 완벽하지는 않지만 푸앵카레가 지닌 근본적인 문제와 그가 심취해 있던 생각, 즉 길을 안내하는 문제 또는 '지적인 공간에서의 항해'라는 문제를 날카롭게 진술한다는 점에서 훌륭하다. 우리가 논리적인 결과를 잇달아 도출하는 데 만족한다면 우리는 적어도 안전한 길을 확보한 것이다. 실제로 푸앵카레에 따르면 수학자는 미적 감각의 안내를 받는다고 한다. 그러한 일을 하면서 수학자는 다양한 각도에서 보면 거짓이지만, 수학적 아름다움에 대한 개인적인 감각은 침해한다고 볼 수 없는 명제들을 가지고 연구해야 하는 경우가 자주 있다고 한다.

미적 감각이 수학 연구를 어떻게 이끌고 가는지에 대한 푸앵카레의 이론은 3단계로 이뤄져 있다. 첫 번째 단계는 신중하고 의식적인 분석이다. 문제가 어려운 경우, 푸앵카레는 첫 번째 단계에서는 절대 답을 얻을 수 없다고 말한다. 의식적인 분석의 역할은 해결책의 구성요소들을 만드는 것이다. 이때 무의식의 단계가 나서야 한다. 수학자에게는 이 단계가 마치 하던 일을 잠시 관두거나 문제를 그대로 품고 있는 것처럼 보일 수 있다. 푸앵카레는 문제 배양incubation이라는 메커니즘을 전제한다. 해결해야 할 문제를 잠시 내버려 두는 배양 메커니즘을 현상학적인 관점으로 문제를 포기했다고 보는 것은 완전히 잘못됐다. 오히려 문제는 매우 활발한 무의식 세계로 넘어가는데, 이곳에서는 맨 처음 의식 상태에서 제공한 요소들이 끊임없이 결합되기 시작한다. 무의식 세계는 집중력, 체계적인 작동 그리고 무료함이나 주의 분산이나 목표 변화에 대해 영향을 받지 않는다는 사실을 제외하고는 특별한 힘이 없다고 간주된다. 무의식의 산물이 의식 세계로 다시 넘어올 때는 의식이 하는 일과 아무런 관련이 없을 때다. 이때 현상학적 관점은 한층 더 오해의 소지가 있다. 무의식의 산물이 의식의 세계로 넘어오는 순간이 매우 갑자기, 전혀 예기치 않은 사건과 함께 찾아오기 때문이다.

무의식은 의식에 무엇을 돌려줘야 할지 어떻게 알까? 푸앵카레는 바로 이 지점에서 미적 감각이 자기 역할을 한다고 본다. 푸앵카레는 경험적 관찰에 따라 무의식이 의식에 건넨 생각이 반드시 본래 문제의 정확한 해법이 아닐 수 있다고 생각한다. 따라서 푸앵카레는 어떤 개념이 정확한지 무의식이 엄밀하게 판단할 수 없다고 결론을 내린다. 그러나 무의식이 의식에 건넨 생각에는 언제나 수학적 아름다움의 흔적이 남아 있다. 세 번째 단계에서는 무의식에서 얻은 결과를 의식적으로 엄격하게 탐구한다. 결과물을 수용하거나 수정할 수도 있고 거부할 수도 있다. 그리고 결과물이 거부되는 경우, 무의식이 한 번 더 활동할 수 있다, 우리는 이 같은 모형에서 의식과 무의식 세계와 더불어 세 번째 요인을 전제한다. 이 세 번째 요인은 프로이트의 검열관 개념과 어떤 점에서 비슷하다. 이 요인은 다채롭게 바뀌는 무의식의 패턴을 스캔하면서 무의식과 의식의 세계를 관통하는 문을 통과할 수 있는 미적 기준에 부합하는 것들만 통과시키는 임무를 수행한다.

푸앵카레는 최고 수준의 수학적 창조성에 대해 설명하고 있으며 더 기초적인 수학적 연구에서 이러한 역동적인 과정이 일어난다고 추정해서는 안 된다. 그러나 수학적 사고 이론을 열심히 연구하면서 우리에게 그런 역동적인 과정이 일어나지 않는다고 가정해도 안 된다. 따라서 우리가 MIT에서 수학을 잘 모르는 사람들에게 '소리 내어 생각하기loud thinking'라고 하는 방식으로 수학 문제를 풀라고 했을 때 이들이 보여 준 패턴들과 푸앵카레가 설명한 과정 간에 매우 제한적이나마 구조적으로 비슷한 점이 있다는 사실은 매우 고무적이다. '소리 내어 생각하기'는 사람들이 대개 회피하는 수학 같은 영역에서 생산적 사고를 끌어내고 가능한 한 분명하게 생각하도록 설계된 일련의 기술 모음이다. 다음에 나올 예는 사고에 대한 가장 간단한 미적 안내가 어떤 것인지 보여 준다. 피실험자들은 푸앵카레가 두 번째 단계로 전제했듯이 조합을 해 나가는데, 적어도 논리적인 만큼 아름답다고 주장할 수 있을 정도로 만족스러운 결과가 나올 때까지 계속한다. 이 과정은 의식에 머물러 있다는 점에서 푸앵카레가 설명한 내용과는 다르다. 이 과정은 다방면에서 푸앵카레의 이론과 조화를 이룬다. 어떤 사람은 수용할 만한 결과를 생성하는 데 필요한 조합 행위의 수가 무의식 단계에까지 넘기기엔 너무 적다거나, 수학을 잘 모르는 피실험자들에게는 무의식에서 이런 작업을 할 능력이 없다고 주장할 것이다. 어떤 경우이든 이 예의 핵심(물론 이 글 전체의 핵심)은 푸앵카레의 이론을 세세하게 방어하는 데 있지 않고 미적 안내라는 개념을 설명하는 데 있다.

피실험자들에게 내준 문제는 2의 제곱근이 무리수임을 증명하라는 문제였다. 이 문제가 선정된 이유는 영국의 수학자 G. H. 하디가 수학적 아름다움에 대한 최고의 예로 이 정리를 꼽았기 때문이다. 게다가 비전문가들이 수학의 아름다움을 논한다는 맥락에서 수학적 지식이 극히 적은 사람들이라도 계속 해 보라고 정서적으로 지지를 얻으면 아무리 수학에 소극적인 사람이라 해도 증명할 수 있다는 결과는 매우 흥미롭다. 다음 문단은 우리가 수행한 연구의 피실험자들 대부분이 겪은 에피소드를 설명한 것이다. 이 일화에 우리 자신을 투사하기 위해 우리가 다음과 같은 식을 세웠다고 가정한다.

$$\sqrt{2} = p/q \qquad p와 \ q는 \ 정수다.$$

또 우리가 실제로 $\sqrt{2}$를 이런 식으로 표현할 수 있다고 생각하지 않는다고 가정한다. 이것을 증명하려면 우리는 겉으로는 너무나 단순해 보이는 식 뒤에 숨겨진 매우 이상한, 사실상 모순점을 찾아야 한다. 우리는 숨겨진 내용과 드러난 내용을 조심스럽게 오가야 한다. 그런 경우 어떤 단계가 도움이 될까?

마치 프로이트를 읽은 사람들처럼 많은 피실험자가 수학적인 '자유

연상' 과정을 거치며 이러한 종류의 식을 다양하게 변환해 본다. 수학적으로 수준이 높은 사람은 조금만 해 보면 되지만 피실험자들 중 그 누구도 이 작업이 어디로 향할지 예견한 사람은 없는 것처럼 보인다. 다음은 한 피실험자가 도출한 식을 변환한 순서대로 나열한 것이다.

$$\sqrt{2} = p/q$$
$$\sqrt{2} \times q = p$$
$$p = \sqrt{2} \times q$$
$$(\sqrt{2})^2 = (p/q)^2$$
$$2 = p^2/q^2$$
$$p^2 = 2q^2$$

이 문제에 제법 관심을 가지고 참여한 모든 피실험자가 마지막 식을 생각해 내면서 흥분과 기쁨을 숨기지 않는다. 사람들이 이렇게 기뻐하는 것은 이 과정이 어디로 향할지 (적어도 의식적으로) 알아서가 아니다. 피실험자들은 다음에 무엇을 하게 될지 말할 수 있기도 전에 이미 기쁨을 느끼며 사실상 더 이상 진전이 없어도 기뻐한다. 그리고 $p^2 = 2q^2$에 대한 기쁨은 단순히 정서적인 기쁨이 아니다. 일단 이 식을 보면 피실험자들은 이전에 변환한 식은 거의 쳐다보지도 않는다. 아니, 심지어 맨 처음에 주어진 식을 보지도 않는다. 그러니까 $p^2 = 2q^2$에는 매우 특별한 뭔가가 있는 것이다. 그게 무엇일까? 우리는 먼저 여기에는 뭔가 기분을 좋게 하는 특징이 있다는 사실에 집중하면서 이 기분 좋은 느낌이 어디에서 왔는지 추측한다. 수학에서 쾌락의 역할은 무엇일까?

물론 쾌락은 수학적 작업을 하면서 사람들이 경험하는 것으로, 이는 마치 고생 끝에 원하는 바를 이뤘을 때 얻는 보상 같은 것이다. 그러나 우리의 실제 목표가 이 식을 얻는 데 있었다고 보기는 어렵다. 만일 쾌락이 목표 달성에서 오고 그 목표가 매우 독특하고 덜 형식적이라면, 나는 우리의 목표가 특정한 식을 얻는 것보다는 '더 아름다운' 성질을 띤 것이라고 말하겠다. 그것이 무엇인지 정확히 알려면 여기에 우리가 소개한 것보다 각 피실험자에 대해 더 많이 알고 있어야 한다. 분명히 피실험자마다 서로 다르며 각 피실험 대상군 내에서조차 제각기 다르다. 일부 피실험자는 '제곱근을 없애라'는 구체적인 목표를 정한다. 다른 피실험자는 이러한 목표를 명확하게 설정하지 않은 것처럼 보였지만, 그럼에도 불구하고 제곱근 기호가 사라지는 것을 보며 만족했다. 또 다른 실험 대상군은 $2 = p^2/q^2$이 $p^2 = 2q^2$로 변환되기 전까지는 별다른 반응을 보이지 않기도 했다. 내가 하려는 말은 분명하고 단순하면서도 중요한 목표를 위해 제곱근 기호를 제거하는 것은 더 복잡한 이야기의 일부에 지나지 않는다는 사실이다. 다시 말해 이러한 사건은 의식에 접근 가능하거나 가능하지 않을 수 있는 여러 과정 그리고 명확하게 목표로 설정할 수 있거나 설정할 수 없는 여러 과정을 연상시킨다. 또한 나는 이러한 과정의 일부가 쾌락의 다른 원천을 이용하는데, 이 즐거움의 원천이 목표 달성이라는 보편적인 것보다 훨씬 더 구체적이면서 어쩌면 더 원초적인 것이어야 한다고 생각한다. 더 구체적으로 설명하기 위해 쾌락을 선사하는 과정에 대해 두 가지 예를 들겠다.

첫 번째 예는 최근 인공 지능의 사고를 특징짓는 사고 범위 유형의 상황 논리 측면에서 가장 잘 설명된다. 원래 식은 '세 개의 행위자'가

들어갈 슬롯이 있는 상황이라는 사고 범위에 의해 만들어진다. 여기서 기본 또는 '주된' 행위자는 $\sqrt{2}$다. 나머지 두 행위자 p와 q는 종속된 가짜 행위자로, 단순히 주 행위자의 권리를 주장한다. 우리가 상황을 $p^2 = 2q^2$로 바꿀 때, 상황은 전경/배경 역전 현상이 일어나거나 아니면 까꿍 놀이(아이 앞에서 손으로 얼굴을 가렸다가 '까꿍' 하면서 얼굴을 보여 주는 놀이)를 하는 중에 가리개가 사라지고 사람의 얼굴이 나타났을 때 아이들의 지각이 바뀌듯 상황이 급격히 달라진다. 이제 p가 주 행위자가 되고 이전의 주 행위자 $\sqrt{2}$는 사라진다. 이것이 모든 아기가 까꿍 놀이를 좋아하게 되는 즐거움의 원천인가?

이러한 과정에서 즐거움을 줄 수도 있는 또 다른 예는 2가 아무런 흔적 없이 완전히 사라지지 않는다는 것이다. 2는 여전히 $p^2 = 2q^2$ 안에 있다! 그러나 2가 나타나는 두 상황은 역할 면에서 상당히 달라서 이 두 가지 상황을 구분하려면, 프로이트가 효과적인 위트를 만들어 낸다고 보는 어떤 근본적인 면과 다소 비슷한 '의미의 응축' 또는 말장난의 품질이라는 면을 부여해야 한다. 이런 제안이 호소력 있고 타당하게 느껴지는 것은 상당히 많은 수학적 상황에서 의미가 응축된 상황을 볼 가능성이 있기 때문이다. 실제로 추상적 수학의 중심에 있는 사상도 응축된 것으로 볼 수 있다. 즉 '추상적인' 표현이 전혀 다른 '구체적인' 사물을 동시에 나타낼 수 있다. 그렇다면 우리가 흔히 알고 있는 것보다 수학이 농담과 꿈, 히스테리와 더 비슷하다고 추측할 수 있을까?

물론 수학적 쾌락을 자극하는 게 아니라 $\sqrt{2}$가 무리수임을 증명하려는 본래 목적에서 벗어나 $p^2 = 2q^2$의 가치만 드러내는 쪽으로만 멀리 가는 것은 위험하다. 앞의 두 단락에서 이야기한 내용과 연결해서 이해해야 하는 것은 $p^2 = 2q^2$을 $\sqrt{2}$가 무리수라는 정리를 증명하는 상위 목표에 속한 하나의 하위 목표로 인식하는 것과 별개로 어떻게 그 자체에 초점을 맞추게 됐는가이다. 우리는 어떻게 기능적인 것을 미적인 것과 통합하는가? 대단히 기능적인 하위 목표 체계를 주된 동력으로 보는 사람들을 위해 할 수 있는 가장 간단한 방법은 하위 목표를 표현해 낼 수 있는 담론 세계를 확장하는 것이다. 문제 장면의 조연(즉 p)을 적절한 상황적 사고 범위 체계 안에서 주연으로 격상시키는 것은 방정식에서 수치 해를 구하는 것만큼이나 명확한 하위 목표다. 그러나 지금 우리가 하는 이야기는 수학적 특수성을 상실하고 인생이나 문학에 등장하는 수학적이지 않은 상황과 공유할 수 있는 목표들에 대한 것이다. 극단적으로 이러한 사고를 따라가다 보면 우리 눈에 수학이 다른 뭔가를 매우 자세하게 연기하는 것처럼 보인다. 다시 말해 여기서 배우들은 수학적 대상일 수 있지만 줄거리는 다른 말로 풀어야 한다. 덜 극단적인 형태에서조차 이러한 사고는 어떻게 미적인 것들과 기능적인 것들이 공생 관계, 다른 말로 상호 이용 관계에 들어가는지 보여 준다. 수학적으로 기능적인 목표는 하위 목표의 역할을 통해 달성되는데, 이 하위 목표들은 다른 비수학적인 담론에서 형성되어 여기에 상응하는 수학 외적인 지식을 이끌어 낸다. 따라서 기능적인 것들이 미적인 것들을 이용한다. 그러나 어느 정도까지 우리는 (매우 프로이트적인 정신에 입각하여) 수학적 과정이 수학적이지 않은 과정의 실행이라 볼 수 있고 그 반대 역시 진실이라고 본다.

이러한 추측은 푸앵카레의 수학적 아름다움을 지키는 보초병이 기존의 생각 모형을 받아들여 앞서 말한 기능적인 것과 미적인 것 모두를 어떻게 풍성하게 하는지 어느 정도는 보여 준다(아주 조금 보여 준다). 그러나 이러한 시도는 한 가지 근본적인 문제를 날카롭게 제기한다. 바로 기능적인 것과 미적인 것의 관계, 수학뿐 아니라 모든 지적인 작업의 쾌락주의적인 면모에 대한 문제다. 각각의 쾌락적 측면이 서로를 보완하게끔 만드는 것은 무엇일까? 수학 외적인 부분에서 유용한 지식 또는 감상의 원리가 수학 안에서 적용될 수 있다는 것이 너무 이상하지 않은가? 답은 수학의 발생 이론에 있을 것이다. 수학이 인간 정신 또는 인간 활동의 속성들과 완전히 독립적으로 존재한다고 보는 플라톤의(또는 논리적인) 관점을 채택한다면 우리는 어쩔 수 없이 이런 해석이 거의 불가능하다고 봐야 한다. 남은 페이지에서 나는 수학과 다른 구축물의 관계가 더 자연스럽게 보이는 관점에서 수학을 바라보는 방법에 대한 몇 가지 예를 들어 더 보겠다. 먼저 2의 제곱근에 대한 다른 에피소드를 살펴보자.

$p^2 = 2q^2$에 대한 우리의 논의가 지나치게 비목적론적인 것은 우리가 이 식이 어디서 왔는가 하는 한 가지 측면만 논의하고 이 식이 어디로 가는지 무시했다는 데 있다. 이제 우리는 지금까지의 비목적론적인 논의를 바로잡을 것이다. 그러기 위해 우리는 이러한 논의가 이 논의의 본래 목적인 $\sqrt{2} = p/q$라는 가정의 모순을 찾아내는 데 어떻게 도움이 되는지 알아볼 것이다. 그러기 위해 택할 수 있는 방법은 여러 가지가 있다. 그중에서 '게슈탈트 방법 대 원자적 분석'이나 '순간적 깨달음의 통찰 대 단계별 추론'이라고 할 수 있는 두 가지 다른 방식을 비교하려고 한다. 단계별 추론 형태는 좀 더 전형적인 방식인데 이는 유클리드에서부터 시작됐으며 다음과 같은 방식으로 진행된다. 우리는 $p^2 = 2q^2$에서 p^2가 짝수라는 사실을 알 수 있다. 그렇다면 p도

짝수다. 그렇다면 정의상 p는 우리가 r이라고 부를 수 있는 어떤 정수의 두 배를 의미한다. 따라서 다음과 같다.

$$p = 2r$$
$$p^2 = 4r^2$$
$$2q^2 = 4r^2 \quad \text{기억하라. } p^2 = 2q^2 \text{이다!}$$
$$q^2 = 2r^2$$

우리는 q 역시 짝수임을 추론할 수 있다. 그러나 이러한 추론은 너무나 이상하다. 우리는 처음부터 p와 q를 선택하면서 p와 q가 어떤 공통 인수도 갖지 않는다고 했었다. 따라서 이는 모순이다.

이러한 과정의 아름다움에 대해 언급하기 전에 우리가 '순간적 깨달음' 버전으로 증명한 것을 보자. 이 방법은 정수를 특정 방식으로 인지하는 것과 관련이 있다. 이른바 소인수 분해라는 것이 있다. $6 = 3 \times 2$이고 $36 = 3 \times 3 \times 2 \times 2$다. 수를 인지하는 데 이러한 틀이 확고하게 자리 잡은 사람들은 아마도 바로 완전 제곱(36 또는 p^2이나 q^2)을 짝수의 집합으로 인지할 것이다. 그렇지 않은 사람이라면 단계적(이를테면 '$p = p_1p_2...p_k$이므로 p^2은 $p = p_1p_1p_2p_2...p_kp_k$다' 같은) 추론을 해야 할 것이다. 그리고 이 증명은 원자적 분석법에 가까워지며 전통적인 방법보다 지루하다. 그러나 p^2과 q^2을 짝수의 집합으로 본다면(또는 짝수의 집합으로 보도록 교육을 받았다면) $p^2 = 2q^2$가 짝수 개의 집합(p^2)이 홀수 개의 집합(q^2과 한 개의 추가 인수 2)과 같다는 모순을 주장하는 식임을 알 수 있다. 따라서 수를 인지하기 위한 틀이 제대로 갖춰져 있다면 $p^2 = 2q^2$를 보자마자(또는 현상학적으로) 이상하다는 것을 알 수 있다.

　이 두 가지 증명에서 비교되는 심미성에 대해 할 이야기는 많지만 나는 이 실험에서 심미성의 한 가지 측면과 일부 피실험자들이 발견한 쾌락에만 집중하려고 한다. 많은 사람이 두 번째 증명 방법이 멋지다고 생각한다. 그러나 두 번째 증명을 멋지다고 여기는 이유가 기발함과 신속성 때문이라고 해도 첫 번째 방법이 본질적으로 (내가 보기에) 단계별 과정을 거친다고 해서 뒤떨어진다고 볼 수는 없다. 오히려 순차적으로 빈틈없이 과정을 밟아 가는 것에도 매력적인 뭔가가 존재한다. 나는 그저 다른 사람이 멋지게 증명을 해냈을 때 눈을 뗄 수 없다는 식의 수사를 구사하려는 게 아니다. 물론 이런 증명 과정을 따라가는 것은 수학을 하나의 스포츠 경기 관람으로 보게 하는 중요한 요인이기는 하다. 내가 말하려는 것은 다음 단계로 이동하는 데 필요한 수학 지식이 극히 적다고 해도 일단 단계를 밟기 시작하면 전체를 증명하게 될 것이라는 사실이다.

　사람은 누구나 전혀 다른 감정을 수반한 전혀 다른 방식으로 필연이라는 과정을 경험할 수 있다. 이러한 경험을 일시적 굴종 관계로 받아들이는 사람이 있을지도 모른다. 어떤 사람은 이러한 경험을 수학이나 다른 사람에 대한 굴복으로 받아들이거나 자신의 일부가 다른 것에 굴복한다고 여길 수도 있다. 어떤 사람은 이것을 굴복으로 여기지 않고 즐겁게 자신의 뜻대로 한다고 여기기도 한다. 뭐가 됐든 그 사람의 경험은 아름다울 수도 있고 흉할 수도 있으며 즐거울 수도 있고 역겨울 수도 있으며 무서울 수도 있다.

　이러한 주장은 비록 현상의 표면에 지나지 않는다 해도 수학적 아름다움에 대한 능력은 타고나며 그런 능력은 다른 정신적 요소와는

　　　　　　　　　　　　　　　　　　　　　　　　　마인드스톰

관계가 없다고 푸앵카레가 믿은 이유에 의문을 제기하기에 충분하다. 이런 주장은 어떤 개인이 수학을 아름답다고 느낄지 아니면 추하다고 느낄지 그리고 그 사람이 어떤 종류의 수학을 특별히 좋아하거나 싫어할지에 대해 푸앵카레가 고려하지 않은 요인들이 강하게 영향력을 행사하고 있다는 사실을 다양하게 제시한다. 이러한 요인들을 좀 더 명확하게 보기 위해 잠시 수학을 뒤로 하고, 로버트 퍼시그가 쓴 매우 섬세한 소설 작품인《선禪과 모터사이클 관리술Zen and the Art of Motorcycle Maintenance》을 살펴보자. 이 책은 생각의 다양한 스타일에 대한 철학 소설이다. 사건을 서술하는 주인공과 주인공의 친구 존 서덜랜드는 오토바이 여행 중이다. 미국 동부에서 출발하여 몬태나로 가는 여정이다. 이 책에서 서술된 여행을 떠나기 전 존 서덜랜드는 자신의 오토바이 핸들이 풀린다고 말했다. 소설 속 화자話者는 헐거운 틈을 메우는 작업이 필요하겠다고 생각하고 알루미늄 맥주 캔을 오려서 끼움쇠로 쓰자고 제안했다. 서덜랜드의 뜻밖의 반응에 놀라면서 "난 꽤 기발한 아이디어를 냈다고 생각했는데"라고 화자는 말한다. 서덜랜드의 반응 때문에 둘 사이의 우정은 거의 깨지는 수준까지 갔다. 서덜랜드 입장에서는 화자의 아이디어가 좋지 않았다. 오히려 화자의 제안은 서덜랜드에게 이루 말할 수 없이 불쾌했다. 화자는 설명한다. "나는 배짱 있게 반세기 독일 기계 기술의 최고봉이라 할 1800달러짜리 새 BMW 오토바이를 오래된 맥주 캔을 잘라 고치자고 제안했다!" 그러나 화자에게는 오히려 문제가 없어 보였다. "맥주 캔의 알루미늄은 금속치고는 부드러우면서 접착하기 쉽다. 재료로 쓰기에 완벽하다. … 다시 말하면 서덜랜드 이전 반세기 독일의 진정한 기술자라면 누구나 이 방법이 이러한 기술적인 문제를 완벽하게 해결한다고 주장했을 것이다." 둘의 생각 차이는 도저히 메울 수 없었으며 감정적으로 폭발 직전까지 간다. 이 책에서 오토바이 장거리 여행을 함께 떠날 정도로 가까운 친구 사이임에도 둘 사이의 우정을 지키기 위해 두 사람은 오토바이 수리 문제를 더는 논하지 않기로 암묵적으로 동의해야만 했다.

서덜랜드의 반응이 임시방편에 대한 어리석음과 무지 또는 기이한 변덕만 보여 준 것이라면 그것은 우리의 문제가 되지 않는다. 그러나 서덜랜드의 반응은 그보다 훨씬 깊다. 퍼시그는 이와 같이 일어나는 많은 사건의 일관성을 우리에게 아주 잘 보여 준다. 바로 그런 점이 상당히 인상적이다. 퍼시그가 제시한 자료는 아주 풍부해서 우리가 이 자료를 가지고 퍼시그가 전개한 것과는 다른 사건에 함축된, 이른바 일관성에 대해 생각할 수 있을 정도다. 여기서 나는 서덜랜드의 이야기와 끼움쇠에 대한 두 가지 비유와 우리가 수학에 대해 논한 문제들을 간단히 언급하고 싶다. 첫 번째는 오토바이뿐 아니라 수학에 대해 생각할 때 미적인 방식과 논리적인 방식 사이의 관계다. 두 번째는 수학이나 오토바이와 다른 모든 것 사이의 연속성과 불연속성의 경계에 대한 것이다.

끼움쇠 사건 자체와 이 책의 나머지 부분에서 분명하게 드러나는 것은 인간과 기계, 자연환경 사이의 연속성을 퍼시그 소설 속의 각 인물마다 매우 다르게 느끼며 이러한 차이가 인물들이 느끼는 심미성에도 깊은 영향을 준다는 사실이다. 화자에게 오토바이는 맥주 캔의 세계와 연장선상에 있을 뿐 아니라 좀 더 일반적인 (물질로서의) 금속 세계와도 연관되어 있다. 이 세계에서 금속의 정체성은 오토바이를 이루는 특정한 금속이나 맥주 캔 정도로 축소되지 않는다. 그

마인드스톰

어떤 정체성도 특정한 사례로 축소될 수 없다. 반대로 서덜랜드에게 는 이러한 연속성이 단순히 눈에 안 보이는 게 아니다. 화자에게는 겉으로만 다르게 보이는 동일한 물질이지만 서덜랜드는 오히려 그것 들을 가르는 경계선을 유지하는 데 많은 것을 투자한다.

서덜랜드에게 오토바이는 맥주 캔과 완전히 동떨어져 있는 세상일 뿐 아니라 다른 기계들과도 완전히 다르며, 이로 인해 서덜랜드는 아 무런 갈등 없이 기술로부터 달아나는 수단으로 오토바이를 이용한 다. 우리는 이 두 인물이 일과 사회에 다른 방식으로 참여하고 있음 을 주목함으로써 각자의 위치에서 투자한 대상을 심도 있게 분석할 수도 있을 것이다. 화자는 산업 사회(컴퓨터 회사에서 일한다)의 일 부이며 특정한 틀에 맞춰진 자신을 뛰어넘는 어떤 의미에서 실체라 는 자신의 정체성(금속의 정체성을 찾듯이)을 찾아 나선다. 부드럽고 탄성 있는 금속처럼 어쩌면 화자는 자신에게 강요된 형태를 극복하 는 더 나은 사람일 수 있다. 그는 분명히 자신을 컴퓨터 매뉴얼이나 쓰는 사람으로 규정하지 않는다. 반면에 화자의 친구 서덜랜드는 음 악가이며 오토바이면 오토바이, 맥주 캔이면 맥주 캔을 떠올리듯이 자신이 만든 것을 자기 자신이 연상하는 구조물대로 받아들이는 데 더 능숙하다.

우리가 본질과 우연이라는 문제를 더 파고들어서 논지를 입증할 필요는 없다. 또 어떤 논지는 많이 무시되기도 한다. 다시 말해 오토 바이 수리조차도 우리의 심리적·사회적 정체성과 복잡하게 얽혀 있 다면, 사람마다 수학을 대하는 방식도 이처럼 다양할 거라고 어느 정 도는 예상할 수 있다.

수학적인 작업과 한 사람이 맺는 관계에 대한 생각은 로고 프로그래밍 언어를 사용하면서 로고 거북이 기하학을 가지고 이 책 앞부분에서 설명했다. 이러한 실험은 전통적인 학교 수학을 비판한 것이다(이러한 비판은 기존 수학보다는 이른바 신수학에 대한 것이다). 이 에세이에서 발전시킨 개념의 측면에서 전통적인 학교 수학을 설명해 보자면 비인격적이고 오직 논리만 따르는 '형식적인' 수학만 두드러질 것이다. 우리는 수학 교사들(신수학을 가르치는 교사들은 '이해'와 '발견'이라는 말을 사용하라고 교육을 받는다)의 수사修辭적인 표현 측면에서는 발전이 있었다고 말할 수 있을지 몰라도 문제는 여전히 남게 된다. 교사들이 가르치고 있는 내용 때문이다.*

로고 거북이 기하학에서 우리는 아이들이 일련의 형식적인 규칙을 배우는 게 아니라 공간에서 자신의 몸동작을 통해 얻은 통찰을 충분히 발전시켜 깨달은 지식을 프로그램에 적용하여 로고 거북이를 움직일 수 있는 환경을 만들었다. 지금쯤 이 책의 독자들은 거북이 로봇이 지닌 잠재력에 아주 익숙해졌을 것이다. 그러나 나는 여기서 이 에세이와 직접적으로 관련된 로고 거북이 기하학의 두 가지 측면을 상기시키고 강조하고 싶은데, 이 두 가지 측면은 서로 긴밀한 관계를 맺고 있다. 첫 번째는 자아 동조적 수학의 발전인데 사실상 '신체 동조적' 수학이기도 하다. 두 번째는 심미적 측면(가장 좁은 의미에서 '예쁜 것'이라 해도)을 지속적으로 우선시하는 수학적 맥락을 발전시키는 것이다.

이 두 가지 측면을 잘 보여 주는 예 하나를 들 텐데, 이 예는 아이가 로고 거북이 기하학을 배울 때 나타나는 전형적인 문제다. 아이는 어

---

* 다음 문단은 이 책과의 연속성 때문에 수정됐다.

떤 명령어로 로고 거북이가 정면을 향해 움직이게 할 수 있는지, 축을 중심으로 어떻게 회전시킬 수 있는지, 즉 어떤 명령어로 특정 각도만큼 오른쪽이나 왼쪽으로 회전시킬 수 있는지 이미 배웠다. 이러한 명령어를 가지고 아이는 프로그램을 작성해 로고 거북이로 직선 모양을 그릴 수 있다. 조만간 이 아이는 이런 의문을 품는다. "어떻게 해야 로고 거북이가 원을 그릴 수 있게 만들지?" 로고에서 우리는 '답'을 제시하지 않고 아이가 자신의 신체를 사용해 답을 얻도록 격려한다. 아이는 원을 그리며 걷기 시작하면서, 앞으로 조금 갔다가 옆으로 조금 틀고, 또 앞으로 조금 갔다가 옆으로 조금 틀고를 반복하며 어떻게 하면 원을 그릴 수 있는지 터득한다. 이제 아이는 어떻게 해야 로고 거북이가 원을 그리게 할 수 있는지 안다. 자신에게 내린 명령을 단순히 로고 거북이에게도 내리기만 하면 되는 것이다. "앞으로 조금 갔다가, 조금만 방향을 틀기"라는 말을 로고 거북이가 이해할 수 있는 말인 REPEAT [FORWARD 1 RIGHT TURN 1]로 표현해 주면 된다. 따라서 우리는 자아 동조적이면서 동시에 신체 동조적인 기하학적 추론 과정을 보게 된다. 그리고 일단 아이가 화면에 재빨리 원을 그리는 방법을 알게 되면, 무한한 종류의 모양과 형식, 움직임의 팔레트가 펼쳐진다. 따라서 원(그리고 물론 곡선)의 발견은 아이가 수학을 통해 직접적인 미적 체험을 얻는 능력을 획득하는 전환점이 된다.

앞 단락을 읽으면 자아 동조적 수학이 최근에 만들어진 것처럼 들릴지도 모른다. 그러나 실제로는 그렇지 않다. 최근에 만들어졌다고 하면 이 에세이에서 수학자의 수학이 매우 개인적인 것이라고 계속 강조했던 내용과 배치된다. 또한 우리는 어린이를 위해 자아 동조적 수학을 창안한 것이 아니다. 단지 우리는 어린이가 자신이 이미 알고 있는 것들을 다시 생각할 수 있는 방법을 제시했을 뿐이다. 대부분의 사람이 수학과 자신이 '개인적으로' 관련이 없다고 느끼지만 그들은 어린 시절 스스로 수학을 만들었던 사람들이다. 장 피아제의 발생적 인식론은 아이가 태어나자마자 자신의 신체와 환경이 만나는 지점에서부터 수학적 지식으로 구성된 세계에 들어간다는 사실을 우리에게 가르쳐 준다. 한마디로 우리가 의도했든 의도하지 않았든 수학을 가르친다는 것은, 우리의 학교에서 오래전부터 가르쳐 왔듯이 자연스럽게 경험한 수학을 모두 잊으라고 아이에게 요구하여 새로운 규칙을 가르치는 과정이라는 말이다.

이와 동일한 논리 외적인 뿌리를 망각하는 과정이 아주 최근까지 학계의 공식 수학사에서 주류를 이뤘다. 20세기 초반까지만 해도 형식 논리가 수학의 토대로 간주됐다. 부르바키의 구조주의 이론이 나타난 다음에야 비로소 우리는 수학의 내적 발전이 일어났음을 알게 됐으며, 이러한 내적 발전은 수학의 발생적 기원을 '생각'하게 해 준다. 이러한 '생각하기' 덕분에 수학은 어린이가 현실을 구성하는 방법에 대한 연구의 발전과 가장 밀접한 관계를 맺게 됐다.

이러한 흐름과 앞에서 알게 된 인지 심리학, 동적 심리학으로 인해 우리는 새로운 시대의 문턱에서 수학을 이해하게 됐다. 워런 맥컬록은 따로 떨어져 있는 상태에서는 인간도, 수학도 서로를 온전히 이해할 수 없다는 경구를 통해 새로운 시대를 예고했다. 어떤 질문이 맥컬록을 과학적 삶으로 이끌었냐는 물음에 그는 이렇게 대답했다. "수를 이해하게 된 인간이란 어떤 존재이며, 인간이 이해하게 된 수란 대체 무엇인가?"

후기와 감사의 말

1964년 나는 세상의 한쪽 끝에서 다른 쪽 끝으로 이동했다. 그전 5년 간은 스위스 제네바 근처 알프스 지역 소도시에 살면서 장 피아제와 함께 일했다. 당시 내 주된 관심사는 아이들과 생각의 본질 그리고 아이들이 생각하는 사람이 되는 방식에 있었다. 나는 사이버네틱스와 컴퓨터로 이뤄진 도시인 MIT로 옮겨 왔다. 여전히 내 주된 관심사는 사고의 본질이었지만 당면 과제는 인공 지능이었다. 기계가 생각하게 하려면 어떻게 해야 하는가?

어린이와 기계의 세계는 정말 다르다. 그러나 나는 생각을 바꾸었다. 오래된 어린이 세계에서 풀지 못한 문제를 위해 새로운 기계 세계가 새롭게 관점을 제시할 수 있다고 믿었기 때문이었다. 돌이켜 보면 내가 서로 다른 세계를 번갈아 가며 바라본 경험이 양쪽 모두에 도움이 됐다고 생각한다. 지금으로부터 몇 년 전 마빈 민스키와 나는 지능에 대한 ('마음의 사회 이론'이라고 하는) 일반 이론을 함께 연구했다. 이 이론은 어린이와 컴퓨터가 어떻게 사고하는지 동시에 연구하자는 전략에서 비롯됐다.

물론 심리학적 현상을 설명하는 모형을 만들기 위해 컴퓨터(또는 정보 처리) 이론에 의지한 사람들이 민스키와 나만은 아니었다. 워런 맥컬록Warren McCulloch, 앨런 뉴얼Allen Newell, 허버트 사이먼Herbert Simon, 앨런 튜링Alan Turing, 노버트 위너Norbert Wiener 등 다수의 학자가 이와 비슷한 접근법을 취했다. 그러나 이 책에서 논의의 출발점은 우리를 이 집단 구성원 대부분과 뚜렷이 구분해 주는 관점, 바로 최초로 민스키와 공동 연구한 관점이다. 다시 말해 컴퓨터 과학에서 얻은 아이디어를 학습과 사고가 실제로 어떻게 효과를 발휘하는지 설명하기 위한 도구로 볼 뿐 아니라 사람들의 학습과 사고방식을 바꾸고 가능하면 개선할 수도 있는 변화의 도구로 보는 관점에서 출발한다.

이 책이 나온 배경에는 어린이에게 최고의 기술과 아이디어가 포함된 '최고의 컴퓨터 과학'을 만날 기회를 주어 이런 개념을 탐구해 볼 수 있게끔 설계한 프로젝트가 있었다. 이 프로젝트에서 가장 중요한 것은 MIT 인공 지능 연구소와 컴퓨터 과학 연구소(프로젝트 맥Math And Computation, MAC)가 입주한 같은 건물에서 어린이를 위해 조성한 학습 환경이었다. 우리는 어린이와 어린이에 주로 관심이 있는 사람들을 컴퓨터와 컴퓨터 전문가의 세계로 데리고 옴으로써 생각이 교육에 대한 생각으로 흘러갈 수 있는 조건을 만들고 싶었다.

이 프로젝트를 진행하면서 일어난 일을 다 기술하거나 거기서 배운 것을 여기에 다 적지는 않겠지만 몇 가지 개인적인 생각을 이곳에 옮기려 한다. 프로젝트 자체에 대해 더 자세히 알고 싶은 독자들은 이 책 뒷부분에 있는 주석에 나온 자료들을 참고하면 될 것이다.

이 프로젝트는 문화적 상호 작용 안에서 벌어진 실제 실험이다. 이 실험의 목적은 특정한 형태의 '컴퓨터 문화computer culture'가 스며든 환경에서 새로운 '교육 문화'를 키우는 데 있었다. 이름을 일일이 열거하기에 벅찰 정도로 너무나 많은 사람이 나를 위해 애써 주었다. 잘 조직된 세미나나 논문보다는 자정이 넘은 고요한 시간(우리는 일반적인 시간 주기를 따르지 않는 컴퓨터 문화 안에 있었기 때문)에 이뤄진 대화를 통해 더 많은 아이디어를 주고받을 수 있었다. 이 책의 초고에서 나는 이러한 문화가 어떻게 성장했는지 시간순으로 기록하려 했다. 그러나 시간순으로 기록하기는 너무 어려웠으며 결국 매우 개인적인 스타일로 이 책을 집필했다. 다른 참여자들이 매우 다른 시각에서 볼 수도 있는 생각과 사건들을 나만의 시각으로 자유롭게 해석할 수 있다는 점은 분명 내게 유리했다. 나는 이런 방식이 내가 속한 공동체에 대한 소속감을 희미하게 만들거나 함께 공유한 아이디어를 모호하게 만들지 않기를 바란다. 이러한 발상의 일부가 어떻게 다른 사람들에 의해 정해졌고 내가 이런 생각을 더 발전된 형태로 어떻게 구체화하게 됐는지 지면 관계상 자세히 설명할 수 없다는 사실이 아쉽다.

마빈 민스키는 이 책에 실린 내 생각이 발전하는 동안 내게 지적인 면에서 가장 중요한 사람이었다. 나는 마빈 민스키를 통해 컴퓨터가 이론적인 과학과 실용적인 기술 이상의 것이 될 수 있다는 사실을 처음으로 배웠다. 또한 컴퓨터는 세계에 대한 강력하고 개인적인 비전을 빚는 재료가 될 수도 있음을 깨달았다. 이후로 나는 이러한 내 깨달음을 매우 영감 어린 방식으로 잘 발전시킨 사람 여럿과 만나기도 했다. 그중 눈에 띄는 사람이 앨런 케이Alan Kay다. 앨런 케이는 컴퓨터에 대한 자신의 비전을 어린이를 생각하는 데 일관되게 적용해 왔다. 1970년대 내내 제록스 팔로 알토 연구소에 있던 케이의 연구 팀과 MIT의 우리 연구 팀이 어린이를 위한 컴퓨터를 연구하는 유일한 미국인 학자들이었다. 케이와 우리 연구 팀은 당시 학교와 자료실, 교육 연구 실험실에서 사용할 수 있던 원시적인 컴퓨터로는 제대로 된 연구를 수행하기에 충분하지 않다는 결론을 내렸다. 내게 '컴퓨터를 연필로'라는 말은 컴퓨터로 이뤄진 미래를 살아가는 어린이들이 컴퓨터를 사용하게 될 방식을 환기시킨다. 연필은 글을 쓸 때만이 아니라 아무거나 끄적거릴 때도 사용하며, 그림을 그릴 때도 사용하지만 단순히 낙서를 할 때도 사용하며, 정식 과제를 할 때도 사용하지만 몰래 쪽지를 쓸 때도 사용한다. 케이와 나는 사람들이 더 다양한 목적을 위해 가볍게 사적으로 컴퓨터를 사용하리라는 비전을 공유했다. 그러나 1970년에 나온 학교 컴퓨터 터미널이나 1980년에 전자 제품 유통 업체 라디오색Radio Shack에서 파는 가정용 컴퓨터에는 우리의 비전을 비슷하게라도 실현할 힘과 유연성이 없었다. 우리의 비전을 실현하려면 1970년대에 학교와 개인이 구매할 수 있는 가격대의 컴퓨터보다 그래픽도 훨씬 뛰어나야 하고 사용할 수 있는 언어도 더 유연해야 했다.

1967년 MIT에서 공식적으로 어린이를 위한 연구소를 열기 전, 나는 어린이에게 적절한 컴퓨터 언어를 만들어야겠다고 생각하기 시작했다. 어린이에게 적절하다고 해서 '장난감' 언어여야 하는 법은 없었다. 오히려 나는 전문적인 프로그래밍 언어만큼 강력하면서 또 한편으로는 수학적인 지식이 없는 초보자라도 쉽게 접근할 수 있기를 바랐다. 연구 개발 회사인 BBNBolt Beranek and Newman의 교육 공학 팀장이었던 월리스 포이어차이크Wallace Feurzeig는 이 아이디어의 장점을 재빨리 알아보고, 이 언어를 최초로 구현하고 실험하는 데 필요한 기금을 마련해 주었다. 이 언어의 이름을 로고라고 명명한 것은 로고가 일차적으로는 상징적이고 부차적으로는 정량적이라는 사실을 드러내기 위해서였다. 내가 맨 처음 설계한 언어는 MIT 인공 지능 연구소에 있던 최초의 대학원생 중 한 명인 대니얼 봅로Daniel Bobrow와 논의하는 과정에서 크게 개선됐다. 이외에 당시 BBN에서 근무하던 신시아 솔로몬Cynthia Solomon과 리처드 그랜트Richard Grant도 개선 작업 토론에 참여했다. 이후 로고는 여러 번의 '현대화' 과정을 거쳤으며 그 과정은 모두 MIT에서 이뤄졌다. 여기에 기여한 많은 사람 중 내가 열거할 수 있는 사람들은 해럴드 에이벌슨Harold Abelson, 브루스 에드워즈Bruce Edwards, 안드레아 디세사Andrea diSessa, 개리 드레셔Gary Drescher, 아이라 골드스타인Ira Goldstein, 마크 그로스Mark Gross, 에드 하드벡Ed Hardebeck, 대니 힐리스Danny Hillis, 밥 롤러Bob Lawler, 론 레블Ron Lebel, 헨리 리버맨Henry Lieberman, 마크 밀러Mark Miller, 마거릿 민스키Margaret Minsky, 신시아 솔로몬, 웨이드 윌리엄스Wade Williams, 테리 위노그래드Terry Winograd다. 여러 해 동안 론 레블은 로고 개발을 책임진 수석 시스템 프로그래머였다. 그러나 로고를 개발하는 데 직접적으로 참여한 사람의 수는 직간접적으로 참여한 사람들에 비하면 빙산의 일각이다. MIT 커뮤니티가 로고에 미친 영향은 훨씬 더 깊다.

MIT 인공 지능 연구소는 언제나 거대한 컴퓨터 세계 안에서 반문화적 성향이 강한 운동의 중심점 가까이에 있었는데, 이 운동은 프로그래밍 언어를 인식론적이며 미적인 노력이 상당히 투입된 것으로 봤다. 이러한 '워프'의 관점*은 로고가 만들어질 당시 대학원생이 었던 컴퓨터 과학자 칼 휴이트Carl Hewitt, 제럴드 서스먼Gerald Sussman, 테리 위노그래드가 쓴 논문에 가장 잘 드러났다고 본다. 그러나 이 모든 것이 MIT 인공 지능 연구소의 설립자인 마빈 민스키와 존 매카시John McCarthy까지 거슬러 올라가며, '해커'의 전통에 가장 직접적으로 기여했다고 여기는 윌리엄 고스퍼William Gosper와 리처드 그린블랫Richard Greenblatt에게도 많은 빚을 졌다. 이런 사람들이 조성한 문화적 환경에서는 어린이가 베이식 같은 컴퓨터 언어를 배워서 컴퓨터 문화에 들어가는 것을 받아들이지 않았다. 이것은 마치 대충 만들어진 피진† 영어를 가지고 영시를 배우려고 하는 것과 같다.

나는 새로운 취미를 배우는 데 관심이 많았으며 취미 활동에 필요한 감각을 기름으로써 취미를 배운다는 것의 본질에 대해 많은 통찰을 얻었다. 그렇게 해서 나는 다른 사람들보다 더 다양한 것을 계획적으로 학습한 듯하다. 이런 정신에 입각하여 배운 것 중 몇 가지 예를 들면 열역학 같은 과학, 한자 읽는 법, 비행기 날리기, 다양한 요리법, 저글링 같은 서커스 동작, 심지어 두 차례에 걸쳐 시각을 왜곡하는 안경을 쓰고 몇 주간 지내보기 등이 있다(한 번은 왼쪽과 오른쪽이 바뀐 안경을 쓰고, 또 한 번은 시야를 복잡하게 왜곡하는 안경을 쓰고 지냈다). 내가 특별히 인공 지능 연구소를 좋아했던 것은 이곳 사람들이 심리학적 과정에서 통찰을 얻는 원천으로 자신을 활용하는 접근 방식에 대한 흥미를 공유했고, 숙련된 기술을 요하는 활동

---

* (옮긴이) 에드워드 사피어와 그의 제자 벤저민 리 워프가 세운 가설인 '언어가 사고에 영향을 준다'는 관점
† (옮긴이) 서로 다른 두 언어의 화자가 만나 의사소통을 위해 자연스레 형성한 혼성어이며 '피진(pidgin)'이라는 말은 영어 단어인 'business'의 중국 피진 영어 발음에서 나왔다.

에 참여하는 자신을 관찰하는 것을 특히 흥미로워했다는 점 때문이었다. 여기서 또 나는 너무나 많은 사람에게 빚을 졌음을 고백하며, 그중에서 가장 크고 훌륭하게 기여한 사람 몇 명만 언급하겠다. 하워드 오스틴Howard Austin, 진 뱀버거Jeanne Bamberger, 아이라 골드스타인, 밥 롤러, 제럴드 서스먼 그리고 이러한 방법을 탐색했던 '소리 내어 생각하기' 세미나에 참여했던 대학원생들에게 고마움을 전한다. '소리 내어 생각하기'에 대한 내 접근법은 도널드 쇤Donald Schon과 벤슨 스나이더Benson Snyder와 공동으로 연구하고, 에디스 애커맨Edith Ackermann과 대니얼 봅로, 하워드 그루버Howard Gruber와 애넷 카밀로프스미스Annette Karmiloff-Smith, 도널드 노먼Donald Norman을 비롯한 다수의 심리학자와 교류하는 동안 더욱 정교하게 다듬어졌다.

이 모든 것이 어린이를 위해 구축하고 있던 컴퓨터 환경에서의 학습·교수 방법론 출현에 영향을 끼쳤다. 이 작업에서 나와 가장 가까운 사람은 신시아 솔로몬이었다. 마빈 민스키의 경우처럼 신시아 솔로몬과의 협업은 아주 오랫동안 매우 긴밀하게 이뤄진 탓에 신시아 솔로몬이 기여한 바를 일일이 열거하기란 불가능할 정도다. 신시아 솔로몬은 어린이에게 컴퓨터를 소개하기 위해 교사들을 훈련시키는 데 필요한 지적으로 일관된 방법론을 최초로 개발했으며, 여전히 이 문제를 진지하게 다루는 몇 안 되는 사람 중 한 명으로 손꼽힌다.

많은 사람이 아이들에게 로고를 가르치는 것과 관련한 아이디어에 많은 기여를 했다. 아이라 골드스타인은 가르치는 과정을 위한 이론적 틀을 개발하는 것과 관련해서 어려운 문제들을 해결했으며 마크 밀러가 그의 뒤를 이어서 계속 연구하고 있다. 좀 더 실용적인 입장에서 교수법에 접근하는 이들도 있었다. 특별히 이 부분에 기여한 사람들로는 하워드 오스틴, 폴 골든버그Paul Goldenberg, 게리안느 골드스타인Gerianne Goldstein, 버지니아 그래머Virginia Grammar, 안드레 그린Andree Green, 엘런 힐드레스Ellen Hildreth, 키요코 오쿠무라Kiyoko Okumura, 닐 로Neil Rowe, 댄 와트Dan Watt가 있다. 진 뱀버거는 로고를 활용하여 음악을 배우고 교사들이 자신의 생각에 대해 더 민감하게 반응할 수 있는 방법을 개발했다.

우리의 학습 환경을 뒷받침하는 주된 생각은 어린이가 자신의 힘을 발휘할 도구인 수학과 과학으로부터 얻은 강력한 아이디어를 사용할 수 있게 하는 데 있다. 예를 들어 기하학은 텔레비전 화면에 시각 효과를 주는 수단이 될 수도 있다. 그러나 그렇게 하는 것은 보통 수학과 과학에서 새로운 주제를 개발하는 일을 의미하며, 이런 프로젝트가 가능했던 것은 단지 우리가 창의적인 수학 인재가 많은 기관 내에서 연구했기 때문이었다. 우리가 수행한 과제는 새로운 종류의 것이다. 수학이나 과학을 연구할 때 원래 해 오던 과제를 수행하지만 그 방향 지시는 우리가 한다. 그 이유는 우리가 제시한 방향이 더 포괄적이거나 더 배우기 쉬운 형태의 지식으로 이끌기 때문이지, 보통 수학 연구에 동기를 부여하는 이유 때문은 아니다. MIT의 많은 학생과 교수진이 이러한 작업에 기여했지만 여기에서 두 명의 학자를 꼽자면 수학자인 해럴드 에이벌슨과 물리학자인 안드레아 디세사를 들 수 있다.

다수의 로고 연구자가 로고 거북이가 그리는 그림의 미적인 측면에 기여했다. 그중 나에게 영향을 가장 많이 준 사람은 신시아 솔로몬, 엘런 힐드레스, 일세 슈네크Ilse Schenck(이 책에서 정원과 새를 담당)다.

이 책에서는 주로 어린이에 대해 썼지만 사실 여기에 나온 대부분의 아이디어는 연령에 상관없이 사람들이 학습하는 방법과 밀접한 관련이 있다. 내가 구체적으로 어린이를 내 생각의 주된 대상으로 삼은 이유는 학습 조건 변화에서 얻는 것이 가장 많은 사람이 어린이기 때문이다. 우리와 함께한 어린이들의 연령대는 대부분 초등학교 저학년과 고학년 사이에 분포했다. 래디아 펄먼Radia Perlman은 처음으로 훨씬 더 어린 연령층과 함께 작업하는 기술을 연구했는데 대상 연령은 네 살이었다. 에이벌슨과 디세사는 이보다 훨씬 나이가 많은 고등학생과 대학생 연령대의 학생들을 대상으로 연구하는 데 전문이었다. 개리 드레서, 폴 골든버그, 실비아 위어Sylvia Weir, 조지 발렌치Jose Valente는 중증 장애가 있는 어린이에게 로고를 가르쳐 온 선구자다. 밥 롤러는 최초이자 지금까지 거의 유일한 종류의 학습 실험을 수행했는데, 나는 이 실험이 향후 상당히 중요한 실험이 되리라 생각한다. 롤러의 연구에서는 한 아이를 6개월간 '종일' 관찰했는데, 단순히 계획에 의해 설정된 상황에서 일어나는 학습뿐 아니라 같은 기간 동안 일어난 모든 명시적인 학습까지도 포착하고자 했다. 나는 '자연적인 습득'에 대한 또 다른 연구로부터 영향을 받았다. 이 연구는 현재 하버드에서 로렌스 밀러Lawrence Miller가 자신의 학위 논문을 위한 연구의 일부로 수행하고 있다. 롤러와 밀러 모두 이 책의 근간이 되는 일반적인 지적 상태에 대한 데이터를 제공해 주었다. 최고의 학습은 학습자가 스스로 책임을 질 때 일어난다. 에드위나 미치너Edwina Michner의 박사 논문은 전혀 다른 종류의 학습 연구로 수학 문화와 관련한 책에는 쓰지 않은 일부 수학적 지식을 유형화하는 시도를 했다.

나는 많은 이에게 지적으로 진 빚이 많다. 이외에도 대부분의 사람에게 감사해야 할 것들이 있다. 매우 혼란스러운 내 일 처리 방식을 지지해 주고 참아 준 것에 대해 무척 고맙게 생각한다. 나를 참아 준 이들, 특히 로고 연구소를 관리하는 매우 힘든 일을 맡아 주고 컴퓨터 파일에 있는 이 책의 버전을 계속해서 업데이트해 준 그레고리 가가리언Gregory Gargarian에게 고맙다는 말을 전한다. 가가리언의 능력과 전문성뿐 아니라 그의 우정 어린 지원 덕분에 나는 이 책을 더 수월하게 집필할 수 있었다.

MIT는 지적 자극을 강하게 받을 수 있는 환경을 제공했다. MIT는 아주 특별한 프로젝트를 성공적으로 수행할 수 있게끔 행정적으로도 매우 특별한 환경을 제공했다. 행정적으로 도와준 많은 사람을 꼽자면 제롬 위즈너Jerome Wiesner, 월터 로젠블리스Walter Rosenblith, 마이클 데르투조스Michael Dertouzos, 테드 마틴Ted Martin, 벤슨 스나이더, 패트릭 윈스턴Patrick Winston, 바바라 넬슨Barbara Nelson, 에바 캠피츠Eva Kampits, 짐 매카시Jim McCarthy, 고든 오로Gordon Oro, 러셀 노프트스커Russell Noftsker, 조지 월리스George Wallace, 일레인 메드버드Elaine Medverd 외에 정말 많은 이들이 있다. 그중에서 에바 캠피츠에게 특별히 많은 신세를 졌다. 에바 캠피츠는 한때 내 비서였으며 지금은 박사가 됐다.

로고 프로젝트는 지금까지 내가 언급한 것과 전혀 다른 종류의 지원을 받지 못했다면 불가능했을 것이다. 미국 국립 과학 재단National Science Foundation은 로고에 대한 아이디어 태동기 때부터 이 사업의 재정을 지원했다. 국립 과학 재단에 있던 몇 사람을 또 언급하고 싶다. 도로시 데린저Dorothy Derringer, 앤드류 몰나Andrew Molnar, 밀튼 로즈Milton Rose의 창의적인 이해심 덕분에 우리가 연구에 매진할 수 있었다. 이들은 우리에게 물질뿐 아니라 정신적으로도 큰 힘을 주었으며, 그런

288   마인드스톰

점에서 포드 재단의 마저리 마르투스Marjorie Martus와 국립 교육 연구원 National Institute of Education의 아서 멜메드Arthur Melmed, 미국 교육부 장애아 교육국의 앨런 디트먼Alan Ditman, 텍사스 인스트루먼트의 앨프레드 리코미Alfred Riccomi에게도 감사의 말을 전한다. 또한 우리에게 정신적, 물질적 지원을 아끼지 않은 세 사람인 아이다 그린Ida Green, 에릭 존슨Erik Jonsson, 세실 그린Cecil Green에게 크게 감사한다. 세 사람 모두 텍사스 주 댈러스 출신이다. 특히 댈러스의 램프라이터Lamplighter 학교에서 컴퓨터를 이용한 프로젝트를 에릭 존슨과 긴밀하게 개발한 것은 값진 경험이었다. 에릭 존슨의 명확한 사고와 폭넓은 비전에 감사한다. 나는 존슨을 내 동료이자 친구로 생각한다. 내 아이디어를 지지해 주고 혼란스러운 일 처리 방식을 묵묵히 참아 준 존슨이 있었기에 나는 이 책을 집필할 수 있었다.

존 버로John Berlow는 이 책을 쓰는 데 어마어마한 도움을 주었다. 처음 만났을 때부터 나는 존 버로가 매우 지적인 편집자라는 인상을 받았다. 원고가 전개되는 단계마다 존 버로의 비판적이고도 열정적인 독서로 인해 아이디어가 매번 새로워지고 명확해졌다. 개발 프로젝트가 진행되면서 존 버로는 나에게 편집자 이상의 존재가 됐다. 그는 내 친구이자 대화 상대, 비평가이자 내가 가장 영향을 주고 싶은 유형의 독자의 전형이기도 하다. 존 버로를 만났을 당시 그는 컴퓨터에 대한 전문 지식이 없었다. 그러나 다른 방면에 대한 그의 지식 덕분에 즉각 컴퓨터와 교육과 관련한 자신의 생각을 스스로 끌어낼 수 있었다.

기여한 바를 특정 범주로 분류할 수 없는 사람들이 많이 있다. 니컬러스 네그로폰테Nicholas Negroponte가 내게 끊임없이 영감을 준 사람인 것은 어느 정도는 그가 특정 범주에 속하기를 거부하는 사람이기 때문이다. 또한 수전 하트넷Susan Hartnett, 안드룰라 헨리케Androula Henriques, 바벨 인헬더Barbel Inhelder, A. R. 존키어A. R. Jonckheere, 던컨 스튜어트 리니Duncan Stuart Linney, 앨런 패퍼트Alan Papert, 도나 스트라우스Dona Strauss, I. B. 타바타I. B. Tabata에게도 감사의 말을 전하고 싶다. 그리고 존 실리 브라운John Seeley Brown, 아이라 골드스타인, 로버트 데이비스Robert Davis, 아서 루어먼Arthur Leuhrman, 패트릭 수피스Patrick Suppes는 컴퓨터를 어떻게 사용해야 하는지에 대해 나와 의견이 일치하지는 않았지만 내게 소중한 사람들이다. 이 책을 긍정적이고 낙관적인 사고의 표출로 읽을 수 있다면 이것은 전적으로 내 어머니 베티 패퍼트Betty Papert 여사 덕분임이 틀림없다. 아터미스 패퍼트Artemis Papert*는 다방면으로 나를 도와주었다. 나는 그저 "고마워"라는 말밖에 할 수 없다는 사실이 아쉬울 따름이다.

어린이가 사고하는 방식과 연관된 모든 사람이 장 피아제에게 어마어마한 빚을 지고 있다. 나 역시 피아제에게 큰 빚을 졌다. 피아제가 내 삶에 들어오지 않았더라면 나는 지금의 내가 되는 대신 '진짜 수학자'가 됐을 것이다. 피아제는 내게 엄청난 에너지를 쏟아 부었으며 무한한 신뢰를 보여 주었다. 피아제가 이룩한 과업의 정신에 입각해 내가 어린이 세계에 기여했음을 그가 알게 되기를 바란다.

나는 제네바를 떠나면서 피아제가 제시한 어린이 상에서 어마어마한 영감을 받았다. 특히 가르치지 않아도 아이들은 많은 것을 배울 수 있다는 피아제의 생각은 내게 큰 영향을 주었다. 그러나 한편으로

---

* (옮긴이) 패퍼트의 딸

는 '피아제 학습'이라는 놀라운 과정을 통해 어린이가 더 많은 지식을 습득할 수 있는 여건을 조성하기 위해 무엇을 해야 하는지에 대해서는 많이 밝히지 않은 데 대해 크게 낙담했다. '피아제식 교육 과정'을 설계하는 것이 편하게 피아제를 받아들이는 일로 생각하는 사람이 많다. 피아제는 교육 과정 없는 학습 이론가로 널리 알려져 있다. 따라서 나는 이 책을 관통하는 두 가지 생각을 정리하기 시작했다. (1) 인지적 발달의 패턴 변화는 문화적 변화와 함께 올 것이다. (2)머지 않아 이와 관련된 문화적 변화를 몰고 올 가능성이 가장 큰 것은 점점 더 늘어나고 있는 컴퓨터가 될 것이다. 로고 프로젝트를 시작할 때부터 이런 생각을 했지만 오랜 기간 동안 이런 생각의 이론적 틀을 어떻게 마련해야 할지 알 수가 없었다.

이때 이 문제를 위해 다방면에서 도움을 준 사람이 내 아내 셰리 터클Sherry Turkle이다. 아내가 없었다면 결코 이 책을 집필할 수 없었을 것이다. 셰리로부터 얻은 아이디어는 컴퓨터와 문화에 대한 생각 방식을 발전시키는 연결 고리가 됐다. 셰리는 아이디어의 상호 작용과 문화 형성에 특히 관심이 많은 사회학자다. 특히 문화 집단이 복잡한 생각을 받아들이고 표현하는 방식에 관심이 많다. 내가 셰리를 만났을 때 그녀는 당시 프랑스의 새로운 정신 분석 문화가 프로이트의 영향력에 강렬하게 저항했던 나라인 프랑스를 어떻게 평정했는지 조사를 마친 무렵이었다. 셰리는 관심사를 컴퓨터 문화로 돌려 사람들과 컴퓨터의 관계가 그들의 언어, 정치에 대한 생각, 자기 자신에 대한 생각에 어떤 영향을 미치는지 연구하고 있었다. 이 두 가지 연구 주제에 대한 셰리의 의견을 들으면서 내가 취하고자 하는 접근법을 정리하고 책을 집필하기에 충분할 정도까지 내 아이디어를 완결할 수 있었다.

수년간 셰리는 여러 방면에서 내게 도움을 주었다. 글이 잘 안 써질 때면 셰리가 몇 시간 동안 나와 대화하면서 편집과 관련해서 도움을 주곤 했다. 그러나 셰리의 도움이 가장 결정적이었던 때는 책 쓰는 일에 수시로 정나미가 떨어지거나 책을 써야겠다는 결심이 시들해지던 순간이었다. 그럴 때면 책에 대한 셰리의 헌신이 책에 대한 내 의지를 되살리고, 나에 대한 셰리의 사랑이 책에 대한 내 애정을 제자리로 돌려놓았다.

시모어 패퍼트
매사추세츠주 케임브리지시
1980년 4월

《마인드스톰》에 얽혀 있는 줄기

최승준
미디어 아티스트·한미유치원 설립자

《마인드스톰》이 출간된 지 40년이 된 요즘, MIT 미디어 랩 평생유치원Lifelong Kindergarten 그룹의 스크래치Scratch*와 미첼 레스닉Mitchel Resnick을 통해 시모어 패퍼트의 생각이 다시 조명을 받고 있습니다.《미첼 레스닉의 평생유치원Lifelong Kindergarten: Cultivating Creativity through Projects, Passion, Peers, and Play》(이하《평생유치원》)을 보면 시모어 패퍼트와《마인드스톰》에 관한 이야기가 여러 번 나오는데요. 특히 제2장 '프로젝트' 중 '만들기를 통한 학습'을 보면, 시모어 패퍼트의 앎과 삶의 여정을 간략하게 소개하며 다음과 같이 글을 맺습니다.

'만들기를 통한 학습'에 관한 시모어의 생각은 '메이커 운동'의 부상과 함께 입증되면서 오늘날 다시 한 번 관심을 끌고 있다. 로고에 관련

---

*　*https://scratch.mit.edu*

한 시모어의 업적은 50년 전에 시작되었고 그의 획기적인 책《마인드
스톰》도 1980년에 출판되었지만, 그의 핵심 아이디어는 과거 그 어느
때보다 현대 사회에 더 중요하고 더 적절하다.

미첼 레스닉과 시모어 패퍼트의 관계는 2008년에 미첼 레스닉이 쓴
'시모어의 아이디어와 사랑에 빠지기Falling in Love with Seymour's Ideas*라는
글을 읽어 보면 더 잘 알 수 있습니다.

　……

1982년 봄이었습니다. 서해안 컴퓨터 박람회West Coast Computer Faire에 참
가했죠. 개인용 컴퓨터의 얼리 어답터들과 초창기 열정가들이 모이는
자유로운 분위기의 모임이었습니다. 거기서 시모어의 강연을 들으러
갔고 저는 그 자리에서 즉시 그의 아이디어들과 강하게 연결되는 느
낌을 받았습니다. …… 흥분되는 일이었죠. 그러나 그것만으로는 지
난 25년 동안 제가 이 일을 지속하진 못했을 것입니다. 시모어의 아이
디어에는 다른 무엇인가가 더 있었습니다.
　시모어의 작지만 찬란한 '내 어린 시절의 톱니바퀴'(xxii쪽)란 글이
떠올랐습니다. 《마인드스톰》 초판 서문으로 쓴 글이었죠. …… 제 마
음속에서 이 글에서 가장 중요한 부분은 거의 끝부분에 나오는 "나는
톱니바퀴와 사랑에 빠졌다"(xxvi쪽)라는 문장입니다. 시모어는 톱니
바퀴에 열정적이었죠. 그래서 톱니바퀴는 그에게 유달리 특별했던 것
입니다.

* *https://llk.media.mit.edu/papers/AERA-seymour-final.pdf* 미첼 레스닉 교수의 허락을 받고 번역했
　습니다.

그렇습니다. 제가 1982년 시모어를 만났을 때 저는 시모어의 아이디어에 관해 배웠을 뿐 아니라 그의 아이디어와 사랑에 빠졌던 것입니다. ……

…… 그러나 더 중요한 점은, 시모어는 자신의 삶을 다른 사람들이 그들의 열정을 찾고 따르며 목소리를 개발하고 전할 기회를 제공하는 데 헌신했다는 것입니다. 시모어가 이런 목적을 달성하는 데 늘 성공했다고 이야기하는 것은 아닙니다. 그러나 그 비전은 강력합니다. 어린이를 깊이 존중하며 그들이 살아가고 싶어 할 사회가 어떤 형태의 사회가 될지 그 토대를 제공하는 비전입니다.

저 또한 제 일에서 같은 목적을 설정했습니다. …… 제가 하는 모든 일 속에서 시모어의 비전이 안내 역할을 합니다. 그들의 열정을 찾고 따르고자 하며, 새로운 탐색과 실험을 하려고 하고, 그들의 목소리를 개발하고 전하고자 하는, 수없이 다양한 삶의 배경과 여로에 있는 모든 어린이가 그런 기회를 가질 수 있도록 하는 비전입니다.

작년에 저는 IDCInteraction Design and Children라는 콘퍼런스에서 기조 강연을 했습니다. 제 발표 후 질의응답 시간에 한 분이 질문했습니다. "같은 일을 이미 20년 전에 시모어 패퍼트가 하고 있었던 것 아닌가요?" 비판의 의미로 한 말이었겠지만 제게는 칭찬으로 들렸기 때문에 "예"라고 간단히 답변했습니다. …… 저는 여전히 시모어의 아이디어와 사랑에 빠져 있습니다. 그리고 여생 동안 시모어의 비전이 현실이 되도록 하는 데 제 삶을 사용하는 것이 행복하며 자랑스럽습니다.

이 글은《마인드스톰》의 울림이 있는 서문 '내 어린 시절의 톱니바퀴'에 관한 오마주로 보이기도 합니다. "나는 톱니바퀴와 사랑에 빠졌다"란 시모어의 말을 강조하며 시모어의 아이디어와 사랑에 빠져 시모어가 하고자 했던 일을 이어 가고 있음을 고백하는 미첼 레스닉의 소명 의식을 느낄 수 있습니다.

미첼 레스닉이 몸담고 있으며 스크래치의 요람이 된 MIT 미디어 랩의 평생유치원 그룹은 시모어 패퍼트의 '인식론과 배움Epistemology and Learning' 그룹에서 파생된 기관입니다. '인식론과 배움' 그룹의 과거 흔적*은 인터넷 아카이브Internet Archive에서 탐색해 볼 수 있는데, 2003년 6월 3일의 모습을 보면 시모어 패퍼트에 의해 창설된 '인식론과 배움' 그룹은 미디어 랩 최초의 연구소 중 하나로 '배움의 미래Future of Learning', '평생유치원', '풀뿌리 발명'의 세 연구 그룹이 그 직계에 해당한다고 소개하고 있습니다. 이 중에서 현재까지 활동을 지속하고 있는 그룹은 '평생유치원' 하나입니다.

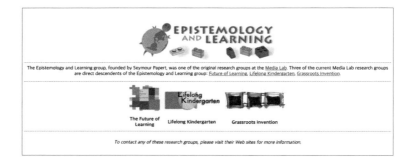

시모어 패퍼트는 2016년 7월 31일에 세상을 떠났습니다. 며칠 뒤인 8월 4일, 스크래치 콘퍼런스 2016의 첫날 기조 강연†에서 미첼 레스닉

---

* *https://web.archive.org/web/2010*/http://el.www.media.mit.edu/groups/el*
† *https://youtu.be/alsfSTVn2es?t=2888*(48분 즈음부터)

마인드스톰

은 시모어 패퍼트를 기리며《마인드스톰》의 핵심 아이디어 중 구성주의constructionism, 생각하게 하는 사물objects-to-think-with, 강력한 아이디어powerful idea, 삼바 학교Samba School, 어려워서 더 재밌는hard fun, 인식론적 다원주의epistemological pluralism, 이 여섯 가지 개념을 요약해서 소개합니다.

이 여섯 가지 핵심 개념 중 'constructionism'을 '구성주의'로 번역하는 데는 설명이 필요합니다. 교육학에서 구성주의를 이야기할 때는 피아제의 발생적 인식론에 기반을 둔 'constructivism'을 말하는 것으로 예술, 건축 분야에서는 구축주의構築主義로 번역하기도 합니다. 구분을 위해 constructioNism은 N이 들어 있는 구성주의(N)으로, constructiVism은 V가 들어 있는 구성주의(V)로 부르겠습니다. 시모어 패퍼트가 주창한 구성주의(N)은《마인드스톰》본문에는 나오지 않는 용어로 1991년 저서《Constructionism: research reports and essays》의 도입부인 '구성주의(N) 상황을 만들기Situating Constructionism'* 라는 글과 1993년 저서《The Children's Machine》의 7장 '교수주의 대 구성주의(N)Instructionism versus Constructionism' 등에서부터 보이기 시작합니다. 1991년 저서《Constructionism》은 다음 문단으로 시작합니다.

구성주의(N)의 아이디어를 간단하고 귀에 착 감기는 버전으로 표현하기는 쉬운 일이다. 예를 들면 구성주의(N)을 '만들면서 배우기'로 생각해 볼 수도 있다. 이 도입 장의 목적 중 하나는 이 책을 읽는 독자들이 구성주의(N)을 '만들면서 배우기' 같이 간단한 공식처럼 전달하

* *http://www.papert.org/articles/SituatingConstructionism.html*

는 방법이 아니라, 훨씬 더 풍부하고 다면적이며 깊은 의미를 함의하는 방식으로 정교하게 설명(구성)할 수 있게 본문에서 다룬 다양한 방식을 활용할 수 있도록 안내하는 것이다.

…… 만약 누군가가 구성주의(N)을 교실에 대한 이론 및 우리끼리 이야기할 때 말하곤 하는 지식을 주입하는 파이프라인 모형을 피하고자 하는 것 정도로 다루고자 한다면, 나는 그 사람 앞에서 구성주의(N)에 관한 내 솔직한 생각을 밝히지는 못할 것이다. 구성주의(N)을 교실에 대한 이론이나 주입식 교육을 피하는 정도에 한정하는 것은 구성주의(N)을 하찮게 만드는 일이다. ……

2019년 말 한국을 방문한 미첼 레스닉과 만나 이 구성주의(N)과 구성주의(V)의 구분에 관해 질문했더니, 미첼 레스닉은 둘 사이의 구분을 그리 중요하게 생각하지 않는다며, 현실에서 무엇인가를 만들어 보는building 행위에 의해 머릿속에서도 무엇인가가 만들어진다는 것이 핵심이라고 말했습니다. 그래도 그 구분이 마음에 걸리는 독자들은 시모어 패퍼트처럼 제네바의 발생적 인식론 국제 센터와 MIT에서의 연구 경험을 가진 에디스 애커맨이 쓴 '피아제의 구성주의(V), 패퍼트의 구성주의(N): 무엇이 다른가?Piaget's Constructivism, Papert's Constructionism: What's the difference?'*를 읽어 보길 권합니다. 피아제와 패퍼트의 이론에 관한 간략한 풀이와 지식을 그것이 구성되는 상황과 떼어 놓고 생각하지 않아야 한다는 '상황 학습situated learning' 관점 등을 통해, 구성주의(N)과 구성주의(V)가 비슷한 목적을 가지고 있지만 다

---

* *https://learning.media.mit.edu/content/publications/EA.Piaget%20_%20Papert.pdf*

른 수단을 사용한다는 해석과 어떻게 둘을 통합해서 생각해 볼 수 있는지 등의 의견을 살펴볼 수 있습니다. 《마인드스톰》 본문과 시모어 패퍼트의 다른 글이 너무 어렵게 느껴진다면 《평생유치원》 책의 내용과 미첼 레스닉이 요약한 여섯 가지 개념을 한번 살펴보고 다시 읽어 나가는 것이 도움이 되리라 생각합니다. 그러나 《마인드스톰》과 이어지는 저작에는 간략한 요약으로는 담아내기 어려운 이야기들이 복잡하게 얽혀 있습니다. 《마인드스톰》만 읽어서는 이해하기 어려운 맥락들도 있고요. 시모어 패퍼트의 앎과 삶의 여정이 어떠했는지 따라가다 보면 1980년 52세의 시모어 패퍼트가 《마인드스톰》에 왜 그러한 이야기를 적었는지 조금 더 잘 알 수 있습니다.

이 글에서 소개할 시모어 패퍼트의 생애는 1991년 '시모어 패퍼트의 초상Portrait of Seymour Papert'*, 《마인드스톰》의 후속작인 1993년 《The Children's Machine》, 1999년 겨울에 나온 《Logo Exchange》 17호†의 '미스터 패퍼트의 역사The history of Mr. Papert' 그리고 2003년의 '랩톱은 신경 쓰지 마세요Never Mind the Laptops'와 2016년에 나온 여러 부고 기사의 내용을 참고했습니다.

남아프리카 시절: 철학, 수학, 반아파르트헤이트 운동

시모어 패퍼트의 아버지 잭 패퍼트는 체체파리를 연구하는 곤충학자로 남아프리카에서 연구했고, 시모어 패퍼트는 1928년 윤일인 2월 29일에 남아프리카 공화국 프리토리아에서 태어났습니다. 덤불숲을 탐색하고 먹을거리를 수렵 채집하기도 하며 고장 난 자동차의 차

---

* http://www.ascd.org/ASCD/pdf/journals/ed_lead/el_199104_goldberg.pdf
† https://el.media.mit.edu/logo-foundation/resources/nlx/v17/Vol17No2.pdf

동 장치를 탐구하던 어린 시절, 시모어의 가족과 아버지의 연구 동료 외에는 대부분 흑인이었고 시모어 패퍼트는 그렇게 함께 어울려 사는 것이 자연스러웠다고 생각했습니다. 일곱 살 즈음 더 큰 도시인 요하네스버그로 이사 가서 십대로 성장했는데, 당시 남아프리카 공화국에는 이미 아파르트헤이트(인종 분리·차별) 정책으로 향하는 분위기가 있었습니다. 그 상황을 이치에 맞지 않는다고 여긴 시모어 패퍼트는 글을 못 읽는 흑인들을 가르치는 야학을 운영하기도 하며 아파르트헤이트 정책에 저항하는 활동을 했습니다. 고교 때는 과학 지식을 활용해 직접 신문을 만드는 학교 밖 활동을 하기도 했죠. 그렇게 정치적인 활동에 눈을 뜨며 이치에 맞지 않는 상황에 저항했던 경험이 이후 비트바테스트란트 대학에서 철학을 공부하는 계기가 되었고, 이는 논리에 관한 관심으로 이어져 같은 대학에서 수학을 공부해 1952년에 위상 수학*을 주제로 박사 학위를 받았습니다.

2017년 1월 MIT 미디어 랩에서 열린 '시모어 패퍼트에 대한 생각에 관해 생각하기Thinking about Thinking about Seymour'† 추모 모임에서 다룬 '세상을 다시 생각하기Rethinking the World'의 패널 토의 내용을 보면 시모어 패퍼트의 활동가activist로서의 면모를 알 수 있습니다. 여러 패널이 시모어 패퍼트와 그의 생각에 관해 회고하는 다섯 시간 길이의 영상 중 4시간 49분‡ 즈음부터 등장하는 내용을 옮겨 봅니다.

밥 매시Bob Massie: 활동가로서의 시모어 패퍼트에 관해 이야기하고 싶

---

* 〈Sequential Convergence in Lattices with Special Reference to Modular and Subgroup Lattices〉

† *https://www.media.mit.edu/events/papert*

‡ *https://youtu.be/ZXDgJ6bHo8o?t=17390*

습니다. 제가 시모어를 처음 알게 됐을 때, 저는 반아파르트헤이트 운동의 역사, 미국과 남아프리카의 관계를 다룬 긴 책을 저술하는 중이었습니다. ……

그런데 어느 날 시모어의 사촌인 제니퍼 데이비스Jennifer Davis를 인터뷰할 일이 있었는데, 그는 반아파르트헤이트 미국 위원회 그룹 중 구성원 중 한 명이었습니다. …… 그는 이렇게 말했습니다. "시모어가 수학자로서 얼마나 훌륭하건 간에, 그가 우리의 가장 어두웠던 시절에 정치적 전략가로서 발휘했던 용기와 훌륭함이 그의 수학자로서의 훌륭함을 훨씬 능가합니다."

…… 시모어는 금방이라도 억압받을 수도 있는 위험한 상황에서 남아프리카 공화국을 힘들게 나왔죠. 그래서 저는 이런 맥락에서 조금 더 이야기를 나눠 보고 싶습니다. ……

시모어 패퍼트는 민주주의와 인권에 열정적으로 관심을 기울였습니다. 우리는 여기에 관해 긴 대화를 했죠. 제가 생각하기에 시모어는 …… 어쩌면 심지어 현재 작동하고 있는 민주주의가 파괴될 수 있지는 않은지 반성하며 생각해 주길 바랐을 것입니다. 그래서 시간이 얼마 남지 않았지만, 데이비드 카발로David Cavallo* 씨에게 묻고 싶습니다. 활동가로서의 시모어 그리고 그가 대표했던 모든 것을 미루어 반추해 볼 때 과연 그러면 오늘날 어떻게 나아갔을까요?

데이비드: …… 시모어에 관해 생각할 때 하나를 다른 것들로부터 분리해서 생각할 수 없습니다. (많은 것이 높은 밀도로 연결되고) 집적되어 있고 통합되어 있죠. 항상 사회 정의에 관한 아이디어가 깊이 들어 있었고요. …… 최근에 시모어가 썼던 글을 하나 읽었는데요. 시

---

* 전 MIT 미디어 랩 배움의 미래 그룹 디렉터

모어는 그 글에서 많은 폭력과 테러리즘을 목도한 후에 결국 음모 이론을 믿게 된 사람들에 관해 말합니다.

왜 사람들이 수학을 배우는 것이 여전히 중요할까요? 그는 개인이 발달시켜야 할 생각의 한 유형에 관해 이야기합니다. 바로 확률 개념이죠. 확률에 관해 알고 있다면 이런 음모 이론을 믿을 리 없습니다. 시모어는 이런 비판적 사고를 개발하는 데 있어서 수학과 컴퓨테이션이 함께하는 것이 매우 중요하다고 믿었습니다. …… 수학과 컴퓨테이션으로 현실 문제를 다룬다고 엔지니어나 수학자가 되어야 한다는 것은 아닙니다. 하지만 깊고 복잡한 문제를 다루는 과정에서 다양한 방식으로 깊이 생각할 수 있도록 도움을 주며, 작동하는 답과 해결책을 도출할 수 있도록 안내할 것입니다. ……

클로틸데: 네. 저는 앞서 다른 패널들이 말씀하셨던 것처럼 어린이들이 독립적으로 스스로 생각할 수 있는 사람이 될 수 있어서 그들이 믿는 것을 위해 맞설 수 있으며, 그들이 창작하고 공유하고 협력하는 것을 통해 행동할 수 있는 것이 현실로 가능하다고 믿는, 어린이들이 자신의 권능을 인식할 수 있도록 돕는다는 생각이 핵심 요소라고 생각합니다.

시모어 패퍼트는 26세 때인 1954년, 반아파르트헤이트 활동과 청년 사회주의자 단체에 참여한 경력 때문에 탄압을 받아 어렵게 영국으로 가게 되고, 이후 미국 비자를 받기도 쉽지 않게 됩니다. 시모어 패퍼트란 입체적인 인물을 이해하는 데 있어 그를 활동가로 보는 관점은 아직 우리에게는 상대적으로 덜 알려진 중요한 부분이라고 생각합니다.

유럽에서 수학자로 활동하던 시절: 영국, 프랑스, 스위스에서의 경험

시모어 패퍼트는 영국으로 간 후 케임브리지 대학에서 다시 수학으로 두 번째 박사 과정을 밟게 되는데, 이 시기에 첫 번째 아내인 도나 패퍼트 스트라우스Dona Anschel Papert Strauss가 있었습니다. 도나 패퍼트 역시 남아프리카 공화국 출신이며 시모어와 마찬가지로 유대계였고 위상 수학을 연구했으며 반아파르트헤이트 운동에 참여한 공통점이 있습니다. 이후 1986년 유럽 여성 수학자 조직European Women in Mathematics*을 창립한 5인의 구성원 중 한 명이기도 하고요. 당시 지식인 중 많은 사람이 그랬듯 둘 다 사회주의에 관심을 가지며 영국의 《Socialist Review》 같은 잡지에 기고하거나 편집으로 참여하기도 했습니다.

시모어 패퍼트는 중세를 연상시키는 케임브리지의 계층 있는 분위기를 별로 좋아하진 않았다고 합니다. 필요한 과정을 이수한 후 파리 소르본 대학에 있는 앙리 푸앵카레 연구소Institut Henri Poincaré†에서 학위를 마무리할 수 있게 되어 1956년 프랑스로 건너가 1957년까지 푸앵카레 연구소에 있었습니다. 1950년대 파리는 부르바키 운동의 영향권에 있는 수학 혁명의 분위기가 있었죠. 시모어 패퍼트의 1959년 박사 논문인 〈논리와 위상 수학의 격자Lattices in Logic and Topology〉는 이제 그 내용을 찾아보기 쉽지 않지만, 1957년에 도나 패퍼트와 함께 프랑스어로 쓴 '파라토폴로지 격자Sur les Treillis Para-Topologiques'‡는 그 내용을 찾아볼 수 있습니다.

---

* *https://www.europeanwomeninmaths.org*
† *http://www.ihp.fr*
‡ *http://www.numdam.org/article/SE_1957-1958__1__A1_0.pdf*

《마인드스톰》의 에필로그인 '수학적 무의식'에서 푸앵카레를 언급하는 부분이나 본문에서 프랑스 수학자들의 비밀 결사인 '부르바키' 학파를 언급하는 것 그리고 '수학 나라와 수학'과 '프랑스와 프랑스어'를 빗대어 표현하는 부분이 이 시기 프랑스에서의 경험과 관련이 있다고 봐야겠지요(프랑스어를 배우는 경험에 관해서는 《마인드스톰》의 후속작인 《The Children's Machine》 2장 'Personal Thinking'에서 일화를 소개하고 있습니다). 《마인드스톰》 본문에 등장하는 '브리콜라주'라는 표현에 관한 인물인 클로드 레비스트로스의 연구도 부르바키와 관련이 있고, 피아제의 연구도 부르바키와 관련이 있죠. 이 얽혀 있는 관계는 《수학 미스터리, 니콜라 부르바키The Artist and the Mathematician》에서 간략히 살펴볼 수 있습니다. 다음에 등장하는 앙드레 베유André Weil와 장 디외도네Jean Dieudonné는 둘 다 부르바키 그룹의 수학자입니다.

뉴욕에서 앙드레 베유와 클로드 레비스트로스가 만났듯 장 피아제와 장 디외도네 사이에도 비슷한 만남이 있었다. 이들의 만남 역시 과학 발전에 심대한 영향을 미쳤고 부르바키의 영향력이 구조주의 발전에 크게 기여하는 계기가 되었다. 두 사람은 1952년 4월 파리 외곽에서 열린 수학적 구조와 정신적 구조에 관한 회의에서 만났다. 디외도네는 강연에서 부르바키의 '모구조' 가운데 세 가지, 즉 합성composition, 근방neighborhood, 질서order에 대해 설명했고 피아제는 어린이의 사고방식에서 자신이 발견한 구조들에 대해 이야기했다. 그들은 똑같은 개념에 대해 이야기하고 있다는 것을 알고는 놀라움을 금치 못했다.

시모어 패퍼트는 1988년 《Constructivism in the Computer Age》란 책에 실은 글에서 부르바키와 피아제의 모구조에 대한 관점을 언급하며 자신의 생각(로고 거북이, 신체 동조화, 생각하게 하는 사물 등)을 풀어냈는데요. 《마인드스톰》 7장 '로고의 기원: 피아제와 인공 지능'에서 부르바키의 모구조에 빗대어 시모어 패퍼트가 말하고자 하는 바를 더 자세히 알고자 할 때 그 내용을 참고하면 좋습니다.

장 피아제는 파리 소르본 대학에서 1952년부터 1963년까지 발생 심리학에 관한 강의를 했는데, 시모어 패퍼트는 푸앵카레 연구소에 있던 1957년 즈음에 피아제를 만나게 됐습니다. 어린이가 어떻게 수를 배우는지 연구하고 있던 피아제는 학습 과정을 드러내는 방식으로서의 위상 수학을 기술한 패퍼트의 박사 논문을 인상 깊게 읽고, "(함께 할 연구자로) 심리학자보다 수학의 철학에 관심이 있는 수학자가 더 필요하다"라고 이야기했다고 합니다. 피아제에게 수학자가 필요했던 이유 역시 《마인드스톰》 7장 '로고의 기원: 피아제와 인공 지능'의 행간에서 읽을 수 있습니다.

> 피아제는 학습 과정과 학습 대상을 분리하는 것이 잘못이라고 본다. 어린이가 어떻게 수를 학습하는지 이해하려면 수를 연구해야 한다. (210쪽)

피아제는 1955년 스위스 제네바 대학에 '발생적 인식론 국제 센터'를 창립했는데, 1958년에 패퍼트를 이곳으로 초청했습니다. 이즈음 패퍼트는 프랑스의 변화와 가능성의 분위기에 이끌려 수학자로 살지, 아니면 남아프리카 공화국으로 돌아가 활동가로 살지 사이에서 고민하고 있었습니다. 그러다 남아프리카 공화국 정부에 의해 여권이 취소되어 무국적 상태가 되었고, 패퍼트는 피아제의 제안을 받아들여 35세가 되던 1963년까지 피아제와 함께 연구하며 인식론에 관한 자신의 배움과 관점을 가다듬었습니다. 1958년은 마빈 민스키가 존 매카시와 함께 MIT에서 인공 지능 그룹을 창설한 해이기도 합니다. 시모어 패퍼트는 피아제와 함께 어린이들이 어떻게 생각하는지 연구하며 지능에 관해 연구했는데, 이즈음에 지능에 관한 연구의 또 다른 화두로 사이버네틱스에서 이어진 인공 지능이 떠오르고 있었죠. 피아제도 인공 지능에 호의적이긴 했지만 직접 관여하진 않았습니다. 그러나 젊은 시모어 패퍼트는 직접 경험하고 싶어 했죠. 그 당시 제네바의 발생적 인식론 국제 센터에는 컴퓨터가 한 대도 없었기 때문에 시모어 패퍼트는 컴퓨터를 사용해 보기 위해 멀리 떨어진 런던 근교의 국가 물리 연구소National Physical Laboratory를 종종 방문하며 이 새로운 분야를 탐색했다고 합니다.

해커들의 동료이자 스승이었던 시절: 1960~1970년대 MIT에서의 경험

시모어 패퍼트가 여전히 발생적 인식론 국제 센터에 적을 두고 있던 1960년, 인지 과학자인 콜린 체리Colin Cherry가 주관한 런던의 정보 이론에 관한 심포지엄*에서 마빈 민스키를 처음으로 만나게 됩니다. 이

---

* 'Child Power: Keys to the New Learning of the Digital Century': *http://www.papert.org/articles/Childpower.html*

마인드스톰

심포지엄에서 시모어 패퍼트와 마빈 민스키는 서로 모르는 상태에서 거의 같은 내용을 발표했기 때문에 서로에게 강한 인상을 남겼죠. 이때 1943년 월터 피츠Walter Pitts와 함께 〈신경 작용에 내재한 개념에 대한 논리적 해석학A Logical calculus of the ideas immanent in nervous activity〉이란 논문을 통해 인공 신경망의 토대가 되는 초기 이론을 제안한 워런 맥컬록도 마빈 민스키와 함께 있었습니다. 당시 워런 맥컬록은 MIT에 초빙할 젊은 인재를 찾고 있었는데요. 워런 맥컬록도 《마인드스톰》 7장 '로고의 기원: 피아제와 인공 지능'에 등장하는 인물입니다.

> 이러한 변증법적 과정을 거쳐 구조를 연구하다 보면 사람이나 지식(수학을 포함한)을 분리해서는 온전히 이해할 수 없다는 확신이 생긴다. 이러한 확신을 노버트 위너와 함께 사이버네틱스 창시자로 공을 세운 워런 맥컬록이 아주 멋지게 표현한 바 있다. 어린 시절 과학자로서의 삶을 이끈 질문이 무엇이냐는 물음에 맥컬록은 "수를 이해하게 된 인간이란 어떤 존재이며, 인간이 이해하게 된 수란 대체 무엇인가"라는 질문이었다고 답했다. 피아제처럼 맥컬록도 사람에 대한 연구와 사람이 배우고 생각하는 대상에 대한 연구는 불가분의 관계라고 생각했다.(218쪽)

시모어 패퍼트는 피아제와 함께 발생적 인식론 국제 센터에 있을 즈음 아파르트헤이트 정책에 반대하는 목소리를 높인 결과로 시민권을 잃게 됐습니다. 워런 맥컬록의 1965년 저작 《Embodiments of Mind》의 2016년 판 서문을 보면, 1962년에 워런 맥컬록이 시모어 패퍼트에게 MIT에 올 수 있는 자리를 제안하고 1년 가까이 영국 여권을 회복하고 미국 비자를 받을 수 있도록 도와 1963년에야 MIT에 오게 됐다는 일화가 나옵니다.《Embodiments of Mind》도입부를 시모어 패퍼트가 쓰기도 했고요.

1954년 남아프리카를 떠나 영국으로 간 후 프랑스와 스위스를 거쳐서 1963년에 미국에 도착한 시모어 패퍼트의 여정을 지도에 그려 보면 다음과 같습니다.

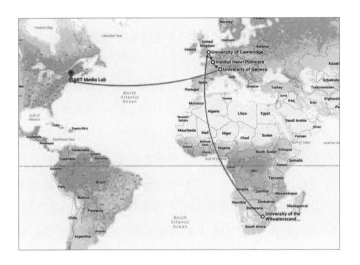

1963년 어쩌면 불안했던 생활에 안정을 찾았는지 시모어 패퍼트는 두 번째 아내인 안드로울라Androula Henriques와 결혼했고 1964년 둘 사이에 딸 아터미스 패퍼트가 태어났습니다. 안드로울라는 키프로스Cyprus 출신의 심리학자로 인신매매에 저항하는 운동으로 2010년 '국제 용기 있는 여성상'을 수상한 활동가이기도 합니다.

MIT에서 인공 지능 그룹의 응용 수학자로 활동하며 제자를 양성하던 시모어 패퍼트는 1967년에 동료들과 프로그래밍 언어 로고를 세상에 내놓습니다. 이듬해인 1968년에는 마빈 민스키와 함께 MIT 인공 지능 연구소의 소장이 됐고, 둘의 공동 저술로 1969년 인공 지능 분야의 첫 번째 겨울*이 오는 데 영향을 준 문제작으로 일컬어지는 《Perceptrons: An Introduction to Computational Geometry》를 출간하는 등 활발한 연구를 이어 갔습니다. 동료들과 어울려 체스†와 컴퓨터 비전‡ 문제 등에 도전한 이 시기를 회고하며 패퍼트는 놀이하듯 즐거운 분위기playful atmosphere 속에서 연구할 수 있었다고 말하곤 했습니다.

시모어 패퍼트가 도착한 1960년대 MIT는 컴퓨터 역사와 문화에 큰 영향을 준 진앙 중 하나였습니다. 여기에 관한 자세한 이야기가 궁금하다면 앨런 케이의 1972년 '모든 어린이를 위한 개인용 컴퓨터A Personal Computer for Children of All Ages'§와 2013년 '후일담: 다이나북이란 무엇인가?'¶Afterword: What is a Dynabook?', 《멀티미디어: 바그너에서 가상현실까지Multimedia: From Wagner to Virtual Reality》, 《인터페이스 연대기: 인간, 디자인, 테크놀로지》, 《소프트웨어가 명령한다Software Takes Command》 《CODE: 하드웨어와 소프트웨어에 숨어 있는 언어》 등의 글과 책을 읽어 보길 권합니다. 《포스트휴먼 오디세이》에서도 사이버네틱스와 인공 지능의 역사와 화두에 관해 풍부한 정보를 얻을 수 있기 때문에 《마인드스톰》의 내용에 영향을 줬던 당시 상황을 헤아려 보는 데 좋은 참고가 되고요. 특히 1968년 즈음은 매우 흥미로운 시기입니다. 프랑스의 68운동, MIT를 비롯한 미국 대학가의 베트남 전쟁에 반

---

* *https://en.wikipedia.org/wiki/AI_winter*

† MackHack IV: *https://en.wikipedia.org/wiki/Human%E2%80%93computer_chess_matches#Mac_Hack_VI_(1966%E2%80%931968)*

‡ The Summer Vision Project: *https://dspace.mit.edu/handle/1721.1/6125*

§ *http://www.vpri.org/pdf/hc_pers_comp_for_children.pdf*

¶ *http://www.vpri.org/pdf/hc_what_Is_a_dynabook.pdf*, 번역: *https://metakits.cc/writings/pc-for-child*

대하는 시위, 인공 지능 HAL이 등장하는 영화 〈2001 스페이스 오디세이〉(1968년), 컴퓨터에 의해 가능해진 일들을 시연하며 세상을 깜짝 놀라게 했던 더글러스 엥겔바트Douglas Engelbart의 '모든 데모의 어머니'*(1968년 12월), 아폴로 11호의 달 착륙(1969년 7월) 등 많은 역사적 사건이 최근 50주년을 맞이했고 그만큼 이 시기의 선구자들이 세상을 떠나고 있기도 하죠.

해커 문화에 관심 있는 사람이라면 《마인드스톰》의 '후기와 감사의 말'에서 낯익은 이름을 여럿 발견할 수 있을 겁니다.

> MIT 인공 지능 연구소는 언제나 거대한 컴퓨터 세계 안에서 반문화적 성향이 강한 운동의 중심점 가까이에 있었는데, 이 운동은 프로그래밍 언어를 인식론적이며 미적인 노력이 상당히 투입된 것으로 봤다. 이러한 '워프'의 관점은 로고가 만들어질 당시 대학원생이었던 컴퓨터 과학자 칼 휴이트Carl Hewitt, 제럴드 서스먼Gerald Sussman, 테리 위노그래드가 쓴 논문에 가장 잘 드러났다고 본다. 그러나 이 모든 것이 MIT 인공 지능 연구소의 설립자인 마빈 민스키와 존 매카시John McCarthy까지 거슬러 올라가며, '해커'의 전통에 가장 직접적으로 기여했다고 여기는 윌리엄 고스퍼William Gosper와 리처드 그린블랫Richard Greenblatt에게도 많은 빚을 졌다. (284쪽)

이 중 윌리엄 고스퍼와 리처드 그린블랫 등의 이야기는 1984년에 나온 《해커, 광기의 랩소디》에 자세히 나와 있는데요. 당시 분위기와 해커에 관한 이미지가 어떻게 형성되었는지 아는 데 많이 도움이 됩니다.

* *https://en.wikipedia.org/wiki/The_Mother_of_All_Demos*

감사의 말에 등장하는 대학원생 중, 표지 이미지 때문에 요즘 프로그래머들에게도 '마법사 책'이라는 별명으로 불리는 《컴퓨터 프로그램의 구조와 해석》의 두 지은이가 있습니다. 이 책은 MIT 등에서 오랫동안 컴퓨터 과학 교과서로 사랑받았던 책이죠.

이 책의 '고마움의 글'을 보면 시모어 패퍼트가 등장합니다.

마빈 민스키와 시모어 패퍼트는 프로그래밍에 대한 마음가짐을 바로 잡아서 우리의 지적인 삶 속에 자리 잡게 하는 데 큰 도움을 주었다. 그분들에게서 너무 어려워서 정확하게 다루기 힘든 아이디어를 탐구하는 데 컴퓨터 계산이 좋은 표현 수단이 된다는 깨달음을 얻었다. 그분들은, 학생들이 프로그램을 짜고 고치는 힘을 기르면, 그것이 뛰어난 매개체가 되어 탐구하는 버릇이 자연스레 몸에 밴다는 점을 강조한다.

《마인드스톰》을 읽고 《컴퓨터 프로그램의 구조와 해석》 초판 머리말에 나오는 다음 내용을 보면, 시모어 패퍼트의 영향을 짐작할 수 있죠.

컴퓨터 혁명은, 생각하는 방식과 생각을 표현하는 방식에 대한 혁명
이다. 그와 같은 변화는, 절차 인식론procedural epistemology이라는 이름이
가장 어울릴 법한 어떤 것, 곧 명령을 내리는 관점에서 지식의 구조를
연구하는 데서 비롯된다. 이는 고전 수학이 따르는 선언적 관점과는
반대되는 것이다. 수학은 '그것이 무엇인가What is'의 개념을 정확하게
다루는 일에 바탕이 된다. 그와 달리, 컴퓨터 계산법은 '그것을 어떻
게 하는가How to'라는 개념을 정확히 다루는 일에 토대가 된다.

마법사 책의 지은이 중 한 명인 제럴드 서스먼의 1973년 박사 논문*
지도 교수가 시모어 패퍼트였고, 다른 지은이인 해럴드 에이벌슨은
로고를 만드는 데 도움을 준 사람으로 《마인드스톰》의 '후기와 감사
의 말'에 등장합니다. 해럴드 에이벌슨은 《마인드스톰》이 나온 다음
해인 1981년에 로고를 활용하여 높은 수준의 수학을 탐험할 수 있는
《Turtle Geometry》란 책을 안드레아 디세사와 공동 저술하기도 했
죠. 2017년 '시모어 패퍼트에 관한 생각에 관해 생각하기Thinking about
Thinking about Seymour'†라는 추모 모임의 '수학을 다시 생각하기Rethinking
Math'에도 패널로 참여한 해럴드 에이벌슨은 미첼 레스닉의 1992년 박
사 논문‡을 시모어 패퍼트와 함께 지도했습니다. 동시성에 관한 이야
기를 할 때 여전히 회자되는 액터 모델actor model을 만든 칼 휴이트의

---

* 〈A Computational Model of Skill Acquisition〉: *https://dspace.mit.edu/handle/1721.1/6894*

† *https://www.media.mit.edu/events/papert*

‡ 〈Beyond the centralized mindset--explorations in massively-parallel microworlds〉: *https://dspace.mit.edu/handle/1721.1/12866*

1970년 박사 논문*과 가상의 블록 세계에서 인간이 컴퓨터와 자연어로 상호 작용할 수 있는 가능성을 보여 줬던 SHRDLU를 만든 테리 위노그래드의 1972년 박사 논문† 또한 시모어 패퍼트가 지도했고요. 테리 위노그래드의 제자 중 가장 유명한 사람은 아마 구글의 두 창립자인 래리 페이지Larry Page와 세르게이 브린Sergey Brin일 텐데요. 테리 위노그래드는 1996년 구글의 두 창립자가 그의 제자일 때 구글의 시금석이 되는 페이지랭크PageRank 아이디어를 박사 논문으로 써 보도록 격려하고 지지했죠. 물론 둘은 논문을 마무리하는 대신 구글을 창립했고요. 역사 속 오늘 무슨 일이 있었는지 기념하며 구글 검색 첫 페이지를 장식하는 구글 두들의 2017년 12월 4일 제목은 '어린이 코딩 50주년 기념하기Celebrating 50 years of Kids Coding'‡였습니다. 로고가 세상에 나온 지 50주년을 기념한 날이었죠.

'시모어 패퍼트의 초상'과 《The Children's Machine》의 '컴퓨터 하는 사람들Computerists'을 보면, 1965년 어느 날 키프로스의 산길을 거닐며 시모어 패퍼트가 문득 떠올린 생각에 대한 일화가 나옵니다. 시모어 패퍼트는 컴퓨터가 하나도 없던 제네바의 발생적 인식론 국제 센터에서 마음껏 컴퓨터에 접근할 수 있던 MIT로 와서 그 자신이 얼마나 즐겁게 놀이하듯 경험하고 배웠는지 인식하게 되면서 그런 경험을 어린이들도 할 수 있다면 어떤 일이 벌어질지 생각했습니다. 그리고 어린이들이야말로 그런 경험을 할 수 있어야 한다고 생각했습니

---

*　〈Procedures as a Representation for Data in a Computer Program for Understanding Natural Language〉: *https://dspace.mit.edu/handle/1721.1/15546*

†　〈Description and Theoretical Analysis (Using Schemata) of Planner: A Language for Proving Theorems and Manipulating Models in a Robot〉: *https://dspace.mit.edu/handle/1721.1/6916*

‡　*https://www.google.com/doodles/celebrating-50-years-of-kids-codin*

다. 컴퓨터가 단편적인 지능을 발휘할 수 있도록 연구하는 일이 창의적인 사람들의 협업과 사람들의 배움을 펼쳐 낼 수 있게 했다는 자신의 경험을 되돌아보게 된 것이죠. 당시 시모어 패퍼트는 컴퓨터의 인공 지능을 연구한다는 것은 오히려 인간에 관한 이론 심리학을 탄탄하게 만드는 일로 여겼습니다. 발생적 인식론 국제 센터에는 컴퓨터가 없었기 때문에 피아제와 함께 대화를 나누며 '어린이들이 생각하는 기계를 만드는 데 필요한 매체를 가지고 놀다 보면 생각에 관해 이해할 수 있을 것'이란 철학적인 사고 실험Gedankenexperiment을 시도했을 뿐이었습니다. 그런데 컴퓨터를 마음껏 접할 수 있는 MIT로 온 후 휴가를 얻어 키프로스의 산길을 걷던 중, 그것이 더는 사고 실험이 아니라 실제로 해 볼 수 있는 프로젝트라는 것을 퍼뜩 깨닫게 됐습니다.

《마인드스톰》 1장 '컴퓨터와 컴퓨터 문화'에 나오는 다음 내용에서도 이러한 그의 생각을 발견할 수 있습니다.

로고 거북이를 프로그래밍하려면 먼저 로고 거북이가 했으면 하는 일을 자신이라면 어떻게 할지 깊이 생각하는 데서 시작한다. 따라서 로고 거북이에게 행동하는 법을 가르치거나 '생각하는 법'을 가르치면서 자신의 행동과 사고를 돌아보게 된다. 그리고 다음 단계에서 아이들은 컴퓨터가 더 복잡한 결정을 내릴 수 있게 프로그래밍하면서 자신의 사고 과정에서 더 복잡한 측면에 대해 깊이 생각한다.(35쪽)

《마인드스톰》에 등장하는 '교수법'의 반대에 해당하는 '학습법mathetics'은 후속작인 《The Children's Machine》의 '배움에 관한 한 단어A Word for Learning'에서 좀 더 자세히 풀이되는데요. 배움에 관한 지식, 배움을 배운다learning to learn는 의미를 담고 있습니다. 이렇게 시모어 패퍼트의 이야기에는 생각을 생각하기처럼 자기 지시적인(또는 재귀) 방법을 통해 자신의 사고 과정을 따라가며 인식론자로 성장하도록 돕는 다양한 전략(구성주의(N), 학습법 등)이 등장합니다. 그러므로 로고 또는 다른 어떤 프로그래밍 언어에 관한 지식을 배우는 것은 이 맥락에서 별로 중요하지 않습니다. 배움을 배우며, 생각을 생각하는 것이 더 중요한 것이죠.

1965년이면 딸 아터미스 패퍼트가 태어난 지 얼마 지나지 않은 시점입니다. 키프로스가 당시 아내인 안드로울라가 살았던 나라였다는 것을 미루어 볼 때, 어쩌면 이런 깨달음은 이제 막 아버지가 된 시모어 패퍼트의 마음과도 관련이 있지 않을까 하는 추측도 해 보게 됩니다. 아버지가 됐다는 인생의 큰 변곡점에서 어린이를 생각하게 되고 그러면서 자연스럽게 제네바에서의 경험과 MIT의 경험이 연결됐던 것은 아니었을까요?

로고 거북이와 사이버네틱스: 다시 살펴봐야 할 관점

피아제는 '이해한다는 것은 발명한다는 것이다To understand is to invent'*라는 말을 즐겨 했다고 합니다. 시모어 패퍼트는 로고 거북이를 발명했죠. 그는 1988년 '피아제의 보존: 구성주의 방앗간의 곡물로서의 컴퓨터The Conservation of Piaget: The Computer as Grist to the Constructivist Mill'란 글에서 다음과 같이 말했습니다.

---

* 'To understand is to invent—the future of education; right to education in the modern world': *https://unesdoc.unesco.org/ark:/48223/pf0000006133*

1985년 피아제 소사이어티 심포지엄에서 저를 로고의 아버지가 아니라 로고 거북이의 아버지로 소개해 주셔서 인상적이었고 감동했습니다. 왜냐하면 로고보다 로고 거북이가 훨씬 더 중요하기 때문입니다. 지나고 나서 보니, 거북이는 피아제가 말한 수학의 역사적 발달(부르바키 그룹의)에 나오는 모구조만큼 중요한 모구조를 잡아내고 있었습니다. 이 거북이의 모구조는 미분 기하학입니다. 미분 기하학은 뉴턴 시대부터 오늘날까지 수리 물리 구성의 핵심이죠.

로고보다는 로고 거북이를 중요하게 생각했다는 부분이 무척 흥미로운데요. 《마인드스톰》 속에 등장하는 로고 예시 코드 중 책 말미의 '주석'에 등장하는 '터치 센서 거북이' 코드도 재미있습니다. 이 코드는 1969년 이후에 마빈 민스키 등의 도움으로 만들어진 거북이 로봇을 제어할 수 있는 코드입니다.

```
TO FOLLOW
REPEAT
    FORWARD 1
    TEST LEFT.TOUCH
    IFTRUE RIGHT 1
    IFFALSE LEFT 1
END
```

로고 거북이는 '스퀵Squeak'*의 쥐를 거쳐 오늘날 '스크래치'의 고양이로 이어졌습니다. 이 코드를 '스크래치'로 비슷하게 옮겨 보면(궤적을 남기기 위해 '펜 내리기'를 했고, 회전하는 각도가 조금 다르지만 같

---

* 스몰토크 언어의 프로그래밍 환경으로 최초의 스크래치는 이 스퀵 기반으로 개발되었습니다. 스퀵 스몰토크로 만든 이토이(Etoys)가 스크래치 이전에 교육에서 많이 활용되었습니다: *https://squeak.org*

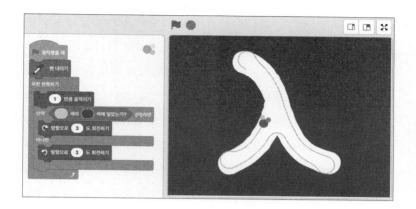

은 원리입니다) 다음과 같이 표현할 수 있습니다. 두 개의 눈을 가진 벌레 모양의 스프라이트는 스스로 환경에 반응하며 작은 세상을 탐험합니다.

《마인드스톰》에는 다음과 같은 해설이 코드 뒤에 나옵니다.

이 프로그램은 로고 거북이가 물체의 왼쪽 면에 접한 상태에서 시작하면(그리고 물체의 크기와 물체의 윤곽이 불규칙한 정도가 로고 거북이에 비해 크다면) 어떤 모양의 사물이든지 그 주위를 피해 돌아다니게 할 수 있다.

......

FOLLOW 프로그램('들어가는 말'의 '주 4'를 보라)은 생물학적 또는 심리학적 현상을 설명할 때 사이버네틱스 개념(음의 피드백에 의한 제어)이 얼마나 강력할 수 있는지 보여 주는 간단한 예다.(403쪽)

노버트 위너는 1948년《Cybernetics: or Control and Communication

in the Animal and the Machine》과 이를 대중이 읽기 쉽도록 풀어낸 1954년 《The Human Use Of Human Beings》이란 저서를 통해 사이버네틱스를 세상에 알렸습니다. 사이버네틱스의 어원은 고대 그리스어에서 방향을 조정하고 통제한다는 의미를 지니는데요. 노버트 위너는 피드백에 의한 자기 조절과 조직화가 동물과 기계에만 적용할 수 있는 것이 아니라 사회를 이해할 수 있는 현상이라고 보았습니다. 이 피드백에 의해 방향을 조정하는 사이버네틱스에 관한 이야기는 《마인드스톰》 이후 시모어 패퍼트가 참여한 책에 여러 번 등장합니다. 1991년 이디트 하렐Idit Harel과 함께 편집한 《Constructionism》의 4부가 '사이버네틱스와 구성주의(N)'이고, 1993년의 《The Children's Machine》의 9장 제목도 '사이버네틱스'입니다.

《마인드스톰》의 주석을 보면 로고는 리스트와 재귀를 잘 다룰 수 있다는 소개가 나옵니다. 로고가 인터프리터interpreter 환경의 언어이며 그러므로 실행 시간runtime에 사람과 컴퓨터가 대화하듯 상호 작용할 수 있음을 언급하는 부분과 어떤 버전의 로고는 병렬 처리와 메시지 패싱이 구현되어 있어 이후 스몰토크 같은 객체 지향(또는 메시지 지향) 언어에 영향을 주었음을 암시하는 부분도 있죠. 로고는 존 매카시가 만든 리스프에서 직접적인 영향을 받은 프로그래밍 언어입니다.

로고는 존 매카시가 만든 리스프에서 직접적인 영향을 받은 프로그래밍 언어입니다. 로고를 만든 사람 중에 한 명인 월리스 포이어차이크가 쓴 '로고의 계보'*와 신시아 솔로몬 등이 쓴 '로고의 역사'†를 보면, 1960년대 BBN에서 시작한 대화형 프로그래밍 언어 프로젝트에

* *https://www.atariarchives.org/deli/logo.php*
† *https://escholarship.org/uc/item/1623m1p3*

시모어 패퍼트가 컨설턴트로 참여하면서 펼쳐지는 로고와 리스프 그리고 교육에 관한 매우 흥미롭고 심도 있는 이야기 줄기를 탐색할 수 있습니다.

　최초의 인터프리터로 리스프를 보통 거론합니다. 1960년에 나온 리스프 1.5 프로그래머 매뉴얼을 보면 가비지 컬렉터garbage collector와 인터프리터란 표현이 등장하고, 1979년에 존 매카시가 쓴 '리스프의 역사History of Lisp'*를 보면 1963년에 이르러 최초의 대화형interactive 리스프가 등장했음을 살펴볼 수 있습니다. 이와 같은 상호 작용 방식을 훗날 REPL(read-evaluate-print-loop: 읽고 실행하고 출력하고 이를 반복)†이라고 부르는데, 리스프로 인하여 널리 퍼진 이 방식이 중요한 이유는, 계속 피드백을 받으며 시행착오(에러)를 인식하는 단위를 기민하게 가져가며 점진적으로 프로그래밍을 할 수 있기 때문입니다. 《마인드스톰》이 강조한 '디버깅'에 접근하는 한 방법이기도 하죠. 《마인드스톰》 2판 서문을 볼까요.

　《마인드스톰》의 주된 테마는 사람들이 단번에 뭔가를 해내는 경우가 드물다는 데 있다. 지적 활동은 학교 교과 과정을 설계한 사람들과 논리학자들이 원하는 방식대로 전개되지 않는다. 명확하게 검증된 하나의 진실에서 다른 진실로 단계별로 착착 진행되지도 않는다. 지적 활동은 오히려 끊임없이 경로를 바꾼다. 이 책에서는 이런 활동을 '디버깅debugging'이라고 정의하며, 디버깅이야말로 지적 활동의 핵심이라 할 수 있다.(xv쪽)

---

* 　*http://jmc.stanford.edu/articles/lisp.html*
† 　*https://en.wikipedia.org/wiki/Read%E2%80%93eval%E2%80%93print_loop*

피드백을 바탕으로 디버깅하는 접근을 컴퓨터와 사람이 상호 작용하는 맥락만이 아니라 조금 더 확장해서 적용할 수 있다는 가능성을 이야기하고 싶어 한다는 느낌을 받습니다.

1968년 한 사이버네틱스 학회에서 인류학자인 마거릿 미드Margaret Mead는 학회의 타성적인 분위기를 비판하기 위해 사이버네틱스 방법론을 사이버네틱스 학회에도 적용해 보는 '사이버네틱스의 사이버네틱스'*를 이야기했다고 합니다.

단순히 관찰된 체계observed system가 아니라, 관찰자가 관찰 대상인 시스템의 일부인 '관찰하는 체계observing system에 관한 사이버네틱스를 2차 사이버네틱스라 부릅니다. 미첼 레스닉의 창의적 배움의 나선 creative learning spiral도 연상되는데요. 특히 성찰reflect은 나선의 각 단계를 지나오는 과정을 되돌아보는 이미지가 있습니다. 무엇인가를 상상하

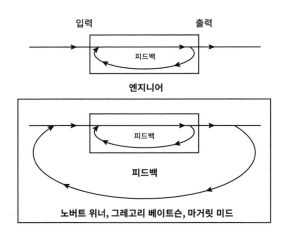

관찰자 또한 관찰 대상인 사이버네틱스 체계

---

*   2차 사이버네틱스: *https://en.wikipedia.org/wiki/Second-order_cybernetics*

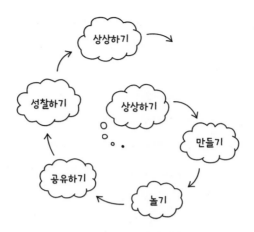

창의적 배움의 나선(creative learning spiral)

고 만들고 가지고 놀고 공유하며 세상을 경험하고 그 이치를 배우는 자신과 이 과정 자체 또한 배움의 대상에 포함할 수 있다는 뜻으로 성찰을 생각해 보게 됩니다.

《The Children's Machine》의 9장 '사이버네틱스'에서는 이 2차 사이버네틱스를 연구한 그레고리 베이트슨Gregory Bateson을 중요한 인물로 언급합니다. 그레고리 베이트슨 또한 인류학자로 마거릿 미드의 남편입니다.《마인드스톰》에서 "교육자는 반드시 인류학자가 되어야 한다"라고 표현한 이유를 곱씹어 볼 필요가 있습니다.

21세기인 현재 '사이버'로 시작하는 용어들을 종종 볼 수 있지만 정작 사이버네틱스를 자주 이야기하고 있진 않습니다. 그러나 사이버네틱스는 우리가 늘 접하고 있는 동시대 생각과 현상의 기저에 있는 개념 중 하나로 녹아들어 있습니다. 자기 조직하는 체계self-organizing system나 탈중심적인 체계decentralized system, 창발적 행위emergent behavior 그리고 시스템 사고systems thinking 등의 표현 안에는 사이버네틱스가 들어 있다고 봐야 합니다. 피드백을 활용해서 방향을 조정하는 사이버네틱스는 동시대 산업, 특히 IT 분야의 애자일*이나 린 스타트업 lean startup 같은 불확실한 상황에서 강건resilience하게 나아갈 수 있는 방향을 모색하고 협업하며 실천하는 움직임에도 녹아들어 있죠. 애자일에 영향을 준 인물 중 1971년에 집필한 《프로그래밍의 심리학The Psychology of Computer Programming》으로 유명한 제럴드 와인버그Gerald Weinberg가 있는데요. 그의 또 다른 저작 《Quality Software Management》 시리즈 중 1991년에 나온 1권 《Systems Thinking》에서도 사이버네틱스란 표현이 여러 번 등장합니다.

《Constructionism》의 4부 '사이버네틱스'에는 미첼 레스닉의 '어린이와 인공 생명Children and Artificial Life'이란 글이 있습니다. 이 글은 1994년의 《Turtles, Termites, and Traffic Jams》라는 미첼 레스닉의 책의 내용으로 이어지는데, 해럴드 에이벌슨과 안드레아 디세사의 1981년 《Turtle Geometry》의 2장 '피드백, 성장 그리고 형태Feedback, Growth, and Form'와도 연결 고리를 가지고 있습니다. 미첼 레스닉은 감사의 글에서 1983년 자신의 인생을 바꾼 책 세 권으로 시모어 패퍼트의 《마인드스톰》, 해럴드 에이벌슨과 제럴드 서스먼의 《컴퓨터 프로그래밍의 구조와 해석》, 더글러스 호프스태터의 《괴델, 에셔, 바흐》를 꼽습니다. 《Turtles, Termites, and Traffic Jams》은 미첼 레스닉이 개발한 스타로고StarLogo에 관한 책이기도 하지만, 이후의 그의 연구가 네트워크상에서의 분산 구성주의(N)†으로 연결되는 것을 생각해 보면, 《마인

---

* 애자일 소프트웨어 선언: *https://agilemanifesto.org/iso/ko/manifesto.html*

† Distributed Constructionism: *http://web.media.mit.edu/~mres/papers/Distrib-Construc/Distrib-Construc.html*

드스톰》에서 이야기하는 '컴퓨테이션을 위한 삼바 학교samba schools for computation'는 컴퓨터 클럽하우스와 온라인 스크래치 커뮤니티로 이어진 것이고, 자기 조직하는 체계를 다루는 맥락이며 사이버네틱스와 관련이 있었다고 짐작하게 되죠.

다시 로고로 만든 '터치 센서 거북이' 코드로 돌아가 봅시다.

```
TO FOLLOW
REPEAT
    FORWARD 1
    TEST LEFT.TOUCH
    IFTRUE RIGHT 1
    IFFALSE LEFT 1
END
```

로고 거북이는 자신 앞에 어떤 경로가 펼쳐져 있는지 모르는 불확실한 상황에서 주변을 직접 만져 보며 세상을 탐색합니다. 이 만져 보며 얻는 피드백을 통해 방향을 조정하는 심상은 '브리콜라주' 나아가서 '팅커링tinkering'과도 연결되어 있습니다. 나심 탈레브Nassim Taleb는 《안티프래질Antifragile》에서 브리콜라주와 팅커링을 "시행착오의 한 가지 형태로, 이때 실수는 바람직하면서도 이에 따른 손실은 작다", "진화는 본질적으로 강건함을 지닌 볼록 팅커링 혹은 볼록 브리콜라주에 의해 일정한 방향 없이 진행된다. 진화는 지속적이고 반복적이며 작고 국지적인 실패 덕분에 확률적으로 잠재된 이익을 얻는 과정이다"라고 풀이합니다.

요즘 많이 사용하는 '팅커링'이라는 표현은 《마인드스톰》에 나오는 '브리콜라주'와 '디버깅' 그리고 그 기저에 있는 '사이버네틱스'에 이어져 있는 표현인 셈이죠. 미첼 레스닉의 《평생유치원》 책에서는 '사이버네틱스'나 '브리콜라주' 대신에 '팅커링'을 주로 사용하는 표현으로 선택했습니다. 4장 '동료Peer'에 있는 '팅커링' 부분을 인용해 봅니다.

팅커링은 그다지 새로운 아이디어가 아니다. 태초에 인간이 도구를 만들고 사용하기 시작한 이래로, 팅커링은 뭔가 새로운 것을 만들어 낼 때 사용하는 가치 있는 전략이었다. 그러니 요즘과 같이 급변하는 세계에서, 이것은 그 어느 때보다 더 중요하다. 팅커러는 무언가를 생각하고 적용하고 반복하는 데 익숙하기 때문에, 새로운 상황이 벌어지면 결코 기존 계획에 매달리지 않는다. 팅커링은 창의성을 낳는다.

팅커러들은 신속한 시제품 만들기와 이것의 반복이 가져다주는 가치에 믿음이 있다. 그들은 재빨리 무언가를 만들고 사용해 본 뒤 다른 사람들로부터 피드백을 얻고, 그런 다음 다시 새로운 버전을 만든다. 이런 과정을 계속해서 반복한다. …… 그들이 문제를 해결하려 할 때는, 우선 빠른 해결책 또는 그와 유사한 것을 먼저 찾아내고, 그 뒤 그것을 개선할 방법을 찾는다.

로고 거북이처럼 생각하게 하는 사물object to think with을 통해 불확실한 상황에서 시행착오를 경험하고 그 피드백을 통해 방향을 조정하는 접근이 강력하다는 것과 기민하게 변화에 반응하고 또 변화를 펼쳐 내는 것이 배움에 있어서 중요하다는 인식은 1960년대 사이버네틱스를 학교 체계 안에 도입한 레지오 에밀리아 접근Reggio Emillia Approach에서도 찾아볼 수 있습니다.

사이버네틱스와 교육: 불확실성을 환대하는 레지오 에밀리아 접근

미첼 레스닉은 《평생유치원》 6장 '창의적 사회'에서 "내가 아이디어와 영감을 받은 곳은 이탈리아의 작은 도시 레지오 에밀리아Reggio Emilia다"라고 말하며 레지오 에밀리아 접근에서 중요한 인물인 로리스 말라구찌Loris Malaguzzi의 〈백 가지 언어The Hundred Languages〉라는 유명한 시의 일부를 소개했습니다.

어린이는
백 가지로 이루어져 있습니다.
어린이는 지니고 있습니다.
백 가지 언어
백 가지 손
백 가지 생각
백 가지 생각하는 방법
놀이하고 말하는 방법을.
……
사람들이 어린이에게 말합니다.
이미 만들어져 있는 세상을
발견하도록 하라고.
그리고 백 가지 세상 중에서
아흔아홉 개를 훔쳐가 버립니다.
사람들이 어린이에게 말합니다.
작업과 놀이
현실과 환상

과학과 상상

하늘과 땅

논리와 꿈

이런 것들은 같이 섞일 수

없는 것들이라고.

그리고 나서 사람들은 어린이에게 백 가지가 있지 않다고 말하지만,

어린이는 말합니다.

천만에요. 백 가지가 있어요.

MIT 미디어 랩의 평생유치원 그룹과 레지오 칠드런Reggio Children*은 2018년 '디지털 시대의 팅커링Tinkering in the Digital Age'†과 2019년 '디지털 시대의 놀이와 배움: 불꽃scintillae: play and learning in the digital age'‡ 프로젝트에서 만나 샌프란시스코에 있는 과학관 익스플로라토리움exploratorium의 팅커링 스튜디오와 레고 재단The LEGO Foundation과 협업하기도 했죠. 레지오 에밀리아의 시립 영유아 학교들은 전 세계 유아 교육 분야에 큰 영감과 영향을 주고 있습니다. 로고와 레지오와의 인연은 1990년에 시작되는데요. 2015년에 나온 《Loris Malaguzzi and the Teachers: Dialogues on Collaboration and Conflict among Children, Reggio Emilia 1990》 중 3부 '로고 거북이로 성 그리기'를 보면 이 당시 로고 거북이를 활용해 어린이, 교사, 아틀리에리스타atelierista, 로리스 말라구찌가 함께 실험하고 대화한 상세한 기록을 살펴볼 수 있습니다. 시모어 패퍼트는 1994년에 레지오 에밀리아를 방문해 '원자와 비트로

---

* *https://www.reggiochildren.it*

† *https://reggiochildrenfoundation.org/activities/tida-tinkering-in-the-digital-age/?lang=en*

‡ *https://scintillae.org*

마인드스톰

만들어진 구성 키트Construction kits made of Atoms and Bits, CAB' 프로젝트에 레지오 에밀리아의 시립 영유아 학교가 참여하는 데 영향을 주었다고 합니다. 이 프로젝트를 되돌아보는 2001년 보고서* 중 1장 '어린이를 위한 사이버네틱 구성 키트a Cybernetic Construction Kit for young children'의 한 부분을 살펴보겠습니다.

인식론자인 시모어 패퍼트와 셰리 터클은 문제 해결 접근과 이해 과정을 살펴보면서 거기에는 어떤 한결같은 방법이란 없다는 것을 발견했습니다. 둘은 '인식론적 다원주의'라는 용어를 사용해서 문제 해결과 구성 전략의 두 가지 차원, '계획과 팅커링'을 설명했습니다.
  '다양한 앎의 방법'이란 아이디어는 레지오 에밀리아 영유아 학교의 교육 철학에서는 어린이들이 자신들을 드러내고 세상을 탐험하는 데 사용하는 '백 가지 언어'로 표현되는 말입니다.

시모어 패퍼트의 생각과 레지오 에밀리아 접근의 생각이 공명하는 부분을 짚어 줍니다. 이어지는 2장 '어린이와 로보틱스의 만남Encounters between children and robotics'은 레지오 에밀리아의 시립 영유아 학교가 CAB 프로젝트에 어떻게 참여했는지 자세히 기술하고 있습니다. 말라구찌는 로고를 밀라노 대학의 사이버네틱스 연구소를 통해 알게 됐는데요. 《Loris Malaguzzi and the Schools of Reggio Emilia》에 나오는 다음 내용을 보면 말라구찌의 사이버네틱스에 대한 관심을 짐작할 수 있습니다.

* Construction kits made of Atoms and Bits research findings & perspectives: *https://ppm.itd. cnr.it/download/CAB_research_findings_and_perspectives.pdf*

말라구찌는 모든 것이 서로 연결inter-connected되어 있고, 상호 의존적 inter-dependant이라는 그의 관점을 표현하기 위해 여러 가지 용어를 사용했다. 그런 관점으로 인해 그는 사이버네틱스와 시스템에 관한 주목 그리고 그레고리 베이트슨의 저작에 흥미를 가지게 됐다. 유기적인 organic, 전체의holistic, 총체의integral 같은 일련의 관련 용어를 사용해 가며 어린이는 교육학적으로나 다른 어떤 것으로나 쪼개어 생각할 수 있는 존재가 아니라고 단언했다.

사이버네틱스와 의미가 연결되는 레지오 에밀리아 접근의 중요한 개념으로 '프로제타지오네progettazione'가 있는데, 《레지오 에밀리아와의 대화In Dialogue With Reggio Emilia》의 '용어에 관한 노트'에서 그 의미가 무엇인지 알아보겠습니다.

책의 시작 부분에서 짚고 넘어가야 하는 용어에 대한 또 다른 문제는 이탈리아 단어인 프로그램마지오네programmazione와 프로제타지오네 progettazione다. 이탈리아어에서 동사 'progettare'는 디자인하다, 계획하다, 고안하다, 투영하다(기술 공학 용어) 등 수많은 의미로 사용되고 있다. 그러나 레지오 교육자들 사이에서 주로 사용되는 명사 프로제타지오네는 단어 자체가 특별한 의미를 갖는데, 프로그램마지오네라는 용어의 반대말로 정의된다. 레지오에서 프로그램마지오네는 사전 정의된 교육 과정, 프로그램, 단계 등의 뜻을 함축하는 용어로 사용된다. 그러므로 프로제타지오네는 좀 더 포괄적이고 유동적인 접근법의 개념을 함축한다. 교직원의 발전 및 학부모와의 관계와 마찬가지로 교실 활동에 대한 초기 추측들이 실제 수업 활동이 진행되면서 실제와 다르며, 결국 새로운 접근법으로 변화를 시도하게 된다는 것이 프로제타지오네의 개념이다. ……

로리스 말라구찌는 한 연설에서 지식을 '얽혀 있는 스파게티tangle of spaghetti'로 비유하는 아이디어에 대해 이야기했다고 하는데, 로리스 말라구찌가 세상을 떠난 후 레지오를 대표하는 인물 중 하나인 칼리나 리날디Carlina Rinaldi는 '짜인 계획'의 성향이 강한 '교육 과정'이란 표현의 대안으로 '프로제타지오네'를 언급하며 이렇게 말했습니다.

- 학습이라는 것은 예측 가능하면서도 점진적인 단계별로 절차가 진행되는 일차원적인 문제가 아니다. 이것은 오히려 다양한 방향을 드러내는 동시다발적인 발전과 멈춤 그리고 후퇴라는 과정으로 구성된다.
- 지식 형성은 집단이 경험하는 과정이다. 개개인은 타인의 가설과 이론을 듣고 그들과 갈등을 겪어 가며 성장한다. 또한 이론과 가설의 확인 및 논쟁을 통해 타인과 지식의 일부를 공동으로 구성하며 동시에 발전을 이룩한다. 무엇보다도 이러한 갈등과 논쟁의 과정으로 우리는 현실에서 적용하는 해석적 모델과 이론을 지속적으로 수정해 나가게 된다. 이것은 어린이와 어른 모두에게 해당된다.
- 어린이는 자신만의 이론을 만든다. 아이들은 영감을 받아 결정적인 이론을 만든다. 어린이는 각자만의 가치와 의미는 물론 스스로에 맞는 타이밍을 갖는다. 이 모든 것은 그 자체로서 하나의 의미이자 또 다른 의미를 제공한다. 그리고 학습 과정의 진행 방향을 이끌어 주기도 한다. 특히 우리는 이 타이밍을 이해하고 존중하며

지지해 줄 필요가 있다.

이 내용을 읽고 제게 떠오른 심상을 그림으로 한 번 표현해 봤습니다.

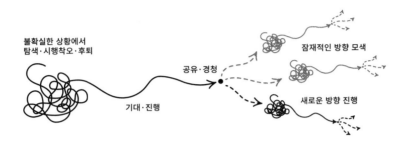

미첼 레스닉의 '창의적 배움의 나선'과 비슷한 순환의 과정인 동시에 늘 앞으로 나아가기만 하는 것이 아니라 멈춤이나 후퇴를 인정하며 다양한 리듬을 존중하는 상을 가지고 있습니다. 불확실성을 환대하는 모양새이기도 하고요. 물론 이런 도식 또한 여전히 점진적인 단계로 보이는 문제가 있기 때문에 원래 의미를 담지 못한 불완전한 도식입니다. 실제 '프로제타지오네'의 상황은 저런 흐름이 동시에 다발로 있어서 서로 얽혀 있는 형상에 더 가까울 것입니다.

레지오 교육자들은 "프로제타지오네란 프로그램마지오네와 달리 새롭게 드러나는 상황에서 취하게 되는 결정이 개입되면서 처음 시작 목표까지도 변하는 전략이다"라든지, "확실함의 반도를 거쳐서 불확실함의 바다로 나아간다"라는 표현을 인용해 가며 앞으로 어디로 나아갈지는 몰라도 지나온 방향을 성찰할 수 있는 '기록 작업documentation'을 불확실성에 대응할 수 있는 전략 중 하나로 삼습니다. 이렇게 레지오 에밀리아 접근은 피드백에 의해 방향을 조정해서 불확실한 상황에 대응할 수 있는 사이버네틱스와 잘 어울립니다.

미첼 레스닉은 2018년 초에 칼리나 리날디와 만나 나눈 대화*에서 어린이들이 만나게 될 '불확실한 상황'에 대응할 수 있다는 의미를 가진 창의성 그리고 그 창의성을 함양할 수 있는 진정한 유치원 접근에 대해 이야기했습니다.

미첼 레스닉: 우리는 어린이들이 미래 세상에서 어떤 기술이나 개념을 필요로 할지 알 수 없습니다. 그러나 어린이들이 미래에도 여전히 창의적으로 생각하고 행동할 수 있어야 한다는 것은 확실히 압니다. 세상은 빠르게 변화하고 있고 어린이들은 새로운 미지의 불확실한 상황을 만나게 될 것이기 때문입니다. 그런 세상에서 어린이들이 행복하게 잘 살기 위해서는 새로운 미지의 불확실한 상황에 관해 창의적인 방법으로 접근해 갈 수 있는 능력이 있어야 합니다. 이것이 바로 '창의성'에 관한 제 생각입니다. …… 물론 세상이 그렇게 빠르게 변화하지 않았던 시절에도 창의적인 생각과 표현을 발전시키는 것은 중요했습니다. 창의성은 삶에 즐거움을 가져오는 것이기 때문입니다. …… 유치원이란 개념을 발명한 사람들은 예상할 수 없었을 수도 있지만, 유치원이란 개념은 2018년 현재를 사는 우리의 필요에 매우 잘 부합합니다. 창의적인 생각을 할 수 있는 사람으로 자랄 수 있도록 돕는 진정한 유치원 접근이 오늘날 그 어느 때보다도 더 필요합니다.

《평생유치원》 책에서 미첼 레스닉이 "내가 아이디어와 영감을 받은

* Conversazione con il Prof. MITCHEL RESNICK: *https://youtu.be/E4uo2oqGnHc?t=2361*(39분 즈음)

곳은 이탈리아의 작은 도시 레지오 에밀리아다"라고 말하며 '진정한 유치원 접근'을 이야기한 데는 이런 배경이 있다고 여겨집니다. 그리고 이러한 불확실성을 환대할 수 있는 체계에 대한 생각은 시모어 패퍼트의 강력한 아이디어(패퍼트 구성주의, 삼바 학교, 디버깅, 브리콜라주와 팅커링, 인식론적 다원주의 등)와 공명을 이루는 부분이 많이 있죠. 레지오 에밀리아의 예가 분명히 존재하지만 과연 현실의 교육 상황에서 이러한 일이 정말로 일어나도록 하려면 어떻게 해야 할까요?

1982년에 첫 출간된 마이클 풀란Michael Fullan의 《The New Meaning of Educational Change》는 학교 개혁을 주제로 한 널리 알려진 책인데요. 2015년에 나온 5판에 이르러 '린 스타트업 모델'을 소개하며 '변화 프로세스'에 관해 다루고 있죠. 그런데 이 책의 번역서 제목은《학교개혁은 왜 실패하는가》입니다. 그만큼 어렵다는 이야기겠지요. 《평생유치원》의 '창의적 사회'의 마무리 부분에서 미첼 레스닉도 다음과 같이 그 어려움을 이야기하며 어떻게 창의적 사회로 다가갈 수 있을지에 대한 여러 제언을 남겼습니다.

말라구찌는 주로 취학 전 아동과 유치원 아이들을 대상으로 아이디어를 개발했다. 하지만 레지오 방식은 모든 연령대의 학습자에게 적합하다. 우리는 모든 사람을 위해 백 가지 언어 혹은 그 이상을 지원해야 한다. 이런 아이디어를 실천에 옮기기는 쉽지 않다. 진보주의 교육운동의 선구자였던 존 듀이도 자신의 접근 방식에 대해 "간단하지만 쉽지는 않다"라고 말한 적이 있다. 즉, 아이디어를 설명하기는 상대적으로 쉽지만 실천으로 옮기기는 어렵다는 것이다. 레지오 접근 방식

마인드스톰

과 창의적 학습의 4P도 마찬가지다. 개념은 쉽지만 실천하기란 어렵다. 창의적 사회로 가는 길 또한 쉽지도 단순하지도 않다. 많은 방면에서 많은 사람을 참여시켜야 한다.

에필로그: 공존하는 단기적 비관론과 장기적 낙관론

2020년은 《마인드스톰》 출간 40주년을 기념하는 해입니다. 1980년에 초판이 발간된 《마인드스톰》은 1990년에 《로고: 아동과 컴퓨터》로 번역됐습니다. 《마인드스톰》은 1993년에 제2판이 나왔고, 그 책이 인사이트 출판사를 통해 이제야 다시 번역됐네요. 출판된 지 40년이 지난 책을 읽어 볼 이유 중 하나는 그 세월에 상관없이 현재에도 통하는 이야기가 있기 때문입니다. 《마인드스톰》에서 다루고자 하는 여러 문제는 새로운 10년이 시작되는 2020년에도 쉽사리 해결될 조짐이 보이지 않는 도전적인 문제입니다. 그중 하나가 바로 보편적 수학 교육에 관한 문제죠. 시모어 패퍼트가 상상했던, 누구나 모국어를 경험하고 배우듯 수학을 경험하고 배울 수 있는 '수학 나라'는 아직 도래하지 않았습니다.

시모어 패퍼트는 'math'와 'mathematics'를 구분했습니다. 전자가 학교에서 배우는 계산 관련 기술에 대한 것이라면, 후자는 아직 수학이란 학문이 정립되기 전에 피라미드를 만들고 바다를 항해하고 별의 운행을 예측하던 사람들이 했던 생각에 관한 것입니다. 어린이들이 자라는 과정에서 자연스럽게 접하고 좋아하게 되고 해내곤 하는 생각의 연장선에 있는 것입니다. 2006년 12월 5일 하노이에서 불행한 교통사고를 당하기 하루 전, 시모어 패퍼트는 '국제 수학 교육 위원회(ICMI)'에서 주관한 17차 학회에 참여하고 있었습니다. 이 학회의 2006년도 주제는 '수학 교육과 테크놀로지: 지형을 다시 생각하기'*로 동시대 수학 교육에서 디지털 기술이 매개하는 여러 가지 이슈를 다시 다루고자 했고, 그래서 시모어 패퍼트를 기조 강연자로 초청했습니다. 이 기조 강연†에서 시모어 패퍼트는 한결같은 목소리로 "어린이들이 싫어하는 수학을 좋아하게 만들도록 노력하지 말고, 어린이들이 사랑하는 수학을 만듭시다"라고 힘주어 말했습니다. 그 내용 일부를 옮겨 봅니다.

컴퓨터의 소명은 우리가 math라고 부르는 수학에 복무하는 것일까요? 아니면 전복시키고 옛것으로 만드는 것일까요? 여기서 저는 math라고 부르는 수학과 mathematics라고 부르는 수학 사이에 큰 차이가 있다고 봅니다. math는 수학적 지식의 총합 중 아마도 10억 분의 일, 100만 분의 일에 불과한 것입니다. math는 우리가 mathematics라고 부르는 인간 마음의 굉장한 보물 중 작은 조각에 불과할 뿐인데 어쩌다 보니 우리가 어린이에게 가르치는 것으로 자리 잡게 됐죠.

오늘 제가 남기고 싶은 메시지는 우리의 시간과 자원 중 10% 정도라도 실질적인 부분에 써서 mathematics라고 부르는 수학에 대한 아이디어가 어린이들에게 정말로 받아들여질 수 있는 지평을 어떻게 더 확장할 수 있을지 생각하는 데 헌신하자는 것입니다.

《마인드스톰》 2장 '수학 공포증: 배움에 대한 두려움'의 각주에는 수학의 원뜻에 '배움'이 있다며 논의를 학습법matethics으로 이어 가는 내

* 《Mathematics Education and Technology-Rethinking the Terrain》로 발간
† Seymour's keynote lecture at ICMI 17 Conference in Hanoi, Viet Nam December 4, 2006:
  http://dailypapert.com/wp-content/uploads/2012/05/Seymour-Vietnam-Talk-2006.pdf

용이 나옵니다. 수학 공포증을 단지 수학에 대한 두려움에 국한하지 않고 배움에 대한 두려움으로 넓힌 이유는 수학의 본질에 배움이 있다는 것을 강조하고자 했기 때문이었을 것입니다. 그러므로 시모어 패퍼트의 관점에서 수학 교육에 관한 문제는 배움 자체에 관한 문제이기도 합니다.

시모어 패퍼트의 2006년 12월 4일 기조 강연 제목은 '수학 교육에서의 지난 30년간 디지털 테크놀로지와 최근 시제품이 개발된 혁신적인 100달러 노트북을 활용한 미래'*였습니다. 강연에서 2005년 1월에 니컬러스 네그로폰테가 100달러 노트북이란 이름으로 발표한 '어린이 한 명 당 한 대의 노트북One Laptop Per Child, OLPC' 프로젝트를 언급했죠. 2020년에도 진행 중인 이 프로젝트가 추구하는 다섯 가지 핵심 원칙†은 다음과 같습니다.

1. 어린이의 소유: 어린이가 집으로 가져갈 수 있는 노트북이어야 한다.
2. 낮은 연령: 6~12세 어린이 교육에 집중한다.
3. 충분한 보급: 모든 어린이가 랩톱을 가질 수 있도록 보급되어야 한다.
4. 연결성: 네트워크를 통해 서로 연결되어야 한다.
5. 자유와 오픈 소스: 자유롭게 사용할 수 있는 오픈 소스 소프트웨어여야 한다.

이 중 '충분한 보급'은 초기에는 '흠뻑 적시기digital saturation'라고 표현했

---

* 30 years of digital Technologies in Mathematics Education and the Future using the recently prototyped and revolutionary '100 dollar laptop'
† OLPC의 다섯 가지 핵심 원칙: *http://one.laptop.org/about/5-core-principles*

던 것으로 백신 보급을 통한 집단 면역herd immunity에 비유했던 원칙입니다. "건강한 교육은 백신 접종이며 모두에게 다가가고 이들을 무지와 편협함으로부터 보호합니다"라고 말하며 단절 없이 모두가 디지털로 흠뻑 적셔지는 것은 튼튼하고 강건한 사회로 이어질 수 있다는 기대를 담았죠. 시모어 패퍼트는 《마인드스톰》 본문에서도 자신을 본질적으로 컴퓨터가 사회에 미치는 영향에 대해 낙관하는 이상주의자utopian라고 이야기했습니다. OLPC에도 그의 희망을 보려고 하는 낙관적인 비전, 특히 패퍼트의 구성주의(N)이 담겨 있기도 합니다.

그러나 OLPC 발표로부터 약 15년이 지나 2019년 11월에 출간된 《The Charisma Machine: The Life, Death, and Legacy of One Laptop Per Child》에서 지은이인 모건 에임스Morgan Ames는 OLPC 프로젝트의 이상을 현실에 실현하는 것이 얼마나 복잡한 문제인지 지적했습니다. 파라과이의 NGO를 통해 OLPC를 활용한 교육에 참여하며 연구했던 경험을 바탕으로 어린이가 컴퓨터에 쉽게 접근할 수 있는 것만으로는 OLPC의 이상이 현실에서 실현되기 어려우며 OLPC의 XO 노트북 유지 보수, XO 노트북을 장난감 정도로 치부하는 또래 문화, 지속적인 투자, 학교 환경, 교사 역량, 지역 사회의 분위기 및 부모의 관심과 가족의 문화 자본 등도 큰 영향을 준다고 이야기했습니다. 특히 '기술에 조숙한 소년technically precocious boy'이라는 사회적 이미지가 함의하는 문제를 강조했는데요. 구성주의(N)과 해커 문화에서 공통적으로 나타나는 '갈망하는 사람yearners'과 창의적인 본성을 가지고 있는 어린이 이미지를 살피면서 이러한 심상을 가진 사람들이 서구 중산층 가정에서 스스로의 호기심과 동기를 따라가며 독학으로 배움의 즐거움을 추구할 수 있는 환경을 누리며 소년 시절을 보냈고,

그중에서도 특히 동시대 기술에 밝은 특정 부류의 사람들이 전유하는 편향이라는 의견을 피력했습니다. 세계 어디에서나, 누구에게나 적용 가능한 방식은 아니라는 것이죠. 모건 에임스의 입장에서는 구성주의(N) 또한 MOOCmassive open online course처럼 특정 부류의 사람들에게 더 유리하게 작동하며 오히려 격차를 늘릴 수 있는 잔인한 낙관론cruel optimism의 견해로 다가왔던 듯합니다. 문턱을 낮춰 더 많은 사람을 포용하고자 했던 시도가 현실에서는 오히려 반대로 작동하며 기득 권력을 강화하는 경우도 물론 존재합니다. 그러한 현상은 실리콘 밸리를 포함하여 여러 맥락에서 회자되고 있는 '실력주의meritocracy' 문제 및 '효과적으로 유지되는 불평등effectively maintained inequality' 문제와 닿아 있기도 하고요. 미첼 레스닉과 대화를 나누었을 때, 그는 《The Charisma Machine》의 지적을 타당한 비판이라고 말했습니다. 그와 스크래치 팀이 아무리 "10%의 소양 있는 어린이에게 관심 있는 것이 아니라 90%의 더 많은 어린이에게 관심을 가지며 지원하기 위해 노력한다"라고 말한다 해도 사회적인 구조를 당장 해결하는 것은 어려운 일이기 때문에 《평생유치원》에서 '단기적 비관론'을 이야기했던 것인지도 모르겠습니다. 물론 그는 어린이의 힘을 믿으며 '장기적 낙관론'도 함께 이야기했습니다.

　시모어 패퍼트도 1980년의 《마인드스톰》부터 2006년의 마지막 기조 강연까지 현실의 어려움과 한계보다는 이상과 비전을 담은 낙관론을 말하기 위해 애썼습니다. 마지막 기조 강연에서 OLPC를 소개한 후 두 가지 격언을 인용하며 다음과 같이 말했습니다.

　"철학자들은 다양한 방식으로 세계를 이해해 왔고 이해하기 위해 노력해 왔다. 그러나 요점은 세계를 이해하는 것이 아니라 변화시키는 것이다."

– 카를 마르크스

이 말을 우리에게 적용해 보고 싶습니다. 우리는 math라고 부르는 수학과 그 교육 과정을 가르치기 위해 테크놀로지를 활용해 왔죠. 그러나 요점은 수학을 변화시키는 것입니다.
......

"현자가 손을 들어 달을 가리킬 때, 어리석은 이는 달이 아니라 가리키는 손가락을 본다."

– 중국 속담

...... 오늘 말씀드렸던 내용이 여러분에게 두 가지 층위에서 받아들여졌으면 좋겠습니다. 하나는 실현되도록 투쟁해 왔던 이 아이디어를 우리가 정말로 이루어 낼 수 있다고 제가 믿는다는 것입니다. 정말로 이뤄지는 것을 보고 싶습니다. 나머지 하나는 그 아이디어가 달이 아니라 손가락에 불과할 뿐이라는 것입니다. 이 아이디어를 실행하기 전에 좀 더 나은 아이디어가 개발되리라 확신하고 또 바라기 때문입니다. 그러므로 이 아이디어를 너무 심각하게 받아들이진 맙시다. 우리가 넘어갈 수 없었던 경계가 어디인지 알아내는 데 더 많은 노력을 기울이자는 것이 이 이야기의 교훈입니다.

시모어 패퍼트에게는 로고, 스퀵 이토이, OLPC, 스크래치가 달을 가리키기 위해 필요했던 손가락에 불과했던 것이라고 헤아려 봅니다.

그렇다면 여기서 달은 무엇일까요? 그가 마지막 기조 강연에서 말한 교육에서의 매우 큰 변화megachange 아닐까요? mathematics라 부르는 수학을 생각과 배움에 관한 것이라고 볼 때 그가 "어린이들이 싫어하는 수학을 좋아하게 만들도록 노력하지 말고, 어린이들이 사랑하는 수학을 만듭시다"라고 말했던 문장으로 함축할 수 있는 매우 큰 변화를 말하는 것이라고 생각합니다. 시모어 패퍼트는 레오나르도 다빈치가 비행기에 대한 아이디어를 가지고 있었으나 그 아이디어를 실험하고 개선할 수 있는 도구와 인프라가 없었기 때문에 라이트 형제 시대에 와서야 비행기가 만들어질 수 있었던 것처럼, 교육 분야에서 듀이, 피아제, 몬테소리, 비고츠키 등의 선구자들 모두 우리 교육 시스템의 결점을 봤고 이를 타개할 수 있는 비전과 아이디어를 제시했지만 당시에는 이를 실현할 수 있는 적절한 도구와 인프라가 없었기 때문에 그 비전과 아이디어를 실현할 수 없었다고 말했죠. 그런데 이제 우리에겐 그 비전과 아이디어를 실험하고 개선할 수 있는 컴퓨터란 가능성과 인프라가 주어졌으나 여전히 큰 변화를 추구하기보다는 기존 교육 과정을 조금 더 좋게 만드는 쉬운 길을 고수하며 정작 진정한 변화는 거부하고 있다고 아쉬워했습니다. 그래서 우리가 가진 시간과 자원 중 10% 정도라도 사용해서 진정한 변화를 추구하자고 제언했습니다.

달을 은유 삼을 때 달의 차고 이지러지는 변화는 흥미롭게 느껴집니다. 달 또한 움직이기 때문에 달을 계속 한 방향으로만 가리킬 수 없죠. 우주적인 큰 사건이 없다면 천체의 본질은 매우 천천히 변화하지만, 그 배치와 움직임에 따라 빛과 그림자에 의한 시각적 변화를 관찰할 수 있기도 합니다. 그러므로 가리키는 목표는 때때로 달라 보이기도 하고, 같은 것을 계속 가리키기 위해 그 가리켜야 하는 방향이 바뀔 수도 있다고 생각합니다. 컴퓨터는 분명 무엇으로나 변할 수 있고 무엇이든 매개할 수 있는 메타미디어입니다. 그러나 2020년대의 컴퓨터에 관한 인식과 1960~1980년대의 컴퓨터에 관한 인식 사이에는 비슷한 부분도 있고 간과했던 것을 새롭게 알게 된 부분도 있습니다. 낙관적으로 봤던 부분을 오히려 비관적으로 보는 경우도 있겠죠. 1972년에 앨런 케이는 '모든 어린이를 위한 개인용 컴퓨터'라는 글에서, 컴퓨터 또한 종이 책과 마찬가지로 새로운 종류의 문제를 야기하면서 또한 새로운 지평을 열 것이라고 말했습니다.

> 우리는 단순히 어린이들의 생각을 우리가 가진 생각으로 대체하기보다는, 어린이들의 사고방식을 이끌어 내어 그들에게 영향을 주고자 합니다. 우리는 이 과정에서 테크놀로지를 책 이상으로 필요한 구성 요소라고는 생각하지 않습니다. …… 또한 다른 물건과 마찬가지로 무지한 사람의 손에 걸리면 지독하게 고생하게 되는 물건이기도 합니다. 이 새로운 매체가 재앙으로부터 '세상을 구하지'는 못할 것입니다. 종이 책과 마찬가지로 새로운 종류의 문제를 야기하면서 또 새로운 지평을 열 것입니다. 그러나 책은 수세기에 걸쳐 인류의 지식을 보존하고 전달해 주는 역할을 해 왔으며, 아마도 이 새로운 테크놀로지 매체 역시 생각과 창작의 즐거움을 실어 나를 것입니다.

우리는 시대가 흘러감에 따라 컴퓨터가 생각과 창작의 즐거움을 실어 나르며 세상에 주는 영향이 무척 크다는 사실을 확인한 것 못지않게, 컴퓨터가 야기하는 새로운 종류의 문제가 무척 크다는 사실 또한 더 잘 알아 가고 있습니다. 그 문제를 고찰하는 사람 중 《마인드스톰》의 '후기와 감사의 말'에 당시 시모어 패퍼트의 아내로 등장하는 사회학자이자 심리학자인 셰리 터클이 있습니다. 사람과 테크놀로지 사이의 관계, 특히 테크놀로지가 우리가 세상과 우리 자신을 보는 방식을 어떻게 변화시키고 있는지에 관해 연구하고 있는 셰리 터클의 1984년 저작 《The Second Self》에서 셰리 터클은 컴퓨터를 단순한 도구가 아니라 우리의 사회적이고 심리적인 삶의 일부분으로 보며 우리가 무엇을 하는 데만 영향을 주는 것이 아니라 우리의 생각 자체에 영향을 준다고 말했는데요. 이 메시지의 걱정스러운 측면을 《외로워지는 사람들Alone together》과 《대화를 잃어버린 사람들Reclaiming conversation》 등 2010년대 저작에서는 더 강조합니다.

앨런 케이는 '모든 어린이를 위한 개인용 컴퓨터'의 후일담에 해당하는 '다이나북이란 무엇인가?'라는 글에서 시모어 패퍼트를 만난 후 그에게 영감을 주었던 여러 테크놀로지를 바탕으로 로고 같은 언어를 가진 대화형 인터페이스를 통해 어린이들이 세상을 구성하면서 배울 수 있도록 촉진하는 '다이나북'을 상상할 수 있었다고 밝혔습니다.

1968년에 앨런 케이가 그린 다이나북 삽화

"뚜렷한 낭만적 비전은 생각과 의지를 집중할 수 있는 엄청난 능력을 가졌습니다"라고 말하기도 했는데, 결국 그 다이나북은 요즘 초등학교 고학년이 된 어린이들이 소유하길 갈망하는 스마트폰, 사람들이 늘 가지고 다니는 개인용 컴퓨터가 됐습니다. 그리고 이 늘 가지고 다니는 개인용 컴퓨터는 세리 터클의 걱정을 상징하는 테크놀로지이기도 하죠. 《마인드스톰》 1장, '컴퓨터와 컴퓨터 문화'에서 이야기하는 컴퓨터가 사람들에게 미칠 파급력에 대한 비관론과 낙관론의 경합은 오늘날에도 계속 그 세부 사항을 달리하며 이어지고 있습니다.

《마인드스톰》의 아이디어를 염두에 두고 창의적 소프트웨어(또는 코딩) 교육 현장에서 학생과 만나다 보면 마음이 복잡해질 때가 있습니다. 제가 한 대학에서 운영했던 수업 이야기입니다. 수업에 참여하는 학생이 모두 노트북을 휴대하고 있고 오픈 소스 소프트웨어를 사용하며 인터넷으로 연결되어 작업을 손쉽게 공유할 수 있는 환경이었죠. 테크놀로지와 인프라가 적절했기 때문에 교과 내용의 많은 부분을 강의와 따라하기의 반복 형태로 전달하는 것이 아닌 다른 접근을 해 볼 수 있었습니다. 어떤 알고리즘의 기초 개념을 소개하는 짧은 강의 다음에는 소모둠으로 모여 그 개념을 활용해 창작을 하고, 문제가 발생했을 때 함께 디버깅하며 학생들 서로가 알려 주고 배울 수 있는 문화를 지향하는 수업을 운영했죠. 저는 학생이 스스로 배움을 구성할 수 있다는 믿음을 바탕으로 어려움을 겪고 있는 소모둠을 찾아다니며 고민을 듣고 문제를 대신 해결해 주기보다는 학생 스스로 넘어설 수 있도록 도움 계단을 지원했습니다. 수업마다 어떤 배움이 있었는지 학생과 교사 모두 각자의 성찰을 기록하고 이를 피드백 삼아 짜인 진도를 한 방향으로 나아가기만 하는 것이 아니라 배움 공동체의 상황에 따라 기민하게 방향을 조정하며 나아갔죠. 이런 접근을 할 때도 '동기에 의한 격차'는 여전히 나타났습니다. 앞서 소개했던 《The Charisma Machine》의 '기술에 조숙한 소년'의 이미지를 가지고 있는, 배움을 갈망하는 소수의 학생이 이런 접근 방식에서도 두각을 나타냈죠. 두각을 나타내는 사람이 있으면 상대적으로 뒤쳐지고 있다고 느끼는 학생도 생기게 마련입니다. 그러한 학생의 피드백 중에 이 방식은 자신이 잘 배울 수 있는 접근이 아니라며 차라리 교사가 지식을 전달하는 강의 비중을 높였으면 좋겠다는 경우도 있었죠. 이때 저는 '스스로 배움을 구성할 수 있다고 믿는다'는 가치에 경도되어 오히려 기초 지식을 제공하는 시도를 너무 소홀하게 한 것은 아닌지 반성했습니다. 패퍼트의 구성주의(N)이 정말 잘 작동하는 것인지 의심을 품기도 했지만 그렇다고 지식을 전달하는 강의에만 치우친 방식으로 되돌아갈 수도 없는 노릇이었습니다. 어차피 강의에 중심을 둔 방식에서도 학업 성취 측면의 격차는 나타나고 그럴 바에야 《마인드스톰》의 아이디어를 염두에 둔 방식이 저 자신과 더 많은 학생에게 의미가 있다고 판단했습니다. 이 실천 과정에서 뿌듯한 의미를 찾을 수 있던 경험도 많았고요. 그러므로 이런 상황에서는 다음 단계의 개선을 어떻게 이루어야 할지 디버깅하는 수밖에는 뾰족한 방법이 없었습니다. 그 개선 또한 불완전할 수밖에 없는 운명이겠지만요. 학생과 교사를 포함하여 사람은 다양합니다. 각자에게 맞는 다양한 경로와 스타일이 있기 때문에 이를 골고루 지원하는 것은 교육에서 무척 도전적인 일입니다. 게다가 동시대 교육에서 이야기하는 '역량competence'은 모호한 개념으로 느껴집니다. 여기에 관해서는 계속 치열한 논의와 조정이 이어지고 있습니다. 그러다 보니 국가 수준의 교육 과정이 개편될 때마다 현장은 혼란스러워지고 개편이 의도했던 의미가 퇴색되거나 곡해되어 자리 잡는 경우도 있죠. 무엇보다 그 어떤 접근을 취하더라도 '불평등'은 유지되거나 강화되는 경향이 있다는 인식은 피로감을 줍니다. 사람과 테크놀로지의 관계와 비슷합니다. 누군가는 그 낭만적인 가능성을 십분 활용하여 스스로를 확장하지만, 누군가는 오히려 그것에 의해 교란됩니다. 이를 타개하기 위해 시도할 수 있는 방법을 고민하다 보면, 우리에게 현재 주어진 것을 가지고 무엇인가 시도해 보고 그 피드백을 바탕으로 성찰하며 방향을 조정해 나가는 브리콜라주, 디버깅, 팅커링 같은 사이버네틱스 관점으로 다시 돌아오게 됩니다.

이 복잡하게 얽혀 있는 문제 해결에 대한 한 실마리를 《마인드스톰》 8장 '학습 공동체의 미래'에서 찾을 수 있습니다.

…… 현재 직업적 정의에 따르면 물리학자는 물리학을 어떻게 해야 할지 생각하는 사람들이고, 교육자는 어떻게 가르칠지 고민하는 사람들이다. 연구 분야가 실제로 물리학이면서 교육적으로 의미 있는 방향으로 물리학을 연구하는 사람을 위해 공인된 자리는 없다. 물리학과에서는 특히 이런 사람들을 반기지 않는다. 그들의 교육 목표 때문에 다른 물리학자들 눈에 그들의 작업이 대단해 보이지 않기 때문이다. 학교 교육에서도 이들을 반기지 않는다. 학교에서는 이들이 사용하는 고도로 기술적인 언어를 이해할 수 없으며 이들의 연구 기준을 도저히 따라갈 수 없기 때문이다.

……

새로운 예술의 한 형태로 영화가 출현한 것은 새로운 하위문화의 출현, 이전과는 전혀 다른 기술, 감성, 삶에 대한 철학을 지닌 사람들로 구성된 새로운 전문가 집단의 등장과 밀접한 관련이 있다. 영화 세계의 변천사는 공동체의 변천사와 따로 떼어 이야기할 수 없다. 마찬가지로 개인용 컴퓨터라는 신세계가 이제 막 도래하려는 시점에, 개인용 컴퓨터의 발전사는 이 역사를 만들어 갈 사람들의 이야기와 뗄 수 없을 것이다.(252-253쪽)

앞 인용의 첫 번째 부분은 《마인드스톰》을 읽을 잠재적 독자에 대한 이야기라는 생각도 듭니다. 물리학을 컴퓨터로 바꿔서 읽으면 '연구 분야가 진정 컴퓨터(또는 소프트웨어 등)이면서 교육적으로 의미 있는 방향으로 컴퓨터를 연구하는 사람을 위해 공인된 자리는 없다'로 읽어 볼 수도 있고 '연구 분야가 진정 교육이면서 컴퓨터(를 활용한 창작 및 산업 등) 맥락에서 의미 있는 방향으로 교육을 연구하는 사람을 위해 공인된 자리는 없다'로 거꾸로 헤아려 볼 수도 있습니다. 아마도 그런 여전히 공인되어 있지 않은 중첩된 지점을 탐색하는 독자들에게 《마인드스톰》은 반가운 책이 되겠지만 어쩌면 그 이유 때문에 각 분야에서 생경한 책으로 받아들일 가능성도 큽니다. 그렇기 때문에 바로 이 단절을 이어 붙인 공인된 자리를 만드는 시도가 문제 해결의 한 실마리가 될 수 있다고 생각합니다. 《마인드스톰》의 예에서 볼 수 있듯 1950년대 당시 젊은 수학자였던 시모어 패퍼트가 발생적 인식론의 대가였던 피아제를 만난 후 MIT에 와서 자신의 자리를 만들며 어린이를 위한 다른 수학을 찾는 배움의 여정을 시작했던 것처럼, 동시대 교육에서도 혹시 완전히 다른 발상을 할 수 있는지 그 가능성을 탐색하기 위해, 결국 그 발상을 해낼 수 있는 새로운 하위

문화, 이전과는 전혀 다른 기술, 감성, 삶에 대한 철학을 지닌 새로운 사람을 논의와 협업의 공간으로 끌어들일 수 있어야 합니다.

시모어 패퍼트는 "교육자는 반드시 인류학자가 되어야 한다"라고 말했습니다. 달은 차고 이지러지면서도 늘 거기에 있지만 달을 가리키던 손가락의 주인은 바뀝니다. 2020년 컴퓨터 분야의 많은 선구자가 세상을 떠나고 있는 현시대는 개인용 컴퓨터를 어린 시절 경험했던 사람이 세상의 변화를 견인하는 주역이 된 시대입니다. 그리고 그 후의 기술 혁신을 경험한 세대가 이미 함께 약진하고 있죠. 《마인드스톰》을 읽다 보면 '소프트웨어 교육'이나 '코딩 교육'의 화두가 어느 날 갑자기 뚝 떨어진 것이 아니라 여기에 얽혀 있는 개인용 컴퓨터를 둘러싼 지난한 역사 속의 다양한 이야기 줄기에 깊게 연결되어 있음을 알게 됩니다. 각각의 이야기 줄기에는 다양한 사람이 연루되어 있죠. 그러므로 그 이야기의 발생적 기원과 이후의 펼쳐진 경로를 아는 것은 현재 우리가 어디로 나아가고 있는지 방향을 인식하는 데 큰 도움이 되리라 생각합니다.

현재 우리가 어디로 나아가고 있는지 살펴볼 수 있는 예를 하나 《마인드스톰》의 내용에 빗대어 들어 보겠습니다. 2010년대에 부활한 '딥 러닝'은 교육 분야에선 '인공 지능 교육'의 화두로 이어졌죠. 《마인드스톰》에서 이야기하는 '인공 지능'과 요즘 말하는 '인공 지능'은 다른 것으로도 볼 수도 있겠지만 7장 '로고의 기원: 피아제와 인공 지능'의 다음과 같은 내용은 여전히 의미가 통합니다.

새의 '자연 비행'과 비행기의 '인공 비행'을 이해함으로써 이 모든 연구 활동이 상승효과를 내면서 항공학을 탄생시켰다. 그리고 같은 맥락에서 나는 수학과 인공 지능에 대한 다양한 연구가 심리학과 상승효과를 일으켜 자연 지능과 인공 지능 양쪽에 적용 가능한 원리를 연구하는 인지 과학 분야에 발전을 가져오는 모습을 상상한다.(220쪽)

시모어 패퍼트는 "무엇에 관해 생각하는 것에 관해 생각하지 않고서는 생각에 관해 생각할 수 없다"라고 즐겨 말했습니다. 컴퓨터는 인간의 생각 방식과 다른 방식으로 작동하지만, 컴퓨터가 작동하는 방식에 관해 생각하다 보면 오히려 인간의 생각에 대해 더 잘 알게 되며 컴퓨터를 매개로 한 교육을 통해 인간이 더 잘 생각할 수 있도록 도울 수 있다는 그의 접근을 따른다면 '딥 러닝(또는 그 이후의 어떤 인공 지능에 관한 것이라도)'에 관해 생각하는 것 또한 인간의 생각에 관해 더 잘 알게 도와주는 '무엇'으로 여길 수 있습니다. 《마인드스톰》 에필로그의 마지막에서 시모어 패퍼트가 워런 맥컬록의 "수를 이해하게 된 인간이란 어떤 존재이며, 인간이 이해하게 된 수란 대체 무엇인가"*라는 '따로 떨어져 있는 상태에서는 인간도, 수학도 서로를 온전히 이해할 수 없다는 경구'를 인용하며 마무리했던 이유도 이 맥락에서 이해해 볼 수 있습니다. 부르바키 덕분에 수학의 내적 발전을 인식하고 수학의 발생적 기원을 기억할 수 있었으며, 이 '기억하기'에 의해 수학이 어린이가 현실을 구성하는 방법에 대한 연구의 발전과 가능한 한 밀접하게 관계를 맺게 됐습니다. 마찬가지로 《마인드스톰》 덕분에 컴퓨터 분야의 내적 발전을 인식하고 어린이와 컴퓨터 그리고 둘을 매개로 한 강력한 아이디어의 발생적 기원을 기억할 수

---

*   워런 맥컬록의 《Embodiments of Mind》 1장 제목이기도 합니다.

있습니다. 이 '기억하기'로 인해 동시대의 단기적 비관론과 장기적 낙관론 사이에서 마음을 다잡을 수 있습니다. 《마인드스톰》의 아이디어가 과거 그 어느 때보다 현재 더 중요하고 더 적절한 이유입니다.

《마인드스톰》을 읽다 보면 문득 '마인드스톰'이란 표현이 도대체 무슨 뜻인지 궁금해질 때가 있습니다. 본문에서는 정작 책의 제목인 《마인드스톰》의 의미가 무엇인지 분명하게 설명하진 않았기 때문에 더 궁금합니다. 2003년의 '랩톱은 신경 쓰지 마세요'에 따르면 《마인드스톰》의 원래 제목은 '브레인스톰brainstorms'이었다고 합니다. 그런데 공교롭게도 출간을 한두 달 앞두고 철학자 대니얼 데닛Daniel Dennett이 똑같은 제목의 책 출간 예정을 발표해서 급하게 제목을 《마인드스톰》으로 바꿨는데, 시모어 패퍼트는 이 바꾼 제목을 훨씬 더 좋아했다고 합니다. 시모어 패퍼트의 주 관심사는 '뇌'가 아니라 '마음'이기도 했고요. 어쩌면 '마인드스톰'은 마음에 거센 바람이 불어 마음이 폭풍이 되는 것이 아닐까 추측도 해 봅니다. 현실에서 마주하는 비관론 속에서도 일단 무엇이 가능한지 인식하게 되면 당장 그 이상에 다가가는 것이 아득히 멀게 느껴지더라도 거기를 손가락으로나마 가리켜 보고 싶어집니다. '마인드스톰'은 그렇게 이상에 간절하게 다가가길 바라고 싶어지는 마음의 움직임을 말하는 것은 아니었을까, 그 희망의 바람을 갖다 보니 무엇이라도 실천하지 않고서는 견딜 수 없어진 한 사람이 우리 함께 마음을 움직여 폭풍을 일으키자고 말했던 표현이 아니었을까 생각하며 나름의 풀이를 해 봅니다.

인터넷에서 시모어 패퍼트의 생전 인터뷰 영상을 찾아보면, 그가 늘 합리적 이성에 바탕을 두고 이야기하는 것 못지않게 마음에 울림을 주는 목소리로 이야기한다는 느낌을 받습니다. 그중 하나인 OLPC

재단과의 짧은 인터뷰* 영상을 보면, 그의 마음이 전해져 오는 듯한 기분이 듭니다.

> 우리가 어떤 종류의 민주주의 세계에 관한 상을 투영한다 할지라도, 다르게 생각하기를 배우고 생각을 어떻게 하는지 배우는 것을 배우는 교육이야말로 그 민주주의 세계에 기여하는 가장 본질적인 것이라 가정해야만 합니다. 저는 합리적 이성이 전부가 아니라 열정, 흥미, 신념 등 다양한 가치가 이성 못지않게 중요하단 생각에 전적으로 동감합니다. 그럼에도 불구하고 이성은 분명 선을 위한 힘입니다. 더 많은 사람이 이성적이고 비판적 사고를 할 수 있게 될수록 세상은 더 나아질 것입니다. 더 많은 사람이 세상에 대한 지식에 접근할 수 있게 될수록 세상은 더 나아질 것입니다.

《마인드스톰》의 초판 서문과 '후기와 감사의 말' 끝에는 '사랑'이란 표현이 등장합니다. 시모어 패퍼트는 교육에서 인지적 측면과 합리적 이성 외에도 '사랑'과 같은 감정을 무척 중요한 가치로 여겼습니다. 아마도 《마인드스톰》을 집필하는 일도, 거기서 선언했던 가치를 현실에서 계속 추구하는 일도 결코 쉬운 일이 아니었을 것이라 짐작합니다. 한때 《마인드스톰》 집필에 대한 사랑이 식었을 때, 가장 가까운 동반자와 나눈 대화가 다시 그 사랑을 되찾는 길로 인도했다는 시모어 패퍼트의 고백처럼, 각자 자리에서 세상이 더 나아지도록 노력하는 쉽지 않은 길을 가다 좌절하거나 헤맬 때, 《마인드스톰》에 얽혀

---

* Seymour Papert Interview - One Laptop per Child: *https://youtu.be/FQCZa8MyWIg*

있는 이야기들이 그 길을 함께 가는 동료들과 나눌 좋은 대화 주제가
되어 다시 그 '사랑'을 되찾을 수 있도록 마음을 움직이는 강건한 힘
이 되어 주길 바랍니다.

《마인드스톰》에서 읽는 일곱 가지 아이디어

김승범

Protoroom(메타미디어 콜렉티브)·서울예술대학교 디지털아트과 초빙 교수

> "대신 워크숍을 해 보면 어떨까요? 우리의 언어는 우리가 이미 알고 있는 영역을 공유하기 위해 만들어졌습니다. 새로운 것을 이해하려면 말은 줄이고, 대상을 직접 만져 보고, 살펴보고, 만들어 볼 필요가 있습니다."
>
> – 시모어 패퍼트

이 글을 간단한 워크숍으로 시작해 보려고 합니다. 우리가 한 장소에 모여 앉아 함께 대화하고 팅커링을 할 수 있다면 더 다양한 워크숍이 가능하겠지만, 지금은 글이라는 제한된 환경이기 때문에 글을 읽고 직접 해 볼 수 있는 워크숍을 준비했습니다. 다음 내용을 눈으로만 읽지 말고 직접 따라 해 보길 부탁드립니다.

양손을 그림 1처럼 허공에 있는 가상의 키보드 위로 타자하듯 들어 봅시다. 여러분 대다수는 표준 자판의 구조를 배웠고 능숙하게 타자할 수 있습니다. 그래서 실제 키보드가 없는 허공이지만 다음 문장을

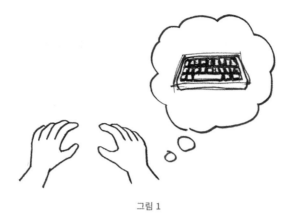

그림 1

타자하는 데 큰 어려움이 없을 것입니다. 직접 허공에서 타자해 볼까요?

"내 이름은 ○○○(여러분의 이름)입니다."

느낌이 어떤가요? 제대로 타자했는지 확신이 드나요? 손끝에 닿는 실물 자판은 없지만 손가락은 익숙한 방식으로 움직이지 않나요?

이번엔 조금 다른 방식으로 타자를 해 보겠습니다. 상상력이 조금 필요한데요. 허공에 있던 키보드를 반으로 잘라서 각각을 좌우 양손 위치는 그대로 두고 뒤집어 봅시다. 그러면 그림 2처럼 양 손바닥을 위로 향해야 자판을 칠 수 있습니다. 손의 방향만 바뀌었을 뿐 기존 자판 위치에는 변화가 없습니다. 경험의 차이를 주의 깊게 느껴 보면서 앞서 작성했던 문장을 다시 타자해 봅시다.

"내 이름은 ○○○(여러분의 이름)입니다."

이번에는 어떤 느낌인가요? 앞서 했던 정상적인 타자처럼 손가락이 정확한 자판을 치고 있다고 확신이 드나요, 아니면 더 어려워졌나요? 손바닥 방향만 바꿨을 뿐인데 타자 감각에는 분명 차이가 납니다.

마인드스톰

그림 2

　우리는 분명 키보드 자판을 배웠고 잘 사용하고 있다고 생각했지만, 관점을 약간 바꾸면 익숙했던 행동이 생소한 경험이 될 수 있습니다. 일종의 언러닝unlearning의 느낌이라고 말할 수 있는데요. 언러닝은 배우지 않기가 아니라 기존에 배운 방식을 벗어나거나 되돌려서 새로운 관점으로 다시 배울 준비가 되는 것을 말합니다.

　비슷한 예로, 한때 소셜 미디어를 통해 널리 알려졌던 '핸들 조작과 반대 방향으로 움직이는 자전거 타기' 영상이 있습니다. 평소에 자전거를 잘 타는 사람이 앞바퀴가 핸들 방향과 반대로 움직이는 자전거를 탈 수 있을지 알아보는 실험인데요, 많은 사람이 쉽게 적응해서 탈 거라고 예상하지만 실은 굉장히 어려운 일이고, 자전거 타기를 다시 배우는 게 필요함을 깨닫게 해 주는 영상입니다. 궁금한 독자는 유튜브에서 'The Backwards Brain Bicycle'로 검색해 보기 바랍니다.

　이처럼 언러닝에 대해 말로만 듣는다면 누구나 쉽게 고개를 끄덕거리며 수긍할 수 있지만, 언러닝의 감각은 언어만으로 이해할 수 없습니다. 직접 경험하고 느껴 봐야 그 의미를 제대로 알 수 있습니다.

그래서 '워크숍'이 필요합니다.

《마인드스톰》은 언러닝의 감각으로 읽기를 바라는 책입니다. 이 글 처음에 인용했던 시모어 패퍼트의 말을 따른다면 실은 이 책은 읽기만 해서는 제대로 이해할 수 없습니다. 다시 반복해서 말하지만 《마인드스톰》을 읽기 위해서는 '워크숍'이 필요합니다. 직접 만져 보고 살펴보면서 경험해야 합니다. 그리고 그 과정에서 이미 알고 있는 내용을 경험한다는 생각을 잠시 내려놓고 해당 내용을 처음 접한다는 태도를 가질 필요가 있습니다.

그래서일까요? 《마인드스톰》을 읽을 때마다 새로운 관점의 아이디어를 얻게 됩니다. 과거에 읽고 평범하게 이해했던 내용이 지금 이 순간에 더 발전된 강력한 아이디어가 되기도 합니다. 1980년대에 쓰인 꽤 오래된 책이 지금까지 새롭게 읽힐 수 있다는 점이 바로 《마인드스톰》이 컴퓨팅과 컴퓨팅 기반의 배움 및 사유 방법에 대한 영원한 고전이 될 수 있었던 이유라고 생각합니다.

《마인드스톰》을 온전히 해설하려면 이 책 분량 이상의 글이 필요할지도 모릅니다. 이 책이 존재하기 위해 영향을 주고받던 그 주변의 맥락과 관련 인물은 촘촘한 직조물처럼 얽혀 있고 하나하나가 가치가 있습니다. 그래서 저는 제 마음에 폭풍 같은 울림을 줬던 아이디어를 담은 몇몇 문장을 《마인드스톰》에서 뽑아 제 경험과 함께 이야기해 보려고 합니다. 지금부터 소개하는 《마인드스톰》의 아이디어는 제 삶과 작업*에 큰 영향을 끼쳤습니다.

---

*   저는 현재 컴퓨팅 기반의 창작과 표현에 관심을 갖고 워크숍과 교육, 뉴미디어 아트 작업을 하고 있습니다.

1. 우리의 교육 시스템은 어린이의 '틀린 이론'을 거부함으로써 어린이가 실제로 배우는 방식을 받아들이지 않는다.(173쪽)

제가 생명 과학을 전공하던 학부생 시절, 지금까지도 기억에 남은 순간이 있습니다. 중요한 전공 수업 중 하나인 분자 생물학 시간에 교수님은 실험 과정과 결과를 설명하는 내용이 많았던 교과서의 오류를 중간중간 수정하며 수업을 진행했습니다. 빠르게 발전하는 분야이기도 했지만 교과서에 실릴 만큼 선별된 내용이 틀릴 수 있다는 점은 교과서가 정답인 양 학창 시절을 보냈던 제게는 신선한 자극이었습니다.

우리에게 배움의 과정은 틀림의 연속입니다. 틀림은 단순히 지식이 없다는 의미가 아니라 해당 지식에 대한 자신만의 이해 모형을 갖고 있다는 말입니다. 우리는 유아기 때 옹알이라는 활동을 하면서 아직 제대로 자리 잡지 못한 언어 모형을 끊임없이 실험했습니다. 의미 전달이 잘못되더라도 옹알이를 하는 자식에게 틀렸다고 꾸지람을 하는 부모는 없습니다. 새로운 배움의 과정에서 옹알이 시기를 겪는 건 당연합니다. 틀림이 자연스러운 일임에도 부정적인 감정을 느끼게 하는 우리의 배움 환경이 오히려 자연스럽지 않은 상황인지도 모릅니다.

배움의 과정에서 틀렸더라도 자신만의 이해 모형을 토대로 생각을 이야기하고 토론하며 수정의 기회가 충분히 주어진다면 그동안 경험해 온 틀림의 부정적 감정과 바보 같은 답변이라는 오해는 사라질 것입니다. 이 책에서 인용하는 "나무가 가지를 흔들어서 바람을 만들었어요"(174쪽)라는 아이들의 생각은 무지의 결과라기보다는 오히려 시적poetic으로 들립니다.

워크숍의 예를 하나 들어 보겠습니다. 전자 부품이 활용되는 워크숍을 시작할 때 항상 해 보는 과정이 있습니다. 각 재료를 관찰해 보고 발견할 수 있는 모든 특징을 이야기해 보는 것입니다. 처음 다루는 재료에 대한 막연한 어색함이나 두려움을 없앨 수 있는 활동이기도 합니다. 이때 주의할 점은 이미 알고 있는 지식을 말하지 않고 눈에 보이는 특징을 그대로 이야기하고 그에 대한 생각을 서로 나눠야 한다는 것입니다.

그림 3

LED(발광 다이오드)를 살펴봅시다. 쉽게 접할 수 있는 LED에서도 관찰 결과 꽤 많은 특징을 발견할 수 있습니다. 가장 눈에 띄는 다리 길이의 차이부터, 투명한 머리의 옆 부분이 살짝 평평한 것, 머리 안쪽의 미세한 실선이나 옴폭 파인 모양 등 다양한 특징이 있습니다. 이런 모양인 이유가 뭘까요? 워크숍에 참여한 사람들은 상상의 나래를 펼치며 자신만의 엉뚱한 이론을 말합니다. 당장 정확한 지식을 얻는 건 아니지만 앞으로 경험하면서 배우고 수정해 나갈 '틀린 이론'을 갖게 됩니다.

LED에서 길이가 다른 다리와 머리 옆면의 평평한 부분이 제조상의 문제일 거라 생각한 사람은 빛을 켜 보는 과정에서 LED에 극성이 있음을 알게 되고 틀린 이론을 수정합니다. 이런 과정은 계속 반복되는데, 다리 길이만으로는 극성의 방향을 판단하기 어려운 LED도 있어서 다른 특징을 관찰하고 확인할 필요가 생기기도 하고, 심지어는 극성과 상관없이 양쪽 방향 모두 켜지는 LED도 만나게 됩니다. 단순히 긴 다리가 양극(+)이라고 외우기보다 자신이 세웠던 이론이 틀림을 알고 수정하면서 훈련된 인지 근육은 이후에 만나게 될 새로운 상황도 받아들일 준비가 됩니다.

2. 프랑스에 살면서 프랑스어를 배우듯 수학 나라에서 수학을 배우는 것이다.(6쪽)

'수학 나라Mathland'는 오해를 불러일으키기 쉬운 표현입니다. '수학'이라는 낱말이 주는 느낌 때문이죠. 잠시 수학 나라를 상상해 보면 인간성이 사라진 매우 논리적이거나 기계적인 디스토피아를 먼저 떠올릴지도 모릅니다. 그래서 패퍼트도 '프랑스에서 프랑스어 배우기'라는 비유를 들었는데, 우리에게는 '영어권 나라에서 영어 배우기'가 더 와닿을 것 같습니다.

오늘날처럼 다양한 어학 자료가 넘쳐 나는 시기에도 영어를 한국보다 영어권 나라에서 배우는 게 더 효과적이라는 데 대부분 동의할 것입니다. 왜 그럴까요? 언어는 단독으로 존재하는 지식이 아니라 그 언어가 사용되는 사회, 문화 그리고 그 안의 사람들과 함께하는 것이기 때문입니다. 그래서 수많은 영어 낱말을 사전처럼 외우고 있지만 영어권 사람과 대화할 수 없는 사람에게 영어를 잘한다고 말할 수 없습니다. 즉, 맥락context 안에서 언어를 사용해야 진정한 의미가 생깁니다. 개인용 컴퓨터의 아버지이자 패퍼트의 철학을 실천하고 있는 앨런 케이*는 이를 물속의 물고기로 설명합니다.

"땅 위의 물고기도 펄떡거린다. 그러나 만약 물고기가 가장 적합한 환경인 물속에서 펄떡거리면 그 결과는 질적으로 달라진다."

어려운 수학을 일상 속에서 자유롭게 말하고 쓸 수 있다면 정말 멋질 것 같습니다만, 그럼에도 우리는 '수학 나라'를 온전히 상상하기가 쉽지 않습니다. 수학이라는 논리적인 형식 언어가 우리의 일상이 되는 나라는 도대체 어떤 모습일까요? 우선 형식 언어에 대한 오해부터 언러닝할 필요가 있습니다.

사전적 의미로 형식 언어는 '구조, 범위 따위가 명확하게 규정되고 정의된 인공 언어'이기에 우리의 일상과는 거리가 있어 보이지만, 사실 인류는 오랜 과거부터 자연 언어와 함께 구조가 명확하게 규정된 인공 언어를 사용해 왔습니다. 음악을 연주할 때 보는 악보나 글을 수정할 때 사용하는 수정 부호 등을 그 예로 들 수 있고, 학창 시절 한 번쯤 선생님이 이해할 수 없는 암호문을 만들어 친구들과 메시지를 주고받던 경험도 넓은 의미의 형식 언어라고 할 수 있습니다.

수학도 인류가 과거부터 사용해 온 대표적인 형식 언어이지만, 수학이 우리 일상에 진정으로 녹아 있다고 말하기에는 무리가 있어 보입니다. 그러나 패퍼트는 컴퓨터가 우리 개인의 표현 매체가 되면서 수학 나라가 실현될 수 있다고 생각했습니다. 이는 컴퓨터가 수학 계산을 빠르고 정확하게 하기 때문이 아니라 컴퓨터가 새로운 관점의 사유 방식을 일상의 언어로 펼칠 수 있는 맥락이자 환경을 만들어 줄

---

* 객체 지향 프로그래밍과 그래픽 사용자 인터페이스를 발전시킨 선구자로 유명한 컴퓨터 과학자입니다. 객체 지향 프로그래밍을 개척한 공로로 2003년 튜링상을 수상했습니다. 그가 생각한 개인용 컴퓨터는 모든 연령의 학습자가 강력한 아이디어를 펼칠 수 있는 동적인 환경으로 패퍼트의 생각에서 큰 영향을 받았습니다.

수 있다고 봤기 때문입니다.

간단한 예를 들어 보겠습니다. 로고 언어로 자주 소개되는 워크숍 중에 다각형 그리기가 있습니다. 요즘엔 로고 언어를 일반적인 교육 현장에서 사용하지는 않기에 로고의 후예인 스크래치* 같은 블록 언어block-based programming language†로 생각해 보겠습니다. 다음과 같이 움직이기, 돌기, 반복하기 명령어를 이용해 누구나 손쉽게 정사각형을 그릴 수 있습니다.

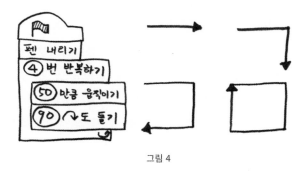

그림 4

명령어의 기본 구조를 유지한 상태에서 숫잣값을 바꿔 정삼각형을 그릴 수 있을까요? 워크숍 참여자들은 잠시 생각해 보고는 반복하기 숫자와 돌기 숫자를 바꿔 정삼각형을 그립니다. 몇몇은 '틀린 이론' 을 세우고 정육각형을 그리는 실수 또는 발견을 하지만 돌기의 의미 가 외각임을 깨닫고 바로 수정합니다. 다음 목표는 정오각형 그리기

---

* 미첼 레스닉 교수가 이끌고 있는 MIT 미디어 랩 평생 유치원 그룹(LLK)에서 만든 창의적인 표현 을 위한 블록 기반 프로그래밍 언어입니다. 스퀵 스몰토크(Squeak Smalltalk)의 이토이 환경에 서 영향을 받았습니다. LLK의 연구원들은 오늘날까지 패퍼트의 철학을 실천해 오고 있습니다.
† 대표적인 시각 프로그래밍 언어(visual programming language)의 한 방식으로 어린 시절 블 록 장난감을 쌓으며 놀듯이 코딩할 수 있는 환경을 제공합니다.

입니다. 이번에는 참여자들이 조금 더 오래 생각합니다. 어떤 사람은 메모지 위에 그림을 그려 보며 계산하기도 하고, 나이가 든 참여자들은 학창 시절에 배운, 그러나 지금은 어렴풋이 형태만 남은 다각형과 관련된 공식을 기억해 내려고 애를 씁니다. 시간은 조금 더 걸리지만 대부분 오각형을 완성하며 기뻐합니다. 정육각형은 이미 발견한 사람이 많으니 바로 정칠각형을 해 봅시다. 도전하는 사람도 있지만 서서히 귀찮아지기 시작합니다. 자신은 '수학'에 소질이 없다며 어려움을 말하기도 합니다. 여기에 정구각형이나 정십일각형 같은 생소한 도형까지 요청하면 포기하는 사람도 늘어납니다.

관점을 바꿔 봅시다. 다각형을 그리던 반복하기 횟수와 돌기 각도의 관계에 대해 관찰을 시작하면 사람들은 하나둘 규칙을 발견하게 됩니다. 결국 모든 다각형은 한 바퀴를 돌기 때문에 도는 각도와 반복하는 횟수를 곱하면 360도가 됩니다. 그래서 각 다각형의 반복 횟수를 알면 쉽게 돌기 각도를 구할 수 있습니다. 컴퓨터는 계산도 잘하기 때문에 우리가 직접 계산해서 넣을 필요도 없습니다. 변수(n)를 사용해서 각도를 구하는 식(360/n)을 넣을 수 있습니다.

그림 5

마인드스톰

이제 다시 목표를 제시해 볼까요? 정칠각형을 그려 봅시다. 정구각형, 정십일각형 또는 정십육각형은 어떤가요? 워크숍 참여자들은 이번엔 편안한 표정이 되어 손쉽게 각종 정다각형을 그려 냅니다. 자, 이래서 《마인드스톰》에서 설명한 로고라는 언어는 기하학과 같은 수학 개념을 배우기 좋은 환경이군요?

틀린 말은 아니지만 강력한 경험 하나를 놓치고 있습니다. 처음에는 난이도가 달랐던, 그래서 다각형 변의 수가 늘어날수록 어려워지던 문제가, 그 문제를 설명할 수 있는 새로운 언어를 만난 이후에 동일한 난이도의, 누구에게나 쉬운 일이 되었습니다. 우리 모두가 똑똑해졌네요. 그리고 이를 실행할 수 있는 컴퓨터 덕분에 수많은 다각형과 그 외 예상 못했던 도형*을 발견할 수 있는 탐험 환경을 얻게 되었습니다. 이는 정다각형의 각도를 구하는 공식을 이해하는 수학 지식 이상의 아이디어를 담고 있습니다. 어쩌면 수학 나라는 이런 경험이 우리의 삶 전반에 걸쳐 일어나고, 개인의 경험을 넘어 우리 문화 공통의 리터러시가 될 때를 말하는 것인지도 모릅니다.

3. "보세요, 이제 프로시저가 제 마음의 크기만 해졌어요."(132쪽)

스크래치는 오늘날 가장 널리 사용되는 교육용 프로그래밍 언어입니다. 교육용 프로그래밍 언어의 가장 큰 특징 중 하나는 불필요한 오류가 발생하지 않는다는 점입니다. 그래서 초심자가 마음껏 가지고 놀아도 심각한 오류로 인해 이도 저도 못하는 상황이 거의 발생하지

---

* 일반적으로 예상 못하는 도형 중에는 '원'이 있습니다. 그동안 원을 수학적 정의인 '중심에서 거리가 일정한 평면 위의 점들의 집합'으로 생각해 왔다면 다각형 그리기 구조를 통해 전혀 다른 감각으로 원을 이해할 수 있습니다. 직접 도전해 보세요.

않습니다. 기존에 프로그래밍 경험이 있는 사람이 이 말을 들으면, '역시 교육용이라 그렇구나', '현실에서는 여러 오류 상황마다 디버깅을 하느라 고생하는데 아이들은 참 좋겠네' 하고 생각할지도 모르겠습니다. 정말 오류가 발생하지 않을까요? 초심자가 주로 접하는 문법 오류처럼 학습을 방해하는 불필요한 오류가 없을 뿐이지, 자신의 생각을 코딩하는 과정에서는 수많은 의미적인 오류가 발생하고, 오류를 고쳐 가는 디버깅 과정이 필요합니다.

디버깅의 의미를 생각해 봅시다. 여러분이 프로그래밍 경험이 있다면 그전에 디버깅의 느낌이 어떤지 떠올려 보기 바랍니다. 부정적인 느낌이 꽤 많다는 것을 알 수 있습니다. 아무래도 그동안 겪은 수많은 디버깅 과정에서 고생한 기억이 먼저 떠오를지도 모릅니다. 보통 디버깅을 할 때는 새로운 것을 창작하기보다 이미 만들었지만 문제가 발생한 부분을 보수하는 기분이 듭니다. 특히 무엇이 잘못되었는지 모르는 상태에서 디버깅을 하면 어둠 속에서 방향을 잃고 헤매는 기분이 들 것입니다.

그러나 우리는 이제 디버깅의 의미를 다르게 읽을 필요가 있습니다. '틀려도 괜찮아!'입니다. 우리는 언제든 편안하게 실수를 고치고

그림 6

마인드스톰

새로 시도할 수 있는 환경을 만들어야 합니다. 학창 시절 시험을 본후에 가장 좋은 공부법은 오답 노트를 성실히 작성하는 것이지만, 시험 결과를 확인하고 오답 노트를 작성하기까지는 시간도 오래 걸리고 실천하기 쉽지 않으며 그 과정이 결코 기분이 좋지만은 않습니다. 그에 비하면 컴퓨터에서는 문제가 발생할 경우, 바로 오류 상태를 확인할 수 있고, 여러 번 고칠 수 있는 기회가 있으며, 디버깅 과정을 관점에 따라서는 컴퓨터와 자신의 생각 차이를 맞춰 나가는 대화로 느낄 수 있습니다. 학습의 맥락에서 디버깅은 강력한 아이디어입니다.

오류에 대한 빠른 피드백과 여러 번의 시도가 항상 문제를 해결하는 것은 아닙니다. 우리가 경험하는 문제들은 여러 요소가 복잡하게 얽혀 있기 때문입니다. 디버깅을 할 때 효과적인 전략 중 하나로 컴퓨터 분야에서는 구조적 프로그래밍이라는 개념이 있습니다. 복잡하게 얽혀 있는 거대한 문제를 한눈에 충분히 이해할 수 있는 작은 조각으로 나눠 보면서 문제의 범위를 좁혀 가는 것입니다. 이 과정에서 문제를 해결해 본 사람은 구조화된 프로그래밍의 필요성을 스스로 깨닫고, 그 이후에 만날 오류 상황에서도 효과적으로 디버깅할 수 있는 근육을 키우게 됩니다.

그런데 여기서 중요한 점은 구조적 프로그래밍이나 디버깅 경험이 컴퓨팅 영역에만 국한되지 않고, 우리가 주변에서 만나는 여러 문제나 학습 상황에서도 유용하다는 것입니다. 패퍼트는 이 사고방식이 그동안 다른 종류의 지식이라고 여겨 왔던 신체 학습에도 적용될 수 있다고 저글링 배우기를 예로 들어 설명합니다. 《마인드스톰》이 컴퓨팅 교육 범주 이상의 '배움'에 대한 담론임을 말해 주는 부분입니다. 이는 그동안 좁은 의미로 생각해 왔던 컴퓨팅 사유와 리터러시에 대한 새로운 관점을 제시해 줍니다. 우리가 낯선 지식이나 기술을 배울 때 처음에는 어려움을 느끼고 생각처럼 잘되지 않습니다. 그럴 때면 자신이 그 분야에 소질이 없다고 느끼고 배움을 포기하기도 하는데, 앞으로는 배움의 과정을 디버깅해 보는 것은 어떨까요?

4. 쓰기 도구로서의 컴퓨터는 어린이에게 어른처럼 되는, 실제로는 전문가처럼 되는 경험을 선사한다.(39쪽)

이 글을 쓰는 중에도 저는 여러 번의 고쳐쓰기를 하고 있습니다. 예전의 저라면 평소에 글쓰기 훈련이 부족한 탓이라고 자책했을지도 모릅니다. 단순히 이과생이라는 이유로 부족한 글쓰기를 당연하게 넘기기에는 답답했던 어느 날, 훌륭한 글 여러 편을 지속적으로 써내는 분에게 어떻게 하면 글을 잘 쓸 수 있는지 물어보았습니다. 어떤 책을 읽으면 도움이 되는지 또는 어떤 글쓰기 도구를 쓰는지가 처음에는 궁금했습니다. 그런데 대화 과정에서 글을 잘 쓰는 사람은 일반인보다 오히려 더 많은 고쳐쓰기를 한다는 사실을 알게 되어 크게 위안을 받았습니다. 고쳐쓰기는 글을 쓰기 위해 당연히 거쳐야 하는 중요한 과정입니다.

요즘은 우리 대다수가 컴퓨터로 글을 씁니다. 문서 편집기의 성능도 크게 향상되어 언제든 깔끔한 결과물을 얻을 수 있습니다. 그래서 《마인드스톰》에서 예로 든 '쓰기 도구로서의 컴퓨터'라는 표현은 오늘날의 관점에서 평범하다 못해 진부하게 들립니다. 지금의 문서 편집기가 정말 작가와 같은 전문가의 경험을 할 수 있게 해 주었는지 생각해 보면 의문이 들기도 합니다. 우리는 어쩌면 전문가의 훌륭한 성과물에 대해서만 생각하고, 전문가들이 어떤 과정과 생각으로 결과물을 만들어 가는지는 덜 신경 쓰고 있는지도 모릅니다.

스크래치를 만든 MIT 미디어 랩 평생 유치원의 미첼 레스닉 교수가 가끔 예로 드는, 우리에게 조금은 부끄러울 수 있는 사건이 하나 있습니다. 레스닉 교수가 어느 날 스크래치 커뮤니티 사이트의 프로젝트를 살펴보다가 동일한 작업물 여러 개가 중복되어 올라온 것을 보고는 커뮤니티 사이트에 오류가 발생했다고 생각했습니다. 한참을 살펴봐도 시스템 오류는 없었는데, 알고 보니 연속으로 올라온 동일한 프로젝트의 출처가 한국이었던 것이죠. 수업 중 선생님이 예로 든 프로젝트를 모든 학생이 동일하게 따라 하고 올려서 발생한 해프닝이었습니다. 창의적인 표현과 다양한 창작을 위해 만들어진 스크래치지만 상황에 따라서는 전혀 다른 맥락으로 쓰인 것입니다.

그림 7 연필, 피아노 그리고 컴퓨터

패퍼트가 '쓰기 도구로서의 컴퓨터'를 예로 들어 어린아이도 성인과 같은, 더 나아가 전문가와 같은 과정으로 배울 수 있는 환경을 만들어 줘야 한다고 말했지만, 아무리 좋은 컴퓨팅 도구를 사용하더라도 기존의 익숙한 방식을 그대로 답습한다면, 우리는 결코 패퍼트가 말하는 '쓰기 도구로서의 컴퓨터'를 경험하지 못할 것입니다. 이를 앨런 케이는 "피아노에는 음악이 없다"라고 말합니다. 피아노만 있어서는 그리고 의미 없는 연습만 해서는 진정한 음악을 연주할 수 없지요. 다시 말해, 패퍼트가 그토록 강조하는 강력한 아이디어는 실은 컴퓨터 자체에 있는 것이 아닙니다. 오히려 컴퓨터는 누구나 강력한 아이디어를 연주할 수 있는 악기가 되어야 합니다.

5. 현실에서는 새가 어떻게 나는지 이해하기 위해 단순히 새만 연구하지 않으며 새의 깃털만 연구한다고 알아낼 수 있는 것은 하나도 없다.(220쪽)

"코딩, 어떻게 배우죠? 무엇부터 해야 하나요?" 같은 질문을 주변에서 자주 듣습니다. 다양한 학습 자료와 교구校具가 넘쳐 나니 저조차도 무엇부터 해야 할지 선택 혼란에 빠집니다. 그런데 코딩을 왜 배워야 할까요? 세상에는 배우기만 하고 써먹지 않는 기술도 많기에 이 질문을 다시 고쳐 써 보겠습니다. "우리 인류는 왜 코딩해야 할까요?"

이 질문에 4차 산업 혁명이라는 거대 담론부터, 코딩보다는 문제 해결 능력을 키우는 게 더 중요하다는 의견까지 수많은 답변이 쏟아져 나올 것입니다. 한 가지 앞서 고민해 볼 질문이 있습니다. 코딩이 뭘까요? 사람들마다 코딩을 배우는 목적에 다른 답변을 내는 이유 중 하나는 서로가 말하는 '코딩'의 정의와 범위가 다르기 때문입니다.

《마인드스톰》에서는 '코딩'이라는 표현이 나오지 않습니다. 대신 프로그래밍이란 표현을 주로 씁니다. 패퍼트는 "아이가 컴퓨터를 프로그래밍해야 한다"라는 비전을 말합니다. 그래서 이 책을 컴퓨팅 교육의 범주에서만 읽기 쉽습니다. 패퍼트는 프로그래밍을 단순히 컴퓨터가 해야 할 일을 지시하는 행위가 아니라 인간과 컴퓨터가 함께

그림 8 말하기, 쓰기, 코드

이해하는 언어로 서로 소통하는 과정이라 보고, 이를 통해 인류가 그동안 쌓아 온 현대적이고 강력한 생각에 더 가까워질 수 있다고 생각했습니다.

여기서 눈여겨볼 것은 '언어'라는 표현입니다. 컴퓨터에서 컴파일되어 실행되는 기술적인 프로그래밍 언어라기보다는 인류가 기계와 소통하면서 서로 이해하는 언어, 즉 생각을 표현하고 전달하는 매체인 것입니다. 사이버네틱스에서부터 포스트휴머니즘의 발전 과정을 추적하고 그 의미를 탐색했던 캐서린 헤일스N. Katherine Hayles[*]는 코드를 인간이 그동안 해 온 말하기와 글쓰기 같은 의미 작용을 만들어 내는 주요 시스템 중 하나라고 말했습니다.[†] "우리는 왜 말해야 하는가?", "우리는 왜 글을 써야 하는가?"라는 질문의 연장으로 "우리는 왜 코딩해야 하는가?"를 생각해 본다면 '코딩하는 것'의 의미를 단순히 컴퓨터 내부의 특정 기술을 배우고 잘 쓰는 행위로만 생각하지 않을 것이고, 이 책에서 인용하는 "비행기와 새가 같은 방식으로 난다고 볼 수 없다"라는 좁은 시선도 깰 수 있을 것입니다.

---

[*] 포스트모던 문학 비평가이자 디지털 문화 비평가입니다. 대표 저서로는 《우리는 어떻게 포스트 휴먼이 되었는가: 사이버네틱스와 문학, 정보 과학의 신체들(How We Became Posthuman: Virtual Bodies in Cybernetics, Literature, and Informatics)》이 있습니다.

[†] 《나의 어머니는 컴퓨터였다》 중 '2장 말하기, 글쓰기, 코드: 세 가지 세계관'

인간과 컴퓨터가 함께 이해하고 소통하는 언어라는 표현이 추상적으로 들릴 수 있어 예를 하나 들어 보겠습니다. 코딩을 배울 때 초기에 접하는 대표적인 컴퓨팅 개념 중 '반복'이 있습니다. 기술적으로 접근한다면 각자가 선택한 프로그래밍 언어의 문법에 맞춰 반복 구문을 익히고, 반복문을 통해 나타낼 수 있는 다양한 표현을 만들면서 숙달될 때까지 연습합니다. 이 과정에서 초심자는 익숙하지 않은 문법 구조에 자주 실수하고 코딩을 어렵게 느낍니다. 이를 생각을 표현하고 전달하는 언어로 접근하면 조금 다른 관점을 얻을 수 있습니다. 반복은 우리도 이미 갖고 있는 사고 개념이지만 반복 횟수가 늘어나거나 약간의 논리적인 변주가 추가되면 그 결과를 구체적으로 상상하기 어려운 개념입니다. 막연하게 생각하던 어떤 반복 개념을 컴퓨터도 이해할 수 있는 언어로 코딩해서 실행해 보고, 그 결과를 확인하며 다시 내 생각을 수정하는 대화의 과정을 거친 후의 반복 개념은 전혀 다른 사고 모델로 우리 머리에 자리 잡게 됩니다. 그동안 컴퓨터가 없었으면 상상하지 못할 범위와 규모의 반복을 구체적으로 생각하고 표현할 수 있는 어휘를 갖게 됩니다.

코딩을 배워야 하는 이유 중 자주 거론되는 컴퓨팅 사고computational thinking의 여러 개념도 매번 익혀야 하는 컴퓨터 분야의 지식을 넘어 우리의 사고를 확장할 새로운 어휘이자 사고 모델로 봐야 합니다. 오늘날에는 인공 지능이라는 새로운 개념이 다시 우리를 괴롭힙니다. 앞으로 중요해질 것을 알면서도 그 방대한 내용과 높은 난이도에 어디서부터 시작해야 할지, 어떻게 배워야 할지 그리고 왜 해야 하는지 갈피를 잡기 힘듭니다. 이 고민에 대해 출간된 지 수십 년 된 《마인드스톰》은 오늘의 우리에게 다음처럼 말합니다.

"우리는 아이들에게 인공 지능을 가르칠 것을 제안한다. 그래서 그들도 현대의 심리학자들이 그러하듯 인간의 정신 과정에 대해 더 구체적으로 생각할 수 있도록 해야 한다. (중략) 아이들은 인공 지능의 아이디어를 더 일상적이고 개인적인 방식으로 자기 자신에 대해 생각하는 데 사용할 것이다."(209쪽)

6. 톱니바퀴는 '생각하게 하는 사물'이다.

제게 《마인드스톰》에서 가장 좋아하는 키워드를 뽑으라고 하면 '생각하게 하는 사물object-to-think-with'입니다. 이 책의 초판 서문인 '내 어린 시절의 톱니바퀴'에서도 패퍼트 개인에게 '생각하게 하는 사물'이었던 톱니바퀴에 대해 이야기합니다. 누구에게나 어린 시절 애착을 느꼈던 사물이 있겠지만, 그것이 한 사람의 생각과 삶의 방식에 큰 영향을 끼쳤다는 것은 매우 인상적입니다.

그래서 저도 현재의 저를 만드는 데 큰 영향을 준 어린 시절의 사물이 무엇일지 고민해 보니, 오랜 시간 동안 갖고 놀았던 레고LEGO* 블록이 먼저 떠올랐습니다. 이제는 누구나 쉽게 살 수 있고, 어린 자녀를 둔 집이라면 몇 상자씩 쌓여 있지만, 제가 어릴 때에는 생일 같은 기념일에만 선물로 받았던 귀한 장난감이었습니다. 그래서 즐겁게 가지고 놀았지만 뭔가를 제대로 만들어 보려면 항상 블록이 부족했던 기억이 납니다. 패퍼트의 톱니바퀴만큼 레고 블록이 제게 '생각하게 하는 사물'로서 의미가 있었는지도 확신이 들지 않더군요.

---

* 레고는 오늘날까지도 대표적인 블록 장난감이면서 스크래치 같은 블록 기반 언어에도 영감을 주었습니다. 레고사는 스크래치 팀과 여전히 협업을 하고 있고 미첼 레스닉 교수의 공식 직함도 레고 패퍼트 교수입니다.

레고 블록이 전혀 다른 맥락으로 제게 의미 있게 다가온 일은 어린 시절이 아닌 성인이 되고도 한참 후인 2011년에 읽은 어떤 기사 때문이었습니다. 《Hacker Monthly》*라는 잡지에서 어떤 개발자의 레고 해킹(?) 이야기가 제 눈에 띄었습니다. 레고 제품 중에는 한 상자로 세 가지 다른 모델을 만들어 볼 수 있는 크리에이터 시리즈가 있습니다. 그중에서도 50개 정도의 블록만 들어 있는 저렴한 제품이 있는데, 모델 세 개만 만드는 것이 부족하다고 느낀 그는 무려 50개의 자신만의 모델을 만들고 공유합니다. 약간은 억지스러워 보이지만 유머가 담긴 간단한 모델부터, 원래 제품에서 제공하는 모델보다 더 창의적으로 보이는 것까지 만들어 냅니다. '제약 속에서 창의성이 발휘된다'고 항상 생각하고 있었지만, 쉽게 지나칠 수 있는 주변의 장난감에서 실천해 볼 생각을 못했던 저는 크게 감명을 받았습니다. 패퍼트의 톱니바퀴도 그 당시 아이들이라면 누구나 한 번쯤 선물 받았을 이렉터 세트erector set의 부품이었지만, 패퍼트 개인에게는 특별한 생각의 사물이 되었던 것입니다. 패퍼트는 그 경험을 논리적으로 설명하기보다는 "톱니바퀴와 사랑에 빠졌다"라고 표현합니다.

그 계기로 레고 블록은 제게 일종의 '생각하게 하는 사물'이 되었고 더 각별해졌습니다. 레고 블록 그 자체에 대한 애정이라기보다는 부족해 보이는 재료 또는 환경 안에서도 우리가 생각하는 것 이상으로 창작이 가능하다는 믿음이 생겼습니다. 한 예로 스크래치를 이용해 초심자를 대상으로 코딩 워크숍을 할 때도, 과거에는 어느 정도 기능

---

* 'Hacker News(new.ycombinator.com)'에서 발간한 잡지입니다. 'Hacker News'는 지금도 많은 개발자가 즐겨 찾는 사이트로, 매달 가장 인기 있는 글을 모아 잡지로 출판했습니다. 잡지는 아쉽게도 2016년 폐간되었습니다.

그림 9 《Hacker Monthly》16호(2011년 9월) 중 '50개 블록으로 만드는 50가지 레고 디자인'

을 익혀서 최소한의 지식이 있어야 창작을 시작할 수 있다고 생각했다면, 지금은 직관적으로 이해할 수 있는 몇 가지 명령어만으로도 작은 창작을 할 수 있고 또 해야 한다고 생각합니다.

한 사람에게 '생각하게 하는 사물'은 일생 동안 여러 개가 될 수 있습니다. 처음에는 평범했던 사물이 나중에 더 큰 의미로 다시 보일 수도 있습니다. 패퍼트는 컴퓨터가 다음 세대의 아이들에게 '생각하게 하는 사물'이 될 거라 믿었습니다. 컴퓨터라는 사물이 아닌, 컴퓨터가 개개인에게 의미 있는 여러 개의 '생각하게 하는 사물'이 되어 줄 것입니다. 왜냐하면 컴퓨터는 여러 모습의 사물로 변신할 수 있는 메타사물, 즉 메타미디어이기 때문입니다. 여러분도 오늘의 자신을 만든 '생각하게 하는 사물'이 무엇이었는지 어린 시절을 떠올려 보세요. 그리고 컴퓨터가 그런 사물 중 하나가 되기 위해 무엇을 할 수 있을지 생각해 보기 바랍니다.

7. 아이들에게 소개한 모든 아이디어 중에서 아이들이 가장 환호했던 개념이 바로 재귀다.(98쪽)

《마인드스톰》을 읽고 여러분의 마음에 울림을 주는 아이디어 일곱 개를 더 찾아보세요.*

글을 마치며

패퍼트는 《마인드스톰》 2판 서문에서 1판에 대해 디버깅을 시도합니다. 책의 새 판을 낼 때 으레 하듯 이전 판의 오류를 수정하는 게 아닌, 이 책에서 소개하는 강력한 아이디어 중 하나인 디버깅을 직접 실천한 것입니다. 이는 우리가 이 책을 읽을 때 어떤 태도를 가져야 하는지 알려 준다고 생각합니다. 이 글을 시작할 때 《마인드스톰》은 워크숍이 필요한 책이라고 소개했습니다. 1980년대의 고전으로 박제하여 보존하듯 읽지 말고 현재 우리가 가진 고민과 함께 동적으로 디버깅하며 읽어야 할 '생각하게 하는 책book-to-think-with'입니다.

저는 그 시작으로 제게 큰 울림을 줬던 일곱 가지 아이디어를 담은 문장을 뽑고 생각을 적어 보았습니다. 그중에는 이 책의 핵심을 담은 문장도 있고, 평소에는 지나칠 수 있지만 어느 순간 제게 큰 의미로 다가왔던 문장도 있습니다. 제가 뽑은 일곱 개 외에도 강력한 아이디어를 담은 여러 문장이 이 책 안에 담겨 있습니다. 자신에게 울림을 주는 문장을 찾아보기 바랍니다. 그리고 현재 맥락으로 아이디어를 꺼내 함께 토론하고 디버깅하며 워크숍하길 제안합니다.

---

* 여러분도 일곱 번째 아이디어에 환호해 주면 좋겠습니다. 이 마지막 아이디어는 로고 메모 No.3(AIM-248) '컴퓨터로 할 수 있는 스무 가지 일(Twenty things to do with a computer)'의 스무 번째 아이디어를 참고했습니다.

한국 소프트웨어 교육에서 패퍼트의 철학 실천하기

김수환

총신대학교 교수(컴퓨터 과학 교육)

패퍼트의 《마인드스톰》은 소프트웨어 교육을 연구하고 실천하는 모든 교육자에게 바이블처럼 권하고 싶은 책이다. 내 경우 컴퓨터 교육에 입문한 후 컴퓨터 교육의 철학을 찾기 위해 여러 문헌을 공부하다가 발견한 보석 같은 책이다.

한국의 소프트웨어 교육은 ICTinformation and communications technology 교육, 디지털 리터러시literacy 교육, 컴퓨터 과학 교육이 혼합된 형태이기 때문에 어디에 초점을 두어야 할지 모르는 경우가 발생한다. 컴퓨터 과학은 소프트웨어 교육의 근간이 되는 학문이고, 소프트웨어 교육은 컴퓨터라는 도구를 통해 구현되므로 기본적인 ICT도 알아야 하며, 컴퓨터를 이용해 처리하는 디지털 정보를 다루는 올바른 태도도 길러야 한다. 결국 우리가 고민하는 모든 영역이 필요한데, 이것은 어떤 내용을 가르치느냐에 대한 고찰로 귀결된다.

모든 교과는 각각 목표가 있는데, 소프트웨어 교육의 목표 중 가장 핵심은 컴퓨팅 사고력computational thinking을 길러 주는 것이고, 이는 표현력expression과 문제 해결력problem-solving으로 발현된다. 표현력과 문제 해결력은 패퍼트가 주장했던 내용과 일맥상통하며, 이 글에서는 한국 교육자들이 패퍼트가 전달하고자 했던 교육 철학을 어떻게 하면 교육 현장에서 실천할 수 있는지에 대해 몇 가지 방안을 제시하고자 한다.

1. 생각의 도구(gear model) 만들기

패퍼트는 자신의 아이디어의 원천이 어린 시절 관심 있었던 차동 장치, 조립장난감에서 비롯되었다고 회고한다. 톱니바퀴의 원리를 알게 되면서부터 모든 사물과 문제, 심지어 수학 문제를 분석할 때도 자신의 머릿속에서 톱니바퀴를 떠올렸고, 어떤 톱니바퀴(원리)로 문제를 해결할 수 있을까 고민하게 되었다고 한다. 학생들에게 스크래치Scratch로 컴퓨팅 사고력을 길러 주려면 스크래치가 문제 해결 도구가 될 수 있도록 학생들을 촉진해야 한다. 학생들이 문제를 발견하고 분석한 후, 스크래치의 어떤 코드로 어떻게 표현할지 고민하게 하고 실제 구현하도록 유도하는 과정에서 스크래치가 자연스럽게 문제 표현·문제 해결 도구로 사용될 수 있도록 도와주어야 한다.

2016년 미국에서 열린 스크래치 콘퍼런스에 참석했을 때, 한 중학생이 작품 제작 동기를 발표하는 것을 듣게 되었다. 남아프리카 공화국에서 온 그 여학생은 자신이 사는 곳에서 친구들이 인종 차별을 당하는 모습을 보면서 스크래치로 이런 사실을 알릴 수 있는 애니메이

선*을 만들기 시작했고, 국제적으로 많은 사람이 관심과 지지를 보내주었다는 사례를 소개했다.

- 교육 실천: 패퍼트의 톱니바퀴 모델을 교육 현장에서 실천하려면 학생들이 자신의 주변과 환경에 관심을 가지고, 불공정하고 불평등하고 불편한 현상들의 문제점을 발견하고 해결하고자 하는 마인드를 가지도록 격려해야 한다.
- 수업 실천: 학생들이 스크래치나 엔트리 등으로 작품을 만든 후, 반드시 코멘트를 기록하도록 유도한다. 'The Colour Divide' 작품의 오른쪽 란을 살펴보면 '프로젝트 노트'가 기록되어 있다. 여기에 작품을 만든 목적이 무엇인지, 어떻게 작동할 수 있는지, 함께 작업한 친구들은 누구인지 기록하도록 지도한다.

그림 1 'The Colour Divide'

---

* 'One | The Colour Divide'라는 제목으로 검색하면 스크래치 사이트(*https://scratch.mit.edu/projects/71447764/*)와 유튜브(*https://www.youtube.com/watch?v=sZFtdM3QSzQ*)에서 볼 수 있다.

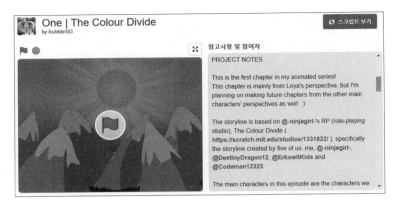

그림 2 'The Colour Divide' 스크래치 작품 및 프로젝트 노트

2. 표현력과 문제 해결의 연결

일반적으로 교육의 목적은 크게 두 가지로 구분할 수 있다. 교육 과정에서 제시하고 있는 것처럼 '문제를 해결하는 능력'을 갖추어서 사회에 필요한 인재를 양성하고자 하는 '외재적 목적'과 교육이란 다른 것의 수단이 아니라 그 자체로서 목적이 되는 '내재적 목적'이 있다.

교육 철학 강의에 등장하는 피터스R. S. Peters의 '교육의 의미'를 다시 되짚어 보자. 피터스는 교육이란 무엇인가에 대한 근본적인 질문에 답하면서, "교육은 규범적 준거, 인지적 준거, 과정적 준거를 만족시켜야 한다"라고 주장한다. 피터스의 기준에서 본다면 교육은 '바람직하고 가치 있는 것'을 전달해야 한다.

CT는 여러 학자가 미래 인재의 필수 역량이라고 주장해 왔다. Zhong(2015) 등*은 논문에서 CT에 대한 학자들의 견해를 정리하여

---

* Baichang Zhong, Qiyun Wang, Jie Chen, Yi Li(2015). *An Exploration of Three-Dimensional Integrated Assessment for Computational Thinking. Journal of Educational Computing Research*, Vol 53, Issue 4, pp.562-590

세 가지로 제시한다.

1. 가장 많은 학자의 견해로 CT를 '문제 해결 과정'으로 보는 것이다: Wing(2008), Tinker(2011), ISTE & CSTA(2011) 등
2. CT를 표현의 중요한 형식이라고 보는 견해다: Papert(1980), Wolz(2010)*, Resnick(2010), Abrahamson(2011) 등
3. Brennan과 Resnick(2012)의 개념, 실행, 관점의 삼차원 프레임워크

다른 연구들의 내용과 정의를 살펴보면 대부분 1, 2번의 내용으로 분류할 수 있음을 알 수 있다. 1번의 경우 교육의 외재적인 목적과 가깝고, 2번의 경우 교육의 내재적인 목적과 가깝다고 볼 수 있다. 따라서 CT의 견해를 두 가지로 정리해서 나타내면 그림 3과 같이 요약할 수 있다.

---

constructionism vs. constructivism

- constructivism(이하 구성주의(V), 피아제): 인간은 자신의 경험으로부터 지식과 의미를 구성해 낸다.
- constructionism(이하 구성주의(N), 패퍼트): 학습의 효율은 실제 세계에 존재하는 구체적인 사물을 창의적으로 만지는 과정, 무언가를 만들어 가는 적극적인 참여를 통해 제고될 수 있다.

피아제는 구성주의(V)를 학생이 스스로 자신만의 독특한 앎의 체계를 구성하는 것으로 설명한다. 따라서 교사는 교사 자신의 모형을 일방적으로 말하기보다 학생

---

* 읽고, 쓰고, 셈하기처럼 프로그래밍은 아이디어를 표현하는 중요한 언어다.

내면의 개별적인 구성 과정에 집중해야 한다. 패퍼트는 피아제의 개념을 확장하여 다른 사람이 볼 수 있고 평할 수 있는 것을 학생들이 만들어 내도록 돕는 구성주의 (N)를 제시했다. 이와 같은 교육적 틀에서 볼 때 구성주의(V)는 좀 더 인지적이고 구성주의(N)는 좀 더 물리적이다.

내재적 목적	외재적 목적
교육이란 다른 것의 수단이 아니라 그 자체로 목적(피터스)	교육은 그것 자체가 목적이 아니라 외재적이고 비본질적 가치를 지니며 목표를 완성하는 활동 과정으로서의 수단(G. 랭포드, T. 그린)
생각의 표현 방법	문제 해결 수단
패퍼트	웡

컴퓨팅 사고력
∘ 만들며 배우기
∘ 구성주의(N)

생각의 표현 도구를 외재적 목적으로 혼동하지 않아야 함

컴퓨팅 사고력
∘ 해결해야 할 문제를 만났을 때 컴퓨터 과학자처럼 사고하는 것
∘ 문제를 수립하고 해결책을 만들어 컴퓨팅 시스템을 통해 효과적으로 수행하도록 표현하는 과정

그림 3 CT 교육의 목적

따라서 교육은 내재적, 외재적 목적을 동시에 지닌다. 흔히 문제 해결이라는 용어를 진로와의 연계나 실생활에서의 활용 등에 국한해 이야기하지만 이는 문제 해결이라는 용어가 지니는 의미를 모두 포함하지 못하며, 단순하게 CT 교육의 목적을 이러한 문제 해결 수단 같

은 외재적인 요소에서만 찾는다면 모든 사람에게 확장해야 할 당위
성을 찾을 수 없다. 따라서 CT 교육이 가지는 그 자체의 내재적 목적
이 무엇인지 생각해 보고, 이에 대한 생각을 확립하고 있어야만 한다.

- **교육 실천**: 내재적 목적의 근거 중 하나는 음악이나 미술 교과의 목적이 그 자체를 향유하고 자신의 생각을 표현하는 하나의 방법으로 사용할 수 있도록 돕는 것처럼, 디지털 시대의 CT 교육은 디지털로 표현되는 세계에서 자신의 생각을 표현하는 또 하나의 방법이 될 것이므로 학생들에게 다양한 표현의 시간을 허락해야 한다는 것이다.
- **수업 실천**: 학생들이 자신의 아이디어를 다양하게 표현하도록 하는 방법은 '반복'이라는 개념을 가르치기 위해 정해진 예제나 작품이 아니라 다양한 장르의 작품을 만들도록 하는 것이다. 예를 들어 애니메이션, 게임, 음악 및 미술 프로그램, 시뮬레이션 등 다양한 장르의 작품*을 만들도록 허용하는 것이다.

3. 앎의 기쁨 경험하기

앞서 살펴본 바와 같이 교육은 그 자체로 목적이 될 수 있다. 내재적
목적을 다른 말로 표현하면 '스스로의 성장'이나 '앎의 기쁨(hard fun,
어려움의 재미)'을 경험하도록 하는 것이다.

스크래치를 일정 기간 가르치다 보면 학생들의 사고가 막히는 현
상이 발생한다. 이때 교사가 바로 답을 주기보다는 학생들 스스로 문
제를 해결할 수 있도록 시간을 주어야 한다. 학생들이 문제를 해결하

---

* 스크래치 초보자용 프로젝트: *https://scratch.mit.edu/starter-projects*

면서 발견한 기쁨을 누리고, 그것이 내적 동기와 연결되어 강력한 학습의 동기로 이어지게 만들 수 있다. 이것이 '어려움의 재미'다. 어렵고 힘들지만 재미있기 때문에 포기하지 않는 것이다. 또한 학생들에게는 자신의 문제이기 때문에 가치 있고 소중한 경험이 된다. 실패하더라도 실패를 통해 배우게 된다. 이런 과정이야말로 패퍼트가 추구한 교육 철학의 핵심이다.

'어려움의 재미' 개념*은 듀이(1897)의 "장차의 목적을 위해 준비하는 교육이 아니라 교육이 삶의 과정 자체가 되어야 한다"라는 주장과 비슷하며 학생들이 이런 과정을 통해 성장하게 되면 성인이 되어서도 배움의 과정을 통해 행복을 누릴 수 있다.

- **교육 실천:** 학생들이 프로젝트를 제작하는 과정에서 막히거나 힘들어할 경우 적절한 비계scaffolding가 필요하다. 제작 과정 중간중간에 어려워할 만한 부분을 미리 예상해 보고 필요한 자료를 준비해 두거나 힌트를 주는 교수 설계가 필요하다. 학생들이 바로 교사에게 질문하도록 하지 말고 먼저 스스로 도전해 보고, 다음에 친구들에게 물어보고, 마지막에 교사에게 물어보는 문화를 형성하는 것이 좋다.
- **수업 실천:** 학생들이 어려움의 재미를 경험하기 가장 좋은 환경은 '해커톤'을 열어 주는 것이다. 학생들이 팀을 이루어 스스로 주제를 선정하거나 문제 해결 방법을 찾아 스크래치나 엔트리, 앱인벤터, 피지컬 도구 등을 이용해 문제 해결 아이디어를 표현하게 하는 것이다.

---

* 영국의 CT 요소 중 '계속 도전하기(persevering, keep going)'와 비슷한 개념

4. 성장하는 커뮤니티 만들기

패퍼트는 자신의 교육 철학을 지속하게 하려면 다소 느슨하면서도 자유로운 조직인 브라질의 '삼바 학교Samba School' 같은 커뮤니티를 조직하라고 권한다. 브라질의 삼바 학교는 어떤 정해진 조직에 의해 결성되는 것이 아니라 마을의 공터나 유휴 공간만 있으면 삼삼오오 모여서 남녀노소 구분 없이 먼저 배운 사람이 배움이 필요한 사람에게 자연스럽게 가르쳐 주고 배우는 형태다.

한국의 교사들은 교육뿐 아니라 행정 업무도 병행하고 있기 때문에 스스로의 성장을 도모하기가 쉽지 않다. 하지만 패퍼트의 권고처럼 학생들에게 스스로 성장하는 장을 마련해 주려면 교사 스스로도 성장의 경험을 지속하는 커뮤니티에 참여하고 활동하는 것이 필요하다. 최근에 교육자들 중심으로 독서 모임이나 스터디를 운영하는 그룹*이 많아지고 있다.

- **교육 실천:** 성장은 혼자서 하기 힘들다. 주변에 좋은 생각, 좋은 교육을 실천하는 교사들끼리 모임을 시작하자. 함께 모여서 소프트웨어 교육의 바른 방향을 고민하고 재미있는 교육 콘텐츠를 만들어서 공유하자. 패퍼트의 철학은 웹 2.0의 참여, 공유, 개방의 정신과 일치한다.
- **수업 실천:** 학생들에게도 흥미와 관심이 비슷한 학생들끼리 동아리를 조직하고 운영할 수 있는 기회를 주는 것이 좋다. 학교나 교사가 일방적으로 정해 주는 동아리를 조직하기보다는 학생들의 의견을 반영한 동아리를 조직하게 하고 가르침과 배움의 기회를 제공하자. 최근에는 무료 교육 사이트가 많아져서

---

* 참쌤스쿨(*https://chamssaem.tistory.com*)이 대표적이다.

학생들에게 다양한 교육의 기회를 제공할 수 있다.

- ◦ EBS 소프트웨어 교육 사이트: *http://ebssw.kr*
- ◦ 창의 컴퓨팅 교육 사이트: *http://koreasw.org/*
- ◦ code.org 사이트: *https://code.org/*
- ◦ 생활 코딩 사이트: *https://opentutorials.org/course/1*

5. 컴퓨팅 사고력 길러 주기

컴퓨팅 사고력의 두 가지 요소는 추상화와 자동화다. 추상화와 자동화를 통해 컴퓨팅 사고력이 길러지는 것일까? 컴퓨팅 사고력을 통해 추상화와 자동화를 할 수 있게 되는 것일까?

사실 이 의문은 모든 교과에 해당된다. 예를 들어 사칙 연산을 통해 수학적 사고력을 기르면 문제 해결 과정에서 수학적 사고력을 사용하는 것과 같은 이치다.

나선형 교육 과정*에서는 추상화와 자동화를 통해 컴퓨팅 사고력을 함양하고, 이를 통해 아이디어 표현이나 문제 해결 과정에서 컴퓨팅 사고력을 활용하는 반복과 확산의 과정이 일어난다. 이것은 패퍼트가 주장한 현실 세계real world의 문제가 컴퓨터 세계microworld로 구현

---

*　브루너가 주장한 '지식의 구조'를 가르치기 위한 교육 과정의 조직 형태. 지식의 구조와 관련된 한 가지 중요한 가정은 "어떤 지식이든지 그 성격에 충실한 형태로 어떤 발달 단계에 있는 어떤 아동에게도 효과적으로 가르칠 수 있다"라는 것이다. 이 가정에 의하면 교육 내용으로서의 '지식의 구조'는 교육 수준에 관계없이 그 성격에 있어서 동일하며, 이 동일한 성격의 내용이 학년 수준이 높아짐에 따라 더 폭넓게, 또 깊이 있게 가르쳐져야 한다. 이와 같이 조직된 교육 과정이 마치 달팽이 껍질 모양과 같다고 하여 나선형 교육 과정이라고 부른다. 이것은 교육 과정 조직 원리의 하나인 '계열성'의 원칙을 특별한 방식으로 해석하는 것이다. 동일한 교육 내용을 학습자의 수준에 맞게 가르치는 방법의 하나로서 '표현의 양식'이라는 개념이 사용되기도 한다.

되고, 컴퓨터 세계의 문제 해결이 현실 세계 문제 해결의 단초가 되는 사이클과 같다.

따라서 초등 교육에서부터 대학 교육에 이르기까지 단계적으로 컴퓨팅 사고력을 기르고, 이를 다시 문제 발견 및 아이디어 표현에 활용할 수 있는 사이클을 이해하고, 학생들의 사고력을 자극할 수 있는 수업 설계와 발문을 계획해야 한다.

그림 4 컴퓨팅 사고력의 사이클

- 교육 실천: 컴퓨팅 사고력은 세상의 현상을 이해하고 해석하는 도구이며, 문제를 해결하는 관점이자 도구다. 따라서 교사 스스로도 세상의 문제를 바라볼 때, 컴퓨터로 자동화할 수 있는 부분이 무엇일지 발견하고 만들어 보는 습관을 가지는 것이 좋다.
- 수업 실천: 컴퓨팅 사고력을 증진하는 수업을 설계하려면 첫째, 세상의 현상을 이해하거나 해석하는 시뮬레이터를 스크래치나 엔트리, 앱인벤터, 피지컬 도구 등으로 만들어 보는 방법이 있다. 예를 들어 주사위 시뮬레이터를 만들어 보거나 태양계 시뮬레이터를 만들어 보는 등의 수업을 설계하면 좋다. 둘째, 세상의 문제를 추상화하고 자동화할 수 있는 부분을 찾아서 프로그래밍으

로 구현하는 것이다. 예를 들어 미세 먼지 측정기나 소음 측정기 같은 현실 세계의 문제를 해결하기 위한 작품을 만들어 보는 것이다.

- 다양한 시뮬레이터 만들기 참고 도서: *https://nostarch.com/learnscratch*

시모어 패퍼트 연보

최승준
미디어 아티스트·한미유치원 설립자

남아프리카에서의 출생과 성장
철학, 수학 그리고 반아파르트헤이트 운동

1928. 2. 29. 남아프리카 공화국 프리토리아에서 곤충학자인 아버지 잭 패퍼트와 어머니- 베티 패퍼트 사이에서 출생

1935.(7세) 요하네스버그로 가서 이후 십대와 이십대 중반을 보냄. 십대 때부터 글을 못 읽는 흑인들을 가르치는 야학을 운영하기도 하며 아파르트헤이트(인종 분리) 정책에 저항하는 활동 참여

1945.(17세) 요하네스버그에 있는 비트바테르스란트 대학교 입학

1949.(21세) 비트바테르스란트 대학교에서 철학 학사 학위 취득

1952.(24세) 비트바테스트란트 대학교에서 〈격자에서의 순차적 수렴 Sequential Convergences in Lattices〉으로 수학 박사 학위 취득

유럽에서 수학자로 활동
영국, 프랑스, 스위스에서의 경험

1956~1957. 프랑스로 건너가 앙리 푸앵카레 연구소에서 두 번째 박사 연구 진행

1957. 파리(소르본) 대학에서 장 피아제와 만남(시모어 패퍼트 29세, 장 피아제 61세)

1958~1963. 스위스 제네바 대학, 발생적 인식론 국제 센터에서 장 피아제와 일함

1959.(31세) 케임브리지 대학교에서 〈논리와 위상 수학의 격자The lattices of logic and topology〉로 두 번째 수학 박사 학위 취득

1960.(32세) 런던의 정보 이론 심포지엄에서 마빈 민스키, 워런 맥컬록과 만남(마빈 민스키 33세, 워런 맥컬록 62세)

일생의 소명과 통찰을 깨닫는 시기
로고 탄생

1963~1967. MIT에서 연구원으로 재직

1965.(37세) 키프로스의 산길에서 생각하는 기계와 같은 매체를 통해 어린이들이 생각에 관해 이해할 수 있다는 통찰을 얻음

1965. 워런 맥컬록의 《Embodiments of Mind》 도입부 저술

1967.(39세) 로고 언어 세상에 나옴, BBN의 월리스 포이어차이크와 신시아 솔로몬 등과 함께

인공 지능을 연구하며 해커들의 동료이자 스승이었던 시기

1967. 매사추세츠에 있는 한스컴 학교 5, 6학년 대상으로 최초 버전의 로고를 시험

1968~1980. MIT에서 응용 수학 교수로 재직하며 칼 휴이트, 제럴드 서스먼, 테리 위노그라드, 대니 힐리스 등의 제자 양성 및 마빈 민스키, 신시아 솔로몬 등의 동료와 협업

마인드스톰

1968.(40세) MIT의 인공 지능 랩을 마빈 민스키와 함께 창설하여 공동 디렉터가 됨

1968. MIT 인공 지능 랩 안에 '어린이의 배움 랩'을 둠

1968. 월리스 포이어차이크와 신시아 솔로몬과 함께 렉싱턴의 브리지 초등 학교에서 연구

1968. MIT에서 앨런 케이와 만남(시모어 패퍼트 40세, 앨런 케이 28세)

1969. 로봇 로고 거북이 개발

1969. 마빈 민스키와 함께《Perceptrons》출간

'로고 랩' 창설과《마인드스톰》

1970. MIT 로고 랩 창설

1971. '컴퓨터로 할 수 있는 스무 가지 일' 외 네 개의 로고 메모 저술

1972. 로고 랩에 해럴드 에이벌슨과 안드레아 디세사 참여

1973. '테크놀로지를 활용하여 교육을 향상하기' 저술(로고 메모 No. 8)

1975. '언어와 학습: 장 피아제와 노엄 촘스키의 토론'에 참여

1977.(49세) 사회학자이자 심리학자인 세 번째 아내 셰리 터클과 결혼

1979. 브루클린의 링컨 학교와 댈러스의 램프라이터 학교에서 로고를 활용한 교육 시도

1980.(52세)《마인드스톰》출간

MIT 미디어 랩과 '인식론과 배움 그룹' 창설, 레고와 만남

1981. LCSILogo Computer Systems Inc. 회사 창립과 애플 II 대응 로고 개발, 해럴드 에이벌슨과 안드레아 디세사,《Turtle Geometry》출간

1982. 미첼 레스닉과 만남(시모어 패퍼트 54세, 미첼 레스닉 26세)

1984. 레고의 CEO 켈 키르크 크리스티안센과 만남(시모어 패퍼트 56세, 켈 키르크 크리스티안센 37세), 미첼 레스닉이 애플 II에서 동작하는 로고와 레고를 활용한 로봇으로 가능성을 보임

1984. 로고 학회 개최

1985.(57세) MIT 미디어 랩 창립 구성원, 니컬러스 네그로폰테, 제롬 와이즈너, 마빈 민스키, MIT 미디어 랩 안에 '인식론과 배움Epistemology and Learning' 그룹 창설

《마인드스톰》의 아이디어를 세계에 알리며 후대를 양성

1985. 보스톤 지역의 헤니건 초등학교에서 로고를 활용한 교육 연구를 이어 감(이디트 하렐 참여)

1986. 코스타리카의 교육 시스템 재건 자문(이후 러시아, 아르헨티나, 호주, 태국 등과 관계 맺기)

1989.(61세) 레고 재단의 지원으로 MIT에 레고 석좌 교수 직책이 생기고 시모어 패퍼트가 첫 취임

1980년대 후반, 브라질의 교육학자 파울로 프레이리와 '미래의 학교'를 주제로 대담을 나눔

1991.《Constructionism》출간, 이디트 하렐과 공동 편집('인식론적 다원주의', '구성주의 상황을 만들기', '개혁과 인식론의 정치학' 저술)

1991. 로고 재단 창립

1993.《마인드스톰》2판 출간

1993.《The Children's Machine》출간

1994. 레지오 에밀리아 방문, '원자와 비트로 만들어진 구성 키트(CAB)' 프로젝트 시작의 계기 마련

1995. 미 의회에서 앨런 케이와 함께 교육에서의 테크놀로지에 관해 증언

1996.(68세) '연결된 가족the Connected Family-디지털 세대 차이를 연결하기' 출간

1997. '왜 학교 개혁은 불가능한가?' 등 저술

1999. 미첼 레스닉, 레고-패퍼트 석좌 교수 취임, 시모어 패퍼트는 명예 교수로 남음

1999~2002. 소년원 수감자를 위한 배움 환경 프로젝트 진행

1999. '인식론과 배움' 그룹의 우산 아래 후대인 미첼 레스닉의 '평생유치원' 그룹과 데이빗 카발로의 '배움의 미래' 그룹 창설 지원(그 뒤로 '풀뿌리 발명' 그룹이 추가됨)

2000. 미국 메인Maine주의 랩톱 이니셔티브 실행

2000. '배움 헛간Learning Barn'을 거주하는 메인주의 블루힐 지역 사회에서 시작

지역 사회와 제3세계에 기여
그리고 불운의 사고와 사망

2003. 평생유치원 그룹, '스크래치Scratch' 개발 시작

2005. OLPCOne Laptop Per Child 시작

2006. 12. 4.(78세) 국제 수학 교육 위원회ICMI 주관으로 베트남에서 열린 17차 학회에 참여. 기조 강연 '수학 교육에서의 지난 30년간 디지털 테크놀로지와 최근 시제품이 개발된 혁신적인 100달러 노트북을 활용한 미래' 발표.

2006. 12. 5. 모터바이크에 부딪쳐 뇌 손상. 재활 치료 후에도 언어 능력 등을 온전히 되찾지 못함

2007. '스크래치' 출시

2016. 7. 31. 시모어 패퍼트(88세) 메인주 블루힐에서 사망

사망 후

2017. MIT에서 패퍼트를 추모하는 워크숍 '패퍼트에 대해 생각하기에 대해 생각하기Thinking about thinking about Seymour Papert'가 열림

2017. 미첼 레스닉, 《미첼 레스닉의 평생유치원》 출간

2019. 모건 에임스, 《The Charisma Machine》 출간

2020. 《마인드스톰》 출간 40주년

이 연대기에 다 담지 못한 시대의 흐름 안에서 시모어 패퍼트의 삶과 그의 생각을 살펴보기 위한 몇 가지 맥락을 별도 웹 페이지(*http://epicure.github.io/mindstorms/papert.html*)에서 소개합니다.

구분을 두긴 했지만 각 맥락은 하나의 범주에 딱 떨어지지 않고 복잡하게 얽혀 있습니다. 시모어 패퍼트는 1968년에 사람과 기계를 생각의 결이 맞는 시스템으로 통합하는 문제를 탐색하는 데 있어, 로고 같은 프로젝트가 추구해야 할 방향으로 인간과 컴퓨터가 단지 공존할 뿐 아니라 서로를 도울 수 있다는 관점이 중요하다고 이야기했습니다. 이 이야기는 J. C. R. 리클라이더의 1960년 '인간과 컴퓨터의 공생'을 떠올리게 하며 1960년대 컴퓨터 분야의 철학을 다시 살펴보게 되는데요. 연표를 읽으며 역사의 흐름 속에서 다양한 맥락이 그냥 공존할 뿐 아니라 서로 어떻게 상호 작용하며 돕고 있는지 즐겁게 탐험해 볼 수 있길 바랍니다.

주석

들어가는 말

1. 피아제는 이 책의 주된 관심사다. 내 견해는 피아제의 이론적 입장에 대해서는 정통적인 해석과 크게 다르지 않지만, 그의 교육 이론이 지닌 시사점에 대해서는 정통적인 해석과 크게 다르다. 원전으로 돌아가길 원하는 독자라면 도움이 필요할 것이다. 피아제는 많은 책을 저술했고 대부분 아동 발달의 특정 측면을 다루고 있는데, 다른 이들이 자신의 이론적 입문서들을 읽었다고 가정하기 때문이다. 피아제에 대한 짧은 책으로 가장 좋은 책은 M. Boden의 《Piaget》(London: Harvester Press, 1979)다. 피아제가 직접 저술한 글을 처음 읽는다면 H. E. Gruber와 J. J. Voneche가 공동 편집한 《The Essential Piaget: An Interpretive Reference and Guide》(New York: Basic Books, 1977)를 추천한다. 피아제에 대해 가장 읽기 쉽고 그의 이론에 대한 철학적 개관을 가장 잘 소개한 책으로 나만의 '피아제 필독서 목록'을 꼽으라면 다음과 같다: 《The Child's Conception of the World》(New York: Harcourt, Brace and Co., 1929); 《The Child's Conception of Physical Causality》(New York: Harcourt, Brace and Co., 1932); 《The Psychology of Intelligence》, trans. Malcolm

Piercy and D. E. Berlyne(New York: Harcourt, Brace and Co., 1950); 《The Origins of Intelligence in Children》, trans. Margaret Cook(London: Routledge and Kegan Paul); 《Introduction à l'Epistémologie Génétique》 (Paris: Presses Universitaires de France, 1950); 《Insights and Illusions in Philosophy》, trans. Wolfe Mays(New York: The World Publishing Co., 1971); 《The Grasp of Consciousness》, trans. Susan Wedgwood(Cambridge: Harvard University Press, 1976). '피아제 전문가'로서 '피아제 커리큘럼 개발자'에 대한 비평에 대해서는 G. Groen의 "The Theoretical Ideas of Piaget and Educational Practice," 《The Impact of Research on Education》, ed. P. Suppes(Washington D. C.: The National Academy of Education, 1978)를 참고하라.

2. 로고는 일종의 교육 철학의 이름으로 로고족에 속한 컴퓨터 언어가 계속 늘어나고 있다. 로고족에 속한 컴퓨터 언어는 지역 변수를 절차적으로 정의하여 재귀 호출을 허용하는 것이 특징이다. 따라서 로고에서는 새로운 명령어와 함수를 선언한 후 원시 명령어나 함수처럼 사용할 수 있다. 로고는 해석 언어다. 이는 대화하듯이 사용할 수 있다는 뜻이다. 현대적인 로고 시스템은 완전한 리스트 구조로 되어 있다. 즉 로고는 리스트에 속해 있는 멤버가 리스트가 될 수 있고, 그 리스트의 멤버 역시 리스트가 되는 리스트들 위에서 동작한다.

어떤 버전은 병렬 처리와 메시지 전달 기능이 있어서 그래픽 프로그래밍이 쉽다. 강력한 리스트 구조의 용례로는 로고 프로시저 자체를 리스트들의 리스트들로 표현하여 로고 프로시저가 다른 로고 프로시저들을 구성하고 수정하고 실행할 수 있게 해 준다. 따라서 로고를 반드시 어린이를 위한 '장난감' 언어라고 볼 수는 없다. 그러나 이 책에서 소개한 단순한 로고의 용례는 수학적 지식이 없는 프로그래밍 초보자들이 빠르고 쉽게 프로그래밍을 접할 수 있게 만들어졌다는 점에서 로고가 훌륭하다는 점을 보여 준다. 초보자들을 위한 '입문용'으로 가장 많이 이용된 로고 거북이 명령어를 포함하고 있는 로고의 하위 집합을 이 책에서는 '터틀 토크'라고 칭한다. 이는 스몰토크와 파스칼 같은 다른 컴퓨터 언어가 그동안 원래 로고에서 개발된 명령어를 사용하여 해당

시스템에서 로고 거북이를 구현했다는 점을 고려한 것이다. 로고의 터틀 토크 하위 집합은 다른 언어로 쉽게 이식할 수 있다.

여기서 유념해야 할 점은 로고가 결코 최종 결과물이라거나 '선언형 언어'로 제시되지 않았다는 것이다. 여기서 내가 샘플로 제시하는 것은 이보다 더 나은 것이 있을 수 있음을 보여 주기 위해서다.

로고는 장난감 언어가 아니라 강력한 컴퓨터 언어이기 때문에 베이식 같은 덜 강력한 언어에 비해 훨씬 더 큰 메모리가 필요하다. 이 말은 곧 최근까지만 해도 상대적으로 대형 컴퓨터에서만 로고를 구현할 수 있었음을 의미한다. 메모리 가격이 떨어지면서 이러한 상황은 급속히 바뀌었다. 이 책이 출판되는 시점에 로고 시스템의 프로토타입은 48K 애플 II와 확장 메모리를 장착한 TI 99/4에서 돌아가고 있다. 로고로 구현한 프로그램의 상태에 대해 계속 소식을 알기를 원하는 독자들은 내 주소(LOGO project, MIT Artificial Intelligence Laboratory, 545 Technology Square, Cambridge, Mass. 02139)로 연락하길 바란다. 내가 공저한 《LOGO: A Language For Learning》(Morristown, N. J.: Creative Computing Press, forthcoming, Summer 1981)도 보라.

3. 로고 프로젝트에서 로고 거북이의 역사는 다음과 같다. 매사추세츠주 렉싱턴 머지Muzzy 중학교에서 1968년부터 1969년까지 12명의 '평균적인' 중학교 1학년 학생으로 구성된 학급이 최초로 1년간 일반적인 수학 교육 과정 대신 로고를 가지고 수업을 받았다. 그 당시 로고 시스템은 그래픽 기능이 없었다. 학생들은 영어를 '피그 라틴Pig Latin'*으로 번역하는 프로그램과 전략 게임 프로그램 그리고 일부 단어나 글자를 그림 형식으로 배열하는 구상시를 작문하는 프로그램을 만들었다. 이 프로젝트를 통해 처음으로 로고가 컴퓨터 '초보자'도 쉽게 배울 수 있는 프로그래밍 언어임을 확인했다. 그러나 나는 이러한 실험이 5학년, 3학년, 나아가 유치원생에게까지 확대되길 원했다. 로고는 이러한 연령층의 어린이들이 쉽게 배울 수 있는 언어이기는 했지만 프로그래밍의 소재는 그렇지 않은 게 분명해 보였다. 그래서 전 연령층이 흥미를 보일 만한 프

---

* (옮긴이) 어린이들의 말장난의 일종으로, 맨 앞 자음을 어미로 돌리고 그 뒤에 ay를 붙이는 말장난(예. boy→oybay)

로그래밍 대상으로 로고 거북이를 제안했다. 내 예측은 이후 경험을 통해 사실임이 증명됐으며 로고 거북이는 학습 도구로 널리 채택됐다. 로고 거북이를 활용하여 나이가 아주 적은 어린이들에게 프로그래밍을 가르치는 실험을 한 사람은 당시 MIT 학생이었던 Radia Perlman이었다. Radia Perlman은 이 실험에서 만 네 살 어린이도 로고 거북이를 제어하는 법을 배울 수 있음을 증명했다. 신시아 솔로몬은 컴퓨터 화면 속 로고 거북이를 사용하여 처음으로 초등학교 1학년생도 프로그래밍을 배울 수 있음을 밝혔다. 또 다른 연령대에서는 대학생들에게 파스칼을 가르칠 때 로고 거북이 프로그램을 사용했는데 매우 고무적이었다. Kenneth L. Bowles가 쓴 《Problem Solving Using PASCAL》 (New York: Springer-Verlag, 1977)을 보라. 로고 거북이를 제어하는 것은 지체 아동과 자폐 아동, 다양한 '학습 장애'를 가진 어린이들이 매우 흥미로워하는 활동임이 증명됐다. 이에 대한 사례는 Paul Goldenberg가 쓴 《Special Technology for Special Children》(Baltimore: University Park Press, 1979)을 보라. 로고 거북이는 제록스 팔로 알토 연구소에서 스몰토크 컴퓨터 시스템에 통합됐다. Alan Kay와 Adele Goldberg가 쓴 "Personal Dynamic Media"(Palo Alto, Calif.: Xerox, Palo Alto Research Center, 1976)를 보라.

4. 터치 센서 거북이. 로고에서 가장 간단한 터치 센서 프로그램은 다음과 같다.

```
TO BOUNCE              주석
REPEAT                 각 단계를 모두 반복하란 뜻이다.
   FORWARD 1           거북이는 계속 움직인다.
   TEST FRONT.TOUCH    거북이가 뭔가에 부딪히는지 확인한다.
   IFTRUE RIGHT 180    부딪히면 뒤로 돌라는 명령이다.
END
```

이 프로그램은 로고 거북이가 어떤 물체와 마주치면 회전하게 만든다. 터치 센서 거북이를 사용하여 좀 더 영리하고 유용한 프로그램을 만들면 다음과 같다.

```
TO FOLLOW
REPEAT                 주석
   FORWARD 1
   TEST LEFT.TOUCH     확인: 뭔가를 건드리는가?
```

```
IFTRUE RIGHT 1     거북이가 물체에 너무 가까워지면 방향을 바꿀 것
IFFALSE LEFT 1     거북이가 물체를 감지하지 못할 것 같으면
                   사물이 있는 쪽으로 이동할 것
END
```

이 프로그램은 로고 거북이가 물체의 왼쪽 면에 접한 상태에서 시작하면(그리고 물체의 크기와 물체의 윤곽이 불규칙한 정도가 로고 거북이에 비해 크다면) 어떤 모양의 사물이든지 그 주위를 피해 돌아다니게 할 수 있다.

한 무리의 학생들에게 기본 원칙을 바탕으로 이러한(또는 이에 상응하는) 프로그램을 개발해 보게 하는 것은 매우 유익하다. 학생들은 물체를 피하기 위해 터치 센서를 어떻게 이용하면 좋을지 생각해 보고, 이를 바탕으로 세운 전략을 로고 거북이 명령어로 전환해 볼 수 있다.

1장

1. FOLLOW 프로그램('들어가는 말'의 '주 4'를 보라)은 생물학적 또는 심리학적 현상을 설명할 때 사이버네틱스 개념(음의 피드백에 의한 제어)이 얼마나 강력할 수 있는지 보여 주는 간단한 예다. 단순한 이 예는 '인과 메커니즘'이라는 물리적 모형과 '목적' 같은 심리학적 현상 사이의 간극을 메우는 데 도움을 준다. 마찬가지로 이론 심리학자들은 더욱 복잡한 프로그램을 사용하여 사실상 알려진 모든 심리학 현상의 모형을 구성했다. 이러한 탐구 정신을 가지고 대담하게 표현한 책이 Herbert A. Simon의 《Sciences of the Artificial》 (Cambridge: MIT Press, 1969)이다.

2. 여기에 언급한 비판론과 회의론은 여러 해 동안의 공개적이거나 사적인 논쟁의 산물이다. 이러한 입장이 널리 퍼져 있었지만 아쉽게도 공식적으로 발표하는 경우는 드물었으므로 엄격히 논의된 경우가 거의 없다. 비판가로서 자신의 관점을 발표한 좋은 사례가 Joseph Weizenbaum의 《Computer Power and Human Reason: From Judgment to Calculations》(San Francisco: W. H. Freeman, 1976)다.

안타깝게도 Weizenbaum은 자신의 책에서 컴퓨터가 사람의 생각하는 방식을 해치는가 여부와 컴퓨터 스스로 생각할 수 있는가 하는 두 개의 독립된 (그러나 관련된) 문제를 다룬다. Weizenbaum의 비평 가운데 대부분이 두 번째 질문에 초점을 맞추고 있다. Weizenbaum과 같은 견해를 가진 사람의 책으로 Hubert L. Dreyfus의 《What Computers Can't Do: A Critique of Artificial Reason》(New York: Harper & Row, 1972)이 있다.

컴퓨터가 생각할 수 있는지에 대한 논쟁에 참여한 주요 참가자들의 생생한 견해가 담긴 책이 Pamela McCorduck의 《Machines Who Think》(San Francisco: W. H. Freeman, 1979)다.

컴퓨터가 사람들이 생각하는 방식에 실제로 영향을 주는지에 대한 출간 자료는 거의 없다. 현재 S. Turkle이 이 분야를 연구 중이다.

3. 다양한 버전의 베이식 프로그램으로 로고 프로그램인 HOUSE가 만든 모양을 만들 수 있다. 베이식으로 만든 가장 간단한 예시는 다음과 같다.

```
10 PLOT (0,0)
20 PLOT (100,0)
30 PLOT (100,100)
40 PLOT (75,150)
50 PLOT (0,100)
60 PLOT (0,0)
70 END
```

처음 프로그래밍을 접하는 초보 입장에서 이런 프로그램은 로고 프로그램보다 여러 가지 면에서 뒤떨어진다. 베이식 프로그램은 초보자에게 더 많은 지식을 요구한다. 특히 이렇게 프로그램을 만들려면 프로그래머가 평행 좌표를 알고 있어야 한다. 한 번 작성한 프로그램이 다른 프로젝트에서도 사용할 수 있을 정도로 강력하다면 추가 지식이 필요하다 해도 부담스럽지 않을 것이다. 로고 프로그램인 SQ, TRI, HOUSE는 정사각형, 삼각형, 다양한 위치와 방향에 있는 집을 그릴 때도 사용할 수 있다. 베이식 프로그램은 하나의 위치에 있는 하나의 집만 그릴 수 있다. 베이식으로 다양한 위치에 집을 그리려면 PLOT (x, y), PLOT(x+100, y) 같은 대수 변수를 사용해야 한다. SQ, TRI, HOUSE와 같이 새로운 명령어를 정의하는 측면에서 볼 때 흔히 사용되는 버전의 베이식은 새로운 명령어 정의를 전혀 허용하지 않거나 기껏해야 고급 프로그래밍 기술을 이용해야 그나마 비슷하게 구현할 수 있다. 베이식을 옹호하는 사람들은 (1)이러한 반박이 프로그래밍 초보자하고만 관련되어 있으며 (2)베이식의 단점은 고칠 수 있다고 답할 것이다. 이들의 (1)번 주장은 사실이 아니다. 베이식은 지적인 측면과 실제적인 측면에서 고급 단계까지 나아간다 하더라도 상당히 원시적이다. (2)번 주장은 내 반박의 요점을 놓치고 있다. 물론 누군가는 베이식을 로고나 스몰토크 아니면 다른 언어로 전환할 수 있겠지만 베이식은 '베이식(기초)'일 뿐이다. 내 불만은 교육계에서 은근 슬쩍 속이고 있는 것들을 지금까지 '바로잡지' 않고 있다는 사실이다. 게다가 현재 상황은 나무로 지은 집을 초고층 빌딩으로 '리모델링'하는 것과 비슷한 상황이다.

2장

1. '사고 실험'은 과학, 특히 물리학에서 매우 중요하다. 사고 실험이 교육에 더 자주 적용된다면 더욱 비판적인 태도를 장려하게 될 것이다.

2. 여기에는 말장난이 들어가 있다. Noam Chomsky의 최근 연구에 대해 잘 모르는 독자들은 아마도 이 말의 뜻을 모를 것이다. Noam Chomsky는 우리에게 언어 습득 장치language acquisition device, LAD가 있다고 생각한다. 나는 그렇게 믿지 않는다. 나는 LAD만큼이나 MAD가 있다고 보지 않는다. 특정 지적 기능과 짝지을 수 있는 특수한 신경 기관들로 두뇌가 구성되어 있다는 Noam Chomsky의 관점에 대해 더 알고 싶다면 N. Chomsky의 《Reflections on Language》(New York: Pantheon, 1976)를 보라. 나는 미래 교육에 대한 근본적인 문제가 두뇌가 '보편적인 목적을 지닌 컴퓨터'냐 아니면 특수한 장치의 집합이냐 하는 문제에 있다고 보지 않는다. 나는 우리의 지적 기능이 신경 계통 구조에 일대일로 매칭하는 수준으로 축소될 수 있느냐에 달려 있다고 본다.

두뇌가 태어날 때부터 엄청나게 많은 '장치'를 갖고 있는 것만큼은 분명하다. 그러나 분명히 이러한 '장치'는 LAD와 MAD 같은 명칭이 제시하는 것보다는 훨씬 원시적이다. 나는 언어를 학습한다거나 수학을 학습하는 것은 상당수의 '장치'가 본래 만들어진 목적과 전혀 다른 복잡한 지적 기능을 언어와 수학 학습을 위해 갈고닦는 것이라고 본다.

3장

1. 이 책은 수학에 대해 많이 모르는 독자들을 위해 집필한 것으로 특정 수학에 대해 자세히 언급하는 것은 최대한 피하려고 했다. 지금부터 하는 이야기는 수학에 조예가 깊은 독자들을 위한 보충 설명이다.

여러 로고 거북이 시스템의 동형성은 로고 거북이 기하학에서 구체적이고 유용한 '고급' 수학 개념의 많은 예시 중 하나다. 그 가운데 '미적분학'에서 나온 개념은 특히 중요하다.

예시 1: 적분. 로고 거북이 기하학은 로고 거북이가 이동하면서 어떤 수를 더해야 하는 상황을 자주 만들어서 선적분의 개념을 이해할 수 있게끔 한다. 어린이들이 처음 접하게 되는 경우는 로고 거북이가 얼마나 회전해 왔는지 또는 로고 거북이가 얼마나 이동했는지 추적해야 할 때다. 최고의 로고 거북이 프로젝트는 동물의 위치에 대한 수치 함수 안에 있는 필드값 형태로 따뜻함이나 빛, 양분 농도와 같은 조건의 편향성을 시뮬레이션해 보는 것이다. 이렇게 하면 자연스럽게 로고 거북이의 경로를 따라 필드값을 더해 가면서 두 개의 알고리즘을 비교해 보는 것을 떠올리게 된다. 간단하게 프로그램에 CALL (:TOTAL + FIELD) "TOTAL"과 같은 한 줄을 추가하면 문제가 해결된다. 이한 줄은 앞에서 "TOTAL"이라고 부른 값을 FIELD 수량에 더한 다음, 그 결과를 "TOTAL"이라고 부른다는 뜻이다. 이 버전은 로고 거북이가 내딛는 한 발이 너무 크거나 변수 크기가 너무 크면 버그가 생긴다. 이때 디버깅을 함으로써 학생은 중요한 진전을 이루면서 적분에 대한 개념을 더욱 정교하게 익힌다.

앞에서 소개한 경로를 따라서 수행한 간단한 적분은 '자연스러운' 교수법 순서를 역행하는 현상이 자주 일어난다는 것을 보여 준다. 전통적인 커리큘럼에서 선적분은 학생들이 정적분을 곡선 아래의 영역으로 여기도록 몇 년을 공부한 후에야 배울 수 있는 고급 단계에 해당하는 주제이자 종이와 연필을 가지고 가르치는 수학 세계에서나 구체적으로 이해할 수 있는 개념이었다. 그러나 그렇게 되면 다수의 학생들은 적분이 곡선 아래 영역의 면적을 구하는 것이라는 잘못된 선입견을 갖게 될 수 있다. 그런 학생들은 그런 식의 사고가 부적절하다는 사실을 접하게 될 때 혼란에 빠진다.

예시 2: 미분 방정식. '터치 센서 거북이'('들어가는 말'의 '주 4'를 보라)가 사용한 방법은 많은 아이에게 매우 강력한 권한을 부여한다. 보통 처음에 어떤 물체 주위를 로고 거북이가 돌도록 프로그래밍하려면 물체를 측정하고 물체의 모양을 프로그램에 입력시켜 본다. 따라서 물체가 한 변의 크기가 로고 거북이 걸음으로 150인 정사각형이면 이 프로그램에는 FORWARD 150이라는 명령어가 포함될 것이다. 설령 이러한 명령어가 작동한다 해도(보통은 잘 되지 않는다) 이 접근법을 쉽게 일반화하기는 어렵다. 앞의 주석에서 인용한 프로그램은 로고 거북이의 가까운 주변에서만 아주 조금씩 움직인다. '전역'에서 작동하는 FORWARD 150 대신 이 프로그램은 FORWARD 1과 같은 '지역' 명령어만 사용한 것이다. 그렇게 함으로써 이 프로그램은 미분 방정식이라는 개념의 핵심을 포착한다. 나는 왜 미분 방정식이 운동 법칙을 표현하기에 가장 자연스러운지 분명히 이해하고 있는 초등학교 학생들을 본 적이 있다. 여기서 우리는 또 따른 교수법의 전환을 목도한다. 미적분에 대한 분석적 형식 체계보다 먼저 미분 방정식의 위력을 사람들이 이해한다. 로고 거북이 버전의 수학적 사고로 알려진 대부분의 것들이 H. Abelson과 A. diSessa의 《Turtle Geometry: Computation as a Medium for Exploring Mathematics》(Cambridge: MIT Press)에 나온다.

예시 3: 위상적 불변성. 로고 거북이가 물체의 주변을 기어 다니게 하면서 다닐 때마다 회전의 수를 오른쪽으로 도는 것은 양의 수로, 왼쪽으로 도는 것은 음의 수로 '더하기'를 하게 해 보자. 결괏값은 물체의 형태와 상관없이 360도일 것이다. 우리는 이 '로고 거북이의 총 이동량 정리'가 놀라울 뿐 아니라 유용함을 알게 될 것이다.

2. '자아 동조화'라는 어구는 프로이트가 사용한 말이다. 이 말은 "자아가 수용 가능한 본능이나 생각을 기술하는 데 사용된 용어다. 즉 자아의 완전성과 욕구가 양립할 수 있는 것을 의미한다." J. Laplanche와 J-B. Pontalis의 《The Language of Psycho-analysis》(New York: Norton, 1973.)를 보라.

3. G. Polya, 《How to Solve It》(Garden City, N.Y.: Doubleday-Anchor, 1954); 《Induction and Analogy in Mathematics》(Princeton, N. J.: Princeton University Press, 1954); 《Patterns of Plausible Inference》(Princeton, N. J.: Princeton, 1969).

4. 곡률에 대한 일반적인 정의는 더 복잡해 보이지만 이 경우와 비슷하다. 따라서 우리는 이해할 수 있는 형태로 '발전된' 개념에 대한 다른 사례도 갖고 있다.

5. 오른쪽이나 왼쪽으로 회전은 할 수 있지만 둘 중 하나는 반드시 음의 수로 처리해야 한다. '(연결된) 영역의 경계'를 '단일 폐곡선'이라고 간단히 말해도 된다. 이런 제약이 없어도 회전의 합은 여전히 360도의 배수가 되어야 한다.

4장

1. 여기서 나는 Jerry Bruner와 의견이 다소 다르다. 그러나 Jerry Bruner의 생각 대부분은 공감하며 이는 단순히 언어와 행동에 대한 것뿐 아니라 문화와 관련된 내용을 학습하는 것과 가르치는 것 사이의 관계에 대해서도 나는 그와 뜻을 같이한다.

　　Jerry Bruner와 내 방법론의 차이는 우리 각자가 수학 교육에 대해 취하는 접근법을 비교하면 가장 명확하게 드러난다. 심리학자로서 브루너는 수학을 주어진 존재로 받아들이며 자신만의 특별한 방식으로 수학을 가르치고 배우는 과정을 생각한다. 나는 배우기 쉬운 수학을 만들려고 노력한다. 나는 그와 같은 종류의 무언가가 언어와 문화에 대한 우리의 견해차를 만들며 우리를 전혀 다른 '학습 이론' 패러다임으로 이끌고 있다고 생각한다. J. S. Bruner, 《Toward a Theory of Instruction》(Cambridge: Harvard University Press,

1966)과 J. S. Bruner et al., 《Studies in Cognitive Growth》(New York: John Wiley, 1966)를 보라.

2. 가장 체계적인 연구는 H. Austin의 〈A Computational Theory of Physical Skill〉 (Ph. D. thesis, MIT, 1976)이다.

3. 이러한 프로시저들은 우리가 갖고 있는 프로그래밍에 대한 이미지를 더욱 확장한다. 게다가 '병렬'로 동시에 실행할 수도 있다. 이런 식의 확장성을 생각하지 못하는 프로그래밍은 현대 컴퓨터 세계를 이해하지 못한 것이다. 그리고 순차적인 프로그래밍만 하는 어린이에게는 실제적이면서 이론적인 힘의 밑바탕이 부족해진다. 아이는 프로그램이 어떤 동작을 하게 만들려 하자마자 이런 부족함을 체감한다.

예를 들어 움직이는 세 개의 물체를 컴퓨터 화면상에 동영상으로 만들고 싶어 하는 어린이가 있다고 가정하자. 동영상을 만드는 '자연스러운' 방법은 각 물체에 대한 개별 프로시저를 만든 다음, 이 세 개의 프로시저를 실행하는 것이다. 이때 '직렬' 컴퓨터 시스템의 실행 방식은 논리성이 떨어진다. 일반적으로 각 물체의 움직임은 단계별로, 개별 움직임이 일어나는 단계는 주기적인 순서로 실행할 수 있도록 프로시저가 만들어진다.

이 예는 어린이를 위한 컴퓨터 시스템이 왜 병렬 처리 또는 '멀티프로세싱'을 허용해야 하는지에 대한 두 가지 이유를 보여 준다. 첫째, 도구적 관점에서 멀티프로세싱은 복잡한 시스템을 더 쉽고, 개념적으로 더 명확하게 프로그래밍할 수 있게 해 준다. 순차적 프로그래밍은 프로시저 객체가 자신만의 무결성을 확보하지 못하게 만든다. 둘째, 순차적인 프로그래밍 학습 모형은 그 자체로 더 나쁜 결과를 가져온다. 순차적인 프로그래밍은 모듈성의 원칙을 배반하고 진정으로 구조화된 프로그래밍을 하지 못하게 만든다. 아이는 각 움직임을 개별적으로 설계하고 실행하고 디버깅하며, 더 큰 시스템의 일부로 자기가 만든 프로그램이 제대로 작동할지(또는 거의 작동할지) 알 수 있어야 한다.

멀티프로세싱은 단순한 순차 프로세싱에 비해 더 많은 컴퓨터 자원이 필요하다. 학교와 가정에서 흔히 찾아볼 수 있는 컴퓨터 중에 멀티프로세싱을 허용하기에 충분할 정도로 강력한 컴퓨터는 없다. 초창기 로고 시스템은 '순수하게 순차적'이었다. 최근에 들어서야 비로소 제한된 형태의 멀티프로세싱(이를테면 4장 말미에 설명한 WHEN DEMONS)이 동적인 그래픽, 게임, 음악에 맞게 허용됐다. 이 책을 쓰던 당시 MIT 로고 연구소의 주된 연구 목표는 어린이를 위해 덜 제한적인 멀티프로세싱 언어를 개발하는 것이었다. 이 작업을 하면서 우리는 Alan Kay의 스몰토크에서 발전한 개념과 Carl Hewitt의 '액터' 언어 개념 그리고 Minsky-Pappert의 '마음의 사회 이론'으로부터 상당한 아이디어를 얻었다. 그러나 이러한 시스템에 내재된 기술적인 문제점을 완전히 파악하지는 못하였기에 어린이에게 적합한 정말 훌륭한 멀티프로세싱 시스템을 만들기 위한 정확한 방법(또는 일련의 방법)에 대한 공통 의견이 나오기까지 더 많은 연구가 필요할 것이다.

5장

1. 이러한 시스템을 개발하는 데 가장 많이 기여한 사람이 Andrea diSessa다. Andrea diSessa가 기여한 것 중 하나가 '움직이는 거북이'라는 용어를 만들어낸 것이다. H. Abelson and A. diSessa, 《Turtle Geometry: Computation as a Medium for Exploring Mathematics》(Cambridge: MIT Press).

2. 원숭이 문제에 대한 논의에 컴퓨터 모형을 이용한다. 그러나 이 모형은 대부분의 프로그래밍 언어에 내장된 알고리즘 프로그래밍이라는 전산 개념에 들어맞지 않는다. 이 모형을 만들려면 객체 컬렉션을 만들고 객체 간의 상호 작용을 설정해야 한다. '객체 지향' 또는 '메시지 지향' 프로그래밍으로 알려진 이러한 컴퓨팅 방식은 시뮬레이션 프로그램을 위한 기술적 방법론으로 최초로 개발됐고 시뮬라simula라는 프로그래밍 언어로 구현됐다. 최근에 시뮬라가 더욱 폭넓은 관심을 끌었으며 특히 Carl Hewitt와 그의 학생들이 가장 광범위하게 개발하고 있는 인공 지능 연구의 주된 관심 대상이었다. Alan Kay는 오랫동안 교육에서 객체 지향 언어 사용을 가장 활발하게 옹호해 왔다 .

6장

1. Martin Gardner, 《Mathematical Carnival》(New York: Random House, 1977).

7장

1. Bourbaki에 대해 피아제가 언급한 내용에 대해서는 〈Logique et connaissance scientifique〉, ed. J. Piaget, 《Encyclopidie de la Pleide》, vol. 22(Paris: Gallimard, 1967)를 보라.

2. C. Lévi-Strauss, 《Structural Anthropology》, 2 vols.(New York: Basic Books, 1963-76).

3. Lévi-Strauss는 우리가 논의해 온 뭔가를 어설프게 만들어 보는 과정을 설명하는 기술 용어로 브리콜라주라는 단어를 사용한다. 그리고 브리콜라주에 참여하는 사람에 대해서는 브리콜러Bricoleur라는 단어를 사용한다. 이러한 개념은 Robert Lawler, 〈One Child's Learning: An Intimate Study〉(Ph.D. thesis, MIT, 1979)에서 컴퓨터 사용이라는 맥락 안에서 발전하였다.

4. 물론 우리 문화는 모든 이에게 어떤 체계적인 과정을 시도할 기회를 많이 제공한다. 문제는 절차에 대해 생각하고 이야기할 만한 자료가 빈곤하다는 데 있다. 로고를 접할 때 아이들은 종종 절차를 하나의 객체로 인식하는 데 어려움을 겪는다. 그렇게 하는 것이 내가 보기에는 유아기에 영구적인 대상의 수와 무게, 길이와 같은 피아제식 보존 객체에 대한 인식을 형성하는 과정과 비슷하다. 로고에서 프로시저는 조작 가능한 독립체다. 이름을 붙일 수 있으며 저장하고 검색할 수 있으며 변경하고 상위 프로시저를 위한 구성 요소로 사용할 수 있으며 하위 프로시저로 분석할 수도 있다. 이러한 과정에서 아이들은 자기들에게 더 익숙하게 도식화되어 있거나 틀로 된 독립체에 동화된다. 따라서 아이들은 '독립체로 존재하는 것'들의 자질을 습득한다. 아이들은 '구체성'을 물려받는다. 또한 구체적인 지식도 이어받는다.

찾아보기